U0584044

广视角·全方位·多品种

社会管理蓝皮书

BLUE BOOK OF
SOCIAL ADMINISTRATION

中国社会管理创新报告
No.2

REPORT ON INNOVATIONS OF CHINA'S SOCIAL
ADMINISTRATION No.2

社会改革与城市创新

主　编／连玉明
副主编／朱颖慧

社会科学文献出版社
SOCIAL SCIENCES ACADEMIC PRESS (CHINA)

图书在版编目（CIP）数据

中国社会管理创新报告. 2，社会改革与城市创新/连玉明主编.
—北京：社会科学文献出版社，2013.9
（社会管理蓝皮书）
ISBN 978 - 7 - 5097 - 5067 - 4

Ⅰ.①中…　Ⅱ.①连…　Ⅲ.①社会管理 - 创新管理 - 研究 - 中国
②体制改革 - 研究 - 中国 ③城市管理 - 创新管理 - 研究 - 中国
Ⅳ.①D63 ②D61 ③F299.23

中国版本图书馆 CIP 数据核字（2013）第 218331 号

社会管理蓝皮书

中国社会管理创新报告 No. 2
——社会改革与城市创新

主　　编／连玉明
副 主 编／朱颖慧

出 版 人／谢寿光
出 版 者／社会科学文献出版社
地　　址／北京市西城区北三环中路甲 29 号院 3 号楼华龙大厦
邮政编码／100029

责任部门／皮书出版中心（010）59367127　　责任编辑／姚冬梅　陈晴钰
电子信箱／pishubu@ ssap. cn　　　　　　　责任校对／杜若佳
项目统筹／邓泳红　姚冬梅　　　　　　　　责任印制／岳　阳
经　　销／社会科学文献出版社市场营销中心（010）59367081　59367089
读者服务／读者服务中心（010）59367028

印　　装／北京季蜂印刷有限公司
开　　本／787mm×1092mm　1/16　　　印　　张／27.25
版　　次／2013 年 9 月第 1 版　　　　　字　　数／441 千字
印　　次／2013 年 9 月第 1 次印刷
书　　号／ISBN 978 - 7 - 5097 - 5067 - 4
定　　价／89.00 元

北京国际城市发展研究院社会建设研究重点项目
北京国际城市论坛基金会智库工程出版基金资助项目

摘　要

　　经过 30 多年的改革实践，我国正处于全面深化经济改革、亟待启动政治改革的发展阶段，社会建设已经成为当前我国发展的战略重点和重要任务。党的十八大报告提出，"加强社会建设，是社会和谐稳定的重要保证。必须从维护最广大人民根本利益的高度，加快健全基本公共服务体系，加强和创新社会管理，推动社会主义和谐社会建设"。全面推进社会建设，必须结合当前我国社会建设现状，充分发挥政府、企业、社会组织与社会公众的不同主体作用，通过构建一套完善的宏观制度体系，以制度建设为引领，促进国家富强、民族复兴、人民幸福的"中国梦"变成现实。

　　《中国社会管理创新报告 No. 2》以"社会改革与城市创新"为主题，围绕当前我国社会建设与社会管理的阶段性特征，重点对流动人口如何融入城市、特殊人群如何融入社会、"两新"组织如何发挥作用、如何提升矛盾化解能力、虚拟社会如何有效管理、突发事件如何及时应对、民意诉求如何畅通渠道、社区自治公众如何参与、政府公信如何重新塑造、公民社会如何依法治理等社会建设的十大问题进行了理论探讨与政策分析；以基层作为社会建设与社会管理的研究视角，梳理了美国、欧洲、亚洲等国外社会建设模式，总结了广东顺德、贵阳等国内十个城市在基层社会管理创新方面的实践经验。在此基础上，本书作出了"以加强社会领域改革为重点的社会建设是我国当前发展的重要战略"的基本判断，并以我国政府管理为主体的社会建设模式为背景，系统阐述了如何设计与完善我国社会建设的宏观体系，认为我国要推动社会建设这项系统性工程，亟待从模式设计与宏观体系构建上破题，重点是要从完善领导机制、健全组织架构、出台改革意见、制定发展规划四个维度构建中国社会建设的宏观制度体系。

Abstract

After more than three decades of reform, China is at the development stage of deepening economic reform and launching political reform, so social construction has become the strategic focus and critical task for China's development currently. The 18th Party Congress has stressed that "strengthening social development is an important guarantee for maintaining social harmony and stability. We must intensify our efforts to improve the basic public service system, strengthen and make innovations in social management, and boost the building of a harmonious socialist society in order to uphold the fundamental interests of the overwhelming majority of the people." To fully advance the social construction, we must fulfill the main roles of government, business, social organizations and the general public in the broad context of current social development condition, and empower the realizing of the country's wealth and strength, the vitalization of the nation and the happiness of the people led by system construction and through building a complete macro system.

Social Management Innovation Report No. 2, with the theme of accelerating social reform and advancing urban innovation, undertakes theoretical probe and policy studies on ten social construction-related issues that bear distinctive period features of social construction and social management: how migrant population integrates into the urban setting; how special population integrates into the society; how "new economic and new social organizations" exert their roles; how to raise the capacity for conflict resolution; how to effectively govern a virtual society; how to cope with emergencies timely; how best to access public opinion and demand; how to induce public participation in community self-governance; how to rebuild government credibility; how to govern the civil society according to laws; *Social Management Innovation Report No. 2* also, from the perspective of social construction and social management at grassroots level, combs through social development models practiced overseas like in the US, Europe and Asian countries, while encapsulating the practical experience regarding the innovative approach of social management at grassroots level adopted in ten domestic cities like Shunde (Guangdong) and Guiyang (Guizhou). On this basis, the book draws the basic conclusion of "social construction focusing on enhancing social reform is a significant strategy for China's development at this juncture," and elaborates on how to design and improve China's macro system of social construction that is mainly managed by the government. It is believed that, in order to spur the systematic project of social construction, breakthrough is required in model design and macro system building, and the emphasis should be on establishing macro system for China's social construction in four specific aspects-improving leadership mechanism, enhancing organizational structure, unveiling reform recommendations and formulating development plan.

导语：转型关键期
社会建设四个新动向

经过 30 多年的改革实践，我国正处于全面深化经济改革、创新推动社会改革、亟待启动政治改革的关键时期。这个关键时期既为我国社会建设带来新的机遇和动力，同时也带来新的风险和挑战。党的十八大报告提出，加强社会建设，是社会和谐稳定的重要保证。必须从维护最广大人民根本利益的高度，加快健全基本公共服务体系，加强和创新社会管理，推动社会主义和谐社会建设。2012 年 11 月中共新一届领导集体上任后，中共中央总书记、中央军委主席习近平发表了重要讲话论述"中国梦"。习近平指出，当代中国所处的发展阶段，决定了全面建成小康社会是"中国梦"的根本要求，党领导全国各族人民共圆"中国梦"的根本目的，就是要实现好、维护好、发展好最广大人民的根本利益，进而提升全社会的幸福指数。以十八大和"中国梦"为标志，中国社会发展进入了一个关注社会建设、迫切需要推进社会建设的时代，进入了一个以社会领域改革为重点的新阶段。在这一阶段，开展社会建设、推进社会体制改革，仍面临一系列新的问题和挑战。

一 我国城市化进入快速发展阶段，转型关键期的 社会治理亟待破解十大难题

城市化是衡量一个国家或地区现代化程度和综合发展实力的重要指标。20世纪 90 年代初，美国诺贝尔经济学奖获得者、前世界银行副行长斯蒂格利茨提出，中国的城市化与美国的高科技是影响 21 世纪全球发展的两件大事。

2011 年我国城市化率首次超过 50%，2012 年城市化率达到 52.7%。按照城市发展的一般规律，当城市化率达到 40% ~ 60% 时，城市化就进入快速发

展期，这意味着当前我国城市化进入了快速发展期的加速阶段。李克强总理指出，"扩大内需的最大潜力在于城镇化，城市化是未来中国政治经济社会发展的重大抓手"。和改革开放前 1.7 亿人生活在城市相比，现在则有 7 亿人生活在城市。中国城市化率每提高 1%，就意味着有 1300 万人口从农村转移到城市，带动了 1000 多亿元的消费需求，直接推进了城市消费，而城市消费是农村消费的 3~4 倍。虽然目前我国城市化率已经超过 50%，但总体而言，我国城镇化依然滞后，不仅远低于发达国家，而且也低于世界平均水平。同时，我国流动人口总量达 2.4 亿人，其中外出农民工约 1.5 亿人，农村还有相当数量的富余劳动力，城镇化蕴涵的内需潜力巨大。

城市化在给我国经济社会带来巨大发展潜力的同时，也给我国城市，特别是大城市和特大城市的社会建设与社会管理带来一系列巨大的挑战，一些长期性、根本性、深层次的矛盾和问题逐渐显露，一些新的矛盾集中凸显，流动人口如何融入城市、特殊人群如何融入社会、"两新"组织如何发挥作用、矛盾化解如何提升能力、虚拟社会如何有效管理、突发事件如何及时应对、民意诉求如何畅通渠道、社区自治公众如何参与、政府公信如何重新塑造、公民社会如何依法治理等十大问题成为我国当前社会建设和社会管理中需要着力解决的问题。

二 "90后"将成为两个100年宏伟目标的践行者，其价值体系对现有社会结构带来新的冲击

十八大报告中提出"两个 100 年"的宏伟目标，即"在中国共产党成立 100 年时全面建成小康社会"，"在新中国成立 100 年时建成富强民主文明和谐的社会主义现代化国家"。从时间上看，到第一个 100 年，"90 后"一代正处于而立之年，是时代的主体，是推动经济社会发展的主要力量；到第二个 100 年，"90 后"一代正处于决策层，是领导我国经济社会发展的重要力量。这就意味着，"90 后"将成为我国"两个 100 年"战略目标实现的重要推动者和实践者。

思维方式和价值体系的改变是社会结构改变的前提。我国现有的社会结构

具有超稳定性，新权贵主义所形成的既得利益群体成为社会超稳定结构的保护伞，或者说是最大的黏合剂，使得现有的社会体制具有快速修复的功能，决定了现有的社会结构很难被打破。与以往各个时代的人群不同，"90后"更加崇尚自由，个性更加张扬，目标更为明确和多元，思想更为解放，更具有表现欲和参与意识，我们可以将他们的思维模式称为"AA制"的思维模式。这种"AA制"的思维模式，在价值观、人生观和世界观方面都对我们传统的价值体系带来一定的冲击，反映在社会层面就是对当前超稳定的社会结构带来一定风险，打破固化的社会分层，实现社会层级之间的流动，进而推动社会发展模式的转变。

三 信息化将成为我国社会发展的重要推动力，网络社会建设将成为社会管理创新的重中之重

21世纪高科技的战略制高点是网络，未来主宰世界的高科技也是网络，谁能控制网络谁就能控制整个世界。互联网、新媒体和大数据三者之间的交叉互动，在提升社会参与度的同时，也对世界各国的政治、经济、文化和社会生活产生深刻影响。

一方面，大数据推动社会建设与城市管理呈现新的发展趋势，传统的社会管理方式亟待创新。大数据时代引发人们在获取信息方式、交友或交往方式、生活方式、思维方式、人的价值观、社会组织形式等六个方面的重大变革。这种变革揭示出社会建设和城市管理将呈现六大新的发展趋势：一是从人与人的沟通转向人与世界的沟通互联；二是计算机和网络成为城市管理最基本并普遍使用的工具；三是数据整合、共享、开放和集成运用成为智慧管理的核心；四是数据膨胀正对社会发展和管理模式提出新的挑战；五是数据价值链兴起及其协同创新在管理创新中更具战略地位；六是个人生活的方方面面逐步纳入数字化，个人隐私信息泄露和被滥用成为管理隐患。

另一方面，信息化给社会稳定和国家安全等带来了严峻挑战。互联网具有隐匿性、开放性、传播性等特点，这也造成了互联网面临着淫秽色情等有害信息危害青少年身心健康，网络赌博、网络欺诈损害广大群众利益，政治谣言和

敌对势力渗透危害社会公共安全，网络与信息安全形势严峻威胁国家利益等重大问题。从东欧和北非国家政权更替的过程来看，利用网络和高科技的翻墙软件散布腐败信息，利用腐败信息制造反对派，一旦形成反对派，政府就要出面进行打击，政府打击必然伤及无辜的老百姓，进而上升为人权问题，造成人道主义危机。人道主义危机一旦产生，国际舆论就要干涉，国际舆论干涉到一定程度就是军事干涉，进而推翻原有政府，这是西方社会网络信息战的基本逻辑。

网络社会建设已经成为社会管理创新的新命题，它不只是一个简单的技术问题，更是一项复杂的社会系统工程。社会建设涉及社会服务、社会管理、社会动员、社会环境、社会关系五方面内容。网络社会是现实社会在网络上的再现。由于网络平台具有信息、服务、诉求和传播四大功能，这就决定了网络社会建设在管理理念、方式方法和体制机制方面都有别于现实社会建设，其重点是要将现实社会建设的内容与网络的功能有机结合，寻找现实社会与网络平台的交叉点和结合点，在此基础上明确网络社会建设的内容、功能和方式方法。推动网络社会建设，关键是要通过进一步创新政府工作理念，转变政府职能，加大政府信息公开力度，提高政府公信力，不断推动社会建设由线下服务向线上服务延伸，实现社会建设线上与线下一体化发展。

四 社会组织是社会建设的重要力量，加强和改进社会组织党的建设应成为社会建设的重要着力点

社会组织是新时期党的重要执政基础，是社会建设的重要力量，是国家治理结构的重要组成部分。当前，我国经济进入成长关键期和战略转型期，转变发展方式成为经济社会发展的主线，最基本的推动力量就是政府转型和社会创新。社会组织是社会创新的主体，其发育、发展、健全程度是衡量社会管理是否完善、行政体制改革和社会体制改革能否成功的重要标志。

改革开放以来，随着政治体制改革、经济体制改革和社会管理体制改革的逐步推进，我国社会组织重新获得了相对独立的发展空间，经历了从无到有、从盲目到自觉、从感性到理性的过程，并获得了长足发展。截至 2012 年，全

国共有社会组织49.9万个，吸纳社会各类人员就业613.3万人。与美国高度法制化背景下的社会组织发展模式和欧洲国家与政党发展紧密联系的社会组织发展模式不同，我国社会组织的发展更多地表现出与亚洲国家和地区相类似的特征，即政府在社会组织的建设和发展过程中发挥着重要的作用。但也正是由于政府在社会建设和社会组织发展中的主导性地位，导致了我国社会组织发展呈现"政府太强势，社会组织太弱势"的现状，造成了社会组织面临认识性偏差、结构性缺陷、体制性障碍、发展性困境等一系列问题。

究其根本，在于我国政府与社会组织之间缺少信任。政府对社会组织采取的是复杂、敏感、矛盾和谨慎的态度，既有培育、鼓励和支持其发展的愿望，又有担忧、防范和限制的心理，这就导致了政府对社会组织的发展采取的是内紧外松的政策，使得社会组织缺少来自政府的信任与合作。而这与社会组织自身的定位和功能密切相关。一方面，追求社会公共利益是社会组织发展的首要社会责任，与政府运用权力、企业追求利润不同，社会组织的本质特点在于非政府、非营利，这就决定了社会组织的价值诉求在于追求社会公平正义，实现公共利益最大化是其奋斗目标。另一方面，社会组织的兴起会改变现有的社会结构和社会秩序，对原有的社会制度和执政基础带来一定的影响和风险。回顾整个"冷战"历史和近几年东欧、中亚地区发生的"颜色革命"，非政府组织有意无意成了西方国家，尤其是美国"和平演变"的工具，对当地政府解体起到了推波助澜的作用。

构建政府与社会组织的伙伴关系是社会创新的必由之路，关键在于建立政府与社会组织之间的信任机制，进而实现由信任依赖到路径依赖的过渡。这就要求我国社会组织的发展要在坚持独立性、社会性、创新性、开放性、组织性的同时，保证合法性、公益性、先进性、融合性、导向性。党的领导是社会组织保持方向性的政治保障，加强社会组织党的建设，是实现基层党组织建设目标与社会组织健康发展目标和谐统一的重要保障，也是我国当前推动社会建设的重要着力点。要把党的建设放在社会组织各项工作更加突出的地位，进一步明确党组织在社会组织建设中的政治核心、政治引领和政治保障作用，建立和完善以党建统领全局的工作体制，不断探索和创新适应社会组织特点和规律的党建新模式，促进社会组织与基层党组织的共同发展。

目 录

BⅠ 总报告

BⅡ 理论探索篇

BⅢ 国际借鉴篇

BⅣ 国内实践篇

BⅤ 北京模式篇

皮书数据库阅读**使用指南**

CONTENTS

ℬ I   General Report

ℬ II   Theory Exploration

B III   International Experiences

B IV   Domestic Practice

B V   Beijing Model

总 报 告

General Report

B.1
中国社会建设模式设计与
宏观体系构建

摘　要：

本文在分析我国改革发展时代背景的基础上，提出社会领域改革是我国当前社会发展的重要战略这一观点，并基于我国以政府管理为主体的社会发展模式，从完善领导机制、健全组织架构、出台改革意见、制定发展规划四个维度构建中国社会建设的宏观制度体系，试图从战略设计的层面探讨我国社会建设将如何破题。

关键词：

社会领域改革　社会建设战略　宏观制度体系

党的十八大报告提出，"社会建设是社会和谐稳定的重要保障，必须从维护最广大人民根本利益的高度，加快健全基本公共服务体系，加强和创新社会管理，推动社会主义和谐社会建设"。社会建设已经成为当前我国发展的战略

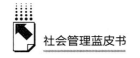

重点和重要任务，必须依靠国家层面给予充分的重视，通过构建一套完善的宏观制度体系，才能全面有效地推进我国的社会建设，国家富强、民族复兴、人民幸福的"中国梦"才能变成现实。

2004年，自中央提出构建社会主义"和谐社会"与"社会建设"两个新概念、新思想后，我国对社会建设的认识与实践不断深化。党的十七大报告首次将社会建设纳入中国特色社会主义事业总体布局，十八大报告提出了构建中国特色社会主义事业"五位一体"的总体布局，并提出"社会建设是社会和谐稳定的重要保障，必须从维护最广大人民根本利益的高度，加快健全基本公共服务体系，加强和创新社会管理，推动社会主义和谐社会建设"。以十八大为标志，中国社会发展进入了一个关注"社会建设"、迫切需要推进"社会建设"的时代，进入了一个以社会领域改革为重点的新阶段。

一　加强社会领域改革是当前我国发展的战略重点

生产力是社会发展的最终决定力量，生产力与生产关系、经济基础与上层建筑之间的矛盾从总体上推动着社会发展。改革根源于解决生产力与生产关系、经济基础与上层建筑之间的矛盾，是一个国家实现持续发展的直接动力。我国要实现真正的发展只能依靠改革。十八大报告指出"要始终把改革创新精神贯彻到治国理政各个环节，不断推进我国社会主义制度自我完善和发展"。李克强总理在全国综合配套改革试点工作座谈会上指出："在新的起点上要全面建成小康社会，加快转变经济发展方式，让群众过上更好生活，依然要靠改革开放。这是我国发展的最大'红利'。"改革是一项系统性工程，包括经济、社会、政治在内的各个方面，但在具体的实践层面则需要分领域有重点地逐步进行。经过30多年的改革实践，我国正处于全面深化经济改革，亟待启动政治改革的发展阶段。在这一阶段，以加强社会领域改革为重点的社会建设是我国当前发展的重要战略，具有承上启下的重要作用。

（一）我国经济体制改革成效显著，但全面深化推进需要寻找新的突破口

1. 以构建社会主义市场经济体制为目标的经济体制改革推动了我国经济的持续高速增长

我国的经济体制改革不是对原有经济体制的枝节性、细微性改变，而是指向经济体制的深层结构和根本问题，其目标是实现我国经济体制从计划经济体制向市场经济体制的转变。经过 30 多年的改革开放，我国市场经济体制已经初步建立起来，这极大地解放了生产力，直接推动了我国持续 30 多年的经济高速发展。

1978～2012 年，我国经济年均增速达到 9.8%，高于同期世界平均增速 6 个百分点，成功地创造了中国的"经济奇迹"（见图 1）。2012 年，我国经济总量达到 51.9 万亿元人民币，GDP 总量达到 8.2 万亿美元，占全球经济总量的比重超过了 11%，成为仅次于美国的第二大经济体。而且在过去的 3 年中，中国经济增量占全球经济增量的份额保持在 20% 左右，占到全球经济增长的 1/5 强，我国正在成为全球经济增长最主要的拉动力量。

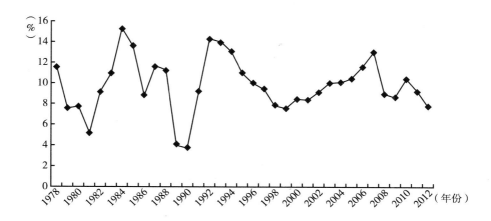

图 1　1978～2012 年我国 GDP 增速情况

资料来源：1978～2012 年《国民经济和社会发展统计公报》。

2. 我国经济发展正处于从高速增长向中速增长转型的关键期，亟须通过全面深化改革释放发展潜力

在经历了过去 30 年持续高速增长后，我国经济发展已经到了一个全面转型的关键期。2013 年《政府工作报告》将我国今年经济增长的预期目标定为 7.5%，同时提出我国经济的发展要使经济增长与潜在增长率相协调，与生产要素的供给能力和资源环境的承受能力相适应。这意味着，无论是从潜在增长率，还是从生产要素的供给能力和资源环境的承受能力，我国经济发展已经不能再维持原有 10% 左右的高速增长，未来 10 年中，中国经济增长将会维持在 7% 左右的中速增长。

一是人口老龄化日益严重，推动我国经济高速发展的"人口红利"已经消失。当前，我国人口总量仍处于上升态势，但劳动年龄人口自 2012 年开始出现了首次下降。这意味着我国劳动力供给大于需求或者劳动力的无限供给的"人口红利"时期已经结束。而且，我国劳动力短缺和劳动力成本的大幅度上涨，是趋势性而非阶段性的。2012 年，我国 60 岁及以上的人口 1.94 亿，占总人口的比重 14.3%，与 2011 年相比，提高了 0.6 个百分点。按照国际惯例，一国 60 岁及以上人口占总人口的比重超过 10% 就进入了老龄化阶段，我国早在多年以前就已经步入老龄化阶段，并呈现老龄化快速发展的趋势。"人口红利"的结束意味着我国经济发展中的人力资本优势不复存在，对我国传统的产业结构和经济发展模式带来了严重影响。

二是东部地区经济增速出现下降，我国继续维持的经济发展高速增长缺乏支撑。东部地区是我国经济增长的重心。北京、上海、浙江、江苏、广东、山东，东部沿海 6 个省市 GDP 总量占全国的比重接近 50%，正是由于东部地区经济的高速增长推动了过去 10 年我国经济的高速增长。2007 年以后，东部地区成为我国经济增长最缓慢的地区，经济增长在区域分布上出现"东慢西快"的趋势（见图 2）。这样的变化对我国经济的影响是深远的。当东部地区经济增长出现明显滑坡以后，单纯依靠中西部地区经济的高速增长还不足以支撑我国经济的高速增长。

三是我国工业制成品的国际竞争优势弱化，外向型经济受挫。改革开放以来，我国的改革开放政策造就了我国的外向型经济，外贸出口成为拉动我国经

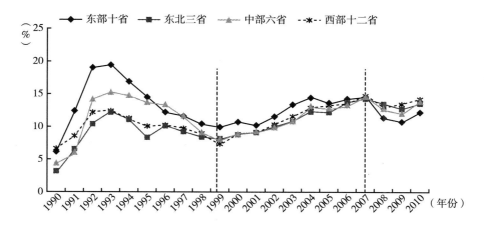

图 2　中国四大板块经济增长速度对比

资料来源：1991~2011 年的《中国统计年鉴》。

济高速增长的主要动力。加入 WTO 后的 10 年，即 2002~2011 年，我国贸易出口年均增长 22%，实现了出口的高速增长，出口的高速增长也支撑了过去 10 年我国经济的高速增长。但是，伴随着我国工业制成品国际竞争能力的下降，我们将告别出口高速增长的阶段，有专家预测认为，在未来 10 年中，我国出口增长将会从过去的两位数以上的增长回落到一位数（见图3）。

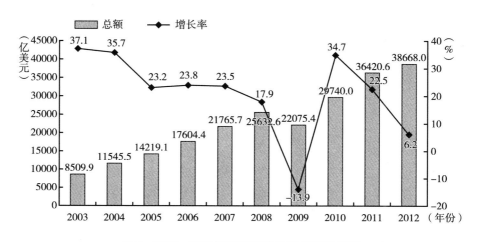

图 3　2003~2012 年我国货物贸易进出口情况

资料来源：2003~2011 年数据来自 2004~2012 年《中国统计年鉴》；2012 年数据来自《2013 年国民经济和社会发展统计公报》。

3. 要以社会领域改革为突破口，为经济持续发展提供动力支撑

经过 30 多年的经济体制改革，我国社会主义市场经济体制已经基本确立，但是仍有很大的改革空间，需要全面深化推进。目前我国经济体制改革正处于攻坚时期，迫切需要通过社会体制改革，为经济体制改革的全面推进寻找新的动力和突破口。

一是要通过社会领域改革释放消费潜力拉动经济增长。增长阶段的转换实质是增长动力的转换。中国经济要实现新的增长关键在于要从过去过度依赖出口的增长、投资的增长转变为更多地依靠消费的增长（见图4）。

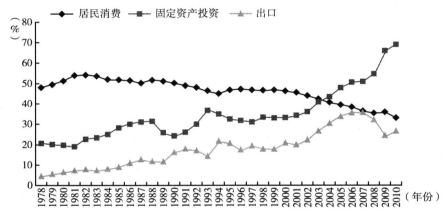

**图 4　1978～2010 年我国居民消费、固定资产投资及出口占
国内生产总值比重趋势**

资料来源：1978～2011 年《国民经济和社会发展统计公报》。

消费扩张将是未来拉动我国经济增长的主要动力。消费要进入持续扩张的轨道，成为拉动我国经济增长的新动力，就必须解决老百姓没钱可花、有钱不敢花和收入分配不均这三大问题。为此，我国亟须建立一个"消费型社会"。消费型社会的建立需要以社会制度作为基础。在我国，消费型社会之所以没有建立起来，除了在早期受经济发展水平较低的影响之外，很大程度上是因为缺乏一整套完善的社会制度的支撑。由于缺乏社会保障制度，严重制约了公众的消费欲望和消费能力。某种意义上说，社会体制改革是释放我国消费活力、拉动经济增长的重要措施。与此同时，为加强社会事业发展而进行投入，如对建设社会保障体系、发展各级各类教育和培训、构建基本公共服务网络等领域的投资，因涉及民生有利于社会安定和政治稳定、有利于人力资本积累而具有报酬递增性质，是加快转变经济发展方式所要求的投资领域，对于拉动经济增长也具有重要的意义。

二是要通过社会领域改革为经济体制改革营造良好的社会环境。当前，我国社会主义市场经济体制已经基本确立，原来计划经济体制下的社会制度已不足以支撑经济体制改革的需要，迫切需要通过社会领域的改革构建起能够适应我国社会主义市场经济体制的社会制度。特别是在经济发展从高速增长向中速增长转变的过程中，必然会给我们的经济社会发展带来一定的不适应。因此，要通过社会建设，重构社会秩序、重塑社会信心，以应对这种社会的不适应，维护社会稳定。为我国经济发展创造良好的社会环境，确保我国经济发展实现从高速增长阶段向中速增长阶段的平稳转换，确保我国经济的健康稳定发展，为实现党的十八大报告所提出的全面建成小康社会的目标，为实现中华民族伟大复兴的"中国梦"奠定更好的基础。

（二）我国政治体制改革亟待启动，但全面推进需以社会领域改革为基础

社会主义改革就是改革与生产力不相适应的生产关系及上层建筑，其最终目的是广泛发扬人民民主，调动人民的积极性和创造性，解放和发展社会生产力，建设高度的物质文明、政治文明和精神文明。中华人民共和国成立以来，伴随着经济体制改革，我国政治体制改革的进程也在不断推进。特别是党的十七大报告明确提出，"政治体制改革是我国全面改革的重要组成部分，必须随着经济社会发展而不断深化，与人民政治参与积极性不断提高相适应"。党的十八大报告重申了这一观点，并提出要"继续积极稳妥推进政治体制改革，发展更加广泛、更加充分、更加健全的人民民主"。但总体而言，我国全面启动政治体制改革的时机还不成熟，当前比较可行的方案是通过社会领域改革为我国即将到来的政治体制改革奠定基础。

1. 当前我国进入了改革的"攻坚区"和"深水区"，政治体制改革的任务更为紧迫和艰巨

党的十八大对于在 2020 年全面建成小康社会的目标和任务已经作了全面

规划和部署。在贯彻和落实这一发展目标的过程中，无论是实现经济转型还是深入发展社会主义市场经济，无论是构建社会主义和谐社会还是推进构建社会主义先进文化，都对政治体制改革发出了强烈的呼唤。特别是在国际金融危机爆发后，我国政治体制改革的必要性、重要性和紧迫性空前凸显，能否顺利推进政治体制改革，已经成为决定我国发展命运的关键要素之一。

与此同时，经过改革开放30多年的发展，我国综合国力显著增强，人民生活水平不断提升，到2011年我国GDP已经超过日本，成为仅次于美国的第二大经济体。1978年中国人均GDP只有154美元，是典型的低收入国家，到2012年，人均GDP上升到6078美元（见图5），中国正在从一个典型的低收入国家迈入上中等收入国家的行列（见表1）。

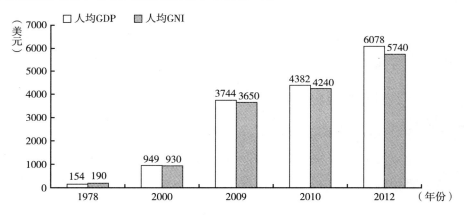

图5　1978～2012年我国人均GDP与人均GNI变化

资料来源：中国宏观经济数据。http：//finance. sina. com. cn/worldmac/indicator _ NY. GDP. MKTP. KD. ZG. shtml。

注：以现价美元计算。

表1　世界银行分类标准（人均GNI）

单位：美元

类　别	1990 年	2000 年	2011 年
低　收　入	≤610	≤755	≤1025
下中等收入	611～2465	756～2995	1026～4035
上中等收入	2466～7620	2996～9265	4036～12475
高　收　入	>7620	>9265	>12475

资料来源：1990～2011年历年世界银行分类标准。

注：以现价美元计算。

伴随着经济实力的增强，我国社会发展进入了由生存型社会向发展型社会转型的新的发展阶段，呈现明显的阶段性特征。主要表现为，发展方式逐步由粗放型向科学化转变，需求结构从温饱型向发展型转变，利益格局从相对单一向日益分化多元型转变，政治参与从动员式为主向自主式参与转变，思想文化、价值取向、行为规范从高度统一性向日益增强的独立性、选择性、多变性、差异性转变，信息传播从单向封闭向互动开放转变，社会管理从党委政府机制统一领导逐步向政府、市场、社会组织共同参与转变。社会发展的阶段性变化和全面转型，我国城镇化、工业化进程的不断加速，使得居民的消费类型和行为发生了重大改变，我国正进入一个矛盾凸显期。这就要求我国当前的政治体制改革不能再是单纯的"存量改革"，而应该是"增量改革"，即不仅要解决改革开放以前原有政治体制的问题和弊端，更要破解发展社会主义市场经济以来产生的新矛盾和新问题。这就使得我国政治体制改革面临的情况更加错综复杂，涉及问题繁多，时间更紧、难度更大。

2. 我国全面启动政治体制改革有待时机成熟，需要通过社会领域改革奠定基础

民主是现代政治的核心要素，也是我国政治体制改革的重要任务。从长远看，民主化不可避免。但是，以选举民主为核心的民主化需要一个强有力的制度基础，需要一个强大的中产阶级，需要一个公众参与的文化氛围，来使得暴力因素最小化，保证政治制度的稳定。社会领域改革的目标就是要为民主化确立社会制度，培育中产阶级，营造参与氛围。也就是说，通过社会领域的改革可以为下一步进行政治体制改革打好基础，做好准备；同时，社会领域改革也是一种民主化的动力。从西方国家民主化的进程来看，从早期的原始资本主义到福利资本主义或者社会主义成分的资本主义，都是通过社会领域改革实现的。而社会领域改革的动力则来自社会本身。

当前，我国正处于全面转型发展的重要阶段，机遇与挑战并存。十八大报告提出"必须加快推进社会体制改革，推进社会管理创新"。这就要求当前我国应该以加强社会领域改革为重点，通过社会领域改革为经济的持续发展寻找新的突破口，推进经济体制改革的深化；同时，要通过社会领域改革培育壮大民主化力量，为我国亟待进行的政治体制改革奠定良好的制度基础、群众基础

和文化基础。加强社会领域改革，要以保障和改善民生为重点，坚持和维护好最广大人民的根本利益，健全基本公共服务体系，完善社会领域体制机制，努力推动中国特色社会主义社会体制的自我完善和发展，为社会建设与经济建设、政治建设、文化建设、生态文明建设协调发展提供强有力的体制保障。

二　我国实施以政府管理为主体的社会建设模式

在当代社会建设中，社会建设行动一般是政府组织公共性的社会行动，政府是社会建设行动主体中最重要的组成部分。区别于美国的在高度法制化背景下的社会建设模式和欧洲国家的与政党发展紧密联系的社会建设模式，我国推动社会建设的模式以政府管理为主体、为依托，政府是社会建设的核心主体，发挥着主导性作用。

社会建设的顺利推进需要有明确的承担主体。明确了承担主体，才能把社会建设的各项内容付诸实践，落到实处。作为一项重大的社会实践活动，"如果不明确承担主体，不能将应当承担的职责落实到具体的载体上，那社会建设就有落空的危险"。2004年召开的党的十六届四中全会正式提出了"建立健全党委领导、政府负责、社会协同、公众参与的社会管理格局"[①]，党的十八大报告在十六字的基础上，增加了"法治保障"，这实际上是一种国家（执政党和政府）主导、社会协同和公民参与的多主体合作管理模式。从国家的全面控制和包办代替的社会管理模式转变为国家主导、社会协同和公民参与的社会治理模式，既符合我国目前的国情，又是一种社会建设上的进步，为多元、协商、合作与共治指明了方向。

（一）政府：社会建设的核心主体

政府来源于社会，是以社会为基础并由社会所决定。在社会发展的任何阶段，政府作为社会的公共领域，是普遍利益和普遍意志的代表。社会是特殊利益的场所，其中又存在着普遍利益，而社会的普遍利益不可能由社会自己来协

---

① 党的十六届四中全会《中共中央关于加强党的执政能力建设的决定》。

调与维持，这种矛盾催生出了代表社会的普遍利益或切实反映社会的普遍意志的责任政府。政府作为公共权力的机关，通过一系列法律制度使社会活动限制在一定的秩序内是政府社会建设的重要职能。政府是我国社会建设的核心主体，其发挥的职责具体体现为：

一是政府是社会建设规则的制定者。社会建设涉及一系列社会管理体制规则、具体的社会运行制度和机制，如社会保障制度、社会事业建设的投入体制、社会利益关系协调机制等，这些制度、规则，只有政府有能力、有权威来制定。政府是制度、规则的制定者和提供者从来就很明确，而且具有唯一性。在我国，社会建设的许多实际事务，需要政府进行必要的规划、组织、管理和协调。

二是政府是社会建设资源的提供者。社会建设是一个庞大的公共行动体系，需要大量公共资源的支持。在我国，只有政府有能力最大限度地调动社会的公共资源，通过税收、公共财政等形式给予社会建设必要的投入，为社会建设奠定必要的物质基础。

三是政府是社会公共产品的生产者和提供者。提供公共服务是服务型政府的重要职能之一，这就决定了在社会建设过程中，政府还承担着部分公共产品和准公共产品的生产和供给。

（二）社会组织：社会建设的实施主体

处理好政府与社会组织在社会建设中的关系是我国社会建设过程中需要解决的关键问题之一。政府是社会建设不可或缺的核心主体，但是政府的社会建设行动也面临一系列不足和瓶颈，而各类社会组织以其灵活性、高效率和自由选择等特征能有效弥补政府的不足。"毫无疑问，政府对社会建设负有主要责任。但是进入公共管理时代，政府只是社会建设的核心主体，社会组织与更大范围的公众参与一起构成社会建设中的不可或缺的主体"。政府提供公共服务的功能要"归位"，促进社会组织发展，加强政府与社会组织之间的分工、协作以及不同社会组织之间的相互配合，是有效配置社会资源与社会机会、加强社会协调、化解社会矛盾的有效途径。

社会组织是政府行政权能向社会延伸、细化的关键，也是缩减执行公共政

策的契约和交易成本的重要因素，更是社会文明与和谐社会价值的倡导者和推动者。在我国，政府以外的各类社会组织主要包括事业单位、群众团体、民间组织、社会中介组织等，这些社会组织构成了社会的"第三部门"，它们是现代社会建设的重要主体，是政府与群众之间的纽带，是政府的伙伴，为社会成员提供政府和市场不能提供的公共服务，从而有效弥补了政府和市场的缺陷。近年来，我国的社会组织有了较快的发展，但总体来看发育还不够完善，无论在数量上还是职能的发挥上都还很弱小、很不健全。大力发展社会组织，充实社会建设的重要力量，是健全社会建设主体的当务之急。

（三）企业：社会建设的市场主体

在当前社会建设的大背景下，作为与人民生活息息相关的"第二部门"，企业理应成为社会建设的主体，承担越来越多的社会责任。注重和强调社会责任，既是企业立足之本，也是回报社会的重要途径。作为社会建设的市场主体，企业无论是生产产品还是提供服务，都应该更强调一种社会责任和社会良知，都应该将企业行为向更深广的社会责任领域延伸，致力于实现更大的社会价值。

（四）社会公众：社会建设的参与主体

在西方发展历史中，一个独立于政治国家的市民社会不仅适应了社会异质性的公共需求，培养了公民民主的生活方式和公共精神，而且有效地填补了政府权力的合法性空白，减轻了政府的行政负担。

社会建设与人民生活密不可分，与人民幸福息息相关。社会建设的核心目标就是维护人的尊严和满足人的需要，社会秩序与社会整合只是社会建设的工具性目标，它的终极价值和最终目的是改善人民生活质量与提高社会福利，增进社会绝大多数人的最大幸福。在社会主义初级阶段，社会建设的重点工作就是保障和改善民生。对于通过社会建设构建出一个什么样的社会，社会建设的满意度如何，也只有社会成员最有发言权。作为一项民生工作的实践，每一位社会成员都有理由、有权利、有责任积极参与和推动社会建设。同时，从现有的经验来看，社会成员积极参与社会事务也是我国社会建设取得成功的重要力量来源。

三　我国社会建设的宏观体系设计与完善

社会建设是一项系统性工程。有效推进我国社会建设，重点是构建一套完善的宏观制度体系。特别是当前，我国社会建设已经成为我国发展的重要战略重点和战略任务，已经不能再单纯依靠基层政府和社会公众的具体、微观、个体化的行为来解决。基于我国以政府管理为主体的社会建设模式，加强我国社会建设的宏观制度体系建设，必须要依靠国家层面给予充分的重视，通过构建一套普适性的宏观制度体系和行之有效的领导机制和组织架构为社会建设提供制度保障，只有这样，我国的社会建设才能得到真正落实和有效推进，我国的全面小康社会才能从"中国梦"变成现实。

（一）完善领导机制——社会建设委员会

1. 科学健全的领导机制是我国社会建设有效推进的保障

从新中国成立60多年的建设实践来看，我国各项事业、战略部署的有序推进和全面落实都离不开强有力的组织保障，既需要党委领导的高度重视，也需要专职负责的职能部门，根本上说是需要一个完善的领导机制全面统筹把握和有序推进。社会建设是事关我国社会主义和谐社会能否构建、全面小康社会能否实现、"中国梦"能否变为现实的重要战略任务，全面推进社会建设一定要从领导机制上加以落实，要有一个能够整合各种资源和力量的机构，才能把这件大事办好。

2. "党委领导、政府负责"是我国社会建设宏观制度体系的总原则

纵观我国社会建设的全过程，党委领导、政府负责的社会建设思路是我国社会建设推进的重要原则，也必将成为未来我国实施好、落实好社会建设战略的重要保障。因此，"党委领导、政府负责"是我国社会建设宏观制度体系的总体原则和基本理念。

一方面，科学制定社会建设战略关键在党。社会建设不仅仅涉及教育、文化、卫生、社会保障等社会事业的建设，更是一项全局性、系统性的工程。有效推进我国社会建设，党委领导是根本。只有在党的统筹领导下，才能把我国

社会建设摆在正确的位置，保证社会发展战略符合中国特色社会主义总体战略布局的要求。必须按照党的十八大报告中提出的"五位一体"的总体格局的要求，从宏观的战略层面进行统筹把握。这就意味着推进社会建设关键在党，要充分发挥党委"纵览全局、协调各方"的领导核心作用。离开了党的领导，社会建设就失去了根本保障，就会偏离社会主义方向。

另一方面，社会建设战略推进落实在政府。党的十八大报告从教育、就业、收入、社会保障、健康水平、社会管理六个方面明确了我国当前社会建设的重点任务，我国社会发展战略的落实和推进需以政府为主导，统筹推进。在这一过程中，政府要进一步增强服务意识，确保社会建设中政府不能缺位，也不能越位和错位。

3. 成立社会建设委员会统筹协调社会建设相关工作

长期以来，受体制机制和发展重心的影响，我国社会建设的工作被分散到各个职能部门，无论是中央还是地方都缺少一个能够全面统筹的机构或者机制来保障社会建设的有效推进。在国家层面，当前社会建设的相关工作由发改委中的社会发展司来负责，作为发改委35个司中的一个，社会发展司显然难以胜任社会建设这一战略性的全局工作。在基层，当前社会建设的工作主要由民政、政法、街道等部门以及社会组织共同负责，由于这些部门和单位的工作具有独立性，缺少相应的负责部门牵头，造成当前社会建设"纵向不畅通、横向无合力"的尴尬局面。所以，亟待从中央层面建立一个能够统筹协调各方资源，理顺上下关系的社会建设领导机制，全面推进社会建设。

为了统筹各项社会建设事务、合并社会建设事项、减轻基层负担，建议像20世纪80年代进行经济建设时一样，在国务院成立社会建设委员会，在国家层面整合各方面的资源，实现对整个社会建设的宏观统筹、规划、组织、控制和监督，确保社会建设各项工作顺利推进。社会建设委员会可隶属于国务院，受中央和国务院双重领导。中共中央是社会建设委员会的组织领导机构，负责对社会建设委员会的监督指导，确保社会建设各项工作的政治性、科学性和方向性；国务院是社会建设委员会的最高行政领导机构，负责对社会建设委员会各项工作的监督、考核，确保社会建设各项工作有序推进。社会建设委员会要负责协调与社会发展相关的社会工作、教育科学、城乡建设、文化、财政、交通、人口卫生等部门的组织协调工作。

社会建设委员会牵头成立社会建设领导小组，中共中央常委、国务院总理为组长，由社会建设委员会、国家发展和改革委员会、教育部、科学技术部、公安部、安全部、民政部、财政部、人力资源和社会保障部、环境保护部、住房和城乡建设部、文化部、卫生和计划生育委员会等 12 个国家部委及 32 个省市自治区的党委书记共同组建。社会建设领导小组定期就国家及区域社会建设的重点、难点问题进行研讨，全面统筹推进社会建设工作。社会建设委员会负责定期召开社会建设联席会议，研究制定国家社会建设的相关政策、法规和发展规划，研究社会体制改革的重难点问题，统筹协调其他部门和地区的社会建设工作。12 个国家部委负责全面参与、配合社会建设委员会的相关工作，为社会建设各项工作的开展和落实提供必要的支持和保障。32 个省市的党委书记作为该地区社会建设的主要负责人，定期向社会建设领导小组汇报地区社会建设的工作，反映当前存在的突出问题，并按照社会建设领导小组的相关安排推进地区社会建设。

（二）健全组织机构——1 委 1 办合署办公的组织架构

1. 基层组织架构的创新实践为社会建设组织机构创新奠定了坚实的基础

十七大以来，各地相继成立了社会建设工委、社会工作办公室、社会管理办公室等，主抓社会建设和社会管理工作，也有由社会管理综合治理委员会或民政部门主管的。这些组织机构在推进地区社会建设方面发挥了重要作用。下面我们分析几个重点地区的具体做法。

一是北京市成立社会建设工作办公室，与社会工作委员会采取合署办公的组织机构方式。2007 年，根据中共中央、国务院的批准，按照北京市人民政府机构改革方案和《北京市人民政府关于机构设置的通知》，北京市成立北京市社会建设工作办公室，并采取与北京市委社会工作委员会合署办公的组织设置方式。在隶属关系上，社会工作委员会是负责本市社会建设工作的市委派出机构，市社会建设工作办公室是负责本市社会建设工作的市政府组成部门。社会工作委员会书记、副书记同时兼任北京市社会建设工作办公室主任、副主任，社会建设办公室副主任同时也是社会工作委员会的委员。

在职能划分上，北京市社会工作委员会的主要职责包括贯彻执行党的方针路线，研究北京市关于社会建设的总体规划、重大方案及政策，全面协调、指导、监督社会建设各项工作的推进及落实情况，负责社会领域党建工作。北京市社会建设办公室主要负责贯彻国家关于社会建设的相关法律法规、政策文件，制定本市社会发展的总体规划及社会领域改革的相关政策，组织协调相关部门起草、制定社会建设各领域的地方性法规草案，指导、推进社区和社会组织的发展，推进社会公共服务体系的建设，对北京市各区县的社会建设工作进行指导和监督。①

二是上海市成立社会建设委员会，其办公室设在市社会工作委员会。2009年11月，根据上海市委、市政府《关于建立上海市社会建设工作领导小组及其组成人员的通知》，建立上海市社会建设工作领导小组，下设办公室，设在中共上海市社会工作委员会。2012年7月，上海市社会建设工作领导小组更名为上海市社会建设委员会，下设办公室，为委员会具体工作部门，办公室设在市社会工作党委。从隶属关系上，上海市社会工作委员会是中共上海市委的派出机构，根据市委授权，负责对本市新社会组织、新经济组织党的工作的指导、协调、研究和督查。上海市社会建设委员会办公室设在市社会工作党委，其主要职能是就本市社会建设开展调查研究、进行统筹规划、提出政策建议、加强指导协调。市社会工作委员会党委书记兼任社会建设委员会办公室主任，社会工作委员会副书记、秘书长、巡视员等不兼任社会建设委员会办公室副主任。②

三是成都市成立社会建设工作领导小组办公室，与精神文明建设办公室合署办公。2011年，按照《成都市关于深化社会体制改革　加快推进城乡社会建设的意见》，成都市建立社会建设工作领导小组，统筹全市社会建设。领导小组由市委、市政府领导担任组长、副组长，市委、市政府相关职能部门和工会、共青团、妇联等人民团体为成员单位。领导小组主要职责是总体规划，统筹协调全市社会建设工作。领导小组办公室与成都市精神文明建设办公室合署

---

① 参见北京市社会建设工作网站，http://www.bjshjs.gov.cn/。
② 参见上海社会建设网，http://www.shshjs.gov.cn/。

办公，并配备相应编制和经费，主要负责市社会建设工作领导小组日常工作，具体包括：组织贯彻落实中央、省、市关于社会建设的方针、政策，组织开展本区域城乡社会建设问题的调查研究，并提出政策建议；组织拟订本区域城乡社会建设的总体规划，并协调推进实施；督促检查区（市）县社会建设领导小组决策部署的贯彻执行情况；承办区（市）县社会建设领导小组的会议、文电等日常工作；承办区（市）县社会建设领导小组交办的其他事项。

从北京、上海、成都社会建设的实践来看，社会建设的组织机构多与社会工作委员会、精神文明建设委员会等机构采取合署办公的形式，在职能设置上主要包括统筹区域社会建设工作、制定社会建设规划、推进公共服务等内容。这些都为建议成立的社会建设委员会的组织架构提供了很好的实践基础和参考借鉴。

2. 建议实行 1 委 1 办合署办公的社会建设组织架构

所谓 1 委 1 办合署办公的组织架构是指：社会建设委员会下设社会建设办公室和社会工作委员会两个职能部门。两个部门采取合署办公的方式：社会建设办公室是国家最高行政机关的派出机构，直接隶属于国务院；社会工作委员会是中共中央派出机构，对中央负责。社会建设办公室接受社会工作委员会的监督、考核。同时，社会建设委员会的党委书记、副书记任社会建设办公室主任、副主任，社会建设办公室副主任应同时是社会建设委员会委员。成立 1 委 1 办合署办公的社会建设组织架构是基于以下几个方面考虑。

一是符合我国大部制改革的基本价值理念。2008 年以来我国推进的"大部制"改革战略，关键是要通过改革实现政府机构与经济社会发展结构相一致，逐步提高政府的社会治理和公共服务能力，避免出现政出多门的现象。2013 年启动的新一轮大部制改革也正是这一理念的重要实践。当前，社会建设作为我国重要的发展战略，社会管理和公共服务作为我国政府的重要职能，迫切需要建立一个政府机构全面统筹社会建设工作。在这一过程中，实行 1 委 1 办合署办公的组织架构，将党委领导和政府负责的社会建设有机结合起来，既可以避免政出多门的现象，又可以减少政府部门，提高行政效率和服务水平。

二是具有良好的基层实践基础，避免地方政府机构大幅度调整。当前，除北京、上海、成都以外，我国各地纷纷成立了社会工作委员会，并且很大程度上履行社会建设的部分职能，通过多年的发展，社会工作委员会的组织架构在地方政府和基层政府之间已经有了较大范围的实践和探索，形成了一定的模式。社会建设委员会采用1委1办合署办公的组织架构，地方政府可以在原有社会工作委员会的基础上，在职能设置、组织机构、人员编制等方面按照社会建设委员会的要求进行必要调整，避免地方政府因大幅度的机构调整而带来的种种弊端，确保社会建设的有序推进。

三是符合社会建设工作规律，有利于提高社会建设水平。从社会建设工作本身来看，其与社工委的各项工作也有着千丝万缕的联系。社工委作为党委的派出机构，与广大社会组织、社区、社会公众有着密切的关系，而这些也正是社会建设的重要主体，将社会建设办公室设在社工委既可以有效整合各种社会资源和社会力量参与社会建设，又可以同时受党委和政府的双重领导，有效推进社会建设各项工作。

因此，建议在县级（直辖市为区级）及以上社会建设委员会的组织机构的设置上，按照"上下有别、分合有序"的原则，成立社会建设委员会办公室，作为政府职能部门，负责本地区社会建设，开展调查研究、进行统筹规划、提出政策建议、加强指导协调；建立并完善社会工作委员会，作为上级党委的派出机构，根据上级授权，负责对本市新社会组织、新经济组织党的工作的指导、协调、研究和督查。社会建设委员会办公室与社工委合署办公，地方党委、政府的一把手共同对本地区的社会建设工作负责。

（三）出台改革意见——《中共中央国务院关于社会体制机制改革的意见》

1. 现有的社会体制制约了我国社会建设各项事业的发展

我国现行的社会体制形成于20世纪50年代中后期，是我国计划经济的重要组成部分，为计划经济体制服务。在这一背景下形成的社会体制，如户籍制度、城乡二元结构等对我国经济社会发展产生了深远的影响。虽然随着我国经济体制的改革和完善，我国在社会体制的各个方面也进行了一系列改革，取得了一定的成效，但总体而言，当前的社会体制还不能适应社会主义市场经济体制的要求，计划经济体制的色彩仍旧明显，这就造成了我国经济与社会两套体制并行，产生了许多矛盾和问题。实践证明，社会体制不改革，社会建设就不能顺利进行，最终必然会影响我国经济的发展，导致各种社会矛盾的集中爆发，严重威胁我国经济社会的发展。因此，必须通过社会体制改革，为社会建设扫清制度障碍。

2. 参照经济体制改革的经验出台社会体制改革的工作意见

历史的经验证明，我国的经济体制改革释放了社会生产力，构建起了符合中国国情和市场经济需要的经济体制，创造了经济发展的"中国奇迹"。可以说，我国的经济体制改革是成功的。我们要像当初抓经济建设一样抓社会建设，也要像推动经济体制改革一样推动社会体制改革。经济体制改革中积累的很多经验和做法可以借鉴到社会体制改革的过程中。

党的十二届三中全会通过的《中共中央关于经济体制改革的决定》，标志着我国经济体制改革的序幕正式拉开。这份决定明确提出："改革经济体制，是在坚持社会主义制度的前提下，改革生产关系和上层建筑中不适应生产力发展的一系列相互联系的环节和方面。这种改革，是在党和政府的领导下有计划、有步骤、有秩序地进行的，是社会主义制度的自我完善和发展。改革的进行，只应该促进而绝不能损害社会的安定、生产的发展、人们生活的改善和国家财力的增强。"当前，我国开展社会体制改革的共识已经达成，而将这种共识转化为实际行动，迫切需要像经济体制改革那样，由中央研究制定出台一个关于社会体制机制改革的意见和决定，只有这样，才能凝聚全社会的共识，从中央到地方、从政府到社会再到公众之间形成社会改革的信心和决心，才能保证社会体制改革工作的有条不紊和顺利推进。

3. 关于社会体制改革意见任务的设想

推进社会体制改革，必须从我国国情出发，以科学发展观为指导，处理好政府与社会、中央与地方、德治与法治、长远与现实的关系，按照整体设计与因地制宜、统筹规划与分类实施、突出重点与兼顾其他、长远设计与分部推进相结合的原则，系统推进。

社会体制改革需要有总体制度性安排。党的十八大提出"必须加快推进社会体制改革。要围绕构建中国特色社会主义管理体系，加快形成党委领导、政府负责、社会协同、公众参与、法治保障的社会管理体制，加快形成政府主

导、覆盖城乡、可持续的基本公共服务体系，加快形成政社分开、权责明确、依法自治的现代社会组织体制，加快形成源头治理、动态管理、应急处置相结合的社会管理机制"，这也是我国推进社会体制改革的重点和方向。

（四）制定发展规划——国家社会发展规划

1. 社会建设需要系统性、全局性的战略安排

发展规划是对一个国家或者地区未来较长一段时间内总体发展战略的重要部署以及未来发展任务的阶段性安排。目前，发展规划是我国宏观调控体系的重要组成部分，旨在正确运用经济的、法律的、行政的各种手段促进宏观目标的实现，保持经济社会协调发展。社会建设是一项系统性工程，其有效推进离不开系统的、全面的、统一的发展规划。当前，我国经济社会发展的规划体系主要是包括总体规划和专项规划两部分。而以五年为一个周期的"国民经济和社会发展规划"作为我国经济社会发展的总体规划，是我国当前从中央到地方各级政府经济社会发展的重要纲领和指导性文件。通过分析看出，目前五年总体规划无论是从内容的设计还是篇幅的安排来看，都是以经济建设作为主要内容，社会建设虽有设计但是所占篇幅很少；其整个规划的逻辑多以经济建设为主导，社会发展的目标仍停留在解决影响经济长远发展的社会性问题，忽视了社会发展其本身的逻辑，这有悖于当前社会建设已经成为我国重大发展战略的时代背景。与此同时，当前关于社会建设的专项规划体系尚不完善，关于社会结构、社会组织、公民社会、公益慈善事业等社会建设重要领域的规划，在目前的规划体系中多有缺失。

2. 社会建设要立足中国发展实际分阶段推进

根据社会学家陆学艺先生关于我国社会建设的分析和设想，我国社会建设的最终目标是实现社会现代化，而社会现代化建设是一个宏大复杂的系统性工程，不可能一蹴而就，其发展将经历三个阶段：改善民生事业、发展社会事业、加强和创新社会管理，为第一个阶段；着力推进社会体制改革，实现城乡一体化，理顺社会关系，形成一个与社会主义市场经济体制及现代化经济结构相协调的合理、开放、包容的现代社会结构，为第二个阶段；实现"民主法治、公平正义、诚信友爱、充满活力、安定有序，人与人和谐相处的社会主义

和谐社会"的社会现代化，为第三个阶段。①

3. 社会发展规划主要内容的构想

在社会发展规划的制定上，要根据社会建设的"三步走"战略，制定社会建设的五年规划和社会建设长远发展规划。长远规划要根据我国社会主义和谐社会的发展目标，从构建一个与社会主义市场经济体制相适应的现代化社会的目标出发，确定我国社会建设的目标、原则和发展战略。

五年规划作为我国社会发展的中期规划，是对长远规划的落实。通过立足我国当前经济社会发展实际，对长远规划的战略任务进行细化和分解，具体是在完成社会建设第一阶段任务，为第二阶段全面推进社会体制机制改革奠定良好的基础。五年发展规划要明确加大社会性投入，为社会建设提供坚实稳定的财政保障，为各项社会事业的建设和社会发展奠定良好的物质基础。

参考文献

丁元竹：《中国社会建设战略思路与基本对策》［M］，北京大学出版社，2008。

张静、关信平：《中国社会建设与发展研究》［M］，中国人民大学出版社，2009。

陆学艺、唐军等：《中国社会建设与社会管理对话·争鸣》［M］，社会科学文献出版社，2011。

何增科：《中国社会管理体制改革路线图》［M］，国家行政学院出版社，2009。

王秀琴：《中国共产党领导中国特色社会主义社会建设的经验研究》［J］，《哈尔滨市委党校学报》2008 年第 5 期。

李韬、邹农俭：《社会建设的承担主体与动力机制探析》［J］，《常熟理工学院学报》2012 年第 5 期。

蒋占峰：《社会建设领域政府的角色定位》［J］，《河南师范大学学报》2009 年第 5 期。

秦燕：《政府推动社会建设的基本逻辑》［J］，《政府改革与创新》2012 年第 4 期。

于福君：《系统科学与我国社会改革发展战略的研究与探索》［J］，《鞍山师范学院学报》2009 年第 4 期。

刘智峰：《中国政治改革的要义是渐进》［J］，《政治发展与治理》2011 年第 3 期。

陆学艺：《社会建设就是建设社会现代化》［J］，《社会学研究》2011 年第 7 期。

---

① 陆学艺：《社会建设就是建设社会现代化》［J］，《社会学研究》2011 年第 7 期。

理论探索篇

Theory Exploration

B.2
新型城镇化背景下流动人口融入城市
亟待解决的重点问题

摘　要：

　　人口流动不仅推动了我国经济的高速发展，同时引发了最为深刻的社会阶层结构、流动人口生活方式和价值观念等的巨大变化。2013 年是新型城镇化的破题之年，如何做到以人为核心实现城镇化，成为新一届中央政府规划和实施城镇化战略的重点。在这一背景下，如何解决好流动人口问题，就成为当前我国经济社会发展保持持续良性运行、切实推动新型城镇化战略必须解决的重要课题。

关键词：

　　新型城镇化　　流动人口　　融入城市

　　流动人口在国际上被称为"国内移民"（internal migration），在我国主要是指在现行户籍制度条件下产生的，离开了户籍所在地到其他地方工作居住的人口。曾有学者用六个"最"来评价我国的流动人口："一个人类历史上规模最大的群体，在最短的时间内，涌入最没有准备的城市，承托起规模最大的制造业，创造出数量最多的廉价商品，用最低廉的成本改写了世界经济版图。流动人口的产生和存在不仅作为最活跃的生产要素推动了我国经济的高速发展，同时还引发了最为深刻的社会变迁。"① 当前，在实施新型城镇化的战略背景下，这样一个庞大的特殊的社会群体，如何有序融入城市，已经成为我国在经济社会发展中亟待解决的一个社会性问题。

一 新型城镇化背景下流动人口融入城市的新趋势

（一）新型城镇化成为我国未来发展的重要战略支点

诺贝尔经济学奖获得者斯蒂格利茨曾把"中国的城镇化"与"美国的高科技"并列为影响 21 世纪人类发展进程的两件大事。中国是世界上人口最多的发展中国家，解决好农业、农村、农民问题事关重大，是党和政府工作的重中之重，必须用改革创新的思路，探索出一条具有中国特色的新型城镇化发展道路。为此，新一届中央领导集体确立了新型城镇化的发展战略，并对此进行了重点部署。

然而，我国实施新型城镇化战略，并不是在一张白纸上画蓝图。我们必须认识到，过去数十年我国在推进城镇化进程中所积累的诸多问题是无法回避的。城市急速扩张、城乡差距拉大、生态环境破坏、社会矛盾加剧、流动人口激增……如果不能妥善解决这些问题，必将严重影响新型城镇化战略的实施，影响我国全面建成小康社会宏伟目标的实现。

（二）新型城镇化背景下流动人口如何融入城市成为社会关注焦点

大规模的人口流动迁移，是我国城镇化快速发展阶段最为显著的社会现象之一。目前，我国的城市化仅实现了"地"的城市化，尚没有实现"人"的城市化。2012 年，中国城镇化率为 52.57%，实际的人口城镇化率仅为 35%，

远低于 2011 年世界 52% 的平均水平。之所以会出现"实际人口城镇化率"这个指标，就是因为流动人口虽然进入了城市工作生活，但未真正实现"市民化"，在城市内部出现了"新的二元结构"——本地居民和流动人口的分化。进入新型城镇化的发展阶段，可以预见，我国流动人口的规模还将继续增加，流动的广度和跨度还会日益扩大，组织形式和流动方式日趋复杂化，在保持其流动性等基本特征的同时，还呈现一些新的特点和动向。新型城镇化的核心是人的城镇化，关键在于推动流动人口有序融入城市。在这一背景下，如何实现流动人口有序融入城市就成为当前各方关注的焦点问题之一。

（三）当前我国流动人口迁移呈现三大特点与趋势

1. 群体数量庞大，比例明显增长

目前，我国流动人口数量已由 1982 年的 687 万增长到 2011 年的 2.3 亿，其中近 80% 是农村户籍流动人口，[①] 流动人口规模在短短 20 多年时间内增长了 32 倍。随着我国经济社会的快速发展和新型城镇化战略的实施，人口流动迁移将呈现一些新的动向。

第一，流动人口总量持续增加。第六次全国人口普查数据显示，"2010 年我国流动人口数量达 2.21 亿人，占全国人口总量的 16.5%，其中农村户籍流动人口约占 80%"[②]（见图 1）。当前，我国正处于城市化快速推进的关键期，未来 30 年，我国还将有 3 亿农村人口进入城镇，流动人口总量占全国人口总量的比例还将继续提高。

第二，"新生代"流动人口[③]逐步成为主体。《中国流动人口发展报告2012》对流动人口的年龄构成进行分析显示，"2011 年流动人口的平均年龄约28 岁，近一半的流动人口出生于 1980 年及以后"[④]，新生代农民工是其主体（见表 1）。国务院发展研究中心课题组的一项研究也显示，当新生代农民工成

---

① 王培安：《让流动人口尽快融入城市社会》[J]，《求是》2013 年第 7 期。
② 2010 年第六次全国人口普查主要数据公报（第 1 号）。
③ 2010 年 1 月 31 日，国务院发布的 2010 年中央一号文件《关于加大统筹城乡发展力度 进一步夯实农业农村发展基础的若干意见》中，首次使用了"新生代农民工"的提法。
④ 国家人口计生委发布的《中国流动人口发展报告2012》[M]，中国人口出版社，2012，第 25 页。

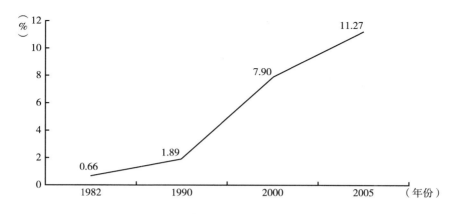

图1　流动人口占全国总人口比例

表1　2009年农村劳动力转移情况

单位：万人，%

年龄分组	劳力总量	比重	非农就业	比重	农业就业	比重
30岁以下	15236	30.4	14155	61.6	1081	4
31~40岁	11978	23.9	5124	22.3	6854	25.3
41岁以上	22903	45.7	3699	16.1	19204	70.7
合　计	50117	100	22978	100	27139	100

资料来源：国务院发展研究中心课题组：《农民工市民化》［M］，中国发展出版社，2011，第105页。

为流动人口主体时，他们进城打工的诉求发生变化，双向流动将被进城定居逐步取代，融入城市的愿望更加迫切。①

　　第三，国家重点培育的城市群和城镇化地区将成为城镇新增人口的重要吸纳地。这是《中国流动人口发展报告2012》得出的基本结论。该报告从流动人口的迁移方向上分析，一直以来，沿海、沿江、沿线城市是我国流动人口的主要聚集地（见表2），规模庞大的流动人口群体主要集中流向东部地区。同时，该报告显示，广东、浙江、上海、北京、江苏和福建等六省市集中了全国八成以上的跨省流入人口。但近年来这种单向集中的态势正在发生转变，由于东部地区劳动力、土地等要素成本上升，资源加工型和劳动密集型产业向中西

---

① 国务院发展研究中心课题组：《农民工市民化》［M］，中国发展出版社，2011，第81页。

部转移加快，中西部劳务输出大省出现人口回流。未来10年，国家重点培育的城市群和城镇化地区将是城镇新增人口的重要吸纳地，预计将吸纳一半左右的城镇新增人口。①

表2　农民工就业区域布局

单位：%

年份	东部地区	中部地区	西部地区
2003	69.9	14.9	15.2
2006	70.1	14.8	14.9
2008	71	13.2	15.4
2009	62.5	17	20.2

资料来源：国家统计局网站。

2. 集聚速度加快，服务需求超载

随着新型城镇化进程的快速推进，以及流动人口规模和素质的双重提升，我国流动人口的结构、流动目的、个体诉求呈现多元化、复杂化的特点，不同群体在服务需求和利益诉求上存在较大差异，直接导致城市公共服务需求的严重超载，影响到城市的健康发展。主要体现为四个方面的矛盾：一是城市就业岗位有限与农村地区劳动力不断释放之间的矛盾；二是服务需求扩大、需求多元与城市管理水平不高、社会事业配套不足之间的矛盾；三是城市人口承载力有限与流动人口规模持续扩大之间的矛盾；四是城镇化带来的城市环境负面效应与生态文明建设要求不断提高之间的矛盾。

3. 收入差距拉大，社会地位不高

低廉的劳动力是支撑过去30多年我国经济高速增长的重要原因之一。我国低廉的劳动力主要是以流动人口为主，长期以来流动人口工资收入处于偏低的水平，同时消费支出压力较大，抗风险能力较弱。与流动人口对我国经济社会发展作出巨大贡献形成反差的是，其获得的社会认同度不高。

---

① 国家人口和计划生育委员会流动人口服务管理司编《中国流动人口发展报告2012》[M]，中国人口出版社，2012，第165页。

第一，农民工工资收入水平总体偏低。国务院发展研究中心的研究调查表明，在2004年之前的12年中，珠江三角洲外来农民工月平均工资仅增长了68元，与当地年均20%以上的GDP增长速度相比，其工资水平几乎原地踏步。① 另外，流动人口的劳动强度较大，《中国流动人口发展报告2012》指出，2011年流动人口的工作时间普遍较长，平均每周工作54.6小时，远超过劳动法规定的每周40小时的工作时间②。由于流动人口大多集中在劳动密集型行业，从而决定了他们要投入更多的劳动来换取一定的收入。总体上，流动人口的收入状况明显地"入不敷出"，在这方面，国家人口计生委发布《中国流动人口发展报告2011》给出的数据可以作为说明。该报告指出，4.5%的流动人口家庭人均收入低于500元，27.0%的家庭人均收入低于1000元。20%的最低收入家庭收入与消费支出比为1：1.12。③

　　第二，收入分配差距扩大。一方面，流动人口的行业间收入差距在扩大。《中国流动人口发展报告2011》指出，流动人口在工资水平排名前五位的行业中就业的比例为21.8%，其中批发零售业17.9%；在工资水平排名后五位的行业中就业的比例为60.6%，其中制造业39.6%。批发零售业的工资水平为3274元，制造业为2196元（见表3）。同时，由于没有建立稳定的工资增长机制，流动人口职业间工资增幅差异较大（见表4）④。另一方面，流动人口区域间的收入差距也呈扩大趋势。地区间收入分配差距继续扩大。2010年国家人口计生委的监测调查结果显示，月平均工资水平东部地区为2600元，中部为2363元，西部为2142元，东部显著高于中部和西部地区。

　　第三，职业分布低端，社会地位不高。目前，我国流动人口的工作范围

① 国务院发展研究中心课题组：《中国农民工问题调查》［R］，《中国经济报告》，2009年4月。
② 国家人口和计划生育委员会流动人口服务管理司编《中国流动人口发展报告2012》［M］，中国人口出版社，2012，第19页。
③ 国家人口和计划生育委员会流动人口服务管理司编《中国流动人口发展报告2011》［M］，中国人口出版社，2011，第11页。
④ 国家人口和计划生育委员会流动人口服务管理司编《中国流动人口发展报告2011》［M］，中国人口出版社，2011，第34页。

表3　2011年流动人口工资排名前五位和后五位的行业分布及其工资水平

单位：%，元

排名	行　业	行业分布	工资收入
1	科研和技术服务业	1.5	4103
2	金融/保险/房地产	1.2	3889
3	教育文化	1.0	3321
4	批发零售业	17.9	3274
5	党政团体	0.2	2996
……	……	……	……
11	住宿餐饮业	10.0	2356
12	卫生	1.2	2320
13	社会服务业	8.8	2240
14	制造业	39.6	2196
15	农林牧渔业	1.0	1821

资料来源：国家人口和计划生育委员会流动人口服务管理司编《中国流动人口发展报告2011》[M]，中国人口出版社，2011，第11页。

表4　2010年流动人口各类职业工资水平增加情况

单位：%，元

职　业	流动人口的职业分布	上半年工资水平	下半年工资水平	工资增长额	工资增长率
国家社会管理	0.1	2956	4028.87	1072	36.27
专业技术	12.6	2933	3252.33	153	5.23
一般办事人员	4.5	2551	2869.97	319	12.50
服务业	25.8	1960	2441.89	482	24.60
生产和运输	37.0	1775	2061.26	287	16.17

资料来源：国家人口和计划生育委员会流动人口服务管理司编《中国流动人口发展报告2011》[M]，中国人口出版社，2011，第34页。

主要集中在技术含量低、劳动密集型的行业（见图2），职业分布的低端性是其主要特点，尤其是农民工群体更为明显。这也决定了流动人口社会地位不高，缺少社会影响力，可供分配的资源有限，没有形成明确的群体利益代表等。

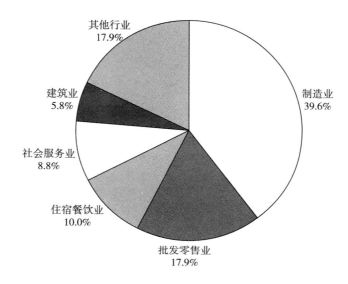

图 2　2010 年流动人口职业分布状况

资料来源：国家人口和计划生育委员会流动人口服务管理司编《中国流动人口发展报告2011》［M］，中国人口出版社，2011 年，第 34 页。

二　当前流动人口融入城市面临四大障碍

当前，流动人口总量、结构、流动趋势和利益诉求都在发生深刻变化，如何让流动人口融入城市的问题日益凸显。流动人口融入城市的意愿、过程和结果折射出他们在流入地的生存状态，其背后体现的是在社会转型过程中不同人群能否享受公平、公正待遇的问题。因此，让流动人口融入城市，不是一个个体问题，而是一种社会现象，反映了一种利益关系、社会资源分配的规则和秩序，涉及国家层面的宏观政策、流入地的经济结构及居民的态度和行为、流动人口的社会经济背景等多方面因素，是推动社会建设过程中不可回避的问题。

（一）流动人口的就业问题

1. 就业是流动人口融入城市的生存之本

就业是生存之本，就业权是劳动权实现的前提，是劳动权的直接体现，也是流动人口所有权利中最基本的权利，是维持其在城市工作生活的根本保障。

社会管理蓝皮书

寻找就业岗位、挣钱谋生增收，是流动人口迁移至城市的原始动力和最主要目的。解决流动人口就业问题，是推动流动人口融入城市的基本途径。流动人口由农村到城市，由外地到本区，由农民到工人，其生活环境、文化氛围等外在的客观条件发生了一系列变化，这就要求他们尽快地从原有的生活模式和价值观念中走出来，接受新的生活方式和观念，以适应新的环境，被城市接受和吸纳。同时就业使城市在现实中肯定流动人口的作用，增强对流动人口的吸纳能力，成为流动人口城市化的直接推动力。正是从这两个方面来说，流动人口就业有利于打破城乡二元社会的割裂，有利于在整合中增强社会的开放性，逐步实现流动人口融入城市。

2. 流动人口进城就业稳定性增加，但无法享受平等就业权

当前，农民工已经占据流入地各类"脏、险、苦、累"工作岗位的绝大多数和制造业、服务业工作岗位的大多数，其就业领域已经从最初的临时性岗位、补充性岗位向各个行业、各类岗位扩张，就业形式的稳定性得到显著提升。但是，受城乡二元体制的影响，目前我国城市中存在着的种种不平等的就业政策，使得城市流动人口成为目前城市里最不稳定、最容易失业的群体。此外，流动人口无法享受平等就业权还表现在城市流动人口就业问题并没有被大多数城市政府纳入城市的社会经济发展规划之内。

3. 改善就业环境，保障流动人口就业的合法权益

流动人口就业问题事关农村剩余劳动力的转移，事关城镇化的大局，不能放任自流，而要从经济社会协调发展的高度，按照建立和谐社会的目标，落实"公平对待、合理引导、完善管理、搞好服务"的要求，采取标本兼治的措施。要在加快工业化和城市化进程中，不断增加就业容量。但更为重要的是，流动人口流入的地方政府要把对进城农民的职业培训、子女教育、劳动保障和其他服务和管理经费，纳入正常财政预算支出，并逐渐探索建立适合流动人口特点的就业保障制度。

（二）流动人口的住房问题

1. 住房是流动人口融入城市的重要基础

住房是人类生存和发展的最基本条件之一。对流动人口来说，住房问题更为重要，因为他们远离家乡，更容易缺乏稳定、适宜的住房条件。解决住房问题是城市流动人口从农民向市民转变，最终融入城市的先决条件。解决流动人口的住房问题亟待纳入新型城镇化战略的实施方略之中。从目前的情况看，住房问题是城市流动人口在城市生活遇到的最基本、最严峻的问题之一。据国家统计局城市农民工生活质量调查显示，改善住房条件是当前在外务工经商的农民工最迫切的愿望。住房是城市归属感的主要来源之一，农民工住房问题在很大程度上影响农民工的留城意愿。在城市拥有或租用比较固定并可以满足一定生活标准的住房，农民工才有可能摆脱"过客"心态，产生在城市长期生活的预期，进而更努力工作，从长计议生活其他方面，如带家属迁移、子女教育等，并不断学习城市文明和行为方式，最终真正融入城市。①

2. 流动人口居住条件较差，住房质量与城市人口相比差距明显

目前，流动人口和户籍人口的住房性质存在明显差异（见表5）。流动人口在城镇居住状况较差，意愿房价房租水平与现实差距巨大，对保障性住房需求强烈。除居住形式之外，居住条件是衡量流动人口居住质量的另一个关键量度。同当地居民相比，流动人口的居住条件简陋，住房面积狭小，基本生活设施缺乏，配套设施不完善（无卫生设施，无独立厨房，生活设施差），居住条件恶劣，存在明显安全隐患。从已购商品房情况来看，"乡－城"流动人口与"城－城"流动人口的差异甚至超过了流动人口与户籍人口之间的差异。以北京为例，乡－城流动人口中已购商品房的比例为4.9%，而"城－城"流动人口中已购商品房的比例为24.6%。

城市中大量的流动人口居住在城郊和城郊结合部，从而形成了各种形式的"城中村"。尤其是近几年城市房价、房租增长过快，"城中村"等农民工集聚地改造加快，城市边缘不断向远郊区扩展，使得农民工的居住成本、通勤成本快速上升。而这些原来的农民居住区，因为农民已经搬走了，成为了典型的流动人口聚集处。国务院发展研究中心课题组2010年调研得出，53.8%的流动人口最希望本地政府以提供低租金房屋的方式帮助其解决居住问题，25.2%的

---

① 国家统计局：《城市农民工生活质量状况调查报告》［J］，《调研世界》2007年第1期。

表5　北京市2010年流动人口与户籍人口住房来源对比

单位：%

住房来源	流动人口比例	户籍人口比例	其他
独租私房	55.1	4.3	40.6
合租私房	7.4	1.1	91.5
单位/雇主提供免费单独住房	3.9	1.7	94.4
单位/雇主提供免费集体住房	10.5	1	88.5
换租单位/雇主房	7.5	8.5	84
合租单位/雇主房	4	2.8	93.2

注：户籍人口住房来源中"其他"一项主要包括自建房、居住在父母的房屋、原有私房、已购公房、房管所的公房（国管、公租房等）、军产房、拆迁回迁房以及借住房等多种渠道。

资料来源：国家人口和计划生育委员会流动人口服务管理司编《中国流动人口发展报告2011》[M]，中国人口出版社，2011。

人最希望本地政府以提供低价位购房机会的方式帮助其解决居住问题，还有21.0%的人表示不需要本地政府帮助其解决居住问题。在对政府期望方面，流动人口和户籍人口的需求存在明显差异。以北京市为例，流动人口希望政府提供低租金房屋的比例远高于户籍人口，希望政府提供低价位购房机会的比例远低于户籍人口（见表6）。

表6　北京市2010年流动人口与户籍人口对政府期望比较

单位：%

对政府期望	流动人口	户籍人口	其他
提供低租金房屋	51.4	11.7	36.9
提供低价位购房机会	26.2	59	14.8
不需要帮助	22.5	29.3	48.2

资料来源：国家人口和计划生育委员会流动人口服务管理司编《中国流动人口发展报告2011》[M]，中国人口出版社，2011，第44页。

3. 建立多渠道住房供应体系，分层次解决流动人口的住房问题

市场机制和政府保障是解决住房问题的两大途径。市场机制在资源配置方面具有高效优势，解决流动人口千差万别的住房问题有赖于市场机制发挥基础性的作用。但与此同时，流动人口作为城市中的弱势群体，解决其住房问题是

政府服务的重要内容。各地政府要通过制定相关政策、建设保障性住房等措施，为流动人口解决住房问题提供必要的保障。针对流动人口以租房为主、住房来源较为单一的现状，政府应拓展低价位的房屋出租供给来源，一方面利用税收优惠等手段鼓励私人部门提供符合要求的出租房源，另一方面加快廉租房、公租房等政府保障性住房的建设和收购。面对流动人口收入状况的巨大差异，应分层次解决其住房问题。可通过设定收入水平、居住年限、纳税年限等标准，将流动人口纳入流入地的城镇住房保障体系，并通过政策、社会舆论等来引导流动人口住房消费观念向更为务实合理的方向发展，将打算购买经济适用住房的人群分流，一部分转向租房，使住房需求结构更为合理。

（三）流动人口的社会保障问题

1. 社会保障是流动人口融入城市的关键保障

近几年来，我国城镇化率以每年 1 个百分点的速度提高，与此同时，农村劳动力转移的速度也在加快，流动人口呈快速增长之势。[①] 党的十八大提出了"2020 年全面建成小康社会"的宏伟目标，这就意味着要把我国数以亿计的农民转化为市民，因此高度重视这些未来城市新市民的权益保障是非常必要的。国家人口计生委发布的《中国流动人口发展报告 2011》显示，我国流动人口生存发展面临社会保险参保率低等问题，我国流动人口的社会保障状况令人担忧。社会保障是国际社会公认的社会发展的"稳定器"和"安全网"。从长远来讲，随着我国新型城镇化战略的实施，流动人口中的一大部分人将成为城市的常住人口，尽早建立起他们社会保障的个人账户对我国经济社会的持续发展具有重要的战略意义。如果流动人口的社会保障体系建设长期拖延下去，会给将来的社会保障体系建设留下难以解决的包袱和隐患。

2. 流动人口参保率低，诸多权力无法得到保障

我国现行的社会保障制度主要以城镇人口为基础，对于流动人口的社会保障基本上还处于初步探索阶段。从社会保障的主体养老保险看，只有北京等几

---

① 《老龄化、城镇化、就业形式多样化——社会保障面对新挑战》[N]，《人民日报》2004 年 9 月 14 日。

个城市实行了面向流动人口的社会养老保险。从各城市的制度推行情况看，流动人口存在参保率低、退保率高的现象。绝大部分流动劳动力没有养老、工伤、医疗、失业等基本社会保障。[①]《中国流动人口发展报告 2011》显示，就业的流动人口中，52.0%没有参加任何社会保险。特别是在工伤风险较高的采掘、制造、建筑业中，参加工伤保险的流动人口比例分别为 58.4%、48.9%和 25.1%，远未达到《工伤保险条例》规定的全部参保要求。[②] 尽管 2004 年中央 1 号文件第一次把农民工作为我国产业工人的重要组成部分提出来，从我国工业化与现代史进程中看，这是一项重大进步，但农民工作为城市中现实的弱势群体，仍然难以进入城市各类保障体系，其合法权益得不到较好的保护。

3. 探索推进流动人口社会保障制度化与法制化进程

当前，各地在解决流动人口的社会保障问题上也有一些实践探索，但多数还停留在试点试验的层面。随着新型城镇化战略的实施推进，关于流动人口的社会保障问题必须纳入整体的政策体系建设之中，要根据人口城镇化的实际需要，充分考虑流动人口的行业特点和就业方式，逐步建立与人口流动性相适应的社会保障制度。特别要针对我国流动人口数量庞大、情况复杂的现实，建立一个全国性支撑网络，实现在更高层次上的统筹，逐步实现流动人口社会保障的制度化与法制化。

（四）流动人口的子女教育问题

1. 子女教育是流动人口融入社会的落脚点

流动人口子女主要是指随父母到流入地的处于义务教育阶段的适龄人口。伴随着流动人口向城市转移，我国流动人口子女的数量逐年增加，流动人口子女的受教育问题受到社会各界的关注。[③] 如何为流动人口子女提供教育成为普及九年义务教育面临的一个新问题。农民工子女的教育问题的本质是当前教育

---

① 程昶志：《我国流动人口社会保障问题研究》［J］，《开发研究》2008 年第 2 期。
② 国家人口和计划生育委员会流动人口服务管理司编《中国流动人口发展报告 2011》［M］，中国人口出版社，2011，第 52 页。
③ 贺慧：《流动人口子女的义务教育权受损问题探讨》［J］，《现代中小学教育》2005 年第 11 期。

不公平的集中体现。关注流动人口子女教育，尊重他们的受教育权利，保证他们"有学上"，是实现教育公平的基础，力争"有好学上"，则是实现教育公平的目标之一。

2. 流动人口子女求学成本高，面临诸多社会问题

流动人口子女教育问题首先表现为求学成本高。目前，我国各地已经把农民工子女就学纳入公办学校，但由于我国义务教育实行的是地方负责分级管理，义务教育的人头经费按户籍划拨，绝大部分城市财政体制没有将进城务工农民子女的教育经费纳入义务教育支出，这就使得流动人口子女在公办学校上学，要承担一定的借读费，导致其求学成本增加。

与求学成本相比，更加难以克服的是流动人口子女在公办学校就读面临的一系列学习、心理等问题。流动人口子女在学校往往容易被忽视，容易产生不平等的心理。如果回到外来务工子弟学校上学，又面临着外来务工子弟学校办学不规范、教师专业化水平低、办学条件差等问题，这使得流动人口子女就学陷入"两难"的境地。

3. 落实"就近入学"原则，依法保障流动人口子女接受义务教育的权利

《国务院关于基础教育改革与发展的决定》指出："要重视解决流动人口子女接受义务教育的问题，以流入地区政府管理为主，以全日制公办中小学为主，采取多种形式。依法保障流动人口子女接受义务教育的权利。"解决流动人口子女在流入地接受义务教育的问题，首先要明确流入地政府的责任，将流动人口子女教育问题纳入当地经济社会发展的总体框架之中。要适当降低公办学校收费标准，研究探索具有"接纳性"的教育教学方法，让流动人口子女能公平享有高质量的国民基础教育。

三 解决流动人口融入城市的关键是推动以公共服务均等化为核心的公共财政改革

（一）流动人口融入城市难的根本性原因是城乡二元结构与区域差异并存的公共服务与公共财政体制

以城乡公共服务均等化为目标推进地方公共财政体制改革，成为构建

"城乡经济社会发展一体化"新格局的重大战略问题。早在党的十七届三中全会就提出，我国已经进入改革城乡二元结构，加快推进城乡一体化的重要时期，指出了以"加快建立城乡统一的公共服务体制"为突破口来改变城乡二元结构的新时期改革战略。与此同时，我国经济社会发展呈现区域间不平衡特征，区域间发展差距的拉大成为城乡公共服务均等化的一大障碍。没有经济统筹作为基础，没有公共服务协调作为融合剂，仅靠上层建筑和公共管理层面的统筹，不可能实现农村经济与现代经济的接轨，也不能扭转和消除形成多年的城乡二元结构与地区差异。

由此可以看出，城乡二元结构与区域间差异显著的公共服务与公共财政体制是流动人口融入城市难的制度性原因，因此推进公共财政体制改革是推进流动人口融入城市，实现基本公共服务均等化的重要突破口。基本公共服务均等化要求所有的社会成员享有大致均等化的公共服务，这就要求公共财政无论在支出、收入还是在目标的运行中都要体现"公共性"的本质，重点是要把流动人口纳入到包括基础教育、公共卫生医疗、社会保障、公共基础设施等在内的服务体系的建设中，纳入到公共财政的范畴。

（二）推动公共服务均等化应处理好两大关系

我国"十二五"规划把推进基本公共服务均等化作为各级政府的一项重要任务，基本公共服务均等化的根本不在于服务本身，而是财政体系建设。当前，推动我国公共服务均等化应处理好以下两大关系。

1. 处理好相对与绝对的关系，客观维护社会公正

社会公正既体现为一种价值理念，也体现为一种制度安排。随着我国社会的深刻变革，影响社会公平正义的各种矛盾和问题日益突出，人民群众对党和政府维护社会公平正义的要求越来越高。[①] 保障全体社会成员公平分享基本公共服务，是维护社会公平正义的基本途径。公共服务是政府的重要职能，是推进和实现社会公正的重要措施和途径。当前，"碎片化"和"二元化"并存是我国目前基本公共服务存在的主要问题，而这种基本公共服务制度与户籍制度

---

① 何建辉：《维护社会公平正义是党的不懈追求》[J]，《红旗文稿》2013 年 6 月。

相互作用、相互强化，造成我国流动人口难以享受均等化的公共服务，这也是我国流动人口融入城市的最大障碍。破解这一问题的关键是要按照城乡和区域统筹的原则建立覆盖包括农民工在内的城市流动人口的普惠公共服务制度。在这一过程中，既要确保公共服务能够覆盖包括流动人口在内的全体居民，确保流动人口与城市居民享有平等的基本公共服务，又要避免过分夸大均等，落入"平均主义"的圈套，避免"过度福利型社会"带来的诸多弊端。

2. 处理好生存与发展的关系，有序安排服务供给次序

基本公共服务均等化是一项长期的工作，推进基本公共服务均等化，必须处理好基本公共服务均等化与公共服务有效供给的关系。基本公共服务均等化的实现有赖于地方各级财力的均衡配置，要按照基础性、紧迫性、现实可行性的原则，分阶段有步骤地推进。基本公共服务均等化重在"保障底线公平"，应客观承认不同地区、城乡、群体间存在的合理差异，实现公平与效率的有机结合，平等与发展的和谐统一。[①] 同时，基本公共服务均等化并不是一成不变的，它是一个随经济发展而不断变化的动态概念，随着经济水平的提高，基本公共服务均等化的涵盖范围将不断扩大，服务水平和服务质量也会相应提高。

近年来，随着越来越多的流动人口聚集到城市，城市的综合承载力面临着越来越大的压力，尤其是城市基本公共服务面临的挑战更加严峻。因此在这个背景下，我们推进公共财政体制改革，首先要处理好生存与发展的关系，以解决对广大人民群众生存发展具有最重要影响的问题，事关人民群众最现实、最直接、最迫切的利益，与我国现阶段经济发展水平和公共财政能力相适应的公共服务为重点，掌握基本公共服务的进程，找准财政支撑点，[②] 做好"底线公平"。

（三）构建以公共服务均等化为核心的公共财政体制应解决好三个问题

党中央、国务院高度重视流动人口工作。中央高层多次对新形势下加强和

---

① 《广东推进基本公共服务均等化　让民众得实惠》[N]，《南方日报》2011 年 11 月 28 日。
② 《广东推进基本公共服务均等化　让民众得实惠》[N]，《南方日报》2011 年 11 月 28 日。

创新流动人口服务管理作出了明确部署。强调要进一步加强和完善对流动人口和特殊人群的管理和服务，把流动人口管理和服务纳入流入地经济社会发展总体规划之中，为人口流动迁移创造良好的政策和制度环境。推进流动人口融入城市，关键是要通过公共财政体制为流动人口融入城市提供必要的物质基础，重点是通过公共财政体制改革解决流动人口融入城市过程中面临的钱从哪里来、钱要怎么花、钱该怎么管的问题。

1. 改革转移支付体制，解决钱从哪里来的问题

完善的政府间转移支付制度是市场经济发达国家缩小地区间财力差距，实现公共服务水平均等化的基本手段，对于基本公共服务的均衡配置起着极为关键的作用。调整财权是主体，均衡财力是核心，关键是解决区域财政的差异性与城乡公共服务均等化的公平性之间的矛盾。

我国流动人口市民化的规模和任务难度是空前的。伴随着人口的迁移，政府管理、社会服务、社会保障的相关资金运营也需要作相应调整，才能不断优化资金分配结构，加快农民工市民化的进程。一方面要由中央政府使用集权的方式集中税收收入，再进行纵向的合理分配，建立以弥补公共预算缺口为主的一般性转移支付体制。我国目前普遍采用的政府转移支付手段中，以各种专项补贴为主，并未普遍建立以平衡财政能力为目的的一般性转移支付制度。另一方面，地方政府应根据各辖区接纳的流动人口情况，及时调整资金配备。逐步形成"合理的纵向与横向财力分布格局，增强基层政府行使职能的财力保障能力"[1]。

2. 建立公共预算体制，解决钱要怎么花的问题

预算管理体制改革与财税体制改革相辅相成，改革预算编制制度，提高预算的规范性和透明度是近年来政府预算管理体制改革的重要内容。自1998年提出建立公共财政框架以来，我国财政制度改革稳步推进，其中实施的一项重要措施就是实行部门预算（综合预算）改革。各级政府逐步进行了一系列财政预算的探索，其中民主理财制度，比如"阳光财政"的推行、参与式预算制度的试点等便是较好的例证。

---

① 金人庆：《完善公共财政制度　逐步实现基本公共服务均等化》[J]，《求是》2006年第22期。

预算管理体制改革首先要考虑的是满足社会公共需要，并根据基本公共服务均等化原则的导向，合理安排财政资金的投向。具体来说，公共财政预算安排要有一定的优先次序，政府预算管理体制改革要充分照顾到我国经济社会发展中存在的农村经济发展水平较低、城乡发展差距较大的问题，将财政供给更多地向农村地区、向流动人口倾斜，为流动人口提供与城镇居民同等的生存机会。

3. 完善财政管理体制，解决钱应如何管的问题

基本公共服务均等化的目标是逐步使全体公民在基本公共服务方面的权利得到基本实现。加强公共财政的监管改革，已成为我国公共服务体制改革和财政管理体制改革的重要组成部分，是推进以民生为重点的社会建设和社会体制改革的重大任务。

与基本公共服务均等化战略相适应，我国亟须从目前推动流动人口市民化面临的最突出问题出发，以加强基本公共服务供给保障为切入点，"对于中央用于流动人口基本公共服务的转移支付奖补资金、财政结算、资金调度可直接划拨和核算到县"①，建立流动人口基本公共服务转移支付奖补资金绩效评价体系，确保资金全部用于流动人口基本公共服务项目，提高行政效率和资金使用效益。

参考文献

国家人口和计划生育委员会流动人口服务管理司：《必须加快建立我国流动人口基本公共服务均等化经费保障机制的步伐》[N]，2010 年 12 月。

陈爱云：《流动人口的社会保障政策分析》[J]，《医学与社会》2006 年第 4 期。

符坚、吴红宇：《流动人口的特征、现存问题和公共政策思考》[J]，《广东经济》2006 年第 3 期。

彭健：《基本公共服务均等化视角下的财政体制优化》[J]，《财经问题研究》2010 年年第 2 期。

项继权：《我国基本公共服务均等化的战略选择》[J]，《社会主义研究》2009 年第 1 期。

---

① 国家人口和计划生育委员会流动人口服务管理司：《必须加快建立我国流动人口基本公共服务均等化经费保障机制的步伐》[N]，2010 年 12 月。

B.3

如何破解新时期特殊人群
融入社会难题

摘　要：

　　党的十八大以来，中央综治委特殊人群专项组贯彻落实党的十八大和习近平总书记关于全力推进平安中国建设的重要指示精神，组织协调各成员单位，研究制定完善特殊人群管理服务制度和政策措施，积极推进各项教育管理帮扶措施落实，进一步做好特殊人群管理服务各项工作。在这一背景下，深入研究新时期的特殊人群问题是一个具有重大现实意义的课题。特殊人群问题是一个社会问题，需要充分发挥政府的主导作用，需要广泛发动社会力量开展综合治理，积极构建适应新时期、新形势、新需要的特殊人群服务管理体系。

关键词：

　　社会管理　特殊人群　融入社会　社会稳定

一　新时期我国特殊人群问题的特殊性

（一）特殊人群的概念及相关政策

1. 特殊人群的概念界定

无论是发达国家还是发展中国家，社会特殊人群作为一种客观存在的社会阶层，均有一定规模，是一种普遍的社会现象。当然，不同的领域对特殊人群的界定不尽相同。可以从生理学、法律领域、社会学等角度去进行定义。

本文着重探讨社会领域中特殊人群的概念。作为一个社会学概念，特殊人群特指那些由于自身的或社会的原因在社会结构中处于特殊地位的某些群体及其生存状况。这些群体往往表现为经济力量、政治力量、文化力量的薄弱。在我国，特殊人群主要包括刑释解教人员、社会闲散青少年、问题青少年、吸毒人员、留守儿童及服刑劳教人员的未成年子女、受邪教蒙蔽人员、长期缠访人员等，是诱发违法犯罪和社会矛盾频发的重点群体。服务管理好特殊人群，减少由其引发的一些社会问题，是促进社会和谐稳定的一项重要任务。

2. 我国特殊人群的相关政策

特殊人群不是一个既定的概念，因此我国历年来有关特殊人群的相关政策也是分类、离散、不系统的。政策内容主要包括刑满解教人员、经济极度窘迫人群、制度边缘化人群、农民工以及其子女等方面。纵观我国政策脉络（见表1），可以发现，新时期我国对于特殊人群的管理服务问题愈发重视。

表1　我国关于特殊人群管理的部分法规制度

颁布时间	法律法规	具体内容
1986年4月12日通过	《中华人民共和国民法通则》	第13条规定："不能完全辨认自己行为的精神病人是限制民事行为能力人，可以进行与他的精神健康状况相适应的民事活动;其他民事活动由他的法定代理人代理,或者征得他的法定代理人的同意。"①
1996年5月15日通过	《中华人民共和国职业教育法》	第15条规定："残疾人职业教育除由残疾人教育机构实施外，各级各类职业学校和职业培训机构及其他教育机构应当按照国家有关规定接纳残疾学生。"②
1996年8月29日通过	《中华人民共和国老年人权益保障法》	第23条规定："城市的老年人，无劳动能力、无生活来源、无赡养人和抚养人的，或者其赡养人和抚养人确无赡养能力或者抚养能力的，由当地人民政府给予救济。"③
1999年3月15日修正	《中华人民共和国宪法》	第45条规定："中华人民共和国公民在年老、疾病或者丧失劳动能力的情况下，有从国家和社会获得物质帮助的权利。国家发展为公民享受这些权利所需的社会保险、社会救济和医疗卫生事业。"④

资料来源：①《中华人民共和国民法通则》（中华人民共和国主席令第三十七号），自1987年1月1日起施行。

②《中华人民共和国职业教育法》（中华人民共和国主席令第六十九号），自1996年9月1日起施行。

③《中华人民共和国老年人权益保障法》（中华人民共和国主席令第七十三号），自1996年10月1日起施行。

④《中华人民共和国宪法》（1982年12月4日第五届全国人民代表大会第五次会议通过，2004年3月14日第十届全国人民代表大会第二次会议通过的《中华人民共和国宪法修正案》第四次修正）。

早在 1991 年 2 月，中共中央、国务院和全国人大常委会出台了《关于加强社会治安综合治理的决定》（以下简称《决定》）。《决定》指出，基层党政组织和公安派出所要落实对刑满释放、解除劳教人员的帮教安置工作。劳动部门要按照国家介绍就业、自愿组织就业和自谋职业相结合的就业方针，积极妥善地安排刑满释放、解除劳教人员就业。企事业单位在招工时，对刑满释放、解除劳教人员应与城镇待业人员一视同仁，不得歧视。《决定》颁布以来，各地、各有关部门在促进刑满释放、解除劳教人员就业和社会保障方面做了大量工作，先后制定了一些政策措施。

1996 年 10 月，中共中央办公厅、国务院办公厅发布了《关于进一步解决部分企业职工生活困难的通知》，提出对困难职工实施生活救助。1997 年 7 月与 1998 年 12 月，国务院先后颁发了《关于建立统一的企业职工养老保险制度的决定》与《关于建立城镇职工基本医疗保险制度的决定》，把基本医疗保险和基本养老保险扩大到城镇所有用人单位。国家还于 1998 年 6 月出台了《关于切实做好国有企业下岗职工基本生活保障和再就业工作的通知》，建立国有企业下岗职工再就业服务中心。1999 年 9 月国务院发布了《城市居民最低生活保障条例》。除国家制定的保障条例之外，各地区还积极出台了对下岗职工等弱势群体的支持政策。

2005 年，中央综治委、司法部等六部委出台《关于进一步做好刑释解教人员促进就业和社会保障工作的意见》。根据该《意见》，在 2005 年底以前，刑满释放人员、解除劳教人员从事个体经营的，国家将给予免征 3 年营业税、城市维护建设税、教育附加和个人所得税的优惠政策。《意见》规定，这两类人员参加由各级劳动和社会保障部门组织的再就业定点单位培训的，经考核合格并实现就业后，可根据有关规定减免培训费用。此外，对司法行政机关与劳动和社会保障部门共同开办或认定的刑释解教人员就业实体，国家也将给予税收扶持。其中，安置刑满释放人员、解除劳教人员达到职工总数 40% 以上的企业，政府可以免征其 3 年的企业所得税金。

2006 年的《政府工作报告》中，第一次使用了"弱势群体"这个词。报告强调，积极扩大就业和再就业是增加居民收入的重要途径，对弱势群体要给予特殊的就业援助。下岗职工、残疾人、孤寡老人、进城的农民工以及优抚对象等，被公认为弱势群体。

2006 年，国务院发布了《关于解决农民工问题的若干意见》，《意见》指出："农民工已成为产业工人的重要组成部分。大量农民进城务工或在乡镇企业就业，对我国现代化建设作出了重大贡献；尊重和维护农民工的合法权益，消除对农民工进城务工的歧视性规定和体制性障碍，使他们和城市职工享有同等的权利和义务；转变政府职能，加强和改善对农民工的公共服务和社会管理，发挥企业、社区和中介组织作用，为农民工生活与劳动创造良好环境和有利条件；输出地政府要解决好农民工托留在农村子女的教育问题；在全社会形成关心农民工的良好氛围。社会各方面都要梳理理解、尊重、保护农民工的意识，开展多种形式的关心帮助农民工的公益活动。"上述政策法规对农民工的社会地位给予清晰定位，这种定位为农民工子女（包括农村留守儿童）教育和发展提供了重要基础。

2004 年至今，未成年人保护和教育问题逐渐引起社会高度重视（见表2），尽管没有专门针对农村留守儿童，但政府对家庭教育的重视、对父母监护责任重要性的规定以及对农民工子女义务教育重要性的强调，为农村留守儿童政策制定提供了明晰的方向。

表 2　留守儿童教育与管理政策分析

类别	主要政策	政策要点	政策评价
中央	《国务院关于解决农民工问题的若干意见》 《中共中央、国务院关于加强和改进未成年人思想道德建设的若干意见》 《中华人民共和国未成年人保护法》 《中华人民共和国义务教育法》	*明确农民工地位、维护农民工权益 *输出地政府担负留守儿童教育的责任 *保护未成年人享有公平的教育机会 *农村义务教育财政保障机制 *关注农村弱势群体	*通过颁布法律法规和政策，为留守儿童教育与管理工作提供基本方向和制度保障 *中央有关留守儿童教育与管理的专门性政策法规和政策尚未出台
省（市）	部分省（市）颁布了有关留守儿童的政策，如湖北、江西、四川、广西等地制定了有关留守儿童教育与管理政策	*强调政府责任、部门合作 *发挥学校主渠道作用 *家庭、社会积极参与 *建构立体式支持网络	*各地围绕留守儿童问题制定了一系列政策 *各地政策实施不平衡：1 部分省市未制定专门的留守儿童政策；2 部分省市政策落实不到位，留守儿童信息库建设及留守儿童调研工作是空白

 续表

类别	主要政策	政策要点	政策评价
县（乡）	部分县制定了有关留守儿童的政策，如四川青神、湖北宜都、江西铜鼓等	*突出学校责任，建构和谐校园 *社区积极参与，建立"留守儿童之家"	*县（乡）大力探索留守儿童关爱活动，取得实效 *县（乡）之间政策实施不平衡，部分县工作力度不大
学校	部分学校特别关注留守儿童健康成长；制定促进留守儿童的工作制度	*改善学校寄宿条件 *"师生结对帮扶" *开设"心理咨询室" *创设丰富多彩校园文化	*部分学校建立留守儿童档案和信息表，教师帮扶效果显著 *部分学校关爱留守儿童工作缺乏实质性进展

（二）特殊人群的特殊性

1. 个体生理与心理特殊

部分特殊人群在生理上有某种缺陷（如聋哑人有言语障碍，肢残人和盲人有行动障碍）或心理上存在某种创伤，以及由于生理缺陷导致的心理上的高度敏感，进而形成心理障碍，这就是所谓的"缺陷群体"。他们活动的场所较少，交流的对象有限，久而久之就容易产生自卑、孤独、烦闷、焦虑、脆弱、消沉、无聊等情绪，有的甚至染上了社会不良习气或对社会曾有过一定危害。个体生理与心理上的特殊性，使他们感到自己被社会所抛弃，觉得自己在公平市场中不具竞争力，进而容易对生活失去信心。对于特殊人群，应该从人本、平等、尊重、真诚等价值观念出发平等待之，给予充分信任和应有尊重，尊重他们的人格、隐私、个性，使其感受到自尊、尊严，并给予热情关心，使其感受到社会温暖，帮助其建立自我认同，找回自信和乐观向上的心态，从根本上激发其上进的动力。

2. 生活状况与能力特殊

部分特殊人群由于素质低、疾病等自身问题影响，造成他们的生活能力低下、社会地位低、经济基础差、生活质量差等生活状况，这也就是所谓的弱势群体，包括孤寡老人、残疾人、最低保障对象、下岗失业人员等群体。以农村留守儿童为例，这一群体是我国近年来才出现的一个特殊群体。留守儿童指的是由于父母外出打工而被留在家乡或寄宿在亲戚家中，长期与父母双方或一方分离生活的儿童。这些孩子不仅在生活、教育和人身安全等方面难以有保障，而且因为缺少父母之爱，容易导致"亲情饥渴"，在心理、性格等方面出现偏差，如孤僻内向、情绪消极、胆小怕事。另外，在老年人贫困率方面，目前我国有22.9%的60岁以上老年人（4240万人）的消费水平位于贫困线以下，而且贫困和独居老人的医疗保险覆盖率都较低。

3. 社会地位与影响特殊

部分特殊人群由于自身的或社会的原因生活在社会底层，无法进入主流社会，享受不到主流社会的经济利益和社会关爱，这就是所谓的边缘群体，即因为社会流动或者社会变革而导致不适应社会的人群，如外来人口、"两劳"释放人员、缓刑人员等群体。在社会舆论与社会心理上，对他们存在歧视、鄙视、排斥和不信任现象。这种社会的不公正待遇进一步造成了特殊人群的诉求无处表达、诉求没有回应等现象，加剧了特殊人群对社会的不信任感，甚至走上违法犯罪的道路，对社会稳定造成了极大威胁。

二　近年来引起社会关注的部分特殊人群事件凸显特殊人群融入社会"难"

（一）特殊人群主观个体易引发社会安全稳定问题

部分特殊人群存在对社会的不满甚至敌对情绪，这将对社会和谐稳定形成一定的离心作用。一项在北京的调查表明，不能及时就业的贫困家庭子女，在社会上闲逛几年后，由于其原来所学知识和技能的贬值，在劳动力市场中会变得更加没有竞争力，更难找到合适的工作，而且还往往会沾染上不良的社会习气，受到社会反主流文化的影响，成为潜在的反主流社会力量。

（二）特殊人群融入社会的主要障碍

从目前我国的实际情况看，特殊人群融入社会的障碍主要有三个方面。

1. 社会偏见导致的制度性歧视

特殊弱势群体作为问题人群，长期以来，往往被当作严管严打对象。

尤其是对刑释人员，普遍存在的歧视和排斥现象造成了刑释人员在回归社会中遇到就业难、结婚难等诸多"融入难"问题。这种不公待遇容易加剧特殊人群的心理变化，产生低人一等的强烈自卑心理，进而失去重塑自我的信心和勇气，容易产生心理偏差与行为偏差，对社会稳定造成一定威胁。

2. 就业困难导致的市场性排斥

近年来，由于我国的就业形势严峻与社会对特殊人群的不公待遇，特殊人群的就业成为了重点、难点问题。尤其是刑释人员的就业形势更加严峻，公务员、教师以及一些企业都明确禁止招收刑释人员。刑满释放人员因前科而受到不公待遇，失去就业竞争机会。失去了经济来源，容易促使侵财型犯罪成为这些特殊人群再次犯罪涉及的最主要类型。[①]

3. 环境欠佳导致的情感性缺失

部分特殊人群，特别是刑释人员、吸毒人员等特殊人群，因为社会成见与歧视造成了家庭与亲情的缺失。家庭是这部分特殊人群重拾生活信心的重要动力，家庭关系的破裂与亲情温暖缺乏容易对这些人员形成严重的心理打击，导致他们对生活失去信心，对社会充满不满情绪甚至仇恨，进而重新走上违法犯罪道路，对社会和谐稳定造成影响。

（三）当前特殊人群管理的五大难点

1. 管理制度不健全

特殊人群融入社会管理制度不健全，"无法可依"和"有法不依"两种现象同时并存。应该加快完善运作机制与工作流程，推动特殊人群管理机制规范化建设；最大限度整合社区各种资源，切实为特殊人群解决生活、就业等基本生活保障中的实际困难，帮助其融入社会；加强各职能部门的合作，建立完善的成效评估体系和科学的工作检查机制，加强对特殊人群管理制度运行情况的检查和评估。

---

① 《刑释人员遭制度性歧视　生活被监狱化》［OL］，前沿观察网，2012 年 1 月。

2. 管理信息不畅通

由于特殊人群自身的复杂性和对特殊人群的信息管理手段落后，特殊人群脱管、漏管、失控现象还一定程度的存在。政府及相关职能部门应加快建立全国性的特殊人群信息管理平台，以及时、高效的服务管理措施实现对特殊人群的有效化管理和服务。

3. 管理理念不清晰

部分管理人员对特殊人群管理的重要性认识不足，重经济建设轻社会管理的陈旧观念依然广泛存在，从而导致这部分管理人员在创新特殊人群服务管理模式上没有根本性突破，特殊人群的基本服务需求无法得到有效满足。

4. 管理资源难整合

在特殊人群的服务管理过程中，相关政府部门之间，政府与社会组织之间，缺少信息共享和资源的共享，因此管理资源难以整合。尽管政府部门相继出台了一些政策和法规，但完整的保障体系尚未形成。管理资源整合困难造成了工作效率低下。另外，特殊人群的流动性较大，而又缺少明确的工作规范，容易造成疑难问题应对不足，无形中增加了解决问题的难度。

5. 管理队伍不稳定

企业、社会组织等社会力量是当前社会服务管理的重要主体，在特殊人群的服务管理中，应加快建立社会合作、志愿服务等社会参与机制，以常态化的机制建设动员社会力量参与，改变当前特殊人群服务管理中队伍不稳定、服务力量不足的现状。

（四）特殊人群融入社会的三个标志

强化对特殊人群的管控与帮扶，是加强和创新社会管理的一个重点。在社会学看来，特殊人群问题得到有效解决或缓解的根本就是让特殊人群融入社会，那么，特殊人群融入社会的标志是什么呢？可以从以下三个方面来分析。

1. 社会能够平等对待

特殊人群的特殊性决定了他们在融入社会、接受社会平等对待、承担自我责任和社会责任等方面存在很多问题。他们渴望别人接受他们，并得到他人的

认可，认为他们能胜任工作或处理事情。当他们赢得社会的尊重时，其内心也会因自己的价值体现而增添几分自信。因此，社会的平等对待是特殊人群更好地融入社会的重要标志之一。

2. 自我能够承担责任

社会学家戴维斯说："放弃了自己对社会的责任，就意味着放弃了自身在这个社会中更好地生存的机会。"研究制定完善特殊人群管理服务制度和政策措施，积极推进各项教育管理帮扶措施落实，进一步做好特殊人群管理服务各项工作，其根本目的就是要让特殊人群能够承担起自我的社会责任，这样特殊人群才能够真正融入社会。

3. 社会能够保持稳定

帮助特殊人群融入社会，对社会和谐稳定有十分重要的影响。要加强特殊人群之间的沟通与交流，为他们搭建融入社会的平台，展示自我的舞台，满足特殊群体的基本精神文化需求，促进区域的稳定和谐；努力推进特殊人群服务管理工作的深入开展，帮助他们顺利融入社会，切实维护社会和谐稳定；积极帮助解决特殊人群的困难问题，最大限度地化消极因素为积极因素。因此，区域和谐稳定发展也标志着特殊人群融入了社会。

三　破解特殊人群融入社会难题的对策方案

对于特殊群体，我国长期以来采用比较粗线条的研究和规范方式。因此，必须深入研究解决新时期特殊人群问题的具体对策。

（一）政府的政策支撑从治安管理向治理帮扶转变

对于特殊人群，长期以来，在政府的管理和应对上多以临时性救助为主。当我们从公共政策的合理性去考虑当代中国特殊群体状况的时候，就会发现特殊人群问题的产生，除了性别、年龄、种族、先天生理缺陷等自身各种自然原因外，更多的源于资源分配的不公平和制度保障的不完善。政府作为解决特殊人群问题的主导性力量，一方面要加强对特殊人群的教育引导和服务支持，构建以政府为主导的特殊人群救助帮扶政策，实现由"管理型政府"向"服务型政府"转变。政府要加快对特殊人群权益保护的法制建设，以法制化、制度化的形式保障特殊人群的权益。另一方面，政府要加快引导社会力量参与，为特殊人群融入社会提供必要的社会支持，不断提高对特殊人群的服务水平（见表3）。

表3　部分城市创新特殊人群管理措施

城市	分类	做　法
江苏连云港	探索符合特殊群体的教育培训机制	灌云县司法局和伊山镇投资创办了阳光职业技能培训学校,免费为社区服刑人员和刑释解教人员进行技能培训,并利用培训单位向企业推荐就业的优势,构建特殊群体的就业安置平台。2006年以来,该校已培训刑释解教、社区矫正、生活困难等特殊人员2317名,就业安置率达98%,无一重新犯罪现象发生。
北京市	所有城镇居民住院报销标准实现统一	北京市人力资源和社会保障局、市财政局联合发布了《关于城镇居民基本医疗保险有关问题的通知》,2013年1月1日起,北京市所有城镇居民住院报销标准实现统一,"一老"和无业居民的住院报销比例提至70%,住院最高支付限额提至17万元。新政策惠及特殊人群约25万人,减轻群众负担约1亿元。
江苏南京	出台政策为医疗保险"特殊人群"减负	六合区社会保险治理中心结合本地医疗保险"非凡人群"数量较大的特点,专门出台两项政策,取得了个人负担、基金支出同时降低的效果,实现"双赢"。
广西南宁	刑释解教人员安置率达98%	南宁市近年来把刑释解教人员安置帮教工作纳入社会管理创新工作和政法民生工程,投入巨资建立安置帮教基地,对刑释解教人员进行过渡性安置,有效地减少重新犯罪率。自2010年以来,南宁市共有刑释解教人员3480人,安置率达98%。
辽宁开原	精神病患者均动态管理	全市对185例重性精神病患者实行了全免费住院治疗,650例不够住院治疗条件的重性精神病患者享受院外随访、免费投药待遇;村、社区综治工作站每月对其余症状轻微患者进行一次随访,根据病情变化,实行动态管理。
河北石家庄	主动上街救助流浪未成年人	石家庄市流浪儿童救助工作将采取延伸救助的方式,由自愿接受救助变为救助站主动上街救助,并将面临流浪的未成年人纳入救助范畴,为其解决入学、家庭困难,从源头上解决未成年人流浪问题。

（二）社区服务从节点式管制向互助性网络转变

社区服务的根本宗旨是提供公益性的福利保障。针对当前社区服务力量不足、服务效率低下的现状，应注重从两方面着手，实现社区服务从节点式管制向互助性网络转变，从根本上提高特殊人群的社区服务水平。一方面，要充分开发社区资源，并有效整合社会力量，把社会力量作为社区服务的重要主体，加快提高特殊人群的社区服务水平，以服务水平的提升减少社会矛盾，实现矛盾化解在社区，促进社会和谐与稳定。如江苏海门市依托南通亚光电子有限公司新厂区建成的"三中心一基地"，即特殊人群服务管理中心、社区矫正管理教育服务中心、心理矫治中心和阳光就业扶助基地，摸索出了特殊人群管理"技防＋心防、基地＋基金"的模式。另一方面，社区服务要以社会效益为前提，由传统服务模式向无偿、低偿、有偿相结合的社区服务模式转变，为特殊人群的社区服务提供资金保障，更好地促进特殊人群融入社会。如上海市制作社区"风险地图"为特殊人群提供防灾服务，贵阳市"阳光工程"探索符合特殊群体的就业安置方式（见图1）。

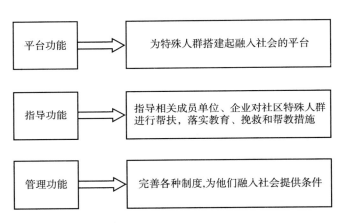

图1 贵阳市特殊人群"阳光和谐之家"的三大功能

（三）社会组织从有限整合向自治参与转变

被称之为"第三部门"的社会组织，是解决社会问题的重要力量。社会组织可有效填补政府职能与个人需求之间的空白，能够促进社会整合和公民的政治参与，在特殊人群的社会服务与保障方面发挥了重要作用。目前，国内部分地区与城市已经在社会组织参与特殊人群服务管理方面取得了一定进展。如广州市为进一步提升特殊人群服务水平，构建了统一的志愿者信息化综合管理平台；连云港市灌云县为切实解决特殊人群的教育和安置问题，成立了由人大代表、政协委员、民营企业、专家学者等社会公益的知名人士组成的特殊人群社会管理工作志愿者协会；成都市新津县与监狱合作开展"育新技能"培训，开展刑释解教人员自强创业借款帮扶活动，建立特殊人群管理协会，打造安置帮教基地；武汉市为加强对特殊人群服务管理的资金支持，设立了特殊人群专项基金。因此，实现特殊人群融入社会，非常重要的一点就是要从政策和制度上解决特殊人群的社会支持和社会保护问题，要建立多层次、立体化的特殊人群社会保障网络，为特殊人群的社会服务提供保障，以达到化解社会矛盾、维护社会稳定、促进社会发展的目的。

参考文献

邱石扬：《检察机关如何以刑事和解化解社会矛盾》[J]，《法制与社会》2010 年第 27 期。

罗昭：《深入推进社会管理创新　扎实做好刑释解教人员安置帮教工作》[J]，《中国司法》2010 年第 8 期。

胡秀丽、黄圣平：《发展居民文化消费的若干问题与对策》[J]，《社科纵横》2008 年第 10 期。

蔡烈伟、陈开梅、郑雪艳：《从文化消费的增长看茶馆的发展》[J]，《理论研究》2010 年第 6 期。

王亚南：《全国各地文化消费民生效应指数研究——2000～2007 年国颁统计数据分析》[J]，《广义虚拟经济研究》2009 年。

史香芝：《我市城乡居民文化消费调查分析》[J]，《高校教育研究》2009 年。

龚世俊：《我国城市特殊弱势群体存在的问题及其对策》[J]，《学术界》2013 年第 5 期。

朱燕：《关注特殊人群　创新社会管理》[Z]，《"加强和创新社会管理"专题研讨会论文集》2012 年 8 月 4 日。

钱再见：《中国社会弱势群体及其社会支持政策》[J]，《江海学刊》2002 年第 3 期。

B.4
中国社会组织发展的治理模式创新

摘 要：

　　改革开放以来，我国的社会组织发展非常迅速，并在经济社会发展中发挥了积极作用。社会组织是社会建设的重要力量，如何构建符合我国经济社会转型需求的现代社会组织治理模式，形成符合社会发展需求的社会组织发展价值导向，成为当前社会管理创新研究领域的一大重点课题。本文从分析我国社会组织发展面临的问题入手，提出我国推动社会组织良性发展必须在坚持独立性、社会性、创新性、开放性、组织性的同时，保证合法性、公益性、先进性、融合性、导向性，并特别强调，要进一步确立党组织在社会组织中的地位与作用。

关键词：

　　社会组织　治理模式　社会建设

一　我国社会组织发展及面临的主要问题

　　从世界范围看，由于文化传统、政治体制等方面的差异，社会组织在不同的国家和地区有多种不同的称谓，如非政府组织、非营利组织、第三部门或独立部门、志愿者组织、慈善组织、免税组织等。2007 年，为减少传统认识中"官"与"民"对立意识的影响，消除社会对民间组织与政府相对立的误解，我国首次使用"社会组织"一词替代"民间组织"。党的十六届六中全会和党的十七大把民间组织纳入了社会建设与管理、构建和谐社会的工作大局，对传统的提法进行改造，提出了"社会组织"这一称谓。随着我国经济社会的发展与宏观政策的调整，我国社会组织迅速发展，民办非企业单位、社会团体和基金会三大类社会组织已经形成一定规模，逐步在经济社会中发挥重要作用。

但总体上看，我国社会组织发展仍未成熟，依旧面临着认识性偏差、结构性失衡、制度性障碍和内部性制约等问题，因此我们需进一步破解社会组织发展困境，进一步推动社会组织发展。

（一）改革开放以来三大类社会组织迅速发展

近年来，我国社会组织发展非常迅速。根据《2012年社会服务发展统计报告》显示，截至2012年底，全国共有社会组织49.9万个（见图1），比上年增长8.1%；吸纳社会各类人员就业613.3万人，比上年增加2.3%；社会组织增加值为525.6亿元，占第三产业增加值比重的0.23%；接收社会捐赠470.8亿元。与"十一五"中期相比，社会组织总量增加了近30%，吸纳社会各类人员就业人数增长了34.2%，形成的固定资产翻了1倍多，增加值增长了2/3以上，在经济社会发展中发挥了积极作用（见图2）。

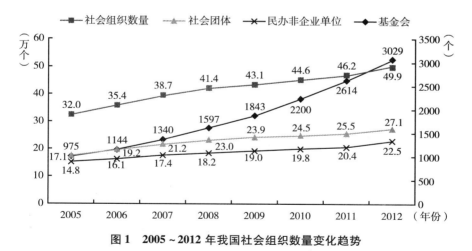

图1　2005~2012年我国社会组织数量变化趋势

资料来源：国家民政部2005~2012年各年的《社会服务发展统计报告》。

目前，我国的社会组织按性质分为三大类，分别是民办非企业单位、社会团体和基金会，分别受《民办非企业单位登记管理暂行条例》、《社会团体登记管理条例》和《基金会管理条例》管理与约束。近年来，三大类社会组织均出现平稳增长，逐步在经济社会发展中发挥了重要作用。

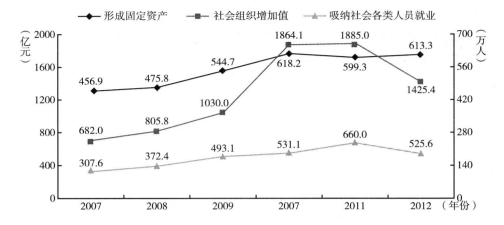

图2　2007～2012年我国社会组织在经济社会发展中重点指标变化情况

资料来源：国家民政部2007～2012年各年的《社会服务发展统计报告》。

1. 民办非企业单位以教育类机构为主，发展较为平稳

根据《民办非企业单位登记管理暂行条例》（1998年颁布实施）的定义，民办非企业单位主要指企业事业单位、社会团体和其他社会力量以及公民个人利用非国有资产举办的，从事非营利性社会服务活动的社会组织。我国的民办非企业单位主要分布在教育、科技、文化、卫生、体育、交通、社会福利、信息咨询、法律服务等行业，曾被称为"民办事业单位"。这类社会组织有两个主要特点：一是业务以向公众提供服务为主，二是由民间自发成立。

根据民政部《2012年社会服务发展统计公报》显示，近年来，民办非企业单位增长平稳。2012年民办非企业单位总数已经达到了22.5万个，占全国社会组织总数的45.1%。其中，教育类机构占民办非企业单位数量的52%。

2. 社会团体受社会环境影响较大，发展较不稳定

根据我国《社会团体登记管理条例》（1998年颁布实施）的定义，社会团体是指中国公民自愿组成，为实现会员共同意愿，按照其章程开展活动的非营利性社会组织。截至2012年底，全国登记注册的社会团体为27.1万个。根据我国的实际情况，按照社团与国家、政府关系以及社团自主程度可将社会团体分人民团体、登记注册的社团与草根组织等三种类型。

相比民办非企业单位和基金会这两类社会组织，社会团体的组成情况比较复杂，不仅涉及各行各业，与政府的关系差异也很大，有的几乎是政府的一部分，有的与政府关系松散，甚至有些呈对立趋势。因此，它们的功能和诉求也各不相同。同时，由于不少社团参与表达政治见解，对社会思潮和社会运动产生影响，有较强的政治参与度，因此其发展受社会环境影响较大，较不稳定。

3. 基金会发展较快，已经初具规模

在我国，很长一段时间以来，基金会是由政府直接出资成立的，如宋庆龄基金会等，后来逐渐发展为由国家发起成立，参照政府机构管理，但面向社会募集资金，包括青少年发展基金会、中国少年儿童发展基金会、中国扶贫基金会等，这些基金会目前发挥着积极作用。改革开放以后，民间自发成立的基金会开始出现。2004年颁布实施的《基金会管理条例》正式规范这类基金会的发展。根据该条例定义，基金会是指利用自然人、法人或者其他组织捐赠的财产，以从事公益事业为目的成立的非营利性法人。目前我国基金会发展已初具规模，据基金会中心网的统计显示，截至2012年，全国共有基金会3029家。其中，公募基金会1316个，非公募基金会1686个，涉外基金会8个，境外基金会代表机构19个，而在民政部登记的基金会只有199个，仅占6.6%。相对于西方国家，我国的基金会无论是数量还是资产总规模，都相差甚远。尽管如此，我国的基金会已经开始在公益事业的发展中发挥积极作用，而且近年来呈现出比较快的发展趋势。

（二）从发展大事看社会组织建设管理取得的新进展

近年来，为推进社会组织的有序发展，民政部出台了一系列意见措施，有效推动了社会组织管理体制改革，社会组织取得了长足发展。2012年，民政部民间组织管理局、清华大学NGO研究所、北京大学非营利组织法研究中心、中国社会报、中国社会组织促进会等8家单位按照"突出重要性、注重导向性、兼顾全面性"的原则，在广泛征求意见的基础上，评选出"2012年社会组织十件大事"（见表1）。从社会组织十件发展大事来看，2012年社会组织

在政策导向、机制改革、创新实践方面都取得了较大突破，社会组织建设与管理都取得了新进展。

表 1　2012 年社会组织十件大事

时　间	事　件
2012 年	中央财政首次安排 2 亿元专项资金用于支持社会组织参与社会服务
2012 年	社会组织登记管理体制改革有序推进
2012 年	社会组织首次列入省级人代会代表类别
2012 年	民政部大力加强社会组织行为规范建设
2012 年 3 月 19 日	中央强调政府事务性管理工作和公共服务要适当交给社会组织承担
2012 年 6 月 28 日	部分社会组织基层党组织和共产党员受到中央表彰
2012 年 8 月 31 日	新修订的民事诉讼法首次明确社会组织的公益诉讼主体资格
2012 年 11 月 8 日	党的十八大对社会组织建设提出新要求
2012 年 11 月 30 日	防治艾滋病社会组织发挥积极作用得到中央领导高度评价
2012 年 12 月 22 日	多项社会组织公益项目获得"中国社会创新奖"

资料来源：民政部民间组织管理局：《2012 年社会组织十件大事》[J]，《中国社会组织》2013 年第 1 期。

1. 新政策进一步引导社会组织健康有序发展

2012 年，我国出台了一系列规定规范化社会组织发展，加速政社分开，为社会组织参与公共服务、社会管理明确了基本方向，同时也提供了重要保障，有效促进了社会组织的健康发展。

一是法制改革进一步规范社会组织发展。2012 年以来，民政部先后印发了《社会组织评比达标表彰活动管理暂行规定》（民函〔2012〕125 号）、《关于规范基金会行为的若干规定（试行）》、《社会组织登记管理机关行政处罚程序规定》（中华人民共和国民政部令第 44 号）、《关于规范社会团体开展合作活动若干问题的规定》、《全国性公益类社团、联合类社团、职业类社团、学术类社团评估指标》等，从社会组织行为、社会组织评优、社会组织处罚等方面进行了明确和规范。另外，第十一届全国人民代表大会常务委员会第二十八次会议通过的《中华人民共和国民事诉讼法》修订案首次明确将社会组织作为公益诉讼主体之一，为更好地发挥社会组织在公益事业中的积极作用提供了法律保障。

二是登记管理制度改革进一步推动社会组织发展。2012 年，根据国家

"十二五"规划纲要，民政部启动了全国性社会组织直接登记工作，对公益慈善、社会福利、社会服务等社会组织履行登记管理和业务主管"两个一体化"职能，对跨部门、跨行业的社会组织与有关部门协商认可后，同样履行"两个一体化"职能。广东、安徽、北京、天津、辽宁、江苏、浙江、江西、山东、福建、河南、湖南、湖北、海南、甘肃、广西、重庆、贵州、宁夏等19个省份开展或试行了社会组织直接登记，江西、广东等9个省份下放了非公募基金会登记管理权限，天津、辽宁、吉林、江西、湖南、湖北、广东、新疆等8个省份下放了异地商会登记管理权限，上海、浙江、福建、辽宁等4个省份开展了涉外民办非企业单位登记试点，云南省人大常委会制定了由民政部门直接登记管理行业协会的地方性法规，在推进社会组织登记管理体制改革、引导社会组织健康有序发展方面取得了明显成效。

三是行政审批制度改革进一步强化社会组织地位。2012年10月10日，国务院下发了《关于第六批取消和调整行政审批项目的决定》（国发〔2012〕52号），《决定》指出，凡公民、法人或者其他组织能够自主决定，市场竞争机制能够有效调节，行业组织或者中介机构能够自律管理的事项，政府都要退出。该《决定》进一步厘清了政府与社会组织的关系，明确了社会组织在自我管理中的主体地位，有助于发挥社会组织在社会治理中的基础性作用，是实现政社分开的有力举措。据此精神，广东省人民政府正式颁布了第一批向社会组织转移职能、购买服务和具备资质的社会组织目录，拓宽了社会组织发展的空间。

四是财政支持进一步引导社会组织发挥作用。2012年，中央财政安排2亿元专项资金，用于支持社会组织参与社会服务，资助项目包括发展示范项目、承接社会服务试点项目、社会工作服务示范项目、人员培训示范项目等四大类（见表2）。这是中央政府首次建立公共财政资助机制加强对社会组织的培育和扶持。同时，一些部门和地方政府也建立了专项资金用于支持社会组织发展。按照《2013年中央财政支持社会组织参与社会服务项目实施方案》，2013年中央财政支持社会组织参与社会服务的项目预算总资金为2亿元左右，持续的资金投入将进一步促进社会组织自身能力提升，在经济社会中发挥更大的积极作用。

表 2　2012～2013 年中央财政支持社会组织参与社会服务项目立项数量

单位：个

立项分类	2012 年	2013 年
发展示范项目（A 类）	152	189
承接社会服务试点项目（B 类）	102	112
社会工作服务示范项目（C 类）	86	116
人员培训示范项目（D 类）	37	53

　　数据来源：国家民间组织管理局副局长刘振国在中央财政支持社会组织参与社会服务 2013 年项目管理工作会议上的讲话（2012 年 12 月 25 日），民政部关于 2013 年中央财政支持社会组织参与社会服务项目立项通知（2013 年 2 月 8 日）。

　　五是党的十八大报告进一步明确社会组织发展方向。2012 年 11 月 8 日，党的十八大报告提出，"加快形成政社分开、权责明确、依法自治的现代社会组织体制"①，强调要"深入推进政社分开"、"加大社会组织党建工作力度"、"发挥基层各类组织协同作用"、"鼓励引导社会力量兴办教育"、"支持发展慈善事业"、"鼓励社会办医"、"加强民间团体的对外交流"、"引导社会组织健康有序发展"② 等，对于确保我国社会组织建设和发展的正确方向，引导社会组织健康有序发展，在创新社会服务管理中发挥更加积极的作用具有重要意义。

　　2. 创新实践引领社会组织发挥积极作用

　　2012 年，我国社会组织在各个领域不断创新实践，功能作用得到有效发挥，获得了中央、政府、社会的高度认可，社会组织的影响力进一步扩大，进一步巩固了社会组织在社会服务管理中的重要地位。

　　一是社会组织创新实践得到中央与地方的高度认可，社会组织地位进一步强化。近年来，社会组织、党组织和广大党员深入开展创先争优活动，以"服务企业、促进发展；服务农村、促进增收；服务社区、促进和谐；服务民生、促进保障"主题实践活动为载体，为国家经济社会又好又快发展作出了

---

①　党的十八大报告《坚定不移走中国特色社会主义道路　夺取中国特色社会主义新胜利》。

②　胡锦涛：《坚定不移沿着中国特色社会主义道路前进　为全面建成小康社会而奋斗——在中国共产党第十八次全国代表大会上的报告》［J］，《前进》2012 年第 12 期。

积极贡献，社会组织建设和服务水平明显提高。在 2012 年全国创先争优表彰大会上，22 个先进基层党组织和优秀共产党员受到中央表彰，218 个优秀指导单位受到有关部门表彰。2012 年，广东省第十二届人民代表大会首次将社会组织正式作为一个类别列入省级人代会代表类别。以上表明，社会组织参与经济社会建设的作用及其代表性获得进一步认同，社会组织的地位得到进一步提升。

二是社会组织在具体项目与具体领域创新实践得到中央与社会认可，社会组织作用发挥的影响力进一步扩大。2012 年 11 月 30 日，习近平、李克强等中央领导同志在与防治艾滋病社会组织代表座谈中高度评价了防治艾滋病社会组织的积极作用。2012 年 12 月 22 日，由中央编译局、北京大学等单位发起的第二届"中国社会创新奖"（2012）评选活动，获奖项目的领域包括弱势群体保护、社会事业、公益慈善、社区服务、扶贫济困和环境保护六大领域，同时，也包括了信息、通信和网络技术，尤其是新媒体技术在社会创新中的应用，反映出了社会组织在社会管理创新中的积极作用将不断加强，影响力将不断扩大。

（三）当前我国社会组织发展面临的主要问题

改革开放 30 多年来，我国社会组织获得了长足发展，但总体发展水平严重滞后于经济社会发展需要。社会组织的发展还面临着诸多的困境和阻碍。

1. 社会组织发展的认识性偏差

一是缺乏政府的信任与合作。当前，各级党政机关，包括领导干部，对社会组织的认识是复杂矛盾的。一方面，他们有培育、鼓励和支持社会组织发展以实现经济社会协调发展的愿望；另一方面，他们又担忧社会组织发展会引起社会的动荡，进而有限制社会组织发展的心理。这种矛盾心理就造成了政府对社会组织的信任不足、合作不够，社会组织的发展政策也呈现出"内紧外松"的状态。政府对社会组织的信任不足则进一步导致了社会组织的社会公信力差、民主自治能力低、政府参与程度不足，而社会组织又缺乏有效的利益诉求渠道，导致其话语权受到严重制约，社会影响力明显不足。

二是缺乏社会认同。从社会层面看，社会与公众对社会组织的认识是陌生的、有偏差的。虽然公民社会理念在中国已经有所发育，但大多数公众对公民

社会理念还不熟悉、不理解，社会组织的公益性活动很容易遭到社会公众的怀疑，一些社会组织的活动甚至经常被指责为"作秀"。

2. 社会组织发展的结构性失衡

社会组织发展的结构性失衡主要体现在外部与内部两个方面。

从外部结构看，与政府、事业单位和企业相比，社会组织存在数量少、实力小、资金缺乏、能力不强、效率不高、内部管理不规范等问题。在我国的社会结构中，政府组织是最强有力的一方，对市场组织和社会组织发挥着领导、主导或制约的作用。经过30多年的改革开放，企业作为市场主体已得到充分发育并对经济发展起着不可或缺的重要作用。而社会组织的发展还处于"婴幼期"，不仅处于政府权力的笼罩之下，其与市场的力量对比也相当失衡。截至2012年，我国每万人拥有的社会组织数量仅为3.69个（见图3），实力较强、影响广泛的社会组织尚不多见，社会组织的公益活动规模、吸纳就业能力和发展贡献度不大。

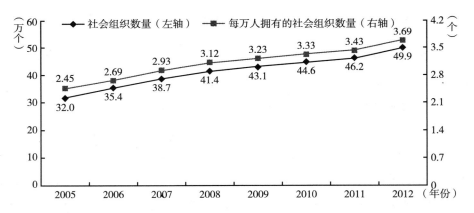

图3　2005～2012 年我国社会组织与每万人拥有的社会组织数量变化趋势

资料来源：国家民政部 2005～2012 年各年的《社会服务发展统计报告》，国家统计局2005～2012 年各年的《国民经济和社会发展统计公报》。

从内部结构看，社会组织在各主要领域的发展不均衡。从民办非企业单位在各主要领域占比看，教育类占比最高（见图4）；从社团服务在各主要领域占比看，农业及农村发展类占比最高，符合现代社会组织结构需求的国际及其他涉外组织类、科技研究类则占比较低（见图5）。

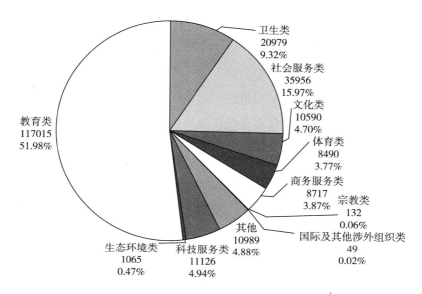

图 4　2012 年我国民办非企业单位结构

资料来源：国家民政部《2012 年社会服务发展统计报告》。

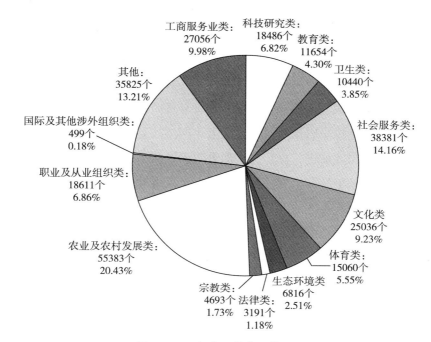

图 5　2012 年我国社会团体结构

资料来源：国家民政部《2012 年社会服务发展统计报告》。

3. 社会组织发展的制度性障碍

党的十八大报告强调,要围绕构建中国特色社会主义社会管理体系,加快形成党委领导、政府负责、社会协同、公众参与、法治保障的社会管理体制,加快形成政社分开、权责明确、依法自治的现代社会组织体制。[①] 要实现党的十八大报告提出的形成现代社会组织体制的目标,我国社会组织发展仍然面临三大体制性障碍。

一是法律法规不健全。虽然我国已初步形成了关于社会组织发展的法律、法规和规章,但总体看来,法律的供给与需求差距较大。

二是配套政策滞后。社会组织获取政府补贴或政府购买社会组织服务还没有法定的渠道和制度,政府职能中哪些职能可以转移给社会组织,缺乏明确的政策和措施,导致行政管理部门向社会组织转移的职能不够。尤其是对社会组织的税收优惠还没有形成统一的政策体系。

三是管理体制制约。我国现行的社会组织管理体制,概要地说是"双重管理",体制重心偏向于约束和管制。一方面是社会组织注册困难,登记门槛高。另一方面是部分社会组织仍然面临找主管部门难,发展空间狭小等问题。在 2013 年两会上,国务院提交的《国务院机构改革和职能转变方案》中明确指出,重点培育、优先发展行业协会商会类、科技类、公益慈善类、城乡社区服务类社会组织。成立这些社会组织,可以直接向民政部门依法申请登记,不再需要业务主管单位审查同意。但是除上述四类社会组织外,其余社会组织仍然要寻找主管单位才能进行登记,这严重阻碍了社会组织的正常发展。另一方面,对于合法登记的社会组织,职能部门也是只重准入、轻日常监管,导致一些社会组织不规范甚至违法的行为常常不受约束。尤其是广州、深圳等地,因为放宽了社会组织登记门槛,而社会环境、信息披露等方面制度机制不健全,来自社会的监督没有有效发挥作用,导致了部分社会组织趋利化现象凸显。

4. 社会组织发展的内部性制约

一是定位不准确。多数社会组织不完全具备独立性、社会性、创新性、开

---

① 胡锦涛:《坚定不移沿着中国特色社会主义道路前进 为全面建成小康社会而奋斗——在中国共产党第十八次全国代表大会上的报告》[J],《前进》2012 年第 12 期。

放性、组织性及公益性等基本特征。有的社会组织因为受到政府的支持与干预，容易演变成"二政府"、"三政府"，有的因为自身的趋利性而演变成商业组织。社会组织出现明显的行政化、商业化倾向，在某种程度上说，与因社会组织发展的相关制度政策缺失造成的社会组织身份地位低、机会不平等有重要关系。

二是资金不充裕。在国外，社会组织资金来自政府资助、民间志愿捐款、会费和服务收费等多种渠道，但依然存在资金不足的问题。在我国，由于公益慈善传统的缺失导致了社会组织获取的民间捐赠很少，政府福利体系的不完善与福利资金的不足导致了社会组织获取的政府资金支持严重不足。资金多重不足、来源渠道单一等问题严重阻碍了社会组织的健康发展，极度影响了社会组织在经济社会发展中的作用发挥。

三是人才不专业。社会组织对优秀人才缺乏吸引力和凝聚力，使得社会组织的整体素质和能力不高。此外，对于社会组织的人才培养目前也是一个空白。

四是自律机制不健全。一方面，少数社会组织缺乏依法结社的法律意识，未经批准擅自成立并开展活动，存在较多的问题。另一方面，有的社会组织内部规章制度不健全，缺乏基本章程、财务管理制度、工作人员管理制度等，导致社会组织运行不畅、内部管理紊乱等问题。社会组织的自律机制问题，根本原因在于缺少政府的有效引导，特别是缺少针对社会组织可持续发展的法制规范和约束，导致了社会组织管理监督体系的缺失，既影响了社会组织的健康发展，也影响了社会组织的作用发挥。

二　社会组织发展的治理模式与价值导向

独立性、社会性、创新性、开放性和组织性，是社会组织发展的自然属性，只有坚持这种属性，社会组织才能在社会建设中发挥相应的作用。社会组织要在政府、市场、社会这种格局中实现良性发展与互动，除了坚持其自然属性之外，还需要有一个完善的制度框架加以约束与引导，保证其合法性、公益性、先进性、融合性和导向性。应该认识到，在我国现有的发展状况与

政治体制下，既要让社会组织实现蓬勃发展，又要避免颜色革命，重点就是要坚持正确的政治导向。相关内容我们将在本文的第二部分和第三部分分别加以论述。

（一）在坚持独立性的同时，保证社会组织发展的合法性

独立性是指社会组织具有独立的决策和执行能力，能够独立进行自我管理。社会组织是政府失灵和市场失灵的产物，这种相对于政府和企业的独立性，不易受长官意志的支配和利益驱动的影响，有利于解决一些特定的社会问题。社会组织坚持这种独立性，有利于使政府与社会之间形成良性互动关系，制约政府权力的滥用及市场机制的无序。但同时，也正因为社会组织的独立性，给社会组织的发展提供了相对自由的空间，如果没有完善的法律法规加以引导与规范，就容易造成一些负面的社会影响。比如，当前有些社会组织因为登记注册等制度的限制无法完成注册，就造成了一些社会组织游离于法治之外，甚至站在政府的对立面上；一些社会组织因为法律法规不完善，钻了法律的空子，出现了发展不规范、趋利性强等问题。因此，在构建社会组织现代治理模式的过程中，政府应有效发挥法律法规的引导和约束作用，在确保社会组织自身独立性的同时，保证社会组织发展的合法性，让社会组织在法律框架下有效发挥社会"调节器"的作用，更好地推动社会健康发展，实现社会和谐与稳定。

社会组织的合法性是指社会组织符合、遵守法律法规和规章制度所获得的属性，主要包括法律合法性与行政合法性。在我国，要保证社会组织的合法性，就应该从影响社会组织发展的重点问题着手，加快社会组织登记审批制度改革和社会组织分类监管等法规体系构建，从法制层面进行改革，促进社会组织发展的合法化。

1. 加快社会组织登记审批制度改革，提高社会组织进入的合法性

在我国，三大类型社会组织的管理法规均规定，社会组织必须先找到主管部门，再到民政部门登记管理机关申请登记，才能获得"合法身份"。2013年两会上，《国务院机构改革和职能转变方案》中明确指出，成立行业协会商会类、科技类、公益慈善类、城乡社区服务类社会组织，可以直接向民政部门依

法申请登记，不再需要业务主管单位审查同意。但其他类型的社会组织发展仍然面临登记制度制约。这种"双重管理"的体制在保证社会组织政治可靠的同时，也影响了社会组织的整体发展。目前，我国已有近 50 万个正式登记的社会组织，社会组织登记率年净增长 2% ~ 3% 。现在每万人拥有社会组织法国是 110 个、日本是 97 个、美国是 52 个，而我国仅为 3.69 个。我国的基金会每年新增 100 个以上，而美国的基金会平均每天就新增 8 个。[①] 当前，创新社会组织治理模式，有效发挥社会组织的正面作用，最关键的问题就是社会组织发展的体制机制、政策法律的改革与创新，为社会组织可持续发展提供常态化支持和有利条件。因此，要加快登记审批制度改革创新，破解社会组织设立门槛过高过严、程序过于复杂、时限过于冗长等问题。

2. 加快构建社会组织分类监管的法规体系，提高社会组织运行的合法性

要充分借鉴国际先进经验，结合我国实际，逐步制定和形成系统化的社会组织法律法规体系，逐步建立分类监管的社会组织行政法规体系。通过法律法规体系的构建，明确各类社会组织的法律地位，规范社会组织的组织治理结构、问责机制建设、评估审计机制等体制机制。重点包括以下几个方面的内容。

一是制定《社会组织登记管理条例》，并修订和完善三大类型社会组织基本条例，颁布关于行业协会、商会组织、公益医疗和教育机构等具有较强专业性的社会组织专项管理条例。二是加快对社会组织涉外活动和境外非政府组织在华活动的立法。三是建立有关社会组织的组织章程、治理结构、募捐与捐助、财务管理、评价监督等方面的法律法规体系，从法制层面明确社会组织的性质地位、组织管理、经费来源与权利义务等，为社会组织健康发展提供配套的法律保障。

（二）在坚持社会性的同时，保证社会组织发展的公益性

社会性，或称为民间性、非政府性，是社会组织的一个基本属性，也是其

---

① 岳金柱、宋珊：《加快推进社会组织管理改革和创新发展的若干思考》[J]，《社团管理研究》2012 年第 5 期。

区别于政府的根本属性。社会组织是由一定范围的个人和组织成员构成的，不是政府的机关和附属机构，不隶属于政府，正常活动不受政府干预，组织活动的经费由成员交纳会费以及赞助者自愿捐助解决。通过社会组织的发展，将部分原属国家、政府的行政管理职能，分解到有关社会组织完成，实现组织的社会功能，也就是保证社会组织发展的公益性，从而避免政府行政权力过度膨胀，使国家权力回归社会。坚持社会组织的社会性要求政府的大力引导和培育，同时也要注重对社会组织的管理监督，构建符合社会组织发展的监管评估体系，做到社会组织"宽进严管"，实现社会组织社会性与公益性的融合。

社会组织的公益性是指社会组织的活动目的是维护和发展共同的事业，对组织成员承担进行一定的公共管理和公共服务职能，并且实现一定的社会公共利益。社会组织的志愿公益性还体现在社会组织所运作的资产的产权是基于捐赠和志愿服务形成的、面向提供各种公益性或互益性服务的特殊的公益产权，其运作管理要接受社会的监督。要保证社会组织的公益性，就应该借鉴国际经验，深化我国社会管理的改革进程，将各级各类社会组织全部纳入有效监管和科学评估之中，建立起自我评估、政府评估、社会监督和第三方评估"四位一体"的评估体系。通过构建全方位、多角度的社会组织监督体系，保证社会组织的公益性，促进社会组织的健康发展。

1. 完善政府评估体系

政府的评估体系能够从法律和规范的角度更好地约束社会组织，防止腐败等现象的出现。制定涉及社会组织方方面面的行为规范和活动准则，健全社会组织信息公开、社会评估、年度检查、财务制度、民主选举、分支机构管理等制度，制定章程示范文本、法人治理指引等规范，指导社会组织依法、依章程开展活动，加快实现从静态、单一的传统的社会组织管理模式向动态、精细的现代管理模式转变。同时，要将信息化手段融入到精细化管理中，加快建立互联互动、资源共享的社会组织管理信息平台，进一步完善网络服务平台，优化网上服务，提高办事效率。在条件成熟时可以尝试建立类似英国慈善委员会那样的立法监督机关，把民间组织登记管理机关从民政部门独立出来，如筹建一个以社会组织监管委员会为领导的全国性的社会组织监管体系，由这一体制对社会组织进行监督管理，避免社会组织多头管理的问题。同时，也要注重社会组织的信息公开制度建设，以此为基础加强对社会组织的监督管理，在规范社会组织运行的同时，提高公众对社会组织的认知与信任，促进社会组织地位和影响力的提升。

2. 建立自我评估体系

社会组织通过对自身发展的监测和评估，可以对其活动项目的结果进行自我评估，对资源的回报率做到心里有数，更好地提高社会组织的运行效率。一方面，要围绕社会组织的章程和管理规章进行自我评估。这既是社会组织在社会服务管理中发挥正面作用的基本要求，也是提升社会组织在社会公众中形象与影响力的重要途径。另一方面，要给予自我评估建立健全社会组织的自律机制，改善社会组织内部治理结构。要注重从社会责任和法制观念层面加强对社会组织的引导，规范社会组织的章程制度，加快形成社会组织常态化的自律机制，促进社会组织的健康发展，提高社会组织的社会信任度。

3. 健全社会监督体系

社会监督主要通过媒体和公众实现，新闻媒体通过广播、电视、报刊等传统媒体和手机、网络等新兴媒体对社会组织进行评论报道，从舆论的角度对社会组织进行行为约束。目前，我国公众对社会组织的关注度高与社会组织的信息透明度低的矛盾日益凸显，社会组织的年度工作报告、年度财务报告、善款筹集与用途等社会公众普遍关注的信息尚未公开，信息不透明与负面事件频发进一步加剧了社会组织公信力下降，造成这种现状的原因在于政府相关部门的监管不到位和社会组织信息公开的力度不够。从政府层面来看，由于对社会组织的多头管理导致了管理多头交叉和监管有缝隙等问题；从社会组织自身来看，信息公开力度不够既有自身认识不足的问题，也有信息公开渠道不畅、信息公开标准缺乏、信息公开保障不足的问题。因此，亟须加快制定与社会组织信息公开相关的法律规范，建立统一的社会组织信息公开标准，打造社会组织信息公开统一平台，促进社会组织信息公开，为社会公众的监督和政府部门的监管提供基础保障。

4. 创新第三方评估体系

第三方评估是一种极为客观和专业的权威评估手段，通过民间的中介性或学术性评估机构，对社会组织进行评估，为政府监督管理提供重要信息，这也是发达国家对于社会组织管理常用的一种方式。建立社会组织第三方评估制度，对促进社会组织加强自身建设、发挥社会作用具有重要作用。一方面，要建立和完善社会组织的第三方评估制度，打造队伍专项性强、资金有保障的第三方评估机构，以加强政府和公众对评估结果的信任，促进社会组织公信力建设。另一方面，要发挥第三方评估的重要作月，巩固和提升第三方评估机构的地位。充分发挥第三方评估结果的监督和指导作用，进一步增强第三方评估的影响力。

（三）在坚持创新性的同时，保证社会组织发展的先进性

社会组织的创新性是指社会组织是推动社会体制变革的先导性力量，创新主要体现在技术、制度等与现代文明紧密相关的各个方面。比如，在美国，民权事业、环保事业、妇女运动、对少数民族的保护等重要的社会变革都是由社会组织发起的。社会组织的创新性使得公共管理具有变革的机制，变得更具有适应性和回应性，使得公共管理从传统公共行政的僵化、保守的形象转变为更有活力和朝气的新形象。但同时，社会组织的创新性如果不进行有效引导，没有长效管理机制的支撑，就容易造成自身发展动力不足，难以把握时代发展的前沿动向。党的十八大报告强调："加强和创新社会管理，提高社会管理科学化水平，必须加强社会管理法律、体制机制、能力、人才队伍和信息化建设。改进政府提供公共服务方式，加强基层社会管理和服务体系建设，增强城乡社区服务功能，强化企事业单位、人民团体在社会管理和服务中的职责，引导社会组织健康有序发展，充分发挥群众参与社会管理的基础作用。"① 要践行十八大提出的要求，就要加强对社会组织的引导，以社会组织的先进性引领创新性，促进其健康发展。

社会组织的先进性是指社会组织通过自身不断地探索实践，创新社会服务管理模式，有效发挥其在经济社会发展中的前沿性、先进性的引领作用。要实现社会组织创新性与先进性的融合，就要从加大社会组织与政府、社会的协同

---

① 胡锦涛：《坚定不移沿着中国特色社会主义道路前进　为全面建成小康社会而奋斗——在中国共产党第十八次全国代表大会上的报告》[J]，《前进》2012 年第 12 期。

合作、推进社会组织的自身建设入手，从内外两个方面加速社会组织发展与创新，推进社会组织对解决社会问题的新模式的探索，全面提高社会组织满足社会需求的能力，发挥社会组织在社会服务管理创新中的基础性、先进性作用。

1. 加大政府对社会组织创新活动的引导与扶持

从国际经验和发展趋势看，政府的有效引导和扶持是促进社会组织发展的重要支撑。特别是在社会组织的创新性活动开展方面，我国应学习发达国家经验，变革社会组织与政府之间的附属关系，建立两者之间的合作关系，使社会组织的创新活动在政府的引导与扶持下开展，更好地帮助政府解决社会前沿性、复杂性问题，完成社会管理的重点、难点任务。

一是要积极推动政府向社会组织转移职能，建立购买公共服务、财政资金支持等制度，健全社会组织的人事管理、岗位培训、社会保险等政策，帮助社会组织解决发展中面临的资金、场所、人才等实际困难，通过资源供给手段，引导社会组织发展并按政府意愿、社会需求开展各种创新性活动。

二是政府要积极组织社会组织开展公益性的创新活动，对公益性服务项目进行展示和推广，要积极为社会组织搭建活动平台，引导社会组织打造公益性服务品牌，使社会组织的各项活动符合社会发展的需求，引领社会发展的方向，不断提高社会组织知名度和影响力。同时，社会组织也应结合自身特点与实际，进一步深化与政府、企业、科研机构等单位的合作，加快与国内外企业形成联盟，不断促进社会组织的能力提升和国际化水平的提高。

三是政府要鼓励社会组织积极参与经济和社会管理的前沿性事务，鼓励其进行创新性改革。按照社会组织的专业领域划分，对于专业类社会组织，要鼓励和支持其在标准制定、专业咨询等专业性较强的领域发挥作用和技术创新；对于辅助维权类社会组织，要鼓励和支持其在为弱势群体代言、维护群体合法权益等维权性较强的领域发挥作用和制度创新；对于公益类社会组织，要鼓励和支持其在医疗救助、抗震救灾等公益性较强的领域发挥作用和政策创新，共同发挥社会组织在社会服务管理中的引领作用。

2. 构建社会组织创新性人才的培育与管理体系

人才是社会组织长期发展的重要组成，是社会组织保持其创新性和先进性的必然需求。同时，加强社会组织的人才队伍建设也是破解我国社会组织发展

面临的志愿性不强、人才专业化程度低等问题的关键。因此，要从引进人才、培养人才、管理人才等方面着手，加快形成社会组织的现代人才培育与管理体系（见图6），为社会组织的可持续发展提供动力保障。

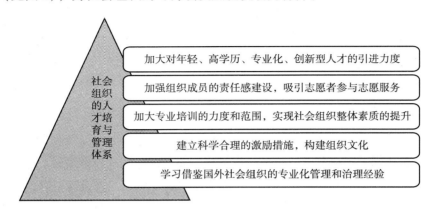

图6　社会组织的人才培育与管理体系

3. 推进社会组织先进性品牌的建设与培育

社会组织如果具有独立地位，就会面临社会选择。效率高的、公信力强的自然获得更多的资源；效率低的、公信力弱的自然被逐渐淘汰。这种高效率和较强的公信力，某种意义上就来自于其所代表的先进性。社会组织先进性品牌的树立，能有效推进社会组织的良性发展。在树立先进性品牌的过程中，社会组织要具有大局意识，在坚持独立性、社会性、创新性、开放性和组织性五大基本属性的同时，保证自身的合法性、公益性、先进性、融合性和导向性，不断提升自身专业化水平和创新能力，加快社会组织特色文化建设。通过加强自身建设，不断提高自身提供高品质社会服务管理的能力，并通过与政府、企业、其他社会组织的合作，不断推广自身品牌，形成先进性的品牌效应。

（四）在坚持开放性的同时，保证社会组织发展的融合性

社会组织的开放性包括两个层面的意思，从总体上看，社会组织是一个采取非等级的、分权的网络式组织体制的开放系统，其活动范围没有行政区域划分，活动对象和自身一般不具有严格的行政管辖；从个体来看，单个社

会组织的运行也具有开放性，它不仅自身要与周围环境进行物质、人员、信息的交换，而且还要根据自身实际需要，在更大的范围内和更高的水平上与外界环境进行各种形式的互动合作。开放性与融合性是相辅相成的，具有开放性，就必然带来融合性问题，实现融合性，就必然以开放性为基础。单个社会组织的发展，需要与社会组织的整体发展趋势协同一致，社会组织的发展更需要与我国整体的经济、社会、政治、文化、生态的发展相融合。换句话说，衡量社会组织良性发展的一个重要标准就是能否以融合性为目标实现开放性发展。

社会组织的融合性是指社会组织与我国经济发展、社会发展、政治改革、文化发展、生态建设"五位一体"的发展目标相一致、相协调。目前，我国社会组织数量种类多，规模大小不一，层级高低不同，人员结构松散，直接管理难度很大。面对社会组织的发展现状，要构建新型社会组织治理模式，则需要加强对社会组织的价值引导，特别是要促进社会组织发展与社会建设、民主化进程相融合，实现社会组织开放性和融合性的协调。

1. 促进社会组织发展与我国社会建设目标相一致

社会组织的良性发展对于经济社会发展具有重大作用。世界上许多国家社会组织资金的 60%～70% 都来源于政府，西方国家社会组织领域一般能吸收约 10% 的就业人口，有的国家非营利组织的经济规模一般占到本国 GDP 的 5%～10%。[①] 因此，发挥好社会组织的积极作用是促进我国经济社会发展的重要动力和着力点。一方面，政府应注重引导社会公众与政府相关部门进一步认识社会组织、接纳社会组织，为社会组织发展提供良好的社会环境。另一方面，政府应注重从政治、政策和体制等方面着手，加强对社会组织的引导，促进社会组织的发展与我国的社会建设目标相一致，发挥好社会组织在社会建设中的重要主体作用。要做好社会组织的分类管理工作，积极培育发展符合经济社会发展需求的社会组织，特别是当前经济社会发展亟须的公益类社会组织、行业协会、基层社会组织等，不断提升社会组织的社会服务管理能力，有效发

---

① 岳金柱、宋珊：《加快推进社会组织管理改革和创新发展的若干思考》［J］，《社团管理研究》2012 年第 5 期。

挥社会组织在我国经济社会发展中的正面作用。

2. 促进社会组织自治化发展与我国民主化进程的大格局相一致

随着经济社会的发展，我国的社会结构从计划经济时期的紧密型结构转变为松散型结构，从高度组织化转变成了非组织化形态，原来的单位人转变成了社会人，人们对公共服务需求、公共诉求表达、政治参与的需求日益增长，社会矛盾与社会风险也随之增长。因此，政府需加速体制机制创新，加快培育社会组织，满足公民的"自组织"需求，这既是当前经济社会转型的必然选择，也是政府加快民主化进程的重要途径。要按照党委领导、政府负责、社会协同、公众参与的要求，一方面，政府应主动通过购买公共服务、合作等方式将社会组织能够实现的职能下放到社会组织，实现社会职能的归位；另一方面，政府应以公众需求为导向，积极引导社会组织发展，充分发挥社会组织在满足公众公共服务需求、提供社会管理服务中的主体作用。在确保社会组织导向性正确的前提下，最大限度地推进社会协同和公众参与，实现社会组织自治化发展与我国民主化进程的融合推进。

（五）在坚持组织性的同时，保证社会组织发展的导向性

社会组织的组织性是指社会组织通过横向的网络联系与民众基础动员社会资源，形成一种网络式、扁平式的组织结构，实现日常事务的自治处理和组织运行。社会组织的组织机构是长期存在的，而不是临时组织和业余参加的活动。社会组织的组织性赋予了社会组织强大的民众基础和社会力量，如果不能引导和驾驭好这股力量，就容易造成社会动荡，甚至引发颜色革命。因此，社会组织发挥组织性作用的前提就是要保证其正确的导向性。

社会组织的导向性包括两个层次的内涵。首先，社会组织强大的组织力决定了社会组织巨大的导向性作用，社会组织通过发挥自身组织性，对社会公众力量，包括思想、言行等方面起到方向引导的作用。其次，在坚持社会组织的组织性的前提下，要保障社会组织的导向性正确，就要坚持党对社会组织的领导，这既是保障社会组织发展与国家、政党的发展方向相一致的重要举措，也是我国宪法的明确规定。从各地的先进经验来看，社会组织党建要充分发挥党组织的政治核心作用，实现社会组织与党、政府思想上同心同德、目标上同心

同向、行动上同心同力，这样才能使得社会组织在坚持组织性的同时，保持正确的导向性。

1. 加快实现社会组织的党组织覆盖

基层党组织是党的全部工作和战斗力的基础。同时，加强社会组织的党建工作，也是发挥社会组织积极作用的政治保证。近年来，我国社会组织在经济社会发展中发挥了重要作用，但也有极少数社会组织存在违法活动，影响了社会安定和秩序。因此，需要进一步加大社会组织的党建力度，加快实现社会组织的党组织覆盖，有效发挥党组织对社会组织的政治引领功能，为社会组织发展的方向性提供必要的政治保障。要借鉴新经济组织的"联合建"、"与社区、楼宇共建"等新型党建发展方式，加快推进社会组织的党组织和党建工作覆盖，努力实现社会组织党员全部纳入党组织工作体系，为社会组织健康有序发展提供基本保障。

2. 加快实现社会组织党组织的服务覆盖

党的十八大报告强调，要引导社会组织健康有序发展。贯彻党的十八大精神，就要坚持"以人为本"理念，以"服务发展、服务员工、服务社会"为主要目标，加快建设服务型党组织，实现党组织与社会组织的协同发展。要从强化服务措施、完善服务机制、创新服务方法入手，为促进社会组织发展提供坚强组织保证和优质高效服务。一是要服务发展。围绕社会组织发展宗旨和活动运行开展党的工作，加强党组织建设，增强党组织创造力凝聚力战斗力，发挥党组织和党员先进模范作用，团结带领职工群众创先争优，实现党建工作与社会组织发展目标同向，互促共进。二是要服务员工。要秉持"以人为本"的原则，从反映诉求、解决问题和建设企业文化等方面着手，加强对员工的服务，满足员工的基本服务需求。三是要服务社会。加强社会公德、职业道德、家庭美德和个人品德教育，引导党员、员工自觉遵守国家法律法规和有关规章制度，引导社会组织自觉履行社会责任；与驻地党组织共驻共建，积极参与各类服务活动，树立社会组织良好形象。

3. 加快实现社会组织党组织的活动覆盖

社会组织中的党组织具有引导社会组织健康发展，促进社会发挥积极作用的重要职责。加强党组织的引导作用，开展形式多样的活动是重要途径。要以

"三个有利于"为基本原则，即有利于党组织开展活动、有利于党员参加、有利于活动取得实效的原则，区分好不同社会组织党组织的职能，发挥好不同社会组织党组织和党员的作用，结合社会组织和党组织的自身实际，并充分利用现代信息技术，不断创新党建活动方式，积极推动党建活动与业务工作相融合、相促进。通过开展现代化、多样化、灵活性的党组织活动，满足社会组织职工与党员的需求，以活动引导社会组织形成良好的组织文化，促进社会组织向健康的方向发展。

三　党组织在社会组织中的地位与作用

社会组织党建问题是政党基层组织建设的一个新课题。关于政党基层组织建设，马克思、恩格斯曾经指出，应该努力设法建立一个秘密的和公开的独立工人政党组织……并且应该使自己的每一个支部变成工人联合会的中心和核心①。在我国，毛泽东在革命战争时期提出了"红军所以艰难奋战而不溃散，'支部建在连上'是一个重要原因"②。邓小平也曾提出："提这样口号，那样口号，这样方针，那样方针，只有有了基层工作，有了经常工作，才有希望落实。"③ 在和平发展时期，江泽民指出"党的基层组织是党的全部工作和战斗力的基础"④，要充分发挥党组织的战斗堡垒作用，是确保党的各项事业不断取得胜利的根本途径。社会组织作为党的基层组织重要组成，既是党建研究的新领域，也是党建工作的新抓手。因此，需要进一步认识党组织在社会组织中的地位、功能及作用，结合社会组织的实际情况，积极探索适应社会组织特点和规律的党建新模式，促进社会组织与基层党组织的共同发展。

（一）确立政治核心地位

邓小平曾指出，党委的领导，主要是政治上的领导，保证正确的政治方

---

① 马克思、恩格斯：《马克思恩格斯选集》[M]，人民出版社，1959，第369页。
② 毛泽东：《毛泽东选集》[M]，人民出版社，1964，第65页。
③ 邓小平：《邓小平文选》[M]，人民出版社，1994，第296页。
④ 江泽民：《江泽民文选》[M]，人民出版社，2006，第559页。

向，保证党的路线、方针、政策的贯彻，调动各个方面的积极性。强调党的领导主要是政治上的领导，但并不能忽视党的思想和组织上的领导核心地位。牢固确立党组织在社会组织治理结构中的政治核心地位，是社会组织在改革发展实践中得出的宝贵经验，也是在现代社会组织管理体制下，加强和改进社会组织党建工作必须牢牢把握的重要原则，它反映了中国特色现代社会组织管理制度的鲜明特征和本质要求。

确立党组织的政治核心地位，最基本的途径是党组织参与到社会组织重大问题的决策中来，成为社会组织的决策中枢。在社会组织中，理事会是法定的决策机构，必然要发挥领导作用。那么，党组织要进入社会组织的决策中枢，至关重要的一点就是要加强社会组织的民主决策机制建设，通过民主决策确立党组织的政治核心地位，贯彻民主集中制原则的基本需求，落实党的各项政策和制度，同时保证社会组织的自治化发展。

1. 建立以党组织为核心的民主决策制度是民主决策机制建设的重要基础

确保社会组织党组织的政治核心地位，必须适应现代社会组织管理制度的要求，不断完善社会组织领导体制和组织管理制度，才能将两种优势有机结合起来，把党的思想政治优势、组织优势和群众工作优势转化为社会组织的核心竞争力，才能不断巩固党组织的政治核心地位，使党建工作成为社会组织价值链上的重要环节，使党组织真正成为中国特色现代社会组织管理制度的有机组成部分。坚持民主集中制原则，以党组织为领导核心，建立领导决策与集体决策相结合的决策制度是推动基层组织民主决策机制建设的重要保证，也是促进社会组织健康发展的有效机制。

一是要构建以党组织为核心的领导体制。借鉴政府、国有企业等党组织参与重大决策的规定，党组织领导与社会组织领导实行双向交叉任职，党组织的主要领导要进入社会组织领导层，参与社会组织的决策、运营，社会组织的领导也可以进入党组织的领导层。社会组织党组织要对涉及社会组织改革发展全局的重大决策、重要人事任免，以及涉及组织成员切身利益的重大问题等，认真研究讨论，提出意见建议。党组织既要维护和支持领导层对社会组织重大问题的统一决策权，又要保证党组织的意见在社会组织重大问题决策中得到尊重和体现，真正把党组织参与重大问题决策与领导层依法决策结合起来。通过党

组织对社会组织领导层的融合渗透，保证党组织对社会组织的领导，进一步确立党组织的政治核心地位。

二是要明确决策主体参与决策的职责。明确各个决策主体在决策过程中的职责，有利于形成各个决策主体的民主意识，克服"集体负责"的弊端，即无事的时候谁都在负责，有事的时候谁都不负责。要执行领导决策和集体决策相结合的制度。党组织作为社会组织的决策中枢，要参与到企业的重大决策中来，包括干部的选拔、考核，社会组织的运营方针和重大改革，贯彻落实党和国家的方针政策以及关系群众重大切身利益的措施。要明确规定带有共性的、普遍性的重大问题必须经社会组织集体研究决定，同时，各社会组织要结合自身实际，对涉及项目、人、财、物等问题，涉及群众切身利益的重大问题进行量化，进一步明确各决策主体参与决策的具体职责。

2. 健全以党组织为领导的民主决策程序是民主决策机制建设的关键环节

确立以党组织为领导的民主决策程序，是实现决策科学化、民主化的重要环节，也是社会组织发展方向正确的重要保证。

一是明确社会组织党组织参与重大决策的程序。党组织要充分发挥政治核心作用，就要在民主决策中做到决策前沟通、决策中参与、决策后监督。具体来说，就是在作出重大决策前，党组织应首先开会，然后由党组织的主要负责人与决策机构（理事会）的非党委成员沟通；在召开领导会议的时候，参加的党组织成员要充分表达党组织的意见；党委成员在会后要向党组织反馈决策结果；对于社会组织不符合规定的行为，党组织要及时向上级报告。

二是明确各项决策的基本程序与特殊程序。明确决策程序是实现科学决策，推进民主决策的重要途径。要以逻辑严密、规范有序、符合实际为基本原则，制定社会组织民主决策的基本程序和特殊情况下的特殊程序。要保证严格按照规定的决策程序进行决策，防止步骤简化、程序颠倒、不切实际等现象的发生。

3. 加强以党组织为引领的民主决策监督是民主决策机制建设的基本保障

监督与民主，是相互联系、相互依存的统一体。没有监督就没有民主，没有民主也形成不了监督。从某种意义上说，人们可以从监督的广度、深度来判定民主发展的水平和程度。加快构建民主决策机制，就要以党组织为引领，推进民主决策监督制度建设，构建起一个包含群众监督、上下级监督、社会组织互相监督、媒体监督等全方位的监督体系，从观念层面、法规层面、舆论层面将监督渗透到社会组织决策的每一个环节、每一项内容，从而提高社会组织的决策质量，减少决策失误，促进决策的科学化、民主化。

一是构建社会公示制度，有效拓宽民主决策监督渠道。社会公示制度是开展群众监督与社会监督的重要前提，是社会主义民主政治的具体表现形式之一。党组织要积极引导社会组织加快群众监督、社会监督制度的建设，对重大项目和涉及群众切身利益的活动，必须通过党务公开、社务公开等方式，充分听取群众的意见和建议，有效发挥群众监督和社会监督在社会组织民主决策中的重要作用，进一步提高决策的民主性。

二是建立决策责任制，有效发挥民主决策监督的积极作用。党组织要充分发挥政治核心作用，积极引导社会组织建立决策责任追究制度、决策成效考核制度，使决策者在做决策时更加谨慎，更加全面地考虑问题，减少决策的盲目性。

（二）实施政治引领功能

党的基层组织的基本功能从总体来看，就是要充分发挥党组织的政治引领功能。社会组织是一种复杂的组织实体，具有成员之间关系复杂、流动性大、结构比较松散等基本特征。社会组织党建工作的战略目标是加强党的政治引领，密切党与各行、各业、各界群众的联系，以巩固党的执政基础。发挥党组织在社会组织中的政治引领功能，就必须在社会组织的持续发展中起到关键性作用。这种关键性作用主要体现在党组织如何把党建工作与业务工作相结合，对业务工作的政治方向、政治导向起到引领作用。

1. 推动党的组织结构与社会组织的业务组织结构相适应

围绕社会组织的服务管理和改革发展，创新党组织的结构方式，借鉴"支部建在连上"、"支部建在部门"的经验，将党的支部建设与社会组织的业务部门建设有效结合，使党组织的活动为社会组织发展所需要，充分发挥党组织和党员推动发展、发展业务、凝聚人心、服务群众、促进和谐的作用。

2. 推动党建工作与社会组织的业务工作相促进

要注重党建工作与社会组织的业务工作的相互衔接、相互促进，不能把党建工作另铺一个摊子、另搞一张皮。只要这样，党组织才能够进一步加强对社会组织贯彻落实科学发展观和执行国家方针政策的监督，推动社会组织在国民经济社会发展中发挥重要作用，履行政治责任和社会责任，同时促进社会组织自身的业务发展和良性运行。

3. 推动党员教育和管理与社会组织的人才培育相结合

随着生产力的迅猛发展，人才在综合国力的竞争中越来越具有决定性意义。适应竞争发展的需要，中央提出党管人才的原则。从党管干部到党管人才，体现着执政党新的战略性思考。党管人才的原则，这一点对于社会组织的发展同样适用。在社会组织中发挥党组织的政治引领功能，就要把加强党员的教育和管理与人才管理和培育结合起来，有效发挥党员在社会组织发展中的先进作用，建立适应社会组织发展的人才管理制度。通过充分发挥社会组织中党员的先锋模范作用和人才管理制度的完善，同步推动社会组织党建水平的提高和社会组织的健康发展。

（三）发挥政治保障作用

党组织在社会组织中起到政治保障作用，就必须从服务入手，以构建服务型党组织为目标，加快社会组织的党的工作覆盖和服务覆盖，有效对接社会组织服务需求，为社会组织提供必要的组织保障、人才保障和渠道保障等。

1. 加快社会组织党的工作覆盖，提高对社会组织的服务覆盖

推进社会组织中党组织的覆盖，是社会组织党建工作的一项基础工程和长期任务，同时也是构建服务型社会组织党组织的基本前提。中国共产党基层组织建设的基本原则就是在所有符合条件的基层组织中都要建立党组织。要按照党组织对党员全覆盖的要求，加强党组织的组建工作，不断扩大社会组织中党组织和党务工作的覆盖面。各级党委要根据社会组织的党员数量、规模等分级落实党建工作，积极探索和创新党组织设置模式，依托社区、园区、行业协会、商务楼宇等，采取灵活多样的方式设置党组织，优化党组织布局，进一步扩大党组织和党务工作的覆盖面。

2. 加强社会组织中人才队伍建设，为社会组织用人提供重要保障

党组织对社会组织的政治保障作用，既体现在党组织的组织保障，也体现在人才保障上。党组织对社会组织的人才保障主要表现在人才培育、教育使用等方面。

一是通过确立自身的用人标准，为社会组织培育推荐人才。习近平在2013年全国组织部长会议上指出，要坚持党管干部原则，坚持正确用人导向，坚持德才兼备、以德为先，努力做到选贤任能、用当其时、知人善任、人尽其才，把好干部及时发现出来、合理使用起来。发挥党组织的人才保障作用，就要坚持党管干部原则，使社会组织管理人员的选拔任用制度化、规范化、程序化，形成既能适应社会组织治理结构要求，又能有效发挥党组织在社会组织选人用人中关键作用的途径和办法。

二是通过加强社会组织领导班子学习培训，推进社会组织人才队伍建设。领导班子是决定社会组织能否在经济社会中发挥主体作用的关键。党组织要不断拓宽培训渠道，创新培训方式，丰富培训内容，加快提升领导管理层的基本素质和业务水平，为社会组织在经济社会发展中、社会管理创新中发挥积极作用提供重要支撑。

3. 畅通社会组织与政府沟通合作渠道，满足社会组织的发展需求

满足社会组织发展需求，是构建服务型社会组织党组织的基本出发点。目前，社会组织发展的最大障碍就是政治、财政和政策支持力度不够。党组织应该发挥自身组织结构优势，加强社会组织与政府的沟通对接，为促进社会组织发展提供必要的渠道保障。一是要扩大、畅通社会组织利益表达渠道，适当增加社会组织担任人大代表、政协委员的人数，为他们平等有序地参与政治生活创造条件。二要发挥党组织纵向链条的组织优势，促进社会组织与政府的沟通协调，争取政府对社会组织的财政支持与政策支持，为社会组织发展提供必要的政策与资金保障。

参考文献

王名：《非营利组织管理概论》［M］，中国人民大学出版社，2012。

连玉明：《中国社会管理创新报告 No.1》［M］，社会科学文献出版社，2012。

李伟等：《社会组织建设现实、挑战与前景》［M］，中国发展出版社，2011。

严振书：《转型期社会组织发展研究》［J］，《青岛行政学院学报》2010 年第 1 期。

王秋波：《我国社会组织发展的现状、问题及对策》［N］，《学习时报》2011 年 4 月 25 日。

岳金柱、宋珊：《加快推进社会组织管理改革和创新发展的若干思考》［J］，《社团管理研究》2012 年第 5 期。

周玉萍：《非营利组织发展中的社会管理改革分析》［J］，《社团管理研究》2012 年第 8 期。

李茂平：《论市场经济条件下我国民间组织的基本属性》［J］，《改革与战略》2007 年第 2 期。

高丙中：《社会团体的合法性问题》［J］，《中国社会科学》2000 年第 2 期。

高成运：《社会组织管理需要"四个转变"》［J］，《社团管理研究》2012 年第 4 期。

张高陵：《新社会组织党的建设思考》［J］，《社团管理研究》2009 年第 11 期。

周玉玲：《新社会组织党建工作的价值与实现路径》［J］，《江南论坛》2011 年第 7 期。

石国亮、廖鸿：《社会组织党建的现状、难题与对策——基于一项全国性调查的深入分析》［J］，《长白学刊》2012 年第 3 期。

周璇：《浅析马恩基层党建思想及其当代启示》［J］，《商业文化》（上半月）2011 年第 9 期。

B.5
从十个典型事件看当前群体性
事件的特征与应对

摘　要：

　　本文通过对近 10 年来我国发生的十大典型性群体事件的梳理，总结出当前容易诱发群体性事件的十类纠纷，并在此基础上对我国群体性事件的演进规律和当前我国群体性事件集中爆发的社会原因进行分析，以期为科学处置群体性事件提供参考。

关键词：

　　群体性事件　十类纠纷　演进规律

　　近年来，随着我国改革开放的不断深入，市场经济的转型，社会利益格局的调整，新问题、新矛盾不断增多，群体性事件呈上升趋势，成为影响我国社会稳定和社会和谐的突出性问题，也是我国政府在推动社会建设过程中亟须研究和解决的一个重要课题。

一　群体性事件持续高发凸显社会领域改革的紧迫性

　　近些年来，随着我国改革开放的进一步推进，在经济快速增长、社会结构加快转型、利益格局深刻变化的大背景下，各种社会矛盾和社会问题也逐渐凸出，使得群体性事件进入了高发期，成为了观察转型期中国社会的重要窗口。在很大程度上，"群体性事件"并不是一个严格意义的学术概念，它作为一个"政治术语"最初出现在官方的一些文件之中，但并没有给出一个明确的定义，而且还常常与"突发群体性事件"或"群体性突发事件"、"群体性治安事件"等混用。一般来说，群体性事件是指"有一定人数参加的、通过没有

081

法定依据的行为对社会秩序产生一定影响的事件"①。当前，我国发生的一些群体性事件具有参与主体多元化、事件成因复杂化、对抗形式尖锐化和组织形式明显化等特征。这些特征集中起来就表现出了政治上的敏感性，群体性事件也因此引起了政府和公众的高度关注。

（一）群体性事件的对抗性显著增强

近年来，我国经济和社会发展呈现不同步的趋势。当前我国的经济发展已进入工业化中期阶段，有些指标甚至已经进入了工业化后期阶段。但是，社会发展还没有随着经济发展而实现整体性转型，多数社会发展指标仍然处在工业化初期阶段。现阶段我国社会发展水平远远滞后于经济发展水平，社会结构显然已经超出了经济结构的适度范围。同时，地方政府执政执法公信力不够，有的地方政府及部门在处理矛盾纠纷或办理案件时存在明显的缺位、越位、失位、失误的问题，导致群众对其履职尽责的公正性产生质疑。这些都必然会引起人民群众的强烈不满，埋下引发群体性事件的隐患。这也直接导致了当前群体性事件的对抗性增强，过激行为明显加重，暴力程度加剧的趋势。2008 年以来发生的"瓮安事件"等几起群体性事件，其暴力倾向就比较明显，激烈程度增加。

（二）群体性事件的违法性更加凸显

通过分析近年来发生的群体性事件，可以看出，大多数的群体性事件的起因、动机不是没有一点道理，有的要求并不为过，但因部分群众文化基础差，理解能力和辨别能力极为有限，法制意识淡薄，当事人寻求解决的方法不合法。当他们的利益与群体之间的利益出现摩擦或矛盾时，个别人错误地认为聚众闹事就可以引起政府机关的关注和领导的重视，能尽快解决问题，便聚集起来寻求解决的方法，使本来比较简单、在法律规定的范围内可以解决的事情复杂化、扩大化，将矛盾上升为群体性事件。还有的群众由于自身素质不够，在事件解决的过程中，不满于处理程序的复杂流程，在此过程中

---

① 于勤、静之：《群体性事件与基层政权建设》[J]，《国家政治发展简报》2011 年第 12 期。

受他人的教唆、利用，采取了一些过激的行为，使得原有的合法目的因手段违法而难予实现。

（三）群体性事件的盲目性大量存在

从当前的群体性事件、恶性事件递增的情况看，群体性事件中参与者往往是受欺骗、被利用的占大多数，有些参与者实际上对目的、要求都不清楚，只是因为受某些人的邀约或教唆，有的参与者甚至是因为好奇或凑热闹寻刺激而已。还有部分群众是因不满情绪得不到合理释放，大量的不满情绪不断积压起来，导致爆发点的随意性，也许一个小小的偶然事件，都可能诱使人们参与进去释放自己的不满，引发群众性事件。这种盲目性给本来就很复杂的事件掺杂了许多的不稳定因素。

（四）群体性事件的危害性不断加大

群体性事件后果是不言而喻的。首先，它给社会带来的是巨大的经济损失。无论是阻塞公路、铁路，还是阻挠建设施工，罢工罢市，争夺土地、林木和其他自然资源，其危害性都是十分严重的。群体性事件造成工厂停产、公路铁路停运、工程项目停工、商贸市场停业，有些群体性事件频发地区甚至会直接影响到该地区的经济发展。其次，它干扰了社会的正常秩序，亵渎了民主和法律制度，破坏了社会的稳定和发展，使人民群众的生命财产安全受到了极大的威胁。有些群体性事件中还隐藏着政治图谋和各种刑事犯罪，这种不稳定因素对社会的危害性极大。

二　近年来十个典型群体性事件回顾

（一）苏州"通安事件"

2010 年初，苏州市高新区以建设各类工业园的名义，开启新一轮征地运动。被拆迁的通安镇村民认为，当地政府假借开发之名，行倒卖土地之实。村民在 2010 年 7 月 14 日、15 日向镇委镇政府领导索要"被克扣的"动迁补偿

款，遭拒后怒砸镇政府，挟持镇委书记，封堵国道。7月21日，虎丘区政府方面决定，暂停通安镇的动迁项目和动迁工作，对拆迁补偿标准执行和群众诉求处置不当的通安镇党政主要领导就地免职。

2010年8月19日，《济南时报》发表文章指出：苏州"通安事件"一方面呈现的是失地农民面临的生存危机，另一方面呈现的是"强政府"与"弱民众"之间不平等、不协调的关系。财经网称：因征地补偿问题引发的"通安事件"，其背后酝酿的情绪则是当地村民对征地拆迁滋生的贪腐行为的痛恨。

"土地财政"依然是当前地方政府的主要财政收入，也是贪污腐败的根源之一。十八大报告明确提出，要"改革征地制度，提高农民在土地增值收益中的分配比例"，地方政府却往往反其道而行之，不仅克扣补偿款，还以"强硬"手段对抗上访村民，这也是引发了诸如"通安事件"的原因。

（二）贵州"瓮安事件"

2008年6月28日下午至29日凌晨，瓮安县部分群众因对一名女中学生死因鉴定结果不满，聚集到县政府和县公安局，引发大规模人群聚集围堵政府部门，并发生打砸抢烧突发事件，县公安局、县委和县政府大楼等多间房屋被毁，数十辆车辆被焚。

"瓮安事件"发生后，凤凰网、《瞭望》新闻周刊等媒体纷纷发表评论。一致的观点是，"瓮安事件"揭示了当前官民矛盾已经发展到令人忧虑的地步，如果不及时引导疏通，会发生令人意想不到的恶性事件。百姓对政府的信任危机值得反思。在老百姓心目中，政府某些机构已经没有多少可信度了。即便是政府在某件事情上所说的是真实的，老百姓也不再相信。地方政府处理突发性危机事件的态度和方法存在极大缺陷。群体性事件的发生在所难免，关键是政府如何应对。

（三）浙江"瑞安事件"

2006年5月12日，湖南籍务工人员杨某因工资结算矛盾和某加工点负责人徐某产生纠纷并发生扭打，导致杨某头部重伤。犯罪嫌疑人徐某被依法刑事拘留，受害人杨某在医院抢救无效死亡。5 月 28 日，死者家属及部分同乡人员约 200 余人聚集在当地街道办事处，要求政府部门严惩凶手，做好死者善后赔偿工作，并冲进街道办公大院，造成办公楼部分窗户玻璃、汽车受损，引起周边数百群众围观。

2006 年 5 月 29 日财讯网报道指出，群体性事件的频频发生，对社会的发展和稳定都是极其不利的，只有通过政府、媒体和公众的共同努力，才能有效地处理好群体性事件，保障人民的根本利益，提高政府的执政能力，共同构建和谐社会。

"瑞安事件"是一起由劳资纠纷引发的群体性事件。近年来，因拖欠劳动者工资、裁员未补偿等劳资纠纷问题引发的群体性事件时有发生。个体劳动者在权益受到侵害时，未能通过劳动仲裁等合法的途径来维护自身的合法权益，而采取集体上访、游行、堵塞党政机关大门的过激行为来"逼迫"有关部门。面对这种情况，政府部门要加强对企业的劳动者保护监察，强化用人单位的法律意识。另外，各地政策应该考虑对维权案件开启绿色通道，简化维权流程、缩短维权时间，以加快劳动纠纷案件的处理速度，从而真正保护职工的合法权益。

（四）陕西"神木事件"

2013 年 7 月 15 日，"陕西神木县县委书记要高升调走、神木县财政亏空、免费医疗免费教育废止"的谣言引发部分群众集聚神木县政府。神木县相关部门发现这条信息后，对此违法信息进行跟踪，4 名嫌疑人当日被警方行政拘留。经过信访、公安等部门工作人员的说服教育和劝解，下午聚集群众陆续散去。尽管政府部门通过多种渠道澄清事实，但谣言仍难禁止。

2013 年 7 月 16 日《京华时报》发表评论，事件起因于"免费医疗免费教育废止"的谣言，虽然神木县官方否认"政府亏空 900 亿"，还公布了财政收入数据，证明神木县发展良性运行。但是需要追问的是：人们对政府亏空传言的轻信，是否意味着地方财政的不透明？官员的调动又为何引起人们对政策变化的担忧？背后是否意味着地方发展仍建立在官员的个人意志之上？17 日东方网报道称：试想一下，如果不是神木在此后的发展中，让暂时的"繁荣"

冲昏了头脑,走上了负债建设之路,留下了许多社会稳定的隐患,并随着煤炭价格的大幅回落逐步爆发,使当地群众产生了恐惧和担忧,可能就不会引发如此大规模的群众集聚。

"神木事件"提醒我们,地方政府在发展经济的同时,必须高度关注官民信任的重构。而构筑信任的前提,乃是将"利为民所谋"的经济发展模式建立在尊重公民权利、保障公民参与的法治基础之上。因为只有制度有了预期,发展政策才能平稳,人心才不会随着谣言而晃荡不定。

(五)贵阳"暴力拆迁事件"

2009 年 11 月 27 日,贵州一家房地产开发有限公司进行暴力拆迁。部分群众手拿刀具与房地产开发公司方面的人员对峙,民警当即制止,然而拆迁人员不仅不听从告诫,反而继续催促工人加快拆迁速度。同时,被拆迁住户约 30 余人不听现场民警劝阻,情绪激动,用红布条和 40 余瓶液化气罐将红边门路口等四个方向违法堵路,造成近万台车辆滞留。

2009 年 12 月 11 日,新华网称,"11·27"暴力强拆是对部分群众合法权益的侵害,但被拆迁者违法堵路也是对公共利益的侵犯,严重影响了广大市民群众的生产、生活秩序。央视《新闻 1+1》节目指出,暴力拆迁不仅仅对公民的财务、人身造成了直接伤害,事实上也对社会稳定、社会和谐造成了非常严重的危害。

近年来,各种暴力拆迁层出不穷,使被拆迁人致残、致死的案件屡见不鲜。同时,由"拆迁纠纷"引起的大规模公共事件、突发事件也越来越多。暴力拆迁及非理性的利益表达——拆迁与被拆迁户间的利益对抗,引发了社会的关注。事件背后反映出三个根本性问题:一是法律制度要修正;二是普法教育要加强;三是利益关系要协调妥当。

(六)合肥"社区事件"

2012 年 7 月 30 日,合肥绿地国际花都因为小区连续多次停电,众多愤怒的业主聚集在小区门口,向开发商要求维护自身权益,并引发肢体冲突。另外,开发商原先承诺的事情无法兑现,使业主有"上当受骗"的感觉。

业主觉得小区物业不负责，要求更换物业，遭到物业负责人及保安殴打。29 日，合肥市梦园小区业委会主任在业委会召开前夕被物业管理处的负责人打伤。

《新安晚报》对此事件报道指出，物业纠纷太过琐碎，让有关部门应接不暇，只能临时组成"灭火型"的处理小组，不仅浪费人力，而且最终都没能从根本上解决问题。物业纠纷根本的问题是缺乏规范，没有约束力。安徽省社会结构研究中心主任王开玉对此认为，物业管理不到位有客观原因，即市场本身还不规范，监督不到位，服务不到位；也有主观原因，即业主的消费心理不成熟，对物业提出了过多的要求。

社区是组成社会的"小单元"，社区的安定和谐对整个社会维稳有重要的意义。但是，随着城市的发展，社区增多，社区中的纠纷也越来越多。物业服务商与业主，本该是雇佣关系却变成管理与被管理的关系，产生了严重错位，双方纠纷不断。这就对物业管理方面的加强提出了更高的要求：要完善物业相关的法律制度。物业服务不规范的原因是缺少规章制度。在加强对物业服务商管理的同时，也该对业主产生一定的制约。使双方都受到律法的保护和约束，减少矛盾；要转变物业服务理念。加强培育物业相关专业的人才，使有正确服务理念、物业服务相关知识、创新能力的专业人员入驻物业服务的第一线，通过实际工作，改变"错位"的现状；要加强物业服务的宣传。一方面让居民对物业有正确的认知，不会产生过多的要求。另一方面要让居民清楚，物业应该做什么，自己应该得到怎样的服务。

（七）江苏"吊水门事件"

2011 年初，家住江苏张家港杨舍镇百桥花园的一名 4 岁 9 个月小男孩，因头晕、呕吐，被父母带到张家港市第一人民医院就诊。医生诊断为常规感冒，开药挂水，大概 5 分钟后，孩子说肚子痛，15 分钟就开始翻白眼，嘴唇发紫，经抢救后无效死亡。但抢救时，为孩子看病的主治医生不知去向，引起家属的极度不满。这是该院 10 天内的第二次发生"吊水门"事件。之后由于不满院方态度，死者家属、亲友、当地居民在男孩死亡后的第七天到医院悼念亡灵。政府出动警力干预，双方发生冲突，场面一度失控，医院被砸。后经政

府出面协调解决，事件才得以平息。

《江苏法制日报》对此事件报道指出，江苏省将逐步建立完善医患纠纷预警机制；将预防、化解医患纠纷的关口前移，简化理赔程序，提升调解成效；对重大疑难医患纠纷案件，充分发挥"大调解"机制的作用，防止引发群体性事件。

江苏省"吊水门事件"的医患纠纷演变成一起恶性事件只是冰山一角，不容忽视的严重的现实是：医患纠纷已经演变成一个棘手的社会问题，亟须采取措施解决，特别是在组建公开、公正、快速、有效的医患纠纷调解机制方面要加快探索的步伐。

（八）吉林"通钢事件"

2009年吉林通钢部分职工因不满企业重组，打死建龙重工集团驻通化钢铁公司总经理，引发万人聚集，警察多次试图救人未果。2009年8月7日新浪财经指出，在国企改制过程中，不仅要考虑当地政府和企业的利益，还应重视员工利益，政府、企业、职工三者之间应该积极配合，形成良性互动。腾讯财经报道称，"通钢事件"折射了中国尚未最后完成的国有企业改革的难度可能超乎多数人的想象。在国企改制的过程中，要把员工群体真正当作利益攸关方，使之参与到决策框架中，而非仅视其为改制成本的承担者和沉默的大多数。

"通钢事件"事关国企改制，其核心根源仍是民众诉求如何满足、民众利益如何维护的问题。即便说作为一起个体事件，有可能是由极少数担心既得利益受损的别有用心的人煽动制造的，但作为政府部门来说，仍需反思这些"极少数"为何能够鼓动数以千计的"不明真相"者，仍需反思为何不能让最大多数的民众成为知晓真相者。"通钢事件"在这方面依然具有警示意义。

（九）四川"什邡事件"

2012年宏达钼铜项目成为四川省特色优势产业重大项目和四川省"十二五发展规划"重点项目，也是什邡历史上首个百亿级投资项目。有网友在网上发表《什邡，不久的将来或是全球最大的癌症县》的帖子，此帖在网上持续升温，当地很多人担心，这个冶炼厂将造成严重污染，危及该地丰富的地下水资源。此后，部分群众在市委附近聚集抗议，有许多中学生以及家长到市委请愿。7月2日上午，什邡市民在广场附近越聚越多，表达抗议，17时许，开始出现打砸事件。次日11时许，广场发生巨大爆炸，一些市民受伤被送入医院治疗。7月3日，什邡市官方网站发布公告称决定停止该项目建设。

分析"什邡事件"，在事件的发酵过程中，政府就该项目本身的危害性，尚未有专业的、充分的、透明的讨论和解释。终止该项目的依据并非因为项目本身的环境危害因素，而是迫于舆论压力政府不得不以此来稳定局面。可以看出，目前国内的环境评估程序明显是越过了听取民意这一环节，民意表达不畅也就成为了群体事件发生的导火索。

（十）安徽"池州事件"

2005年6月26日，安徽省池州市一菜市场门口，4名乘车者与1名行人发生汽车撞人纠纷，并将行人殴打致伤，引起部分市民不满。当地派出所在接警后立即派人赶赴现场，及时将刘某送往池州市第一人民医院急诊室就诊，并将肇事者带到派出所接受调查。一些不明真相的群众在派出所门前聚集，随后，市领导出面与市民对话，但效果不佳。随着群众越聚越多，发生了打砸抢烧事件，前后共历时9个小时。

2005年7月1日，人民网针对"池州事件"指出，事态的发展是由很多因素促成的：有不实的传闻，有不法分子的煽动，有处置的不当等。其中不实的传闻起了关键性的作用。2005年7月7日，《南方周末》发文指出，安徽"池州事件"再次为中国的社会心理失衡敲响了警钟。当前，我国处于社会转型的关键时期，经济的快速发展引起了社会结构、利益关系的重大变化，社会矛盾日益凸显。池州"6·26"群体性事件的起因是一起普通的汽车剐蹭事件，小事件能演变成严重的群体性事件，一方面是本地人与外地人的纠纷，另一方面也说明了社会公正的重要性，最根本的原因是社会心态的失衡。

三 典型事件反映十类纠纷最容易引发群体性事件

（一）征地纠纷

征收或征用农村土地是城市化进程中不可避免的社会管理手段。近年来，因征地引发的纠纷时有发生，有的甚至上升为群体性纠纷。2010 年苏州"通安事件"是典型的因征地纠纷引发的群体性事件。2011 年 4 月，国土资源部公告《2010 年土地督察和执法监察情况》显示，2010 年检查发现违法违规用地 3.42 万宗，涉及土地面积 73.35 万亩，其中耕地 27.45 万亩，有 13 个省（区）违法占用耕地面积超过 1 万亩。2006 年的调查数据也显示，因征地引发的农村群体性事件已占全国农村群体性事件的 65% 以上。征地事关民生，必须采取措施进行预防和化解。2013 年信阳村民因中铁十三局征地赔偿不到位问题未得到及时解决，与相关工作人员发生争执导致被殴打的严重后果。在严格征地拆迁管理的同时，应建立健全征地纠纷排查调处机制，特别是在征地之前，要分析评估易引发不稳定风险的环节和因素，提出预防和化解不稳定风险的对策措施，及时发现出现的苗头性、倾向性问题，做到早发现、早处理，避免矛盾积累、激化。

征地纠纷究其原因主要是在以下几个方面超过了底线：第一，现行土地征收制度违法违宪。第二，土地财政使当前征地矛盾难以缓解。第三，农村基层政权制度不健全。这是导致农民利益受损的主要原因，并使农民的矛盾日积月累，一旦发生某些诱因就易引起群体性事件。

（二）干群纠纷

当前，一些社会矛盾反映在干群关系上，形成了干群纠纷。一些地区和一些干部为了所谓的政绩，违背科学发展观，脱离实际，不顾民意，硬性推行劳民伤财的"政绩工程"、"形象项目"；一部分干部蜕化变质，贪污腐化，违法乱纪，严重损害了共产党的公正形象，引起人民群众的不满。近年来社会接连发生群体性事件，其中影响较大的有贵州"瓮安事件"、云南"孟连事件"、干群矛盾突出。干群矛盾的根源还是官僚主义作风和个别官员腐败造成的。一是有些地方和部门的领导干部不注重了解民情、畅通民意；二是滥用权势，压榨百姓，使小矛盾升级，最终引发群体性事件。

干群纠纷发生的原因是多方面的，主要有以下几个方面。第一，政府缺乏对民众利益诉求的协调。干群矛盾的本质是官民利益矛盾，云南"孟连事件"发生背后的原因就是胶农、橡胶企业和国家三方利益协调不够。第二，个别干部缺乏对其有效的制约和监督。近年来有由经济利益诉求向政治权利诉求转化的趋势，官僚主义作风成为我国的人民内部矛盾的最大诱因。权力过大体现在各个方面，在相当程度上存在着决策过程不科学、不民主现象。频频发生的腐败要案件，特别是一些大案要案，降低了群众对整个干部队伍的评价，在相当程度上影响了干部队伍的整体形象。第三，群众维权意识不断增强。在社会开放和流动增加的时代，人们的流动范围扩大，获得信息的渠道增多，获得信息的能力增强，这是社会进步的表现，但同时对政府公信力造成一定的冲击。另外，在此过程中，也有部分群众思想觉悟和文化素质不高，对自己的利益期望过高，甚至要求不当利益，法制意识淡薄，这无疑对社会和谐埋下了不稳定的隐患。

（三）劳资纠纷

随着我国城市化进程的快速推进，大量农民工涌向城市，劳动争议和劳动者权益保护等问题成为社会各界关注的焦点。近年来，我国东部沿海地区频频出现"用工荒"，一方面，各地纷纷提高当地最低工资标准，企业劳动成本上升，另一方面，企业和劳动者之间的冲突和争议不断增加，特别是 2008 年出现了加速上涨的势头，甚至引发了"富士康"员工自杀和广东南海停工等事件。2011 年 6 月，广东佛山市总工会针对外来务工人员的调查显示，新生代农民工维护自身权益的意识明显增强，但很多人并没有选择正规法律途径维权。在接受调查的外来务工人员中，企图通过群体性事件来维权的人数高达45.43%，认为"事情闹大了就会解决"的人占 16.34%。2009 年浙江"瑞安事件"将劳资纠纷推向了高潮。劳资纠纷问题的频频出现警示我们，政府要充分重视社会不同群体的利益关系，要对群体性劳资纠纷进行社会稳定风险的

评估，维护劳动者合法权益，保障企业正常生产，确保社会安全稳定。

劳资纠纷是雇工与雇主因工资、工时劳动条件、解雇等原因所产生的纠纷。分析其产生原因，我们总结以下二点：一是劳动者的权益受侵害又不能适时合理解决。这种侵害主要涉及劳动者的劳动工资和劳动条件。二是劳动关系双方法律意识淡薄引发劳动争议。《劳动法》颁布实施后建立了以签订劳动合同为主的新型劳动用工制度。有的用人单位忽视法律法规的规定，在订立劳动合同时条款显失公平，导致劳动争议的发生。一些劳动者守法意识差，不认真履行合同，擅自离职违约"跳槽"。这些都为劳资纠纷转化为暴力性事件埋下了伏笔。

（四）借贷纠纷

目前，我国民间借贷市场快速发展，民间借贷活动日趋活跃，公民、法人等向非金融机构的民间借贷越来越多。但由于民间借贷目前尚存在许多不规范现象，面对信用缺失的债务人，债权人要债的难度越来越大，很可能在要不到钱的情况下采取不理智的极端行为，影响社会的和谐稳定。以民间借贷比较活跃的浙江温州为例，2011 年 3 ~ 5 月，温州市法院共受理民间借贷纠纷案件 2628 件，比 2010 年同期多出 474 件；案件总标的额高达 9.3135 亿元，比 2010 年同期高出 3.15 亿元。这意味着温州市平均每天有近 30 起民间借贷纠纷产生，涉及金额近 1000 万元。2013 年河南"安阳事件"中，数十万居民被一些来自安阳本地以及黑龙江、海南等地企业宣传的高额回报吸引，纷纷拿出毕生积蓄，上演"全民借贷"的集资狂热风潮，据统计安阳有近千亿资金活跃于该市的民间借贷金融行业。民间借贷亟待立法规范，应加强对民间借贷的引导、规范、预防和控制，提出并采取维护社会稳定的对策措施。

（五）拆迁纠纷

伴随着城市化、工业化进程的提速，拆迁也成为既普遍而又棘手的问题。拆迁事关国家发展、城市建设，处理不当也极易侵犯公民基本权利，容易引发纠纷。由于拆迁涉及面广、影响较大，难以掌握各方利益的平衡，加之城市房屋拆迁相关行政法规、司法解释之间的冲突和理解上的偏差造成了法律适用上的混乱，导致了拆迁纠纷层出不穷以及处理上的不一致。总的来看拆迁纠纷之所以引发为群体性事件，主要基于以下两大问题：一是拆迁不合理，二是补偿不合理。以广东省为例，2010 年，征地拆迁等土地纠纷占广东省行政复议案件的近五成。苏州通安从 2010 年初开始，新一轮征地再次启动。在这次拆迁中，同等面积补偿金额超过 2008 年以前的 3 倍以上，这其中包括每户近 40 万元的土地宅基费。而 2008 年前并无此项补偿款。

在这一背景下，2011 年 1 月 21 日，新的《国有土地上房屋征收与补偿条例》出台，《条例》明确指出，"扩大公众参与程度，征收补偿方案要征求公众意见，因旧城区改建需要征收房屋，多数被征收人认为征收补偿方案不符合本条例规定的，还要组织听证会并修改方案。政府作出房屋征收决定前，应当进行社会稳定风险评估"①。"依法拆迁"是避免纠纷发生的关键。

（六）物业纠纷

我国经济建设的持久繁荣和城市化建设进程的不断加快，极大地促进了物业管理行业的发展，同时，物业纠纷也成为诸多新型社会矛盾、邻里纠纷的原发点。自我国实施物业管理服务以来，物业管理投诉就呈逐年攀升之势。根据中消协统计，2006 年物业管理的投诉上升最快，高达 20.9%，在服务投诉增幅中居首位，至今物业管理投诉仍居高不下。由于物业纠纷群体性极强、涉及面广，业主维权成本和难度较高，随着矛盾的不断升级，纠纷对抗形式也由拒交物业管理费、张贴抗议横幅标语、群体性上访发展到堵路、暴力冲突事件等，看起来事小的物业纠纷已成为当前影响社会和谐的一大隐患。因此，需要在提高物业公司服务能力、服务标准的前提下，加强对物业纠纷可能带来的社会稳定风险进行评估，健全相关领域的调查审计及价格审定工作，对物业公司的公共收益进行登记和审核，把属于业主方面的利益公开透明。

随着各种法律法规的日益完善和人们维权意识的不断提高，物业纠纷呈上升趋势。分析其产生的原因，归纳起来看，有以下四个方面。一是业主及业主

---

① 2011 年 1 月 21 日，《中华人民共和国国务院令〔第 590 号〕》：《国有土地上房屋征收与补偿条例》已经 2011 年 1 月 19 日国务院第 141 次常务会议通过，自公布之日起施行。

委员会方面。物业管理消费观念没有适时、适度地改变。现在，社区开展了市场化物业管理，业主不仅要交纳水、电、气费，还要交纳总数比房租高得多的小区绿化、共享设施维修保养、保安、保洁等一系列费用，一些业主的思想观念一时还很难转变过来，从而在交涉过程中可能引发不快。同时物业管理在我国产生的时间还不长，业主和住户对物业管理专业知识的了解还相当缺乏，因而造成双方矛盾加深。二是物业管理企业方面。物业管理公司从业人员的某些传统观念没有改变。不少物业管理公司的工作人员还有着浓厚的官商作风以及封建的"主仆"观念，同时物业管理公司人员素质低，服务质量差，物业管理公司与业主及业主委员会缺乏沟通等原因也是加深纠纷从而引发群体性事件的原因。三是政府管理方面。政府没有制定健全、完善、操作性强的物业管理法律法规，目前物业管理方面的法规制度不太完善，不太详细，既存在盲区，也缺乏较强的可操作性。四是监督机制方面。很多小区没有成立业主委员会，很多纠纷媒体难以介入（拒绝采访、殴打采访记者），监督机制既不健全，也难结合。这些情况都是导致物业纠纷不断发生，难以从根本上解决的，从而引发群体性事件的原因。

（七）医患纠纷

近年来，随着人民生活水平和健康水平的提高，人们对医疗服务的需求在增加，对服务质量的要求在提高，对自身权益的维护在增强，但医疗卫生事业的改革与发展相对滞后，医患纠纷的数量逐年增多、关系日趋紧张、医患冲突时有发生，2011年江苏"吊水门事件"是一起由医患纠纷引起群体性事件的代表事例，社会反响大，负面影响深。在这一背景下，卫生部于2011年5月颁布了《建立卫生系统重大事项社会稳定风险评估机制的指导意见（试行）》，明确要求在卫生系统建立和推进重大事项社会稳定风险评估机制，从源头上预防和减少不稳定因素，在保障人民身体健康的基础上，推动医药卫生事业科学发展和医药卫生体制改革的顺利进行。

医患关系是以医生为主体的人群与以患者（或就医者）为中心的人群之间的关系。它是医生和患者之间发生的最基本的人际关系，它同任何人际关系一样，既可以用法律来规范，又可以用伦理道德来调节。医患矛盾是医患关系恶化的结果。近年来，医患矛盾日趋激烈，医疗纠纷层出不穷。究其原因，可以概括为以下三个方面。从社会原因来看，随着国家对医疗福利保障投入不足及政府行政管理责任缺失，使公立医院改变经营方式，公益性被弱化趋利性增加，出现了服务质量下降、价格上升及诱导消费等一系列问题，医患间的信任基础削弱，医患矛盾一触即发，医疗纠纷在所难免。从医方原因来看，由于卫生法规不健全，医疗卫生体制落后，我国国有医院在体制上仍作为事业单位，享受国家保护，吃国家财政饭，因而在操作上，没有按现代企业制度的模式运行。医疗秩序不规范、医疗流程不合理、医疗环境差、消毒措施不规范、收费标准不透明等，也都有可能成为引发或加剧医疗纠纷从而引起群体性事件。同时患方缺乏医学知识，对就医期望值过高，素质低下，无理取闹也是导致暴力事件发生的重要原因。

（八）企业改制纠纷

改制是我国经济体制改革的产物，是为顺应市场经济规律进行的体制机制改革。改制的本质在于打破体制内和体制外的差别，消除"铁饭碗"，进而推进社会公平、公正。目前，我国改制的领域已经由最早的国有企业、集体企业扩展到事业单位。吉林"通钢事故"中，部分职工因不满企业重组打死总经理，使企业改制矛盾迅速升级。2012年，中央已经确定了事业单位分类改革时间表，"到2015年，中国将在清理规范基础上完成事业单位分类；到2020年，中国将形成新的事业单位管理体制和运行机制"，这是一项涉及126个机构近4000万人的体制机制改革。我们必须充分认识到，改制必然会侵犯相当一部分既得利益者的利益，必然会引起各种利益纠纷，增加社会不稳定的风险。各级政府必须对改制带来的各种风险进行充分评估，确保在有效推进事业单位改革的前提下，能够充分尊重被改革者的意愿，最大限度地保障多数人的利益在改革中不受损害，确保社会稳定。

企业改制是指依法改变企业原有的资本结构、组织形式、经营管理模式或体制等，使其在客观上适应企业发展的新的需要的过程。在我国，一般是将原单一所有制的国有、集体企业改为多元投资主体的公司制企业和股份合作制企业或者是内外资企业互转，使其在客观上适应企业发展的新的需要的过程。概括来说企业改制纠纷之所以引发为群体性事件，主要归结于以下几个原因：一是产权确认不明确。产权的明确是改制的关键所在，由于改制不彻底等原因造成改制后对产权归属认识不清，就易在改制主体间产生纠纷从而引发暴力冲突。二是没有按照法定程序进行改制。在改制过程中，对于法律有特殊规定的，需要履行特定的法律手续。由于这些手续的缺失或不规范，会导致行为的无效，也会产生纠纷，在这种情况下矛盾双方很容易因沟通无效而发生肢体性冲突。三是改制主体恶意签订改制协议，改制的另一方主体违背自己的意愿签订及履行协议，从而遭受不利，产生纠纷。四是改制过程中对原有企业职工安置不妥当，会导致劳动纠纷的产生。以上四个方面均易使企业改制纠纷转化成群体性事件。

（九）环境污染纠纷

我国正处于环境污染事故的高发期。目前，一些地方政府仍然热衷于追逐GDP 增长，以牺牲环境为代价取得经济利益的行为并未得到根本性扭转。2013 年 5 月昆明民众"散步"抵制 PX 项目落地，致使包括厦门、什邡等地的国内多个 PX 项目均因为民众反对而不得不滞后或取消，凸显了民众对环境保护的呼声。"先污染后治理"、"先发展再保护"的情况在不少地方仍然存在，导致了"企业污染、居民受害、政府负责、国家买单"的恶性循环。环境规划院对全国连续 5 年的环境经济核算结果表明，"十一五"期间，我国经济发展造成的环境污染代价持续增长，5 年间的环境退化成本从 5118.2 亿元提高到 8947.6 亿元，增长了 74.8%；虚拟治理成本从 2874.4 亿元提高到 5043.1亿元，增长了 75.4%。如，发生在渤海地区的康菲漏油事件，造成渤海湾污染面积达 5500 平方公里，使渤海海洋生态遭到严重破坏。环境污染直接或间接地影响着我国社会的稳定。因此，政府需要对有可能存在较大环境污染隐患的重大建设项目进行社会稳定风险评估，坚决做到未经稳定风险评估的重大环保事项不审批，未经批准或虽经批准、但涉及重大隐患影响且尚未消除的重大环保事项不实施，这样才能最大限度地避免环境污染带来的社会稳定风险。

近年来环境污染群体性事件呈多发态势，分析这些事件可以发现，因环境污染引发的群体性事件相较于其他群体性事件，更应该引起我们的许多思考：

相关项目的污染到底有多严重？地方政府是否存在重经济轻环保的倾向？这些项目当初的环境影响评估是否完善？群体性事件高发倒逼环境评价制度改革，经过多年的发展，我国环境影响评价中的公众参与逐步走向完善和规范，环境影响评价发挥了越来越大的作用。同时，环境影响评价公众参与成为公众参与整个决策的平台，成为各类社会矛盾暴发甚至暴力冲突的"导火索"或"着火点"，甚至出现过度维权的苗头（见表1）。

表1　近年来发生的环境污染群体性事件

时　间	地　点	事件内容
2007 年 6 月	福建厦门	PX 项目引发"集体散步"事件
2008 年 8 月	云南丽江兴泉村	云水污染引发村民冲突事件
2009 年 11 月	广东番禺	兴建垃圾焚烧厂引发群众抗议事件
2011 年 8 月	辽宁大连	PX 项目引发群众抗议事件
2011 年 9 月	浙江海宁	丽晶能源公司污染环境引发群众抗议事件
2011 年 12 月	福建海门	华电项目污染引发群众堵路事件
2012 年 4 月	天　津	PC 项目污染引发群众"集体散步"事件
2012 年 7 月	四川什邡	宏达钼铜项目有环境污染隐患引发群众聚集抗议

资料来源：根据互联网内容整理所得。

（十）外地人与本地人纠纷

改革开放以来，人口巨潮沿着从农村到城市、从欠发达地区到发达地区的路径奔涌流动，给流入地注入巨大经济活力和社会发展新气象。然而，当来自五湖四海，口音南腔北调的人们，闯入原来相对平静固定的生活环境时，因城乡异俗、观念差异造成的冲突与矛盾层出不穷；当不同地域、不同阶层的人们为生存与利益产生矛盾时，如何更好地兼顾各方利益，尤其是让弱势群体的利益诉求能够得到有效表达、正当权益得到维护，成为新时期社会管理的一项新课题。外地人与本地人纠纷，归根结底就是两个字——"利益"。众所周知，对于北上广这些大城市，国家每年都投入巨额的教育经费，其教育资源之丰厚，远超其他省市，高考升学率要远远高于一般地区。对于这种良好状态，本地人当然会竭尽全力要求保持，维护既得利益。比如越来越多的城市把房价攀高怪罪于外地人的涌入，因此不断出台限制外地人买房的政策。在北上广这些

城市，一些热门职位（特别是国有企事业单位），总是要公开声明，"限本地户籍"。相当多的城市，对于外地人买车上牌都有着非常严格的准入规定。2005年安徽"池州事件"是一起因外地人与本地人纠纷引发的群体性事件，当然事件的导火索是因为打人者自称是公务员而引起公愤。2011年，广东连续发生"增城事件"、"潮州事件"等外地人与本地人的冲突事件。总之，只要是外地人和本地人在争执不休，就总能发现"利益"的影子。本地人不肯放弃自己的既得利益，外地人要享受公平的权益，矛盾就此爆发。如何妥善处理这些矛盾，避免群体性事件的出现无疑是对政府矛盾化解能力的考验。

四　从典型事件看当前群体性事件的演进规律与应对重点

（一）从典型事件看群体性事件的演进规律

1. 起因很小

纵观10年来发生的典型群体性事件，"万州事件"因扁担误撞了行人引起；"池州事件"因车辆剐蹭行人引发；"瑞安事件"因员工扭打引发。而苏州"通安事件"起因是2003年以来，苏州市高新区以建设各类工业园的名义拆迁征地，而同等面积补偿金额超过2008年以前的3倍以上。从这些群体性事件来看，发生的起因都很小。而往往正是这些容易让人忽视的小事最终酿成了恶果，导致社会秩序混乱，公共及人民财产及人身安全受到威胁和侵害，造成人心涣散。

2. 反应滞后

"大竹事件"发生于2006年12月30日，而在事件发生之后的半个多月时间里，官方并没有及时给予受害者答复或是采取及时有效举措防止事件蔓延，在此期间警方并未查明真相前便对当事人一方进行拘留，事件处置拖延时间较长，并最终酿成群体性事件。"瑞安事件"发生于2006年5月12日，到5月28日整整半个月时间里，死者家属就伤亡赔偿等事宜调解仍未达成一致，最终演变为群体性事件。而江苏"吊水门"事件男孩死亡一周之久，院方仍未派人出来给死者家属一个交代，致使事件升级，严重扰乱了社会秩序。以上事件足可见政府相关部门应对突发事件的反应速度之慢、解决效率之低。

3. 事件升级

"石首事件"发生于 2009 年 6 月 17 日，由于政府未及时公开相关信息，导致 19 日的时候，不明真相的群众开始设路障，阻碍交通，围观起哄，现场秩序混乱。20 日上午至夜间，围观群众少时有数千人，最多时有数万人。"万州事件"始发于当事人相互扭打，而警察到来之后，并没有谴责打人者，而是要将一方当事人抓走，众围观者见警察执法不公，纷纷大声呵斥，甚至有人向警察投掷鸡蛋水果，从下午开始，近十万人在城区聚集闹事，共毁 4 辆警车。"大竹事件"发生两日后，死者亲属与酒店方矛盾激化，部分人员与酒店员工发生冲突，引发打砸烧行为，严重威胁公共安全。可见，这些群体性事件都是由某一导火索引发，而相关方面并没有及时做出反应，从而导致事件逐步升级。

4. 局面失控

"石首事件"中，当地方出现大量人口聚集时，湖北省公安厅、省武警总队、荆州市公安局从各地抽调了上千名武警、公安干警到石首处置事件，部分围观群众多次与警察发生冲突，导致多名警察受伤，多部消防车辆和警车被砸坏。"万州事件"由于打人者自称是公务员，群众开始冲击位于高笋塘的区政府大楼，警方出动了防暴警察和武警，人群才被完全驱散。"吊水门"事件发生时，有关方面出动警力干预，从苏州、常州等地调遣大批特警，而院方并没有派人出来给民众一个交代，民众献花也遭到警方的粗暴对待，以致惹恼现场数万民众，场面一度失控，医院被砸。这些群体性事件的一个共同点就是，在事件升级之后，相关部门没有第一时间公布事件处理情况，而是过于注重维稳，由此激化了群众和维护秩序的警方之间的矛盾，最终导致局面失控。

5. 媒体围观

"石首事件"中，群众聚集场面失控后，新闻媒体开始进行大肆报道，声称在永隆大酒店下水道发现两具尸体、挖出多块尸骸等，致使不少闻讯而来的当地市民向酒店聚集。而石首市政府新闻发言人表示，以上消息纯属谣言，有关部门证实并组织部分群众代表进入酒店实地察看，证明并无传言中所说的尸

体或尸骸。江苏的"吊水门事件"发生后,当地民众极为不满,自发在男孩死亡后的头七上医院悼念亡灵,各大新闻媒体争相报道。在"什邡事件"中,网友QQ空间发表的《什邡,不久的将来或是全球最大的癌症县》一文被各大媒体纷纷转载刊发,基于媒体的围观,环境污染问题不断升温,使当地越来越多的人知道了这个项目的污染程度,进而使群体性事件愈加升温。媒体的围观具有两面性,一方面能直对谣言假象,及时将其揭穿;同时另一方面有可能适得其反,反而使得谣言疯传,阻挡群众了解真相。但不管怎样,媒体围观在群体性事件中无疑发挥着重要作用。

6. 高层应急

"瓮安事件"发生后,党中央、国务院高度重视,十分关心,中央高层专门作出重要指示,并派人赶到瓮安指导处置工作。贵州省委相关领导亲自赶赴现场指挥事件处置工作。"瓮安事件"是高层给予重视,采取应急指导解决措施的典型代表案例,凸显了高层对群体性事件应对的高度重视,同时也反映出当前基层政府处置群体性事件乏力的问题。

7. 迅速处置

在处理重庆"万州事件"时,中共重庆市委书记从重庆市赶往300多公里外的万州区,正在北京中央党校学习的万州区委书记也接令从北京赶回。政府有关部门将事件定性为"突发性大规模群体事件",启动紧急机制,成立前线指挥部,并于当日平息此事件。"池州事件"事发当天,市委、市政府会同省公安厅坐镇指挥,该事件于当晚23时许平息,无人员死亡。"大竹事件"发生当晚,政府应急机制及时启动,在公安干警、消防官兵和干部群众的努力下,事态得到平息。总结以上群体性事件,政府有关部门在应急机制启动之后,对事件的处置还是比较迅速的,这才使得事件没有进一步恶化。

8. 事态平息

对于四川"什邡事件",什邡市新闻办公室先后发布公告称:公安机关对在什邡宏达广场打砸、推翻警车的钟某、李某、刘某等3人予以刑事拘留;对强行冲击警戒线,向执勤民警投掷花盆、砖头、石块等杂物的洪某、周某、钟某等3人予以行政拘留;其余21人经批评教育,认清所犯错误,具结悔过后,于2012年7月3日晚23时已全部释放。并对受伤群众、民警和机关工作人员积极开展治疗。公告后，人群逐渐散去。此后数日，仍偶有人群聚集现象，但人数逐渐减少，事件终告平息。苏州"通安事件"发生后，通安镇当年下达的动迁项目和动迁工作被暂停，对拆迁补偿标准执行和群众诉求处置不当的通安镇党政主要领导被就地免职，这一举措的实施得到了上访群众的认可，最终事件迅速平息。总体来看，群体性事件的最终平息，需要政府有关部门采取相应的处置措施，积极解决问题，努力化解矛盾。问题得到解决，经过一段时间后，事态自然也就会慢慢平息。

（二）当前地方政府应对群体性事件存在的问题

1. 地方政府信息公开不到位引发公众对政府公信力的质疑

政府是公共信息最大的拥有者和控制者，近年来，地方政策朝令夕改的现象层出不穷，缺乏连续性和稳定性，政府承诺无法兑现，失信于民，政府公信力受到冲击，群众普遍对政府信息产生质疑。政府信息公开对于疏导和化解群体性事件起着关键性的作用，目前世界上已有 40 多个国家建立了政府信息公开机制。在我国，自 2008 年 5 月 1 日《中华人民共和国政府信息公开条例》正式生效，政府信息公开机制也开始运行。然而，当前我国群体性事件性质大多数属于带有偶发性的人民内部矛盾，往往由于一些地方政府在处理突发事件的过程中对相关政府信息公开不到位或不及时，导致矛盾性质转化、升级，进而引发大规模的群体性事件。

2. 地方政府应急机制不健全致使案件处置力度不够

群体性事件是社会转型时期的新事物，一方面，有些政府领导干部沿用传统的惯性思维，对群体性突发事件武断定性。同时，一些地方政府为了快速平息群体性突发事件，采用一些不合法的手段饮鸩止渴。例如一味地用金钱来化解矛盾，或隐瞒上级以逃避责任追究等。另一方面，从现实情况看，一些地方的预警和应急机制还很不完善。预警和应急机制是社会运行状况警报信号，对现代社会的平稳运行至关重要。群体性突发事件的预防与应急、监测与预警机制不完善，是导致群体性事件处理不力的核心原因所在。

3. 地方政府缺乏有效的利益表达机制导致群众积怨

一般来说，民意得不到及时反馈就会发展为民怨，民怨得不到合理畅通就

会发展为民怨，民怨得不到合理解决就易发展为群体性事件。在现代社会，不同的社会阶层、不同的社会成员、不同的社会利益群体，都有各不相同的利益诉求，不同利益群体的利益表达和政策诉求有很大的区别。社会正常的制度化参与渠道无法满足公众的参与愿望。受传统政治体制的限制，在自上而下的政治压力的作用下，中国目前利益表达和有效的利益协商机制尚未形成，依然停留在"体制性迟钝、粗放型管制"的维稳阶段。因此，要想从根本上化解群众积怨，尽快形成能够规避体制缺陷的社会动态稳定相关制度是当前社会管理的关键。

（三）地方政府应对群体性事件的对策

1. 建立科学合理的信息公开机制

当今我国社会迎来了信息爆炸的时代，信息具有极高的经济、社会和人文价值，而在整个社会信息资源中，政府掌握着绝对比重的信息资源。充分利用信息资源，对国家而言，可以加快经济发展和社会进步；对社会而言，可以协调社会各阶层利益冲突；对个人而言，可以创造更多的物质和精神财富。从政府管理的角度而言，公开政府决策、事务处理、公民服务事项的信息，对于加强公众认同、防范群体性事件的发生有着良好的效果。公众对政府决策有着阶段性的理解和接受，形成政民互动的良性对接，在维护社会稳定的同时，政府还可提升治理能力；从公民维护自身权益的角度出发，通过对政府信息的了解有利于强化社会主人翁责任感，在权益受到侵犯时，在维护权利的同时，兼顾公民义务，选择合法的、正当的渠道寻求问题的解决办法，对化解矛盾持以积极的心态。

2. 加强建设及时有效的应急机制

群体性事件的偶发性大、公众关注度高、社会影响广泛，这对政府处理群体性事件的能力提出了极高要求。群体性事件看似由一个偶然的问题或事件所引发，但其实它关联诸多事件，是经历长期积累、涉及多方因素的一个集合。政府应加强对群体性事件的重视，建立健全及时有效的应急处置机制。

3. 畅通高效的群众诉求表达机制

群众利益，特别是弱势群体的利益必须依靠行政和社会的力量给予支持和维护。首先，完善法律诉求机制建设，把群众利益诉求纳入制度化、规范化、法制化的轨道。其次，拓宽公众诉求的平台，将政府责任与社会支持相结合，建立及时收集群众利益诉求信息的网络系统。最后，开拓利益表达新途径，用网络、传媒等各种渠道提升公众利益表达和协商的效率。

参考文献

张宵：《和谐社会视野下群体性事件研究》［D］，郑州大学硕士学位论文，2012 年 6 月。

田慧：《论群体性事件产生的原因和对策》［J］，《湖北经济学院学报》2010 年第 8 期。

〔美〕加布里埃尔·A. 阿尔蒙德等：《当代比较政治学：世界视野》［M］，上海人民出版社，2010。

〔法〕古斯塔夫·勒庞：《乌合之众——大众心理研究》［M］，中央编译出版社，2004。

于建嵘：《当前我国群体性事件的类型与特征》［EB/OL］，http：//www.aisixiang.com，2010 年 3 月 4 日。

范铁中：《地方政府应对群体性事件的问题与对策》［J］，《理论导刊》2011 年第 12 期。

辛斐：《基层政府治理农村群体性事件的问题与路径探析》［J］，《学理论》2011 年第 10 期。

李全森：《基层政府社会管理职能转变研究》［D］，汕头大学硕士学位论文，2010 年 6 月 1 日。

B.6
虚拟社会对现实社会的影响及
带来的管理挑战

摘　要：

　　本文紧密结合当前形势，分析当前虚拟社会的特点以及其对我国现实社会的影响和挑战；立足虚拟社会管理现状，从舆论阵地和舆情引导、网络技术研发和应用、社会管理体系构建和模式创新三个方面展开思考，提出构建"虚拟社会—现实社会"协同治理的社会管理体系，构建具有中国特色的虚拟社会自主治理模式的思路。

关键词：

　　虚拟社会　现实社会　社会管理　社会建设　协同治理

　　信息技术革命催生的不仅仅是信息工具，还有一个新的社会形态——虚拟社会。20 世纪 90 年代以来，随着信息技术的发展和广泛运用，以互联网、移动互联网等为载体构成的虚拟社会已经深刻影响着政治、经济、文化和社会生活等各个领域，正在发挥着越来越重要的作用。正如习近平总书记所说："现在人类已进入互联网时代，这是一个世界潮流，而且这个互联网时代对人类的生活、生产、生产力的发展都具有很大的进步推动作用。"[①] 有报告显示，截至 2012 年，全球网民总数超过 25 亿。据中国互联网络信息中心（CNNIC）发布《第 32 次中国互联网络发展状况统计报告》（下称《中国互联网发展报告》）显示，截至 2013 年 6 月底，我国大陆地区网民规模达 5.91 亿人，69.5% 的网民通过台式电脑上网；手机网民规模达 4.64 亿人，通过手机上网的网民比例为 78.5%（见图 1、图 2）。我国域名总数为 1470 万个，网站总数

[①] 2012 年 12 月 7 日习近平在腾讯公司参观考察时的讲话。

达 294 万个，互联网普及率为 44.1%。① 这些数据表明，虚拟社会已经在我国形成并快速发展。虚拟社会作为一种全新的社会形态，对现实社会产生了深刻影响，对社会管理和社会建设提出了新的挑战。正确认识虚拟社会的特点及其对现实社会的挑战，把虚拟社会管理和创新工作统筹到社会建设的框架中来，成为摆在各级党委政府面前的重要课题。

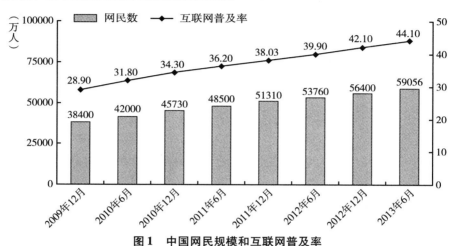

图1 中国网民规模和互联网普及率

资料来源：《第 32 次中国互联网络发展状况统计报告》。

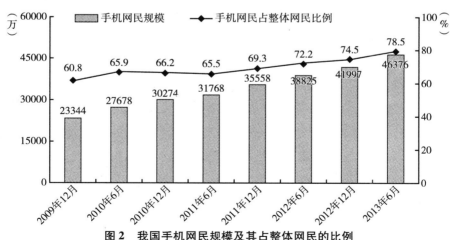

图2 我国手机网民规模及其占整体网民的比例

资料来源：《第 32 次中国互联网络发展状况统计报告》。

---

① 中国互联网络信息中心：《第 32 次中国互联网发展状况统计报告》。

一 虚拟社会的内涵和特点

（一）虚拟社会的内涵

1. 虚拟社会的概念

虚拟社会也称网络社会、网络虚拟社会，是在以现代计算机网络为基础和框架组成的网络虚拟空间里，人们以虚拟方式展开活动，从而形成的一种具有"特定社会结构和社会关系"的社会。虚拟社会是在网络空间中所形成的一个全新的社会，是由现实和想象相结合的虚拟化的产物——虚拟实体以及它在网络空间中的组合、联系、作用、活动，并与现实社会中的人交互作用及虚拟化存在所构成的社会。它强调网络社会的虚拟化特性。同时，虚拟社会在本质上又具有现实性，它呈现一种数字化的社会结构、关系和资源整合环境，其主体依然是现实社会中的人，虚拟社会反映着现实思想，是形式上虚拟和本质上现实的统一。

2. 虚拟社会与现实社会的关系

虚拟社会是存在于互联网虚拟空间的一种与现实社会空间相似的社会形态。它不是孤立的社会形态，而是传统社会在新时代的进化，既保留了传统社会的一部分又体现出完全不同的特点。虚拟社会的形成，开辟了人类活动和发展的新空间，开创了社会建设和发展的新领域，形成了与现实社会并存、交融的新的社会存在形式。虚拟社会和现实社会是双向互动、辩证统一的关系，二者交融共存，互相促进，共同构成了人类生存发展的空间和社会的有机整体。虚拟社会已深入到现实社会的政治、经济、社会、文化和人们生活的各个方面，社会建设离不开"虚拟社会"的建设，社会和谐离不开"虚拟社会"的和谐。当前，对虚拟社会管理的成熟程度已经成为衡量一个国家社会建设发达程度的重要标志。

（二）虚拟社会的特点

虚拟社会与现实社会密不可分，但与现实社会比较，虚拟社会呈现出一些自有的特性，也正是这种特性，决定了虚拟社会对现实社会的影响及其带来的一系列新的挑战。

1. "无中心"与交互性

虚拟社会所依托的网络空间是去中心化和扁平化的，因此，"无中心"是虚拟社会最典型的特征。现实社会是一种金字塔结构，比如在行政区划上分为中央、省、市、县、乡等，最大特点是等级之间地位不对等，并且存在一个核心的角色。与现实社会等级制、中心化结构不同，虚拟社会则呈现明显的扁平化和"无中心"的特点，没有等级之分，大家都是平等地参与。网民不仅是信息的客体和单纯受众，而且也是信息的传播者和制造者，网民个人的自主意识、自主权被充分地调动起来，开始积极主动地介入网络生活，每个人都在通过参与网络来改变网络。

由于网络使用者的多元化，人或组织在虚拟空间中的频繁交往使主体与主体之间形成了多维交互式联系，这就是所说的交互性。从传播形态上看，传统媒体是线性传播，网络新媒体是裂变式、互动式传播，打破了传播的单向关系，实现了随时随地、多对多、交互式交流与信息共享。这种交互式立体化的传播模式，扩大了传播空间，提高了传播速度，传播的效果更为凸显。

2. "无边界"与开放性

"无边界"即跨地域、无界线，不受物理限制。虚拟社会是一个"地球村"，在这里没有地域之分，没有国界之分。一个人无论身处世界的哪个角落，只要与互联网接通就能进入虚拟社会。在网络空间，除非语言的障碍，否则网民之间几乎感受不到国与国的边界感觉，跨国的矛盾汇集、意见交汇日益普遍。如果语言这一障碍在网民群体中逐渐消失，网络的无边界性将会达到极致，由此更会无限地放大网络的"无中心"性。

"无边界"最大的体现就是开放性。互联网为用户提供了一个门槛低、相对平等开放的网络平台，无论农村城市、无论年龄大小、无论何种职业、无论种族性别，在网络畅通的情况下，只需要一台电脑或一部智能手机，任何人都可以自由地成为网民，可以轻而易举地发布和接受信息。这种开放性使得信息传播的及时性、交互性被演绎得淋漓尽致。而随着我国信息

化基础设施建设的不断推进，将更大程度地为虚拟社会的开放性提供物质平台。

3. "无时空"与即时性

在虚拟社会，"无时空"与"无边界"几乎形影不离。互联网匿名开放的特性，使人们可以超越时间、空间，超越身份、等级进行活动，可以摆脱传统熟人社会的阶层等级和道德约束。虚拟社会的参与者无须身体到场，而是以电子显现为标志。电子显现不受时间和空间的限制。世界各地的网民们可以在不同时间从不同地点进入互联网从事不同的活动。

交流沟通是网络应用的基础功能。即时通信、博客、微博、微信、社交网站、电子邮件的兴起和快速应用，都体现出人际互动、信息传播的即时性特点。其中即时通信在互联网使用率中保持第一位，且使用率持续攀升。据《中国互联网发展报告》显示，截至2013年6月底，我国即时通信网民规模达4.97万，即时通信使用率达到84.2%[①]。

4. "无控制"与分散性

网络信息传播的开放性、自由性和匿名性特征，显现出虚拟社会的"无控制"特点。互联网是由许多网络组成的网际网，各个网络互联互通。因此它不为任何机构和个人所独有，也就不可能采取集中式的管理。在新媒体、自媒体时代，虚拟社会提供了一个"人人都有麦克风，人人都有话语权"的平台。在发布信息、发表言论方面，自己选择传播内容，自己把关，实现自己的权利。而网民在网络空间具有虚拟身份，不像现实社会那样受到各种身份的约束和限制，人们的网上行为完全依靠自律。这使得一些不法分子和部分网民认为虚拟社会是"法外之地"，可以窃视别人的一言一行，甚至为所欲为。

分散性主要指网络参与而言，这种分散性为更大范围的公众参与提供了有利条件，同时也容易造成党委政府与公众沟通过程中的信息不对称。由于各家网站自行管理的分散性，所以网络空间基本处在一种网络丛林状态。随着网民的增多，网络空间的不断拓展，网络监管难度变得越来越大。

---

① 中国互联网络信息中心：《第32次中国互联网发展状况统计报告》。

二　虚拟社会对我国社会发展的影响

据《中国互联网发展报告》显示，虚拟社会迅猛发展对现实社会的影响越来越大。截至 2013 年 6 月底，我国大陆地区网民规模达 5.91 亿人，互联网普及率为 44.1%，高于世界平均水平；手机网民规模达 4.64 亿人，居全球首位。互联网已广泛应用于我国政治经济社会文化等各个领域，以及人们生产生活的各个方面，并正在发挥着越来越重要的积极作用[①]。

（一）推进社会主义民主政治发展

1. 网络问政：为公众参与民主政治搭建新平台

新媒体作为一种以开放、自由、共享为基本理念的公共平台，一种新型的、先进的传播手段，为公众参与民主政治提供了崭新的、广阔的平台，大大地提高了社会群众政治参与的广泛性、平等性和主动性，深刻地改变了政治参与模式，为现代民主政治和公民社会的发育和完善提供了新的条件，对民主政治的发展产生了实质性影响：一是公众知情权得到极大改善；二是网民平等意识不断成长；三是公众参与社会公共事务拓展了新渠道，这种网上参与同网下互动相结合的方式对公共事务的影响日趋深入。

网络问政近年来已成为政府的执政新风，成为党和政府体察民情、了解民意、倾听民声、汇聚民智的重要途径，成为广大网民参与社会监督、进行权益维护、表达政治意愿的重要形式。无论是中央领导还是地方官员，越来越习惯于通过网络问政于民，使政府更直接、更便捷、更透明地了解社情民意。目前，网络问政、网络直通车已成为一种常态化、制度化的政治工作。人民网设有"直通中南海"问政栏目，网民可以通过留言方式直接向中央领导人和职能机构建言献策、表达意愿。地方政府也专门成立了类似社情民意信息中心等工作机构，建立制度和工作机制，配备专职人员办理网络留言。另外还出现了网上信访、网络访谈、网络选举、网络听证等多种形式的问政

---

① 中国互联网络信息中心：《第 32 次中国互联网发展状况统计报告》。

方式。

2. 政务微博：为政府引导网上舆论打造新渠道

网上舆论的自由参与、匿名发布、即时传播、效力明显等特点，创造了全新的舆论生成传播模式。特别是微博的出现，使舆论内容更加宽泛，舆论功能更加强大。党和政府高度重视这一新特点和新情况，加快启用微博电子平台，及时回复和发布广大网民的关切，积极主动地引导网上舆论，传递正能量。据《中国互联网发展报告》显示，截至 2013 年 6 月底，我国微博网民规模为 3.31 亿，网民中微博使用率达到了 56.0%。报告认为，目前微博已经成为网民获取信息的重要途径之一，微博逐渐演变成为大众化的舆论平台，越来越多的党政部门及官员，各种机构及公众人物都通过微博来发布或传播信息①（见图 3）。

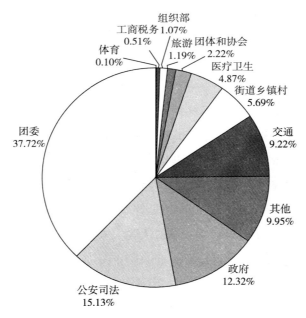

图 3 2013 年我国各政府机构腾讯政务微博分布状况

资料来源：武汉大学互联网科学研究中心发布的《2013上半年度腾讯政务微博报告》。

---

① 中国互联网络信息中心：《第 32 次中国互联网发展状况统计报告》。

十八大以来高层领导和地方政府更加支持政务微博发展。2013 年初上海、山东、陕西三地率先将政务微博写入当地政府工作报告。李克强总理在 3 月 26 日国务院第一次廉政工作会议上发表讲话谈及微博，积极评价微博在政务公开中的重要作用。我国政务微博也因此呈现出更为良好的发展态势。

据武汉大学互联网科学研究中心完成的《2013 上半年度腾讯政务微博报告》显示，截至 2013 年 6 月 1 日，在腾讯微博平台认证的政务微博数达122820 个，听众总数为 294229857 人。另据新浪于 5 月 6 日发布的《2013 年第一季度新浪政务微博报告》显示，截至 2013 年第一季度，通过新浪认证的政务微博数共 70605 个，较去年同期的 3.3 万净增约 3.7 万个，发博总数超过4000 万条，被网友转评超 2.1 亿次。该报告显示，自 2012 年以来，基层政务微博数量继续迅猛增长。政府机构和公职人员微博中的县处级认证用户数达10203 个，首次突破一万，占政务微博总数的 14%，夯实了政务微博发展根基。报告首次对政务微博行为数进行了详细分析，报告称我国政务微博对评论与私信这样的互动功能的使用行为，在总体使用行为中的占比已经提升至50%，表明政务微博已经实现了从发布平台到互动平台的转型。该报告称，十八大以来，国家政要粉丝团系列微博走红成为微博发展的一大亮点。如@ 学习粉丝团、@ 向李学习、@ 丽媛粉丝团等。与媒体报道有所不同，这些粉丝团微博发布更及时，播报方式更家常化，"轻而易举"地塑造了国家高层官员的亲民形象。政要粉丝团微博的出现某种程度上反过来又推动了民间关注和热议政治的高潮。2013 年 3 月 27 日，国务院总理李克强到江苏无锡调研，被官方媒体以外的普通网友"微博直播"。报告认为，增强政务微博行政能力、建立微博行政办公平台、实现不同部门间的有效协作等将是政务微博持续发展的重中之重。

3. 网络监督：为加强党风廉政建设提供新手段

网络监督是指公众借助于互联网对公共权力的监督，其本质是社会监督的一种方式。由于网络监督所呈现的快捷高效、主体广泛、手段灵活等特征，网络监督的广度与深度已经远远超出其作为一种新闻媒体的范畴与功能，网络监督正在成为推动我国政治、经济、社会、文化进步不可忽视的力量，发挥着独特的作用和难以替代的功能。主要体现在以下几个方面：网络监督形成的舆论压力影响公共决策，促使公共政策反映和实现民意；网络监督打破了信息垄断，促使政党政府工作更加公开透明。与此同时，网络监督的快速便捷性，有利于政府改进工作作风；网络监督的全民参与性，有利于推动反腐倡廉建设；网络监督的社会调控性，有利于政治稳定与社会和谐。

作为独立的信息源，互联网吸引公众爆料现实中存在的问题，从而促进事情真相的查证和问题的解决。从"天价烟局长"周久耕、"烟草局长"韩峰、"十不知局长"王瑞林，"表哥"杨达才、"不雅视频"雷政富，到"西安城管打人事件"、"临武瓜农之死事件"等，都显示了互联网在促进反腐倡廉建设中的积极作用。在网络监督下，要求党委政府及时回应和发布网民关切的大案要案以及群众关心的热点问题的权威信息，反腐倡廉网络信息的收集、研判和处置工作的重要性更加突出；反腐倡廉的方针政策、重大决策部署和先进典型的宣传工作更加重要；对纪检监察系统巩固和扩大互联网舆论阵地的建设更为迫切。

（二）加速经济转型和产业升级

1. 互联网加速向传统产业渗透

随着新技术、新应用、新模式不断涌现，互联网产业加速向各行业、各领域渗透融合，推动了经济转型，带动了产业升级，在国民经济和社会各领域中的影响和地位日益突出。马云表示，"互联网是'新经济'，是'虚拟经济'和实体经济的完美结合，它正在进行着从消费流通到生产制造再到生活方式领域的巨大变革，而这一进程才刚刚开始。"张朝阳认为，"互联网和实业已密不可分，互联网是整个实体经济的神经系统，实体经济跟虚拟经济已经水乳交融。"马化腾指出，"互联网不像过去讲的只是虚拟经济，它已经和实体结合得很紧了。互联网和实体经济的结合是转型升级，甚至是颠覆性，破坏性的创新。"

互联网与传统经济的发展息息相关，不论是在国家政策层面上还是产业发展上，互联网都是经济链条上的重要一环。党的十八大报告指出推进信息化工业化融合，促进工业化、信息化、城镇化、农业现代化的同步发展。这是中国互联网未来发展的重要契机。中国信息经济学会理事长杨培芳认为，农业生产力是适应了一种小农分散化的生产方式，工业时代的生产力是适应了大机器集中化的生产方式，信息生产力更适应网络化的协同生产方式。"前沿理论已经发现，除了市场竞争和政府干预这两只手之外，信息网络正在发挥第三只手的力量"，互联网体现了"新的信息哲学，将为未来指引方向。"

互联网加速向传统产业渗透已成为我国经济转型升级的重要动力和经济变革的重要引擎。

2. 电子商务发展迅猛

自 2008 年底世界金融风暴爆发以来，全球陷入经济低谷，增长缓慢、发展停滞，就业压力尤其巨大。但是，在这样的大环境、大背景下，电子商务发展迅猛。据美国市场调研公司 ComScore 发布报告显示，2012 年美国电子商务零售销售总额为 1862 亿美元，较 2011 年增长 15%，创下金融危机以来最大增幅。与此同时，我国的电子商务发展强劲，据商务部发布的《中国电子商务发展报告（2012）》显示，2012 年我国电子商务保持持续快速增长的势头，电子商务交易额突破 8 万亿，同比增长 31.7%，其中网络零售额超过 1.3 万亿，同比增长 67.5%，电子商务服务业正在成为一个新兴产业。

电子商务在拉动就业方面也显现出巨大的作用。电子商务在不断创造出新的产业和企业活动领域的同时，也创造出许多新职业、新工种和新就业岗位，特别是带动了物流产业的快速发展。越来越多传统产业和传统就业岗位的劳动力逐渐转移到网络产业和网络就业岗位。据中国就业促进会副会长陈宇介绍，2011 年，通过网络直接和间接就业的人数达到 1350 万人。据马云介绍，2012 年，围绕整个淘宝系列的直接和间接就业人数已经超过 1000 万人。有许多研究者推测，10 年之后网络产业就业人数可能达到 1 亿人。

此外，网络经济和电子商务刺激了消费，创造了新的商业模式。《中国互联网发展报告》对网络购物、团购、网上支付进行了分析。该报告指出，截至 2013 年 6 月底，我国网络购物网民规模达到 2.71 亿人，与 2012 年 12 月底相比，2013 年上半年网民增长 2889 万。报告显示，"网民数量的持续增长，网民购买力的提升"，"传统企业纷纷向电子商务的转型，拓展了网络购物的品类和渠道"，"网络促销的常态化，激发消费者的购买欲望"，"移动互联网的发展和智能手机的普及，促进了网络购物市场的发展"成为网络购物网民增长的主要驱动力量。对于团购，报告称，截至2013年6月底，我国团购网民数为1.01亿，与2012年12月底相比，团购网民规模增长了21.2%，依然保持着相对较高的增长率。对于网上支付，报告称，截至2013年6月底，我国使用网上支付的网民规模达到2.44亿，与2012年12月底相比，网民规模增长2373万，增长率为10.8%。而政策的引导、市场的支持以及网上支付新业务模式的创新，成为网上支付市场取得快速增长的三个主要原因。与此同时，在线旅游预订市场也表现出良好的发展潜力。①

电子商务作为战略性新兴产业在转变经济方式、推动产业升级、促进流动现代化方面发挥了重要作用，已经成为国家拉动内需、扩大消费、促进就业的重要途径之一。

3. 信息服务业潜力巨大

信息服务业是一种信息经济、资讯经济，在互联网时代焕发出强劲的生命力。信息服务业是借助计算机、通信网络和云计算等现代信息技术对信息进行收集、处理、加工、生产、存储、传输、检索和利用，并以信息产品的形式为社会提供服务的行业。信息服务业是战略性产业，在大数据时代会更加凸显它的价值。在现阶段，信息服务业的发展已经离不开虚拟社会，而各行各业的发展也离不开信息服务业，事关国民经济与社会发展的全局。信息服务业同时是一个庞大而且发展非常迅速的产业，增值效益最大，在国民生产总值中比例不断提高。据工信部消息，2012年我国信息服务业占GDP比重7.3%，比2011年提高近1个百分点。拉动就业520万人，上缴国家税金2562亿元，同比增长10%。2012年8月8日，胡润研究院与北京丽晶酒店联合发布《2012胡润品牌榜》，其中2012胡润信息服务品牌榜单（见表1）中，百度、腾讯QQ、淘宝、联想、新浪、京东商城等21个品牌上榜，除了清华同方外全部都是民营品牌。百度以1470亿元的品牌价值成为最具价值的信息服务业品牌。

① 中国互联网络信息中心：《第32次中国互联网发展状况统计报告》。

表1　2012 胡润品牌榜之信息服务品牌排名

民营排名	全国排名	名称	品牌价值 （亿元）	占市值比例 （%）
1	1	百度	1470	55
2	2	腾讯 QQ	810	48
3	3	淘宝	270	60
4	4	联想	190	30
5	5	新浪	140	55
6	6	京东商城	120	40
7	7	阿里巴巴	110	20
	8	清华同方	44	24
8	9	人人网	41	30
9	10	携程	38	20
10	11	天猫	35	35
11		搜房	32	36
12		支付宝	30	10
13		网易	24	40
14		搜狐	20	35
15		华为	19	30
16		大智慧	18	25
17		开心网	17	28
18		当当	11	28
18		凡客诚品	11	25
18		易居	11	34

资料来源：胡润研究院与北京丽晶酒店联合发布《2012 胡润品牌榜》。

（三）重构现实社会发展体系

1. 社会关系的变化

社会关系指人们在社会生活和相互交往过程中形成的关系。在虚拟社会，人们的生活方式和交往方式都发生了变化，带来这些变化的根源在于作为人与人之间进行社会交往的基本元素——媒介发生了变化。人与人之间的交流方式在经历"口口相传"的点对点传播、报刊的大众传播、广播电视的立体传播之后，进入了互联网虚拟空间的交互式传播时代。

互联网作为新媒体的先驱，不仅把传统的社会关系内嵌于其自身结构中，而且打破了传统关系纽带的限制，实现了跨越时空的交流。"在传统社会中，社会关系或者社会交往一般是基于血缘、地缘或业缘关系建立起来的。社会关系的交往和维系多局限在权利、地位、职业和利益相近的社会阶层之内。而虚拟社会的社会关系是在虚拟的空间中进行的，具有网络自由、开放的特点，这种情况下所形成的社会关系不仅仅发生在熟人之间，而且发生在大量陌生的、不同阶层、不同民族、不同地区、不同语言的人之间，这些人又因同一件事或兴趣点集结在一起，形成了一个'共同体'，并在'共同体'中进行信息的交流和沟通，进而对新的社会关系进行整合和重塑"①。这种社会关系的构建和重塑，极大地激发了人们的热情，释放了人们的活力。以腾讯公司微信为例，工信部新闻发言人朱宏任表示，2013年上半年，我国微信用户已超过4亿户，拉动移动互联网流量收入同比增长56.8%。据马化腾介绍，作为中国互联网成功走出国门的一款代表性产品，微信目前已在东南亚、中东等地占有最大的市场份额。

由此可见，虚拟社会实现了对现实社会中社会关系的直接渗透和重新再塑造。

2. 组织模式的重构

以互联网为代表的现代信息技术快速发展，对现实社会中各种社会群体结构、性质与特征的演变有着持续推动作用，"最终对整个社会结构与组织模式产生了深远的影响"。《光明日报》称，"一方面，互联网打破了现实社会交往的时空阻隔和社会障碍，促进了各种'趣缘'群体和'亚文化'族群等'共同体'的繁荣，以一种新的逻辑发挥着社会聚合功能；另一方面，互联网还重构了当代社会的互动模式和组织模式，并改变了原有的社会信息资源配置结构，从多个维度推动着我国社会形态的进化进程"②。虚拟社会的组织化程度迅速提高，具备了迅速发起和组织群体行为的能力。

网络群体性事件出现的实质就是网络社群具备了组织形态。上海大学社会学院李华俊博士在研究网络群体事件的组织结构时指出，在虚拟社会这个共同

---

① 王子珺：《虚拟社区中的社会关系研究》[J]，《中国传媒科技》2013年第6期。
② 《互联网重构了当代社会的互动模式和组织模式》[N]，《光明日报》2010年5月27日。

的组织环境中，信息发布者、信息传递者、舆论领袖、反思者等个体间在网络中的互动就形成了群体组织，通过分工合作与相互博弈达到权力的平衡，形成稳定的组织形态。虚拟社会里的群体组织不同于现实社会里的群体组织，参与者具有不关联性和分散性，组织方式具有自发性和偶然性，组织行动出现了明显的网上网下互动的趋势。当前，虚拟组织呈现负面化效应，网络群体性事件呈现爆发之势，虚拟组织及网络群体性事件已成为学术界与执政者重点关注的社会问题。因此，在加强虚拟社会自治自律的同时，应积极探索虚拟组织的形成规律和组织化建设。当然，这种组织化不是外在强加的，而是网络内生的一种自组织化，需要在实践中去不断探索和发展。

3. 社会管理的挑战

社会结构的基本层面是政府与社会，在虚拟社会，社会力量强大、政府地位弱小，这就造成了现实社会中政府和社会关系失衡，对现行的社会体制、社会规范、社会秩序带来了冲击，给社会管理带来了挑战。中国人民大学公共管理学院教授毛寿龙曾表示，"在现实社会中，行政的区域性和分割性不太适合网络的整体性和高度流动性，而网络社会较之现实社会也缺乏相应的稳定性和封闭性。"这就要求社会管理理念要有效适应这一重大变化，"对虚拟社会进行管理还是要以网络本身为基础，对现有的社会管理机制进行创新"。

因此，对虚拟社会进行管理还是要以网络本身为基础，创新社会治理理念和模式。如果把网络要素分解的话，网络空间有三个层级结构，即技术层面、应用层面和意识层面。技术层面是应用层面的基础，互联网任何功能的发挥都是建立在网络的技术基础之上的；互联网的应用层级是最重要、最广泛的层面，它是网络社会治理的基础。随着互联网的发展，它的应用功能越来越多，例如通信功能、娱乐功能、购物功能、学习功能等；意识层面形成的时间最晚，却在网络的社会治理中占的比重最大，意识层面依赖于应用层面，没有应用层面培养起来的网民对网络的粘合度，互联网的意识形态层面也无从谈起。网络人口的比例越高，网络的意识形态性就越强，由此可见，对虚拟社会的治理策略也应当是这三个层面同步治理。

（四）推动社会主义文化发展

1. 价值观的多元化和双重性

相比现实社会，虚拟社会里的价值观更加多元，现实社会中的非主流价值观甚至是既不合法也不合理的价值观都可能在虚拟社会里盛行、传播。网络世界具有跨文化性。网络的全球化淡化了民族与国家意识，不同的思想观念、伦理道德、文化形态、价值取向都可以在网络空间传播，开阔了视野，增长了知识，当然，这也会带来负面效应，人们的价值判断会在一定程度上受到干扰，甚至影响到现实社会的主流意识形态。这就是虚拟社会对价值观影响的双重性。

在这样的网络环境下，对人们的价值观，特别是对于青少年的价值观塑造影响很大。互联网为青少年提供了自由平等、交互多维的学习交流平台，契合了青少年富于幻想、追求自由、渴望独立的个性特点，互联网帮助青少年与世界息息相通，使他们在繁重的学习、生活的重压之外获得了较自由、广泛的空间。然而，当他们在现实社会中感到无助或面临危机时，将自己的情感和意志投入到随心所欲的网络空间，以找回精神的家园和灵魂的依托。长期在网上与网下扮演双重角色，使青少年通过网络获得的价值认知出现偏差，则可能在现实中迷失方向，造成人格的分裂、价值观的迷失。因此，必须高度关注网络环境对青少年价值观塑造带来的影响。

2. 新媒体助推全媒体时代来临

互联网的出现和发展改变了传统媒体格局，"新媒体"应运而生。新媒体是利用数字技术、网络技术、移动技术，通过互联网、无线通信网、有线网络等渠道以及电脑、手机、数字电视机等终端，向用户提供信息和娱乐的传播形态和媒体形态，是能对大众同时提供个性化的内容、进行个性化交流的媒体。2003 年，博客作为最新潮的互联网应用正风靡全球——任何人都可以轻松地在网上开通一个博客，并上传文字、图片、视频等内容。这意味着，博客发布的内容，可以实时发送到全世界有互联网的地方，而博客红人还可能获得广告收入。在博客风潮下，美国新闻学研究者提出了"自媒体"的概念，简单说就是普通大众借助数字科技手段，像媒体一样生产并传播内容。"发布内容——获得订阅用户——实现广告收入",是典型的媒体运作模式。对于报纸、广播、电视乃至网站等传统意义上的媒体,这需要一个少则十来人、多则上千上万人的团队才能运作,但自媒体只需要一个人。"自媒体"被很多人看作是一种可能颠覆传媒业生态的新兴力量。时下,微博、微信等"自媒体"已成为中国移动互联网上流行的新模式。

互联网的深入应用和新媒体的发展,使传统媒体开始向与新媒体融合互通的方向转型,于是,全媒体时代悄然来临。全媒体的"全"不仅包含报纸、杂志、广播、电视、音像、电影、出版、网路、电信、卫星通讯在内各类传播工具,还涵盖视、听、形象、触觉人们接受资讯的全部感官,而且包括"新媒体"、"自媒体"等新型媒体形式。传媒企业针对受众的不同需求,选择最适合的媒体形式和渠道,在内容、渠道、功能方面深度融合,提供超细分的服务,实现对受众的全面覆盖及最佳传播效果。虽然全媒体的概念并没有在学界被正式提出,却在传播领域引起了共鸣,并开始在新闻传播、远程教育等领域广泛运用。

3. 网游产业助推网络文化发展

现代信息技术推动了传统文化产业的网络化和数字化发展,也催生了以信息网络为载体,形式和内容都有别于传统文化的新型网络文化产业。网络文化产业强调文化内容,主要包含音乐、电影、游戏、动画和书籍等文化娱乐内容。网络文化产业形成至少应该具备三个条件:一是形成了规模可观的受众群;二是创造了可观的利润;三是形成产业模式。当前,以网游产业为代表的我国网络文化产业正在崛起之中,成为推动网络文化发展的根本动力。

从 2000 年中国网络游戏市场兴起,到 2006 年本土原创网游爆发,至如今网络游戏已成为中国游戏市场的支柱与重要组成部分,我国的网络游戏在短期内迅猛发展,其速度令人惊叹(见图 4)。据统计,2000 年中国网络游戏市场规模仅为 0.3 亿元,到 2010 年市场规模已达到 349 亿元人民币。2013 年 4 月 24 日,文化部市场司发布《2012 中国网络游戏市场年度报告》指出,2012 年,以互联网和移动网游市场计算,我国网络游戏市场收入规模达 601.2 亿元,同比增长 28.3%。其中,互联网游戏 536.1 亿元,同比增长 24.7%;移动游戏 65.1 亿元,同比增长 68.2%。2012 年互联网游戏用户总数突破 1.9 亿人，同比增长 18.7%；移动网下载单机游戏用户达 8200 万人，增长率达 60.7%，移动网在线游戏用户数量达 2670 万人，增长率达 136%。2012 年的网络游戏市场中，互联网游戏仍然占据主导地位，市场份额达 89.2%；移动网游戏比重继续上升，达 10.8%（见图 5）。报告预测，未来几年仍将是中国网络游戏发展的机遇期。预计 2015 年末，中国网络游戏市场规模将超过 1000亿元。

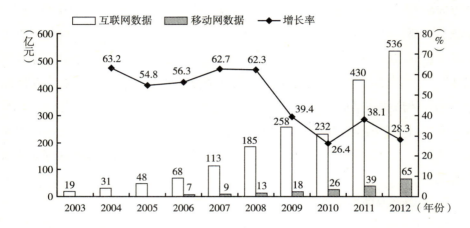

图 4　2003～2012 年中国网络游戏市场规模及增长

资料来源：文化部市场司发布《2012 中国网络游戏市场年度报告》。

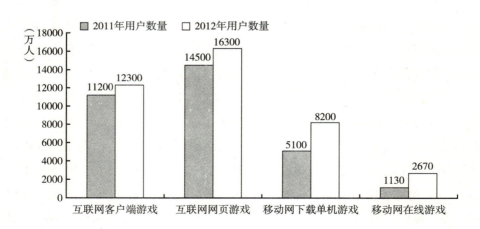

图 5　2011～2012 年中国网络游戏用户数量分类增长情况

资料来源：文化部市场司发布《2012 中国网络游戏市场年度报告》。

中国网络游戏产业已经逐步形成开发、运营、销售相连接的产业链条，并通过这条产业链为相关产业带来更为巨大的收益。

三　虚拟社会对我国现实社会的挑战

互联网被视为未来经济增长的"新空间"，政治诉求表达与文化宣传的"新媒介"，民生民意发声的"新场所"。这也就决定了虚拟社会将对我国现实社会带来一系列的挑战与威胁。

（一）网络信息安全形势严峻

1. 网络攻击的威胁

中国面临着网络攻击的严重威胁，是世界上最主要的黑客攻击受害国之一。发生在 2013 年 6 月的"斯诺登事件"表明，美国已经组建形成了一个覆盖全球的网络监控体系，这个监控体系不仅监控美国公民的聊天记录、电子邮件、视频及照片等私人信息，而且通过海底光缆复制所有进出美国的网络信息，并入侵其他国家和地区的网络，以获取"最好的、最可靠的情报"，"美国国安局全球范围内的网络攻击行动超过 6.1 万项"①。斯诺登披露，自 2009 年以来，美国政府一直从事针对中国个人和机构的网络攻击。美国国安局的攻击目标包括香港中文大学、特区政府公务员、企业和学生的电脑以及位于内地的清华大学、多家主要电信公司等电脑系统。"以往，很多攻击都来自美国，而且都是有目的、有组织地进行攻击。"中国国家网络信息安全技术研究所某高层人士曾指出，"从 2010 年开始的网络攻击，在技术的角度，是远远超出我们过去所能够想象到的手段，不可能是一个民间机构来组织的，背后一定有国家意志在作祟，完全超出我们过去所能想象到的攻击水平和攻击能力"②。"棱镜"项目的曝光使上述表述得到了证实。

随着"棱镜"秘密监视项目的暴露，更多美国政府着眼海外的秘密情报

---

① 2013 年 6 月 12 日斯诺登接受香港《南华早报》记者独家专访。
② 《中国寻解"后斯诺登时代"》［N］，《中国经营报》2013 年 7 月 10 日。

收集行动相继曝光。事实上，网络信息安全已成为一个全球性问题。如何在维护公共安全和保护公民隐私之间求取合理的平衡，值得国际社会的反思。

2. 网络设备的隐患

网络设备的隐患也对我国信息主权安全造成了威胁。"斯诺登事件"的爆发使这种担忧从幕后走向前台。目前，几乎全球的网民从他们打开电脑的那一刻开始，其涉及的网络设备就基本上是由美国公司主宰的，从英特尔芯片到微软操作系统，从思科的路由器到 ICANN 的域名管理系统，美国公司的网络设备几乎渗透在互联网产业链上的每个关键环节。在我国，中国移动、中国联通、中国电信、中国石化等重要企业和部门的信息交换硬件设备供应几乎由美国供应商垄断。

这就不难理解美国对华为和中兴通讯这样的中国企业拒之门外的理由。因此，大力扶持并积极培育中国企业的自主研发能力和国际竞争力，鼓励和提高国产设备的使用率，已成为防范网络安全的一个重要手段。

3. 信息垄断的危害

互联网发端于美国，目前国际互联网的根服务器掌握在美国手中，这就意味着美国掌握了整个世界网络的"绝对命脉和生杀大权"。根服务器是整个网络系统的核心，目前支撑世界互联网运转的根服务器的数量是有限的。据有关报道，现在全世界一共有 13 个根服务器，其中 1 台是主根服务器，12 台副根服务器。主根服务器设在美国，12 台副根服务器中 9 台设在美国，另外 3 台分设在英国、瑞典、日本。[①] 这些根服务器的管理者都是自称是非营利性公司的互联网域名与号码分配机构——ICANN，该机构接受美国政府的授权负责全球互联网各根服务器、域名体系和 IP 地址的管理。从技术上讲，这个公司可以让世界上任何一个国家即刻从互联网世界中消失。在伊拉克战争期间，美国政府授意终止伊拉克顶级域名——". iq"（相当于中文网址后缀的 . cn）的申请和解析工作，很快所有以 ". iq"为后缀的网站全部从互联网消失，某种意义上说，在虚拟世界中伊拉克这个国家也就被美国"消灭"了。

---

① 《美国巩固网络霸权 中国：最大"受害国"》[N]，《广州日报》2010 年 1 月 31 日。

作为网络霸权国家，美国在全球还拥有强大的话语体系，"脸谱"（Facebook）、"推特"（Twitter）就是这样的强势平台和权威媒体。2012 年 9 月 4 日，国务院新闻办副主任崔玉英在出席第五届东盟与中日韩媒体合作研讨会上表示，当今世界，新闻信息 80% 以上出自西方各大媒体，亚洲媒体在世界舆论格局中的传播力、话语权、影响力十分有限，在信息获取上严重依赖于西方媒体，这与亚洲成为世界经济增长主要动力的地位很不相称。她呼吁，亚洲应该有自己的"脸谱"和"推特"，努力构建具有亚洲特色的话语体系。

（二）国家政治安全受到挑战

1. 网络信息战的危险

网络是 21 世纪主导世界的战略制高点。网络信息战被称为继一战、二战、冷战、反恐战之后的第五次世界大战。从信息战的逻辑可以看出政权危机的一般逻辑：利用新媒体和网络透露腐败信息制造不满——→通过不满情绪制造反对派——→利用反对派制造骚乱——→利用骚乱制造成镇压，造成人道主义危机——→人道主义危机带来国际上的指责、制裁——→制裁不够，军事打击——→发动内战，推翻政权。近年来，美国建立了网络战"司令部"与近 40 支专门的网络战"任务部队"。其他各国也纷纷认识到这个挑战并制定相应的战略，我国成立了网络蓝军以积极应对来自网络空间这种无处不在、难分疆界的新威胁，同时建立由国家权威部门统管的各专业组织与力量，逐步完善管理机制，以期在新"网权"的争夺中谋取主动。

2. 意识形态的渗透

互联网以其独有的交互性、开放性、即时性和分散性，对现实社会形成了巨大的影响，并正在成为意识形态的信息载体和传播工具，对意识形态领域产生了一系列重大而复杂的影响，这也是我国当前面临的一个重大挑战。

当前，由美国发起并由美国主导的互联网正在成为美国等西方发达国家向全世界推行自己的价值标准、意识形态和社会文化的工具。正如阿尔温·托夫勒所说："世界已经离开了暴力与金钱控制的时代，而未来世界政治的魔方将控制在拥有信息强权的人的手里，他们会使用手中掌握的网络控制权、信息发布权，利用英语这种强大的文化语言优势，达到暴力、金钱无法

征服的目的。"① 面对意识形态领域的复杂形势，如果我们不敏感、不研究，不能采取切实可行的应对措施，不能有效引导社会思潮和社会舆论，就会削弱党执政的思想基础，甚至会危及党的执政地位。②

3. 颜色革命的诱因

从东欧及前苏联各国国内的"颜色革命"，到发生在西亚北非的"阿拉伯之春"，发生的原因是什么，起决定作用的是谁？在法国出版的《阿拉伯革命背后隐藏的一面》一书，以翔实的材料介绍了美国是如何利用互联网等形式推波助澜促成了这场"阿拉伯革命"，随后国际主流媒体又是如何一边倒地渲染所谓"革命"的"自发性与积极性"，揭示了外部势力在背后所起的决定性作用。该书作者之一阿赫迈德·本萨达指出，美国正是通过一些专事"输出民主"的非政府组织和基金会，通过网络空间和实地引导，深深介入了这场撼动了阿拉伯国家的街头"革命"。这中间，意识形态渗透是重要的一步。

复旦大学赵华胜教授的研究表明，"民主化"进程是"颜色革命"形成的政治条件，各国国内严重的贫困、两极分化、贪污腐败、社会不公等问题是"颜色革命"形成的社会条件，这些国家内部由于历史文化等原因形成的地区和族群对立是"颜色革命"形成的历史文化条件，而美国大力推动对这些国家政权的"民主化"改造，是一个有关键意义的外部条件，在所有这些因素的共同作用下，"颜色革命"的浪潮逐波兴起。

当前，我国社会也存在着贪污腐败和社会不公等现象，为此，中央及全国各地开展了史无前例的整党整风活动，坚持群众路线，取得了良好的效果，赢得了广大人民群众的拥护和支持。

（三）经济产业安全受到挑战

1. 从资本控制看经济产业安全

据观察，中国的互联网企业从门户、搜索引擎、电子商务、博客到论坛，境外资本，特别是美国互联网资本几乎已经控制了整个中国互联网产业。

---

① 〔美〕阿尔温·托夫勒著《权力的转移》［M］，刘红等译，中央党校出版社，2006，第127页。
② 胡锦涛在十六届六中全会第二次全体会议上的讲话。

早在 2009 年 6 月，中国电子商务 B2B 研究中心发布的《中国互联网外资控制调查报告》即已指出，过去 10 年，外资在促进中国互联网普及的同时，也逐步在资本层面控制了中国互联网产业的各个领域（见图 6）。外资控制中国互联网分为三种形式：一种是互联网企业本身就是外资直接投资控制的，如境外网站以中文版形式在中国落地或寻找代理人；一种是通过各种途径运作互联网企业在国外上市。据统计，2011 年在美国资本市场进行上市（IPO）的中国公司有 11 家，其中有 8 家是互联网企业；一种则是对还未上市的高成长性的、有一定市场地位和影响力的互联网企业投资，促使其在国外上市。①

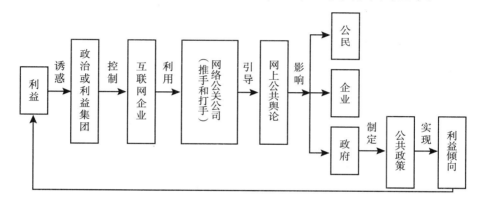

图 6　外资控制中国互联网企业实现自身利益的价值链模型

资料来源：高振峰：《外贸控股互联网企业对网络舆情的影响》[J]，《电子政务》2011 年第 12 期。

2011 年的支付宝股权之争使得中国自有外商投资互联网以来就有的"曲线投资"方式——"协议控制"这一行业潜规则得以大白于天下。"协议控制"即"VIE"，是指境外资本通过持股、协议或其他安排成为实际控制人。据业界人士称，国内所有拿到外汇融资的互联网企业，均为 VIE 结构。

由此可以看出，外资在促进中国互联网普及的同时，也逐步从资本层面控制了中国互联网产业各个领域。外资控制中国互联网企业带来的风险体现在以下几个方面：一是外资全盘控制，对中国互联网产业本身存在巨大经济风险；

---

① 中国电子商务 B2B 研究中心发布的《中国互联网外资控制调查报告》，2009 年 6 月。

二是对外资依存度过高，对国家信息化战略安全运行造成重大危害；三是外资控制面过广，对中国新媒体舆论导向产生一定的消极导向；四是外资控股比例过高，对中国资本市场与金融领域弊害重大；五是外资控制程度过深，对国民经济带来"潜在隐患"。

2. 从设备应用看经济产业安全

随着信息技术的迅猛发展及工业化信息化的深入融合，经济活动对信息网络依赖性增强，作为互联网发源地和网络应用最发达的国家，美国控制着互联网产业链的每个关键环节，拥有最核心的技术和软硬件设备。不仅是互联网产业，而且在电信、金融、电力、交通、石化、制药等众多经济领域，美国的产品和设备都有较广泛的应用。设备的使用，不仅意味着这些行业、企业要选择这些设备提供者提供的信息技术咨询、信息系统集成、数据处理和运营等服务，而且意味着可能会遭遇这些产品和设备暗设的后门。设备提供者在提供信息技术服务、设备维护过程中，可以利用后门进行"系统监控、信息调阅"等操作，控制信息系统或窃取相关信息。值得一提的是，随着云计算等快速发展，国内客户在使用云计算服务过程中，会将大量数据存储到"云"端，这些数据可能被存储到海外并被非法利用。此外，黑客也可以利用软件系统、技术或设备漏洞，通过病毒植入、网络攻击等手段，窃取网站客户信息和商业数据。当前，利用信息技术实施经济窃密活动日益增多，经济数据和信息的保密性、完整性和可用性均面临挑战。

3. 从金融服务看经济产业安全

在经济金融化、信息全球化时代，核心信息被他人掌握或窃取的现状在我国金融领域已不是秘密。三大评级机构控制着全球的评级市场，四大会计师事务所垄断了我国高端审计咨询业务，国际投行服务于中国企业海外融资及担任政府财务顾问，这都直接威胁到我国金融与信息安全。

（四）社会发展安全受到挑战

1. 群体性事件和网络失范

据《2012～2013年中国社会形势分析与预测》报告称，中国社会现阶段正处于矛盾多发期，近年来每年因各种社会矛盾而发生的群体性事件多达数万起，甚至十余万起。群体性事件呈现从中西部向东部延伸、规模增大、时间拉长的特点，而征地拆迁、劳资关系和环境保护等成为引发群体性事件的焦点问题。互联网作为新媒体和舆论的集散地，很容易成为群体性事件的策源地，事态蔓延的"助燃剂"，引爆事件的"导火索"，甚至产生"蝴蝶效应"。近年来，"三公"（公权力大、公益性强、公众关注度高）部门和"三涉"（涉权、涉富、涉警）事件最容易成为网络焦点和热点，形成网络群体性事件。网上和网下联动，现实和虚拟并存已经成为群体性事件的新趋势。如先后发生在厦门、大连、宁波、昆明的"PX事件"，广东"乌坎事件"、江苏"启东事件"、北京反日游行，再到最近的临武"瓜农事件"、"神木事件"等，在网络媒体日益发达的今天，群体性事件成为影响社会稳定、安全的重要因素，也成为学术界与执政者重点关注的社会问题。

群体性事件是一种逾越社会规范，甚至是违反法律规范的行为，通过互联网往往会放大其危害性，这与虚拟社会的失范不无关系。主要有两种情况：一种是制度性失范。当前，我国网络行为的规范尚不健全，而已有的现实社会中的规范在虚拟社会中又不够适用，这就造成了网络失范行为的出现；一种是行为性失范，即指有规范不遵从或超越规范的社会行为，在当今的网络失范行为中，由于网络的隐蔽性和匿名性，这种失范比较普遍。

2. 网络欺诈和社会失信

网络欺诈是通过互联网实施的一种网络犯罪行为。在互联网面具的掩盖下，一方面，造谣、诽谤、诈骗、色情等非法活动大行其道；另一方面，非法窥视、控制、窃取、攻击等罪恶勾当暗流涌动。数据显示，网络犯罪每年给中国网民造成的经济损失高达2890亿元，而个人信息和隐私泄露造成的间接伤害，更是难以用金钱来衡量。网络欺诈是网上犯罪的一种主要类型，网络购物、网络游戏、网上传销、网上相亲等都成为诈骗行为的主要渠道。当前的网络欺诈存在犯罪人员智能化、犯罪手法隐蔽和犯罪后果严重的特点，危害十分严重。2001年8月7日，广东警方破获了一宗以网上传销的方式进行非法集资的特大诈骗案，共有20多万人上当受骗，涉及金额高达213亿元。钓鱼网站是网络欺诈的惯用手法。据统计，中国反钓鱼网站联盟每年接受举报的钓鱼网站数量从2008年的1610个增加到2012年的37584个，2011年全国有6000

万网民因网络欺诈损失 300 多亿元，30% 的网购者曾遭遇钓鱼网站攻击。

网络欺诈如此猖獗，一方面说明虚拟社会管理严重滞后，另一方面反映了社会诚信的缺失。诚信体系缺失是虚拟社会的诟病，是虚拟社会建设面临的巨大挑战。

3. 网络舆情和社会稳定

网络社会的本质是信息社会，它是各类信息的集散地和社会舆论的放大器。一方面使舆论监督力量得到较大程度地张扬，另一方面又为虚假信息、谣言、网络犯罪提供了土壤。从目前情况来看，网络舆情总体上呈现出非主流性、负面性、非理性、从众性、扩散性、逆反性、有组织性、虚拟性等特点，而且越来越暴露出燃点低、噪音大、可信度差等负面特点。该研究成果指出，网络舆论并不能代表社会主流声音，但又是不容忽视的社会情绪"晴雨表"。而"舆论领袖"与"网络推手"作为一支潜在的草根力量脱颖而出。所谓"舆论领袖"是指关注社会生活，熟悉舆论环境，具备新闻敏感，拥有信息资源。当某个焦点事件、热点问题出现时，能在第一时间发表独到见解，影响和引领广大网民的这样一些人。"舆论领袖"和"网络推手"的产生是一种必然，成为影响网络话语生态、舆论走向的一支重要力量。同时，这些"舆论领袖"和"网络推手"很容易被商业利益或政治力量所利用、绑架，对网络舆情产生重大影响，对社会造成危害。

网络舆情环境是虚拟社会的第一环境，舆情信息内容是否存在污染，直接体现整个网络环境的优劣，也事关现实社会的和谐与稳定。我国虚拟社会发展现状是"技术先行、管理滞后"及"先发展、后治理"，这种"亡羊补牢"的做法积累了不满情绪，给事情的解决带来了压力，而一旦事情处理不当就会造成严重后果，极可能导致特定的矛盾尖锐化、片面化甚至极端化，直接影响到社会稳定。

四 正确认识虚拟社会带来的挑战及加强治理的思考

习近平总书记指出，现在人类已进入互联网时代，这是一个世界潮流，不可阻挡。在这个潮流面前，我们无法回避、只能积极应对，因此，必须正确认识现状，方能作出科学判断，只要化被动为主动，变挑战为机遇，就能开创虚拟社会治理的新局面。

（一）正确认识互联网在全媒体时代的主导作用，加强虚拟社会的舆论阵地建设和舆情引导机制建设

1. 加强新媒体建设，发挥互联网在全媒体时代的主导作用

在全媒体时代，互联网已经取代传统媒体，成为舆论的主阵地。一方面，传统媒体的信息生产是依靠行业准入和新闻审查的制度壁垒，实施"先过滤、后生产"的原则，从而保证信息的真实性、有益性、主流性，在信息传播上具有时间差，受众也具有定向性；而新媒体的信息生产则是虚拟身份和低门槛，自我生产、自我过滤、自我发布，信息生成和信息扩散同步，多向交流、实时互动。由于它们的信息生产方式和传播机制优劣明显，互联网已成为舆论的集散地和主阵地。另一方面，新媒体为传统媒体转型升级指明了道路。未来的传媒企业，如果仅仅满足于资讯供应，以新闻信息为唯一产品，以广告经营为唯一收入，基本上没有成长的空间。为此，传统强势媒体及主流媒体或收编弱势媒体、或直接进入新媒体，占据舆论高地，实现多元化、立体式、综合性转型。传统媒体携手新媒体进入全媒体时代。

2. 加强舆论阵地建设，提升虚拟社会信息治理能力

虚拟社会的本质是信息社会，虚拟社会管理的本质是信息治理。各级党委政府要高度重视和加强网络舆论阵地建设，其核心工作就是建好互联网、用好互联网和管好互联网。建好互联网就是要构筑好党的舆论阵地，建成广大网民与党委政府交流互动的平台，便捷服务的窗口，主流声音的阵地；用好互联网就是要构建充满活力、和谐有序、建设性的网络民主平台。既要巩固壮大主流思想舆论，又要更好地反映社情民意，表达群众诉求，使网络舆论成为民意的"晴雨表"、社会的"黏合剂"、道德的"风向标"，促进社会良性发展；管好互联网就是要净化网络环境，规范网络秩序，加强网络监管，防范网络欺诈。在虚拟社会管理过程中，做好对低俗、劣质、有危害、有污染信息的防控和监管工作，全面提升信息治理能力，做到网络自治和政府管理相结合，既要防止对网络的过度放任，又要避免对网络的过度管制。在舆论阵地建设中，

发挥"舆论领袖"的作用，是网络时代引领舆论的重要措施。要密切关注"舆论领袖"，"舆论领袖"有话语权，是网络民意表达的"喉舌"，是形成网络群体性事件的重要环节，其往往会成为社会组织的代言人。因此，如何发挥好"舆论领袖"的积极作用，积极探索网络社会的组织化建设是一个重要的课题。

3. 加强舆论引导机制建设，提高网络舆情监管的科学化水平

无论是党委政府，还是网络社会主流，基本价值取向都是追求社会公平正义。但是由于党委政府与网民所处的位置、考虑问题的角度和解决问题的着力点有所不同，在某些问题上看法和要求会有差别，因此离不开政府引导。面对复杂的网络舆情，这就要求各级党委政府必须化被动应对为主动引导，及时公布事件信息、进展，积极与网民互动，让权威、真实的声音占领网络。与此同时，要加强舆论引导机制建设，做好舆情信息监测、分析、研判、应对，为正确决策，对突发事件及时进行预警提供依据。

在突发公共事件频发的现阶段，基层政府缺乏处理网络舆论的愿望与能力，形成"事件发生 – 网民爆料 – 传统媒体跟进 – 网络热炒 – 形成舆论压力 – 政府部门介入 – 网民偃旗息鼓"的事件发展和处理范式。网络舆情应对不当主要由以下三种情况：一是拖延应对。唯恐消息公开会影响政府形象与社会稳定，政府主动放弃了公众，放弃了舆论引导权；二是虚假应对。担心公开真相后不利于发展前程和危机处置，会引起公众的质询，因此公布时语焉不详、信息发布不慎重；三是缺位应对。地方政府缺乏相应的应对机制或应对机制不健全，责任主体不明，无人应对。由此可见，在信息时代如何进行网络舆情分析与应对，是所有的领导干部必须要面对的一个新课题。

（二）正确认识网络技术对虚拟社会的支撑作用，加强技术研发和成果在社会管理中的应用

1. 加强网络技术在信息安全领域的研发应用，建立局域安全网络和保护屏障

加强互联网新技术新手段在社会管理中的应用，是其自身发展和社会发展

的双重需要，利用信息化优势推进社会管理创新已成为当前社会建设的一个重大而现实的课题。其中，网络信息安全尤为紧迫。美国作为网络虚拟社会的引领者，掌握了互联网的核心技术，控制着网络命脉。在存在网络的系统性风险情况下，要想保护我国的网络信息和国家利益安全，唯一的办法就是发展自有高新技术，保护好自己的局域安全环境，牢牢构筑自己的网络防火墙和安全屏障。"斯诺登事件"之后，使我国政府和企业更加感觉到信息安全的严峻性，在强化信息安全和保密、加强信息存储备份管理的基础上，更加关注和支持国内网络安全公司及本土品牌产品。美国《华尔街日报》2013 年 6 月 21 日发表文章称，"斯诺登效应"使中国十来个做网络密码和防火墙的中国公司股票纷纷上扬。可以预见，国内网络安全公司将会借此形势加大自主技术的研发投入，而中国政府及企业，特别是军队、电力、能源、金融等战略性领域在信息安全方面的支出将不断增加。根据中国市场情报中心的数据，信息安全这一市场在 2013 年会扩大 20%，达到 300 亿美元的规模。国内网络安全市场呈现出良好的发展前景。

2. 加强互联网技术在社会管理创新体系中的应用，完善信息化平台和智力支持系统

云计算是通过利用互联网技术向外部客户提供信息技术驱动能力服务的过程。物联网是物物相连的互联网。云计算和物联网的应用，将快速提升城市和社会的智能化程度。为政府加快"无线城市""智慧城市"云平台建设，完善社会管理信息化平台和智力支持系统创造了条件。一是打造电子政务支撑体系。建立"网上政务大厅"，实现各类社会管理和公共服务的一站式办理、一条龙服务，推进实现"网络问政"和"网络善政"；二是打造城乡统筹支撑体系。通过数字城市、数字乡镇的一体化建设，推进城乡信息服务体系建设，缩小城乡发展数字鸿沟，促进基本公共服务均等化；三是打造数字民生支撑体系。汇聚人口、交通、医疗、教育、就业、能源、环境、产业等热点信息资源，推动个性化信息需求与多样化民生服务的智能匹配与有序互动。2012 年12 月 7 日，习近平总书记在考察腾讯应急协调指挥中心时，对为用户提供稳定的数据服务和安全、健康的信息服务的腾讯海量数据平台的建设和应用十分肯定，指出通过海量信息可以对网民的使用习惯和网络信息传播规律，以及腾

讯如何应对各种突发事件等做出最客观、最精准的分析，认为"这些工作都是很重要的"，"对政府的建议是很有价值的"①。

（三）正确认识虚拟社会对创新社会管理的深刻影响，加强社会管理体系构建和模式创新

1. 传统社会管理理念和手段已经不适应虚拟社会发展要求，积极构建虚拟社会—现实社会协同治理的社会管理体系

虚拟社会的建设和管理不只是一个简单的技术问题，而是一项复杂的社会系统工程。互联网、信息化在带来人们思维方式、行为方式、生活方式变化的同时，也带动了管理方式、决策方式、服务方式的革新，使得传统的社会管理的理念、手段、内容、框架需要重新定义。在信息社会条件下，政府继续采用传统的执法手段和方式处理现实社会的问题，会产生截然不同的后果。比如以往发生城管打人事件可以大事化小，小事化了，现在却是小事放大，甚至产生"蝴蝶效应"。对于虚拟社会的管理，更是不宜沿用现实社会传统的理念和手段。比如政府的信息管理，传统采用的是管控的理念，重"堵"轻"疏"，以"信息封堵"和"信息控制"为主，并未达到应有的效果。研究表明，确立治理的理念，重"疏"慎"堵"，以"信息疏导"和"信息服务"为主，才不失为一种有效的手段。虚拟社会已经和现实社会融为一体，充分考虑虚拟社会和现实社会问题相互交织和影响的程度，创新社会管理理念和模式，积极构建虚拟社会—现实社会协同治理的社会管理体系成为现实选择。

2. 现有的虚拟社会管理滞后于网络社会的发展，早日构建以法治为保障的虚拟社会自治模式

互联网和迅猛发展的信息技术将人类带入到虚拟社会，对这个新生事物，人们尚处于被动接受、逐步认知以及对互联网的初级管理阶段，虚拟社会管理相对滞后。在虚拟社会，通过网络违法犯罪变得更为容易，成本更为低廉，监控网络违法犯罪则变得更加困难，代价高昂。虚拟社会自身的复杂性告诉我们，在将其纳入到社会管理大系统的整体运行的同时，要加强虚拟社会自主治

---

① 2012年12月7日习近平在腾讯公司考察时的讲话。

理，否则就无法实现社会内部各要素之间的平衡和稳定。虚拟社会自治的首要任务就是加强虚拟社会立法。没有网络的可靠性、安全性和依法管理的有效性，就没有虚拟社会的健康发展。目前我国针对虚拟社会还缺乏相应的社会准则和法律规范，在很多领域甚至处于一种无法可依的状态。着力弥补网络空间的法律真空，完善网络立法，将政府监管与行业自律相结合，将行政手段和法制手段相结合，才能解决网络中出现的种种问题，创造虚拟社会健康发展的大环境，早日构建以法治为保障的虚拟社会自治模式。

3. 外来的意识形态不断侵袭主流价值观，虚拟社会这一思想文化阵地建设任重道远

意识形态是为维护一定社会阶级、集团根本利益而形成的思想体系。当前，互联网已经成为一个新的极其重要的思想文化阵地，也成为西方国家对社会主义国家进行意识形态渗透的一个重要手段。美国作为信息强权的控制者，有意利用网络霸权标榜其意识形态、文化模式及政治制度的吸引力，侵害别国的意识形态安全，我国首当其冲。为此，我们要不断加强对西方意识形态的监测和研究，增强辨别能力、管控能力、防御能力；同时不断加强社会主义意识形态建设，增强党的思想理论工作的实效性和针对性；特别是加强党的建设和党员信仰教育，坚持群众路线，提高自我净化、自我完善、自我革新、自我提高能力，做人民群众利益的维护者和代言人，真正成为人民群众信赖的党、喜欢的党、拥护的党。虚拟社会作为舆论阵地，意识形态领域的斗争是长期的，任重而道远。

参考文献

《第32次口国互联网络发展状况统计报告》［EB/OL］，中国互联网络信息中心，http：//www. cnnic. net. cn/hlwfzyj/hlwxzbg/，2013年7月。

王子珺：《虚拟社区中的社会关系研究》［J］，《中国传媒科技》2013年3月。

符晓辉：《网络虚拟社会对政府管理的影响及对策探析》［J］，《重庆科技学院学报》（社会科学版）2013年第1期。

曾润喜、王国华、陈强：《国家与社会关系视角下的网络社会治理》［J］，《北京理工

大学学报》（社会科学版）2010 年第 5 期。

陈力丹、李冠礁：《公权力不该做绑架舆论的事情》[J]，《新闻记者》2009 年 3 月。

《互联网重构了当代社会的互动模式和组织模式》[N]，《光明日报》2010 年 5 月 27 日。

杨建新：《网络虚拟社会语境下青少年价值观的重塑》[J]，《中国青年研究》2012 年第 6 期。

王青松：《虚拟社会对现实社会的影响及对策》[J]，《四川理工学院学报》（社会科学版）2011 年第 5 期。

谢俊贵：《网上虚拟社会建设：必要与设想》[J]，《社会科学研究》2010 年第 6 期。

任丽梅：《金融"巧实力"对互联网产业及文化主导权的影响》，[J]，《马克思主义研究》2012 年第 7 期。

李华俊：《网络群体性事件的组织结构与运行模式》[J]，人大复印资料，《社会学文摘》2012 年第 4 期。

夏德才：《网络时代社会稳定面临的挑战及对策研究》[J]，《毛泽东邓小平理论研究》2012 年第 3 期。

尹彦：《网络时代我国意识形态面临的挑战及对策研究》[EB/OL]，求是理论网，2011 年 2 月 10 日。

索寒雪：《中国寻解"后斯诺登时代"》[N]，《中国经营报》，2013 年 7 月 1 日。

曾润喜、郑斌、张毅：《中国互联网虚拟社会治理问题的国际研究》[J]，《电子政务》2012 年第 9 期。

江涌：《最透明的中国：信息流失与经济安全》[J]，《绿叶》2009 年第 10 期。

于志刚：《网络虚拟社会和社会管理创新》[R]，《第六届中国法学家论坛——社会管理创新论坛》，中国法学会官网，2011 年 11 月 27 日。

李钢：《虚拟社会管理的问题与对策研究》[EB/OL]，人民网，2011 年 4 月 12 日。

陈中小路、金渡江：《"自媒体"：离开组织的日子》[N]，《南方周末》，2013 年 4 月 1 日。

B.7
从"非典"十年看我国突发事件
应急处置问题

摘　要：

　　本文通过梳理我国应急管理体系建设现状，回顾非典发生十年来我国在处置重大突发事件方面的经验做法，全面总结十年来我国突发事件应急管理方面的成效。在此基础上，提出目前我国在应对突发事件方面尚存在"十重十轻"的问题，并针对这些问题提出建议措施。

关键词：

　　"非典"十年　突发事件　应急处置

　　20世纪80年代中后期，除了传统的自然灾害、生产事故、交通事故之外，恐怖主义、环境污染、公共设施瘫痪、全球性传染病蔓延等危机事件频频出现，严重威胁了人类生命安全和社会运行秩序。此后，"应急管理"在北美地区得到政府和社会前所未有的重视。我国对应急管理的关注和研究源于2003年的"非典"事件，并以此为标志开启了我国应急管理领域内的机构组建、制度建设和体系完善等进程。

一　以"非典"危机为标志我国总体上
进入突发事件高发期

　　突发事件有明确的概念和鲜明的特点（见图1）。《中华人民共和国突发事件应对法》中对突发事件作了明确的界定，"突发事件是指突然发生，造成或者可能造成严重社会危害，需要采取应急处置措施予以应对的自然灾害、事故灾难、公共卫生事件和社会安全事件"。在全球化背景下，公共危机的来源已

不只是自然灾害、战争等，环境污染、传染病、金融不良资产和呆坏账、计算机病毒、处置不当的人民内部矛盾等，均会成为诱发危机的重要因素。

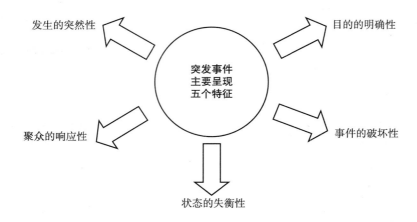

图1 突发事件的五个主要特征

2003年发生的非典是新中国历史上一次重大的公共卫生突发性危机事件，自2002年11月16日广东发现首例非典患者，短短几个月，非典病例蔓延至全国20多个省市，造成了巨大的人员伤亡和经济损失，对我国政府突发事件的应对和处理能力提出了严峻的挑战和综合考验。此后，随着我国经济社会发展进入全面转型的关键时期，特别是由于经济发展、社会建设与环境保护的长期失衡，中国进入一个"风险社会"，自然灾害、事故灾难、公共卫生事件和社会安全事件等突发性公共事件在我国频频出现。以"非典"为标志我国总体上进入了突发事件高发、多发期，主要表现为三个"相互叠加"。

1. 地理区位环境与对自然掠夺式发展模式相互叠加

我国历来是自然灾害多发和频发的国家。比如，2008年初我国南方雨雪冰冻灾害以及5月的汶川大地震都造成了巨大的人员伤亡和财产损失。在当前和今后相当长一个时期内，在全球气候变化背景下，由极端气候引发的突发性灾害发生几率更是进一步增大，气温异常变化导致降水分布不均引发洪涝、干旱、高温热浪、低温雨雪冰冻、森林草原火灾、农林病虫害自然灾害等正在逐年递增，超强台风、强台风以及风暴潮等灾害近年来也呈多发态势，局部强降雨引发山洪、滑坡和泥石流等地质灾害对灾害风险防控影响剧增。

自然灾害与地理环境密切相关，归根结底是环境问题所造成的，是自然界对人类的警示。恩格斯在《论权威》中指出，"如果说人靠科学和创造性天才征服了自然力，那么自然力也对人进行报复，按人利用自然力的程度使人服从一种真正的专制，而不管社会组织怎样"。也就是说，人与自然必须和谐相处，如果人类在社会实践中破坏了自然界的平衡，必然会遭到自然界的报复。改革开放以来，伴随着我国经济的持续快速发展，工业污染物排放总量不断提高，城市生活污染和农村污染问题接踵而来，特别是传统的对生态资源掠夺式开发的发展方式对生态环境造成了极大的破坏。近年来很多地区频频爆发的水土流失、地质灾害、干旱灾害、风沙蔓延、草场严重、森林生态系统失衡、生物多样性受到破坏等问题就是传统发展方式对生态环境破坏造成的恶果。

2. 城市化快速发展与城市管理手段相对滞后相互叠加

现代城市是一个高度复杂的、多功能的、综合性的有机体，在国家和地区的经济发展和社会前进中起着先导作用。在现代大城市里，人口与经济聚集，巨量的社会成员以各种各样的组织、群体或单位的形态存在，并呈现高度的动态开放的特征。在这一系统中发生的突发事件具有复杂的快速的关联效应及积累、扩散效应，应急管理失当会对城市经济社会生活造成很大的负面影响。

改革开放以来，我国城市化进程持续推进，城市化率由1978年的17.9%提高到2012年的52.7%，年均提高1个百分点，城市数量由193个增加到657个，初步形成了以都市圈、城市群为主体，大中小城市协调发展的城市化发展格局。2011年，我国城市化率首次超过50%，按照城市的发展规律，当城市化率达到40%～60%的时候，城市化进入快速发展期，这就意味着我国的城市化到了快速发展期的加速阶段（见图2）。与此同时，我国城市管理的手段相对滞后，特别是对风险社会下城市管理的研究和预警不足，导致了各种突发的公共卫生事件、公共安全事件层出不穷。"非典"以来，重大传染病、重大食物中毒事件时有发生，随着生物技术、化学技术和核技术在工农业，医疗卫生、科学研究和军事上的应用日益广泛，由此而导致的许多新发、再发传染病及不明原因的疾病频繁爆发，使得应对突发公共卫生事件的难度加大，整个社会在应对突发事件方面的能力薄弱进一步凸显。

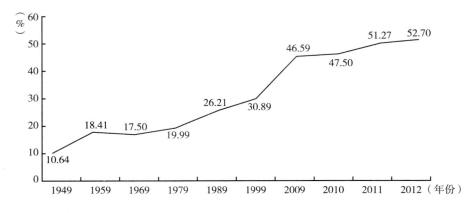

图2　新中国成立以来我国城市化率变化情况

数据来源：国家统计局网站。

3. 经济社会全面转型与社会矛盾集中爆发相互叠加

就本质而言，除自然灾害引发的突发事件外，绝大部分突发事件都是由于长期潜伏着的深层次社会问题和社会矛盾因具体事件刺激而爆发的结果。

当前，我国经济社会正处于全面转型的关键时期，原有的经济、社会发展体制不能适应新的发展需求，而新的体制机制尚未确立，经济社会发展正处于制度的"真空"阶段，社会脆弱性增加。与此同时，我国也进入了一个矛盾凸显期，新的社会需求、新的社会矛盾、新的社会现象不断涌现。特别是贫富差距进一步扩大逼近社会容忍底线；通货膨胀、社会分配不公、贪污腐败现象严重；无直接利害关系的群体性事件和恶性事件出现新的变化；官民冲突现象加剧并极易放大为公共危机；非传统的公共安全事件和天灾人祸形成的新的"灾害链"不断增多，这些新的社会矛盾极易转化为新的社会冲突并且成为社会不稳定的根源，导致突发公共事件的大量涌现。

二　以"非典"危机为起点我国不断改进完善突发事件应急处置体系

目前，我国的应急管理体制以"政府应急管理"为主。卢涛在《危机管理》一书中指出，政府为了应对各种危机情境，要进行信息收集、信息分析、问题决策、计划拟定、措施制定、化解处理、动态调整、经验总结和自我诊断，主要任务是如何有效预防和处理各种突发公共事件，最大限度地减少其负面影响。应急管理是公共管理的重要组成部分，随着国内国际形势的变化，政府的应急管理已经演化为责任重大的常规管理形式。2003年可以称之为我国现代应急管理体系建设的"元年"，一场"非典"危机开启了我国全面推进应急管理体系建设的"政策之窗"。非典期间，国务院迅速公布《突发公共卫生事件应急条例》，取得抗击"非典"的决定性胜利之后，我国全面加强应急管理体系建设的工作也随之起步。在经历2008年南方冻雨雪灾和汶川地震、2010年西南五省（区、市）特大旱灾以及多起重大事故灾难、重大群体性事件等灾害危机事件的考验之后，我国初步建立起了具有中国特色"一案三制"（应急预案、应急管理体制、机制和法制）的应急管理体系（见图3），在应对各类灾害危机和突发事件中发挥了重要的作用。

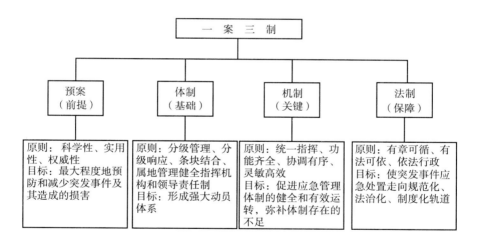

图3 我国突发事件应急管理体系

1. 应急预案体系基本形成

应急预案是指各级政府及相关部门、各企事业单位及社会组织，为提高应对突发公共事件的能力，预防和将突发公共事件及其造成的危害降到最低，根据有关规定和应付突发事件的需要，制定的应急管理、指挥、救援计划等。建立健全突发事件的应急预案体系，不仅可以在突发事件发生时启动预案予以处

置，更重要的是要按照预案的要求，有效防范各种诱发突发事件发生的潜在风险，最大限度地避免、减少突发事件的发生。

近年来，我国初步形成了包括国家总体预案、专项预案、部门预案、地方预案、企事业单位预案以及大型集会活动预案等六个方面的应急预案体系，"纵向到底、横向到边"的应急预案体系基本形成，应急预案体系的建立健全大大提高了突发公共事件应对效率。

2006 年，国务院编制并颁发了《国家突发公共事件总体应急预案》，这是全国应急预案体系的总纲，用于指导全国的突发事件应对工作，是指导预防和处置各类突发公共事件的规范性文件。

按照"总体预案"的规定，我国突发公共事件分为自然灾害、事故灾难、公共卫生事件、社会安全事件 4 类。按照各类突发公共事件的性质、严重程度、可控性和影响范围等因素，将突发事件分为四级，即 I 级（特别重大）、II 级（重大）、III 级（较大）和 IV 级（一般）。国务院有关部门依据有关法律、行政法规和各自职责，负责相关类别突发公共事件的应急管理工作；地方各级人民政府是本行政区域突发公共事件应急管理工作的行政领导机构。突发公共事件发生后，事发地的省级人民政府或者国务院有关部门在立即报告特别重大、重大突发公共事件信息的同时，要根据职责和规定的权限启动相关应急预案，及时、有效地进行处置，控制事态。必要时，由国务院相关应急指挥机构或国务院工作组统一指挥或指导有关地区、部门开展处置工作。

专项应急预案主要是各级人民政府及相关部门为应对某一类型或者某几种类型突发事件而制定的涉及数个政府部门职责的应急预案。专项应急预案由各级人民政府有关部门牵头制定，报本级人民政府批准后，由本级人民政府和人民政府办公室印发实施。目前，按照总体应急预案对突发事件类型的划分，我国专项应急预案目前形成了涉及自然灾害专项预案，事故灾难专项预案、公共卫生专项预案、社会安全专项预案等四类共 25 项。

部门应急预案是各级人民政府有关部门根据总体应急预案、专项应急预案和自身职责，为应对突发性公共事件而制定的应急预案，部门应急预案报本级人民政府批准和备案。

地方应急预案是下级人民政府根据上级人民政府的总体应急预案、专项应急预案而制定的响应的应急预案，按照分类管理、分级负责的原则由本级人民政府制定，报上级人民政府备案。

企事业单位的应急预案是依照有关法律法规，参照政府应急预案，根据单位自身实际制定，报本级人民政府批准后，由本级人民政府有关部门印发实施。

重大活动应急预案是组织承办重大活动的单位依据有关法律、法规和上级政府及政府部门总体预案、专项预案，结合自身实际而制定的应急预案。

2. 应急管理体制取得突破

应急管理体制是指政府及其他公共机构在突发事件的事前预防、事发应对、事中处置和善后管理过程中，通过建立必要的应对机制，采取一系列必要措施，保障公众生命财产安全，促进社会和谐健康发展的有关活动。建立科学、高效的应急管理体制，是有效应对突发事件必须解决好的重要问题。

针对我国突发事件应对职责分属若干个不同部门，人力、物力、财力资源比较分散，责任不够明确，指挥不够统一、协调，反应不够灵敏等问题，《中华人民共和国突发事件应对法》确立了"统一领导、综合协调、分类管理、分级负责、属地管理为主的应急管理体制"。同时，明确了四大类突发事件各自牵头负责的部门：自然灾害主要由民政部、水利部、地震局等牵头管理；事故灾害由国家安全监管总局等牵头管理；突发公共卫生事件由卫生部牵头管理；社会安全事件由公安部牵头负责。最后由国务院办公厅总协调。

3. 应急管理机制逐步完善

应急管理机制是行政管理组织体系在遇到突发公共事件后有效运转的机理性制度。应急管理机制是为积极发挥体制作用服务的，同时又与体制有着相辅相成的关系，建立统一指挥、反应灵敏、功能齐全、协调有力、运转高效的应急管理机制，既可以促进应急管理体制的健全和有效运转，也可以弥补体制存在的不足。[①] 应急管理机制涵盖突发事件事前、事发、事中和事后全过程。

自 2003 年"非典"疫情结束以来，党中央、国务院和中央军委发布了很多有关具体应急管理机制建设的文件，涉及监测预警、信息报告、决策指挥、

---

① 贺银凤：《中国应急管理体系建设历程及完善》[J]，《河北学刊》2010 年第 5 期。

信息发布、恢复重建等多个方面。

在监测与预警方面，国家加强了气象、地震、水文、海洋、地质灾害、森林火灾、农林病虫害、煤矿瓦斯等灾害预测预警系统的建设，2007 年 9 月，国务院办公厅发出《关于开展重大基础设施安全隐患排查工作的通知》。在信息报告与发布方面，2004 年 2 月，国务院通过《关于改进和加强国内突发事件新闻发布工作的实施意见》；2007 年 4 月，《中华人民共和国政府信息公开条例》颁布并明确指出，突发公共事件的应急预案、预警信息及应对情况，是县级以上各级人民政府及其部门重点公开的政府信息之一；2007 年 12 月，国务院办公厅印发《关于突发公共事件信息报告情况通报办法（试行）的通知》。在军地协同方面，2005 年 6 月，国务院、中央军委共同颁布《军队参加抢险救灾条例》、国务院办公厅发出《国务院中央军委关于〈军队参加抢险救灾条例〉实行中有关问题的通知》；2006 年 9 月，国务院办公厅、中央军委办公厅联合发出《关于加强自然灾害信息军地共享机制建设的通知》。

同时，我国在建立应急管理机制的过程中还与探索建立绩效评估、行政问责制度相结合，逐步建立了灾害评估、官员问责等相关制度。除此之外，我国应急管理机制高度重视应急管理工作平台建设。"国务院制定了'十一五'期间应急平台建设规划并启动了这一工程，公共安全监测监控、预测预警、指挥决策与处置等核心技术难关已经基本攻克，国家统一指挥、功能齐全、先进可靠、反应灵敏、实用高效的公共安全应急体系技术平台正在加快建设步伐，为构建准确、快速、一体化的应急决策指挥和工作系统提供支撑和保障"①。

4. 应急管理步入法制化轨道

10 年间，在建设社会主义法治国家的新形势下，我国在深入总结群众实践经验的基础上，加快了突发事件应对的规范化、制度化和法制化建设步伐（见表 1）。

2003 年 5 月 12 日《突发公共卫生事件应急条例》的出台，标志着中国卫生应急处理工作纳入法制化轨道。从非典期间国务院迅速公布出台的《突发

---

① 高小平：《中国特色应急管理体系建设的成就和发展》［J］，《中国行政管理》2008 年第 11 期。

表1　我国近年来出台（修订）实施的关于应急工作方面的主要法律

年份	颁布法律	年份	颁布法律
2013	中华人民共和国特种设备安全法	2008	中华人民共和国动物防疫法
2011	中华人民共和国道路交通安全法	2007	中华人民共和国突发事件应对法
	中华人民共和国建筑法	2006	中华人民共和国治安管理处罚法
	中华人民共和国煤炭法	2005	中华人民共和国固体废物污染环境防治法
	中华人民共和国水土保持法		反分裂国家法
2009	中华人民共和国食品安全法	2004	中华人民共和国传染病防治法
	中华人民共和国消防法	2003	中华人民共和国放射性污染防治法
	中华人民共和国防震减灾法		

注：以实施时间为时间截点。

公共卫生事件应急条例》开始，一系列关于应急处理方面的法律法规相继出台。

2005 年，我国公布了《重大动物疫病应急条例》。目的为迅速控制、扑灭重大动物疫情，保障养殖业生产安全，保护公众身体健康与生命安全，维护正常的社会秩序。

2006 年，发布《国务院关于全面加强应急管理工作的意见》。对应急管理法制体系提了明确的要求："健全应急管理法律法规。要加强应急管理的法制建设，逐步形成规范各类突发公共事件预防和处置工作的法律体系。抓紧做好突发事件应对法的立法准备工作和公布后的贯彻实施工作，研究制定配套法规和政策措施。国务院各有关部门要根据预防和处置自然灾害、事故灾难、公共卫生事件、社会安全事件等各类突发公共事件的需要，抓紧做好有关法律法规草案和修订草案的起草工作，以及有关规章、标准的修订工作。各地区要依据有关法律、行政法规，结合实际制定并完善应急管理的地方性法规和规章。"

2007 年的《中华人民共和国突发事件应对法》是一部应对各类突发事件共同行为的一般性法律，其特点之一是调整的范围非常广泛，这一特点也决定了其规定普遍性较强，这对于调整具体的突发事件来说显得远远不够。《突发事件应对法》第四十八条规定，突发事件发生后，履行统一领导职责或者组织处置突发事件的人民政府应当针对其性质、特点和危害程度，立即组织有关部门调动应急救援队伍和社会力量，依照本章的规定和有关法律、法规、规章

的规定采取应急处置措施。突发事件应急工作的特点需要法治的统一，贯彻实施《突发事件应对法》是保证突发事件应急工作具有统一性、整体性和协调性的法律前提，而加强突发事件应急工作的法制统一性又可以保证《突发事件应对法》的正确和有效地贯彻实施。

2008 年，《中华人民共和国政府信息公开条例》开始实施，我国通过不断完善相关法律法规，为突发事件的应对提供立法保障，国家各部门、地方政府依据自身情况，出台具有针对性的法律法规，加强了应对突发事件时有法可依、有章可循的状况。

2009 年 5 月 1 日，修订后的《中华人民共和国防震减灾法》正式施行，它成为继 2008 年汶川地震后，2010 年玉树地震救灾工作依法有序推行的重要依据。

三 回顾"非典"十年间我国在若干重大
突发事件应急处置中的表现

我国现阶段正处于全面建设小康社会、构建社会主义和谐社会的历史进程中，不可避免地会遇到各种各样的突发公共事件。特别是"非典"过后，我国突发事件呈现高发状态。伴随着我国应急管理体系的不断完善，我国在突发事件的前期预警、应急管理、信息公开、公众参与以及事后管理等方面取得了显著成效，经受住了 2008 年南方低温雨雪冰冻灾害、汶川特大地震、H1N1甲型流感疫情等重大事件的考验。

1. 2008 年冰冻灾害

2008 年 1 月底至 2 月初，我国南方大部分地区遭受了罕见的低温雨雪冰冻灾害，具有持续时间长、降温幅度和降水强度大、覆盖地域广的特点。灾害发生时段恰逢春运高峰时期，主要发生地域又是我国交通、电力、煤炭和其他物资运送的重要通道和人口稠密地区。因此灾害造成的损失和影响呈现叠加放大效应。在应对这场灾害中，各级政府相继启动应急预案，并保证应急预案的成功实施，为取得抗灾救险的胜利奠定了坚实的基础。

一是紧急启动应急预案。在 2008 年冰雪灾害之前，我国已制定国家专项预案 26 件，应对低温雨雪冰冻灾害及其引发的各类突发事件共 17 件相关专项预案。灾害发生后，国务院及地方及时启动应急预案。1 月 27 日，国务院紧急召开全国煤电油运保障工作电视电话会议，针对灾害发展形势，国务院迅速成立煤电油运和抢险抗灾指挥中心，统筹协调指挥抗灾救灾和煤电油运保障工作。铁路、交通、民航、公安、通信等部门和地方各级人民政府迅速启动了紧急预案进行部署。中国气象局启动重大气象灾害预警二级响应命令，及时将全国及重点地区天气趋势预测等信息向全国公开。1 月 28 日湖南省连夜实施大面积停电应急预案一级紧急响应，1 月 29 日贵州及时启动了大面积停电应急预案一级响应。这些应急预案共同筑成一道道坚固的屏障，有力地保护着人民群众的生命财产安全。

二是领导高度重视，把握抗灾救灾斗争主动权。灾害发生后，国家高度重视抗灾救灾工作，多次召开中央政治局会议、政治局常委会议和国务院常务会议研究部署研究抗灾救灾工作。无论是部署煤电油运紧急措施，还是取得重大阶段性胜利后实行抗灾救灾和灾后重建工作，党中央始终运筹帷幄，总揽全局，有序部署，牢牢把握着抗灾救灾的主动权。

三是进行及时信息发布，防止群众恐慌心理。灾害发生后，各级政府第一时间采用多种手段和途径向社会公众公开灾情。通过借助气象监测、卫星监测等先进的科技监测设备，及时发布各种灾害的预警、实时信息。利用电视、广播、报纸、网络等媒介和紧急会议、短信等手段，做好防灾知识的宣传，提高市民的防灾能力。同时，通过召开新闻发布会，向社会公开最新灾情及救灾进展。

四是坚持以人为本，将抢救和救助受灾群众放在工作首位。灾情发生后，中央及灾区政府第一时间组织抢险队、武警部队官兵救助受困的群众，为其提供必要的生活保障。

2. "5·12"汶川特大地震

2008 年 5 月 12 日 14 时 28 分，汶川地区发生 8 级特大地震。这次地震是新中国成立以来破坏性最强、波及范围最广、救灾难度最大的一次地震。地震共造成近 7 万人死亡，经济损失达 8541 亿元。汶川地震是对我国应急管理体系的一次重大考验，也正是通过汶川地震展示了我国应急管理体系在逐步走向

成熟。

一是启动全方位、多层级、多方联动的地震应急预案体系（见图4），为抗震救灾奠定了坚实的基础。地震发生后，中国地震局立即启动地震应急预案，派出了第一批地震灾害紧急救援队和现场工作队。国家减灾委紧急启动国家Ⅱ级救灾应急响应，民政部、卫生部、财政部、国家发展和改革委员会、工业和信息化部等十几个部门迅速启动地震应急预案和相关预案，成立相应的指挥机构，领导协调抗震救灾工作。四川、甘肃等地震灾区政府第一时间启动了地震应急预案Ⅰ级和Ⅱ响应，成立指挥部召开会议部署抗灾救灾工作。非震区的省、市地震部门绝大多数也启动了地震应急预案不同级别的响应，进行应急联动支援四川灾区，开展宣传报道，稳定民众情绪和社会秩序。

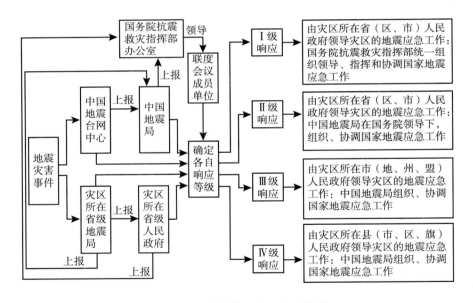

图4 我国抗震救灾应急响应流程

二是及时有效、公开透明的信息发布避免了社会恐慌，为抗震救灾创造了良好的社会氛围。2008年5月1日《中华人民共和国政府信息公开条例》开始正式实施。汶川地震发生后，按照《信息公开条例》的要求，地震发生后不到10分钟，中国地震局就通过媒体向社会发布了消息，并及时发布了各地的震感信息。各地地震局也尽可能在第一时间，通过手机短信、电视、广播、网络等多种形式发布震情以及有关救灾行动的消息，使公众及时知悉真相，避免了恐慌的发生。主流媒体也对灾区救援情况进行了实时、动态的报道，使社会公众能够及时了解灾情。

三是统一部署、协调联动，形成抗震救灾工作合力。地震发生后不到两个小时，政府召开了第一次紧急会议，宣布成立以温家宝为总指挥的抗震救灾指挥部，并设立了救援组、预报监测组、医疗卫生组、生活安置组、基础设施组、生产恢复组、治安组、宣传组等8个抗震救灾工作组。在党中央、国务院的统一领导下，全国上下紧急行动起来，打破部门、地域的分割界限，形成了抗震救灾的合力，为抗震救灾工作顺利开展奠定了坚实的基础。

四是组建专兼结合的救援队伍，形成抗震救灾的重要保障。武装力量在抢险救灾等非战斗军事任务中自身的优势，是汶川地震抗震救灾工作取得全面成功的重要保障。与此同时，汶川地震发生后，我国政府同意国际社会出于人道主义愿望，接受了日本、俄罗斯、韩国、新加坡等向四川灾区派出地震救援队，接受了俄罗斯、日本、古巴、意大利、德国、法国、英国、巴基斯坦、印度尼西亚等国向汶川地震灾区派出国际医疗队。

3. 甲型 H1N1 流感

2009 年自墨西哥、美国出现甲型 H1N1 型流感疫情后，中国政府高度重视。2009 年 5 月 11 日，四川省确诊首例甲型 H1N1 流感病例。截至 2009 年 11 月 19 日，甲型 H1N1 流感共有 10828 例确诊病例，其中住院治疗 2684 例，死亡 28 人。在整个防控 H1N1 的过程中，我国的防控策略也在不断调整。从"外堵输入，内防扩散"到"强化预防措施，突出重点环节，加强重症救治，减少疫情危害"，最大程度减缓了疫情扩散，最大限度减少了重症和死亡病例的发生。

一是多渠道获取疫情进展，全面做好疫情的预警。在我国疫情发生之前，针对墨西哥、美国等地疫情发展的情况，卫生部、旅游局、质检总局等国家机构以及新闻媒体，高度关注境外疫情发展情况。通过与疫区国家的卫生部门和世界卫生组织联系，确保及时获得最新的疫情情况。与此同时，积极做好做疫情发展趋势预测并及时通过新闻媒体告知社会公众，提高社会公众的警惕性，增强预防能力。

二是多部门联动防控，切实做到"外堵输入"。我国在出入境的口岸、机场严密把关，努力将疫情拒于国门之外。2009 年 4 月 25 日，中国国家质检总局先后制定并发布《关于防止人感染猪流感疫情传入我国的紧急公告》（2009 年第 30 号）、《关于防止墨西哥和美国猪流感传入我国的公告》（2009 年第 31 号）等重要文件，要求来自人感染猪流感流行地区的人员，如有流感样症状的，入境时应主动向出入境检验检疫机构口头申报。

三是建立联防联控机制，真正做到"内防扩散"。内地疫情发生后，全国各地的卫生部门除对患者或疑似患者及时采取诊断、治疗措施外，对患者或者疑似患者曾密切接触过的人群进行全力寻找，最大可能减少间接接触人群，避免疫情扩散。

四是及时客观公开疫情信息，有效避免谣言传播引发的社会恐慌。在此次应对"甲型 H1N1 流感"疫情中，我国卫生系统、农业部门以及广大的新闻媒体全力配合流感疫情的政府信息公开工作。针对这一系列在疫情时出现的误解，中国政府相关部门组织有关领导、专家有针对性地澄清人们对"猪流感"的误解，及时制止了谣言的传播。疫情发生后，媒体 24 小时不间断播报疫情进展，各部门通过实际防御措施，将有关疫情的信息、数据提供给公众。在整个疫情的防控的过程中，正是由于政府及时客观的信息公开，有效地避免了社会公众的恐慌，维护了社会稳定，为疫情的防控创造了良好的社会环境。

四　我国在突发事件应对处置方面应进一步解决的十个问题

"非典"过后的 10 年，我国在突发事件的应急管理工作上不断推进与完善，无论是应急预案体系的建设，还是应急管理体制、机制、法制的建立健全，都得到了长足的发展，防灾、救灾、减灾的能力逐步提升。但同时，我们也要清醒地认识到，我国突发事件的应急处置依然面临着一系列问题，主要体现在以下十个方面。

1. 重建设轻管理

城市建设与城市管理是城市发展的两个方面，相互影响、相互促进。当前，我国依然处于一个全面建设期，导致我国在城市应急管理中存在重建设轻管理的问题。近几年发生的"玻璃幕墙脱落"、"井盖伤人"事件等，就是我国在城市建设发展过程中，轻视甚至忽略了城市管理而引发的公共安全事件，而这也是当前我国部分城市发展走进"越发展、风险越大"怪圈的根本原因。因此，在城市建设的同时必须更加重视和加强城市管理，这样才能有效规避城市公共安全事件的发生。

一是树立城市危机管理意识。城市危机意识的价值内核是以保护城市居民生命和财产安全为内容的人本意识，树立危机意识是城市政府公共职能的客观要求和具体体现，也是有效预防城市公共安全事件的重要保障。

二是完善城市危机管理体系。在城市建设与管理中，要把城市居民的生命和财产的安全当作头等大事来抓，要保持对城市危机高度的敏感性，逐步建立起现代城市危机管理的决策与指挥体系、信息系统、执行系统、保障系统和咨询评估系统，构建"五位一体"的城市危机管理体系，将非常态的城市危机纳入政府的常态管理，切实发挥好城市危机管理的预防功能、应急功能和修复功能。

三是创新城市危机管理手段。细节决定城市管理的成败。通过精细化管理提高城市危机管理的质量、效益和水平，及时发现、有效规避重大突发事件的发生，是城市危机管理的一种基本趋势和客观要求。

2. 重硬件轻软件

非典之后，我国加强了对城市基础设施的建设力度，对城市水、电、气、通信服务、地下管网等设备老化、投资分散、功能单一、安全欠账多的基础设施进行了改造和替换，城市基础设施建设已经达到一定水平，为提高城市公共安全能力奠定了重要的物质基础。但另一方面，城市应急管理中在信息集成、资源整合、条块联动等方面还存在重要的问题。造成这些问题的根本原因在于我国的应急管理机制尚不健全。因此，要以建立突发事件应急联动机制为突破口，依托"三个整合"来破解我国城市应急管理中的体制机制障碍。

一是建立健全应急联动组织体系，实现组织整合。当前，我国城市管理实行的是"两级政府、三级管理、四级网络"的城市管理体制，强化城市的属地管理功能。在突发事件的应急处置中，要在原有的管理体制下，探索建立包括市级、区县以及专业救援队伍的在内的三级联动的应急管理的体制机制，实现不同层级、不同部门之间专兼结合的应急联动组织体系。

二是推动信息共享，实现信息整合。迅速、准确、全面的信息是应急管理的前提。针对当前在应急管理中存在的信息不对称、反馈不及时等问题，建议在市一级政府建立城市应急管理信息平台，相关部门将信息反馈到信息管理平台，依托这一平台实现信息的统一、及时发布。

三是加强公共安全资源调度，实现资源整合。快速、高效、能够统一调度各种公共安全资源是突发事件发生后应急处置的重要保障。因此，要在信息整合的基础上，依托应急联动组织体系，实现各类公共资源的统一调度，保障各类资源能够在第一时间快速、高效到位，为应急处置提供物质保障。

3. 重地上轻地下

城市建设缺乏系统规划，存在"重地上轻地下"的发展理念是我国城市突发事件频发的一个重要原因。比如，隐藏在高楼大厦下面的是城市脆弱的排涝系统；地下排水系统因缺乏与上下游之间的衔接，出现在突发情况下承载量超过接入设计等问题。改变"重地上轻地下"的城市建设现状，是当前我国在突发事件应急处置方面应重点解决的问题。

一是树立地上地下协调发展的城市管理理念。按照国际惯例，地上和地下应该统一协调发展，甚至先建设好地下，再建设地上。而我们在城市建设过程中，缺乏长远发展意识，往往只重视地上，只关注城市表面光鲜的形象工程，这就成为城市诸多突发事件发生的隐患。因此，在今后的城市发展中，要牢固树立地上与地下协调发展的理念，避免重地上轻地下的问题。

二是完善城市规划体系，加快防洪排涝基础设施建设。城市建设要坚持规划先行，应尽快编制城市排涝规划设计标准规范，明确不同等级城市、城市中的不同地区、设施的不同排涝标准，合理布局排涝设施，确定排涝措施等。要坚持市域总体规划应与防洪体系建设、环境保护、土地利用等规划相互衔接、互相补充，形成一个完整的规划体系。在建设实践中，要严格按照防洪排涝标准进行施工，特别是老城区改造、新城区建设和重大基础设施建设，必须符合城市防洪规划要求，进行防洪风险评估。

三是加大投入力度，加强对地下空间和地下管网的建设与改造。加强对城市地下基础设施的改造升级，对不具备抗灾能力的市政基础设施进行加固改造，对新建的市政基础设施，要提高防灾减灾标准，提高城市综合防御各种灾害的能力，并有计划有步骤地逐步改善和提升城市基础设施和公共安全设施的整体保障能力。

4. 重经验轻标准

标准化是提高应急处置效率和科学化水平的重要保障。在应急处置中标准化的核心内容是对程序和边界的界定。例如，一次事故灾害，发生后应该由谁、在多长时间内、向哪一级组织报告，救援人员须配备哪些救援设备，最近距离救援队应在多长时间内赶赴现场，如何保存事故证据内容，都应该有标准化的界定和要求。如果在突发事件发生后能有一套标准化的工作体系，就可以有效避免谣言的产生，提高应急处置的效率和水平。目前我国对突发事件的应急处置更多的是凭借经验进行，尽管有应急预案、体制机制法制等总体性的要求，但是应急处置的具体流程和操作规范缺乏标准化的界定，这造成了应急能力参差不齐，影响到救援速度、事件的防控效果等一系列问题。接下来，要从应急程序标准化、应急处置专业化和效果评价科学化三个方面推进我国突发事件应急处置的标准化建设。

一是推动应急程序标准化。通过应急处置程序标准化，减少人为因素对事故处置的影响，使突发事件的应急处置与操作快速、科学、有效，减少因突发事件评估不准确、人员处置失当、应急经验不足等造成对事件处置不够及时、有效和准确等问题。

二是推动应急处置专业化。在应急处置中，根据不同行业、不同类别的事件，采用相关专业知识、职业技术技能、专业工具，依靠专业队伍和人员、专家，应对和控制事态发展，将突发事件可能造成的危害程度降到最低。

三是效果评价科学化。对应急处置效果进行科学评价是实现应急处置标准化的一项基础性工作。科学的效果评价，必须建立在充分的调查研究基础上，按照科学的态度，在确保整个评估过程不受外界因素干扰的情况下，通过系统、科学、全面地分析和评估，得出具有独立性、客观性的结论。

5. 重预案轻预警

危机管理的最终目的是避免危机发生，减轻危机后果。英国著名危机管理专家迈克尔·里杰斯特指出，预防是解决突发公共事件的最好方法。任何突发事件都有一个孕育潜伏期，在这个过程中与突发事件相关的各种因素相互作用，各种矛盾通过分解和重组产生新的矛盾和冲突，如果能及时制止就能防止突发事件发生（见图5）。

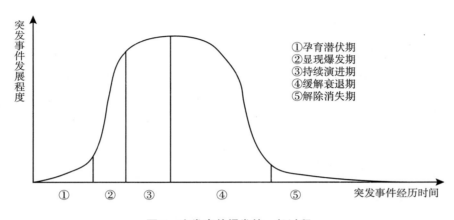

①孕育潜伏期
②显现爆发期
③持续演进期
④缓解衰退期
⑤解除消失期

图5　突发事件爆发的一般过程

　　因此，预警是应急管理中的首要环节，其目的是为了告知人们可能出现的事件或事件的恶化状态，让人们可以提前采取一些有效的措施把可能发生的突发事件或是可能恶化的事态扼杀在萌芽状态。预警机制可以通过对突发事件发生可能性较大的领域所发生的各种异常情况进行连续监测，分析其产生的原因，及时发布相关预警信息，为政府及其相关部门的决策提供服务；可以帮助政府分析不同阶段可能发生的突发事件并进行前期估计，确保事件发生前政府有足够的时间选择最佳应对策略，作好应急准备。

　　近年来，我国高度重视突发事件应急预案体系建设，突发事件发生后及时启动应急预案，有效降低了突发事件的危害性。应急预案体系在提高我国应急管理水平方面发挥了重要作用。与此同时也应客观地看到，我国应急管理中的预警机制尚不健全。虽然近两年来，在突发公共卫生事件、城市防洪排涝等突发事件发生之前，相关部门会有一些预警信息的发布，但总体而言还未形成体系，没有从制度层面进行规范。下一步，我国应该加强预警机制建设，切实做好突发事件前期预防预报，尽可能将突发事件发生的风险及事后的影响降到最低。

一是完善风险评估机制。通过风险评估，全面掌握风险隐患存在的情况，推进风险隐患登记及现状评估，制定整改措施并落实，提出控制其发展的对策，提出预见性的建议，有效抑制重大突发性事件的发生。

二是完善预警信息公开机制。要尊重公民的知情权，健全信息公开制度，建立多层次信息发布平台，及时有效地进行信息预防、发布、引导和批驳，及时、准确、完整地发布危机处理的有关信息，为各级政府的决策和政策实施提供及时准确的信息，同时要积极发挥舆论导向作用，避免谣言的产生和蔓延。

6. 重集中统筹轻分级响应

集中统筹与分级响应是突发事件应急处置中不可或缺的两种方式。集中统筹能够在最短时间内最大限度地调动各方面力量投入到突发事件的应急救援中，分级响应可以有效调动地方政府、基层政府参与应急管理的积极性，充分发挥属地管理优势，避免造成资源的浪费和社会公众的恐慌。

受我国政治体制的影响，我国突发事件应急管理中呈现集中统筹有余，分级响应不足的现象。因此，在实际工作中，应针对灾害和危机的不同特点，按照"统一领导、综合协调、分类负责，属地管理"的原则，实施分类分级响应制度。对地方行政区划内发生的突发公共事件，属于较大或一般的，由当地政府负责及时、果断处置，省级应急指挥中心给予指导。发生特别重大或重大突发公共事件，由省级应急指挥中心决定启动相应的应急预案，统一指挥紧急处置工作，并按规定向国务院报告。涉外特别重大或重大突发公共事件，省级应急指挥中心应按规定上报国务院，并具体负责处置。对于跨省（市、区）的特别重大或重大突发公共事件，事件发生地所在省级政府负责整理相关信息按规定上报国务院，并与有关省（市、区）协调好。

7. 重单兵作战轻部门联动

受我国传统的条块分割的行政管理体制的影响，我国应急管理体制呈现高度分割的特征，每一个部门只对应一个特定的行业或者某种特定的突发事件。对于突发事件的应急处置，在横向上是分散管理，即按照突发事件的类型由对口部门进行专门管理；在纵向上进行集中管理，采取的是中央统一指挥，地方积极配合的管理体制。这样的管理体制在应急处置的资源共享、应急联动以及人力物力上都存在一定的弊端，影响了应急处置的效率和效果。因此，要充分发挥社会主义制度能够集中力量办大事的制度优势，构建一套上下协调、部门联动的良好工作机制。

一是建立具有统筹协调能力的救灾管理机构。当前，我国应急管理各部门多采取单灾种单一灾情的处理模式，这种分灾种的应急管理体系不利于协调各部门的减灾抗灾工作①。因此，建议在应急管理委员会下设救灾协调管理委员会，负责对本灾种涉及的相关部门进行统筹协调，推动上级政府和下级工作部门的业务联系。

二是构建网络化的协调联动机制。城市危机的应对和处理，涉及多方利益，不是单独一个部门就可以完成的。根据当前我国城市应急管理的现状，亟须建立一个跨区域、跨部门的联动机制，在突发事件的处置中能够协调各方利益，调动多种资源和力量，共同参与应急处置的全过程（见图6）。

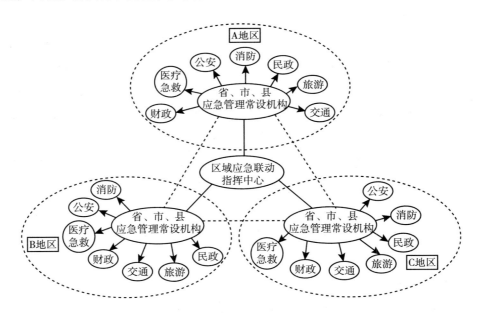

图6　区域应急联动组织结构

---

① 薛秀泓：《应对危机　政府要建立应急联动系统》［N］，《中国改革报》2006年5月10日。

8. 重行政命令轻制度建设

行政命令是行政主体依法要求相对人进行一定的作为或不作为的意思表示，是行政主体的一种强制性行为。目前，虽然我国突发事件的应急管理体系初步形成，但在实际工作层面，我国在突发事件发生后多采取成立临时性指挥协调机构，这种机构缺乏法律支持和制度保障，在面临大规模突发性事件时，就会影响到应急处置工作的进度。一旦处置失当，就可能为放大危机埋下新隐患。应急管理作为一种特殊状态下的管理，必须做到有法可依、有法必依、执法必严、违法必究。

一是建立国家应急管理委员会，改变以往遇事再建立临时性机构的做法，将国家应急管理委员会作为中央政府应对特别重大突发公共事件的指挥机构，可在国务院办公厅设该委员会的办公室。

二是依法规制政府的紧急行政权。为更好地发挥政府职能，履行政府职责，有效控制和消除突发事件引起的社会危害，有必要赋予政府较平时更多、更广泛的行政紧急权力。同时，按照依法行政的基本原则和精神，依法对行政紧急权力进行法律规制，对行政紧急权力的范围、程度、程序、目标和条件等方面从法律的角度进行明确。

9. 重政府管制轻公共参与

加强对公众的危机教育，提升公民的危机意识和自救能力是进行应急管理工作的基础。就目前而言，我国在应对突发事件时，过多强调"政府负责"，对公共参与的重视程度不够。政府力量在突发事件应对过程中始终坚守在"前沿阵地"，对于维护社会稳定等方面起到了积极的作用，然而政府体系之外的各种社会力量则表现出一定的被动性和滞后性。公众参与在应急管理中具有重要的意义，一方面可以缓解危机在公众中产生的副作用，使公众更快地了解真相，起到稳定社会、恢复秩序的作用，另一方面可以提高政府决策的可信度和可参与度，降低了政府应对事件与救治人民的成本。下一步，要以改变政府在突发事件应对中"孤军奋战"的局面为重点，积极调动和整合社会各方力量，着力构建全社会共同参与的突发事件处置的新型社会管理工作格局。

一是培育成熟的民间组织，完善公众参与机制。民间组织为公众参与的有序化提供了一条便捷的通道，是我国政府应急管理过程中不可忽视的主体因

素。因此，要为民间组织的发展创造良好的空间，规范和引导民间组织参与政府应急管理，积极探索民间组织在应急管理中与政府合作的制度安排。当突发事件发生时，民间组织要与政府的行为保持协调，把民间组织的参与行为规范在法制的轨道之内。

二是增强政府的社会动员能力，调动公众参与热情。社会动员是应急管理的基础性工作。有效的社会动员可以减轻、避免民众的恐慌，并激发民众战胜困难的强大精神动力。政府要通过各种宣传途径，有效调动公众的参与热情，积极探索志愿服务机制，动员社会各方面力量参与到应急管理中。

10. 重安全保密轻信息公开

信息及时、准确地公开与发布是突发事件应急处置的重要环节。突发事件的突发性、紧迫性、不确定性和危害性对习惯于常态环境的人们造成巨大的冲击，往往会使公众措手不及，产生焦虑、恐慌和恐惧的心理，轻信并参与传播流言和谣言，进而产生一些非理性的行为。及时客观的信息公开与发布，有助于遏制谣言的传播，维护社会稳定。但目前而言，我国政府既缺乏与公众沟通的意识，也缺乏健全的沟通协调机制，甚至以保密为借口不履行政府信息公开义务。对此，要从以下三个方面着手推进政府突发事件处置过程中的信息公开。

一是加强信息公开的法制化建设。信息公开是政府的法定义务，推进政府信息公开需要有健全的法律保障。2008 年我国颁布并实施了《政府信息公开条例》，是我国政府信息公开进程中的重大事件，并在此后的突发事件的信息公开中发挥了重要的作用。但是，受到条例的权限的制约，《政府信息公开条例》其效力和地位都有待进一步提升。因此，我国应尽快研究制定并实施更具权威性的《政府信息公开法》来代替《政府信息公开条例》，从法律层面对政府信息公开的义务、权利等进行界定，为信息公开提供法律保障。

二是完善突发事件信息发布机制。突发事件的信息发布机制包括应急信息处置机制、境内外舆情收集研判机制、重要信息通报机制、信息发布协调机制和媒体管理机制，这些机制是一个系统，涉及突发事件应急处置的各个环节、各个层面，缺一不可。

三是建立政府、媒体与公众的协调互动机制。政府、媒体和公众是突发事件信息公开过程中的三个关键环节，分别扮演着信息源、信息通道和信息接受者的角色，三者的协调沟通是信息无障碍流通的关键。因此，在突发事件处置过程中，需要建立起政府主导、媒体引导、公众参与的协调互动机制。

参考文献

卢涛：《应急管理》［M］，人民出版社，2008。

何增科：《中国社会管理体制改革路线图》［M］，国家行政学院出版社，2009。

张振学：《领导者应对和处理突发事件的 9 种能力》［M］，中国致公出版社，2009。

张卫：《社会风险发展趋势与我国突发事件应急机制建设》［J］，《中南民族大学学报》2008 年第 6 期。

于芳：《政府危机管理预防预警机制的构建与完善》［J］，《云南行政学院院报》2006 年第 8 期。

毛瑞明：《论我国政府应急管理制度建设》［J］，《江西社会科学》2010 年第 5 期。

崔竞月、詹淑慧等：《对燃气突发事件应急处置标准化的思考》［J］，《城市建设研究理论版》2011 年第 33 期。

刘红芹、沙勇忠等：《应急管理协调联动机制构建：三种视角的分析》［J］，《情报杂志》2011 年第 4 期。

高小平：《中国特色应急管理体系建设的成就和发展》［J］，《中国行政管理》2008 年第 11 期。

高军、吴鹏：《新形势下国内外突发事件应急管理的分析与思考》［J］，《经济体制改革》2011 年第 11 期。

B.8

当前民意诉求表达的特点
分析与模式探讨

摘　要：

　　习近平总书记在党的群众路线教育实践活动工作会议上强调，群众路线是我们党的生命线和根本工作路线，人心向背关系党的生死存亡。党只有始终与人民心连心、同呼吸、共命运，始终依靠人民推动历史前进，才能做到坚如磐石①。而党想要与群众心连心，就必须先做到倾听民声，知晓民意。这就需要有良好的公众诉求表达渠道，有完善的公众诉求表达机制，保障民意的下情上达，以达到反映民情、彰显民主、维护民权的目的。本文从当前的一些热点舆情事件出发，对当前公众诉求表达面临的一些问题进行分析，以期为进一步推动公众诉求表达的良性互动寻求解决方案。

关键词：

　　民意诉求　热点舆情事件　表达特点　表达模式

一　畅通民意诉求表达对转型期社会管理的重要性

改革开放 30 多年来，中国经济快速增长，GDP 从 1978 年的 2683 亿美元增长到 2010 年的 397983 亿美元，成为全球第二大经济体，2012 年 GDP 已达到了 519322 亿美元。伴随着经济的快速发展，我国的社会结构发生了明显变化，社会中的基本要素开始分化、重组，社会经济成分、分配方式、阶层结构

---

① 习近平：《牢记并恪守全心全意为人民服务的根本宗旨　以优良作风把人民紧紧凝聚在一起》[J]，《传承》2013 年第 8 期。

也日趋多样化。因此，利益关系也发生了重大变化，由利益关系变化带来的各种矛盾日益凸显。目前，我国正处于社会转型的关键时期，如何有效缓解和解决这些矛盾是当前我国政府面临的重大课题。政府应对现有的政策制度进行改革，创新社会管理方式，促进各种利益关系的协调，加快构建和谐社会。从这个角度来看，建立健全社会利益协调机制至关重要。民意诉求表达机制作为政府与群众沟通的桥梁，更是建立社会利益协调机制的重中之重。换言之，畅通民意诉求表达既是我国创新社会管理方式、协调各种利益关系的重要途径，也是我国平稳度过社会转型期、构建和谐社会的必然选择。

（一）利益关系不协调是我国社会转型期的主要特点

当前，我国正处于社会转型时期，社会结构发生了重要调整，引起利益关系发生相应变化，利益关系不协调的现象逐渐凸显，主要表现在以下六个方面。

1. 城乡利益关系不协调

现代化的一个核心任务是城镇化，就是将相当一部分农村人口吸纳到非农产业中去，以提高他们的生产率水平、收入水平和生活水平。目前，我国13亿人口中有60%生活在农村，农业人口数量庞大，人多地少的矛盾十分尖锐，实现城镇化需要一个相当长的历史过程。[①] 在这个历史过程中，由于城镇化水平低，农村和农民逐渐被边缘化，城乡的差距和城乡居民的收入差距逐渐被拉大，城乡矛盾日益凸显。城乡差距的不断扩大，特别是农村居民在公共服务方面与城市居民的差距、农村社会事业与基础设施水平与城市的差距，容易导致公众产生不满情绪，引起纠纷甚至群体性冲突，影响社会稳定。因此，政府需要考虑如何在二元经济的转变过程中，妥善解决农村和农业领域人口的增收与发展问题，使他们共同分享国家发展的成果。

2. 区域利益关系不协调

我国幅员辽阔，不同地区的发展条件有所不同，因此各地在发展水平和居民收入水平上呈现出一定的差距。地区之间的差距主要表现在两个方面：一是

---

① 袁金辉：《社会转型期利益关系调整的对策建议》［J］，《行政管理改革》2011年第6期。

东部沿海、中部地区、西部地区和东北地区这些大区之间和行政区域之间的差距，这与改革开放、西部大开发、振兴东北等国家发展战略有关；二是发达地区与相对落后区域之间的差距，比如资源枯竭地区与资源丰富地区、劳动力密集地区与老少边穷地区等。这种区域差距的不断扩大（见表1），必然造成各地干部群众心理上的不平衡，对干部群众参与社会建设、形成共建合力造成一定的影响。因此，国家应通过合理规划、落实区域发展总体战略，逐步缩小这种区域间的发展差距，实现区域利益关系的协调。

表1　我国各地区主要省区核心发展数据对比

东部主要省区人均 GDP(元)		中部主要省区人均 GDP(元)		西部主要省区人均 GDP(元)	
天　津	95093. 58	山　西	33712. 25	四　川	29627.08
北　京	88167.51	河　南	31753. 45	云　南	22262.58
江　苏	68436.79	湖　北	38642. 17	广　西	28053.91
东部主要省区 GDP 增速(%)		中部主要省区 GDP 增速(%)		西部主要省区 GDP 增速(%)	
天　津	13. 8	山　西	10. 1	四　川	12. 6
北　京	7. 7	河　南	10. 1	云　南	13. 0
江　苏	10. 1	湖　北	11. 3	广　西	11. 3

资料来源：《中国统计年鉴2012》及宜居城市研究室数据。

3. 阶层利益关系不协调

改革开放以来，随着经济发展和社会分工，社会阶层结构发生了明显变化，呈现出立体、多维的社会层次。一方面，我国的工人、农民这两大主体阶级，由于政治、经济、文化等方面基础的差异，逐渐分化成若干不同层次的利益群体。另一方面，由于改革开放形成的利益分配多元化，出现了民营企业人员、外资企业人员和自由职业人员等新的社会阶层。中国社会科学院将我国当前的社会结构划分为十大阶层：包括国家与社会管理阶层、经理阶层、私营企业主阶层、专业技术人员阶层、办事人员阶层、个体工商户阶层、商业服务人员阶层、产业工人阶层、农业劳动者阶层、城市无业、失业及半失业阶层[①]。各个阶层按照自身不同特点形成了特定的利益群体，成为社会结构的一个重要

---

① 《当代中国社会划分为十大阶层》，中国网，2002年2月4日。

组成，因此，我国的社会结构呈现出利益主体多元化的特点。从目前情况看，我国各个利益阶层的收入差距仍在逐步扩大，使得社会矛盾与利益矛盾日益凸显，利益关系呈现出复杂化的趋势，如阶层向上流动困难、阶层复制现象增多、社会排斥现象凸显等，这些现象会对社会和谐稳定产生直接的影响。

4. 行业利益关系不协调

目前，我国不同行业之间的收入水平差距造成了行业利益关系的不协调。石油、电力、电信、银行等具有国有垄断性质的行业的工资和福利水平远远高于其他各行业。比如，2012 年收入水平最高的金融行业，平均年收入是 89743元。收入最低的是农、林、牧、渔业，平均年收入仅为 22687 元，二者相差近 3 倍。在市场经济条件下，不同行业之间存在一定的收入水平差距是正常现象，但问题的关键在于这种收入差距是由国有垄断型行业利用其垄断地位牟取的暴利，或者利用行政权力占有公共资源获得的超额收入所造成的。这种资源分配不公的情况将会加剧行业收入差距，对社会稳定造成了重要影响，必须通过深化体制机制改革加以调整。

5. 劳资利益关系不协调

劳资关系是现代社会关系中最基本、最重要的关系之一。[①] 在我国社会主义市场经济的大背景下，资本追求利润的最大化，劳动者追求工资的最大化，在这种情况下，劳资双方各自作为独立的利益主体发生雇佣关系，必然会发生摩擦和碰撞（见表2）。我国作为一个拥有 13 亿人口的发展中大国，在经济社会转型发展的过程中，劳动力过剩和就业压力依然是我国发展的突出问题。另外，由于我国保护劳动者合法权益的法律法规不健全，保护劳动者权益的组织影响力有限，劳动者合法权益受到侵害的事件屡屡发生，特别是在劳动密集型行业，如建筑业、低端制造业、采掘业等，这些现象容易造成劳资纠纷，进而影响社会的和谐稳定。

6. 干群利益关系不协调

干部和公众关系的好坏，是关系到国家发展的重大政治问题。[②] 目前，从

---

① 袁金辉：《社会转型期利益关系调整的对策建议》［J］，《行政管理改革》2011 年第 6 期。

② 秦待见：《协调利益关系：构建和谐社会的重点》［J］，《中国特色社会主义研究》2007 年第 8 期。

表2　我国近年来发生的劳资纠纷事件

主要事件	事件内容
飞鹤奶牛"感染传染病"事件	2011年,传出飞鹤奶牛感染传染病的谣言。后经调查,是个别员工因为和公司的劳资纠纷,最终导致该事件
"90后"领头罢工本田事件	2010年,广东南海本田汽车零部件制造有限公司数百名员工,因对工资和福利现状不满而停工
富士康引发"十连跳"事件	2010年1~5月,10名深圳富士康员工接连身亡的"十连跳"事件,将标榜"回馈社会,关爱员工"的富士康公司推向舆论的风口浪尖
"6·29"恶性讨薪事件	2007年6月29日,广东省河源市东源县蓝口镇富源电站工地发生了一起因农民工讨薪而引发的群体恶性斗殴事件
剑南春解聘"农民工"事件	2007年11月9日,国内著名白酒企业——剑南春集团突然大规模裁员

资料来源:领导决策信息资料数据库。

总体上看,我国的干群关系基本上是融洽的,但也存在政府行为不当、公众利益受损、干部权力寻租以及干群利益冲突频发等现象。在我国政治生活中,部分干部执政意识与执政理念上的偏差、执政能力与执政素质不高以及价值观的变化,造成行政行为不透明现象、弄虚作假现象、腐败现象无法得到有效遏制,社会公众对领导干部的失望情绪进一步扩大,干群矛盾逐渐凸显。当前,我国处在社会转型的关键时期,利益关系的变化和社会矛盾的复杂多样化,对社会公众的心理造成了一定影响,呈现出复杂化、矛盾化的特点,这种特点,尤其是公众对政府行为高期望值与低评估之间的矛盾进一步加剧了公众对政党与政府的认同危机,进一步加重了干群利益关系的不协调。因此,政府应该加快改革,着力创新社会治理模式,促进干群关系的协调。

(二)协调利益关系的前提是充分发挥民意诉求表达的功能

邓小平曾讲:"群众有气就要出,我们的办法就是使群众有出气的地方,有说话的地方,有申诉的地方。"① 民意诉求表达就是起到社会出气孔、

---

① 邓小平:《邓小平文选》[M],人民出版社,1994,第273页。

安全阀的作用。通过各类诉求表达渠道，使广大民众的不良情绪和诉求得到充分表达，并及时有效地调整人与人、人与组织、人与社会之间的关系，有效防止社会震荡；也只有通过民意诉求表达这个渠道，才能了解各利益主体的利益诉求，促进政府决策的科学化，提高政府协调利益关系的有效性。因此，畅通民意诉求表达，充分发挥民意诉求表达的功能，是协调多元利益关系的关键，在社会管理中发挥着重要的作用和功能，是社会管理创新的必然要求。

1. 畅通民意表达能够维护社会稳定

畅通民意诉求表达能够维持社会的安定有序。实现利益关系协调是构建和谐社会的基础，诉求表达则是这个基础的基本前提。公众通过多样化的渠道表达诉求和愿望，维护自身利益，有利于公众与政府的沟通，有利于缓解社会矛盾，有利于社会稳定。健全的诉求表达机制，能够通过规范化手段与合理的制度分配，有效确立利益主体的平等地位，界定各利益主体的合法范围，规范利益主体的逐利行为，给予各利益主体平等的获利机会。有效发挥民意诉求表达的基本功能，促进各利益主体之间相互沟通、相互谅解、达成共识，减少社会矛盾，同时也为政府及时采取措施化解群体间矛盾提供了有效途径，有利于社会和谐、稳定、健康地发展。因此，建立健全的民意诉求表达机制，是保障公民诉求表达权益，引导和规范公民的政治参与的基本保障，也是维护社会安定有序、促进社会和谐的重要途径。

2. 畅通民意表达能够提高政府公信力

畅通民意诉求表达在某种程度上能够提高政府的公信力。政府公信力是指社会公众对普遍性的行为规范和网络的认可而赋予政府的信任。政府公信力是政府的影响力与号召力，是政府行政能力的客观结果，同时，也是公众对政府的评价，反映了公众对政府的满意度和信任度。提高公众对政府满意度和信任度，最重要的就是实现政府与公众的良性互动，在互动中实现民意诉求的表达与反馈，达到满足公众需求，提升政府公信力的目的。因此，畅通民意表达机制，发挥民意表达机制在政府与公众互动中的关键作用，是提升政府公信力的重要途径。

3. 畅通民意表达能够提升公共政策成效

尊重民意表达是政府制定公共政策的基础，公共政策的制定是以公民利益需求为前提的。① 一方面，畅通民意表达有利于政府制定公共政策的科学化、民主化、法制化。在公共政策制定阶段，公众在表达自身诉求的同时为政府提供了众多的社会信息，有助于政府进一步确定方向，明确目标，避免由信息不充分、不对称带来的决策失误。另一方面，畅通民意表达有利于政府在落实公共政策中提高效率、提升实效。公众是公共政策作用的对象，公共政策落实的效果与公共政策是否满足公众需求息息相关。因此，建立民意表达机制，畅通民意表达，实现政府与公众的有效沟通与反馈是保证公共政策有效落实，并取得良好成效的有力保障。

4. 畅通民意表达能够促进政治民主化

在推动政治体制改革，加强民主建设的背景下，畅通民意诉求表达能够促进政治民主化。民主政治的核心是政治参与，如果缺乏政治参与，就无法体现人民主权，也无法建构起真正的民主政治制度。在我国，随着经济社会的发展，公民政治参与意识不断增强，民意诉求表达逐渐成为公众与政府联系的桥梁，成为维护和实现人民当家作主权利的主要途径之一。要实现人民当家作主，就必须在实行民主选举、民主决策、民主管理和民主监督中，广泛征求公众的意见和建议，体现人民的根本利益。邓小平曾指出："一个革命政党，就怕听不到人民的声音，最可怕的是鸦雀无声。"② 健全民意表达机制，畅通民意表达，一是有助于增强公众民主参与意识，让公众获得讨论、协调以及培养政治技能的机会，并通过政治实践促进公众提升自治、自主能力，提高政治参与水平，成为合格的民主政治行为主体。二是有助于实现社会公众对权力运行的监督和制约，促进政府与公众的沟通，进一步提高政治民主化程度。因此，完善诉求表达机制，畅通民意诉求表达，有助于促进和实现政治过程、政治结构和政治文化的民主。

---

① 罗依平：《地方政府公共政策制定中的民意表达问题研究》[J]，《政治学研究》2012年第3期。
② 邓小平：《邓小平文选》[M]，人民出版社，1994，第144~145页。

二　从近期热点舆情事件看民意诉求表达的非常规性

社会转型期，社会运行处于一种十分不稳定的状态，各种社会失调的现象在这一时期都会凸显出来。近期，各类群体性事件、突发性事件井喷式爆发，利益矛盾迅速叠加。从这些突发事件、群体性冲突暴露出的问题来看，很多社会矛盾是可以在基层或是在问题发生的初期得到妥善解决的，但是由于民意诉求表达的渠道被阻塞，公众找不到合适的表达途径，致使许多简单问题堆积起来变成复杂问题，许多小规模矛盾演化成大范围冲突，从而升级为社会热点事件，危害社会稳定。通过对热点舆情事件的分析可以看到，我国民意诉求表达已陷入一种"信上不信下、信闹不信法、信网不信党"的怪圈。2013 年 1 月7 日，全国政法工作会议召开，确定 2013 年工作重点之一为：引导涉法涉诉信访问题在法治轨道内妥善解决。涉法涉诉信访事项将从普通信访体制中分离出来，由政法机关依法处理。各级各有关部门不再统计、交办、通报。此举意从受理环节避免信访推动诉讼程序的现象发生，以保证涉法涉诉信访完全在法治轨道内解决，从而改变"信上不信下、信闹不信法、信网不信党"的局面。为什么这些矛盾和冲突不能在正常的法治平台上化解，而呈现出这种非常规的特点？本文将对三个方面的非常规性特点进行分析。

（一）信上不信下

"信上不信下"直接导致了越级上访的问题。越来越多的基层百姓选择直接到省会城市，甚至是直接找中央领导反映问题。如，2012 年 9 月，国务院总理温家宝到云南彝良县视察地震灾情，汽车驶往彝良县城途中，梁永兰等数十名村民在村前跪访，向中央高层领导反映当地的征地问题。这种越级上访不仅导致了行政资源的巨大浪费，它还与宪政理论不符，干扰了政治改革。问题出在基层，百姓却不在当地寻求解决的办法，主要有以下方面的原因。

第一，当前的行政制度存在问题。我国实行的是下级要向上级负责的领导负责制，行政权力相对集中，但缺乏上向下负责的体制。这种体制容易造成全

面对上负责，而忽视基层的要求、社会公众的要求，这是导致公众"信上不信下"的重要原因。2013年3月，《人民日报》报道，媒体记者赴多个省份暗访，实地调查与县领导见面难度，屡屡遭遇办公室不挂公牌或被拒门外等情形。县委书记、县长作为基层领导，密切联系群众本是基本要求，但在县域范围内，"县官难见"、遇事找不到人的现象经常发生。这一现象反映出当前完善行政制度，尤其是基层行政制度改革，提高领导干部倾听民意表达意识的急迫性。

第二，基层司法存在不公正的问题。当前，基层政府与民争利的情况确有发生。有些时候，与基层公众产生不协调利益关系的正是基层政府。而此时，本应发挥作用的基层司法与行政制度却成为官员的"私器"，难以实现公平、公正。以征地问题为例，就是地方政府利益与基层公众利益的博弈。2013年5月，《南方都市报》报道，贵州赫章县可乐乡书记粗暴执法，派出所所长将13岁未成年人戴手铐游街示众。执法者手中的权力是人民给予的，应该为民谋福祉。而基层执法者公权私用，既是对法治的挑战，更是对公权的滥用，容易激起社会矛盾。当一个公民认为基层司法或行政制度已无法令自己的权益得到保障时，"告御状"的思维就会引领他走上越级上访的道路。

第三，在一定程度上公众也存在认识偏差、法治意识淡薄的问题。一些群众在自身利益遭受侵害时，不知如何运用法律武器来保护自己，受封建社会千百年流传下来"击鼓鸣冤、拦道告状"典故的影响，相信"人治"，"人"大于"法"，认为领导的地位是解决问题的关键所在，且领导的级别越高，批示越明确、解决问题越快，从而导致越级上访。"县官难见"的案例从侧面也反映出了"找领导好办事"的普遍社会心态，但问题的根本在于政府部门提供的基本公共服务存在短板、缺失。因此，培育公众法治理念刻不容缓，这也是践行习近平同志在中央政治局第四次集体学习时强调的法治国家、法治政府、法治社会一体化建设的现实要求。

（二）信闹不信法

近年来，群体性事件、突发性事件层出不穷。这种言行过激、"抱团"、"串联"的闹访行为，严重影响了社会秩序的正常运行，对公共安全造成危害。2013年5月，昆明上千名民众先后两次戴着口罩走上街头，聚集在市中心南屏街，抗议中国石油PX项目在当地落户；"上访妈妈"唐慧自述曾通过以死相逼和不断上访，迫使案件被关注。公众为何放弃理智，放弃法律途径解决问题，而采取这种危害他人甚至是危害自己安全的行为方式来表达自身诉求，可以从以下几个方面进行原因分析。

第一，"人治"大于"法治"的影响。通过正常行政程序、法律程序难以有效解决的问题，却在部门首长或是政府主要领导人的过问查办下得到解决，一方面导致"人治"色彩被放大，另一方面往往造成因领导意图的影响作出了对上访人利益的过分让渡，使公众有了"大闹大解决，小闹小解决，不闹不解决"的错误认识。2013年7月20日，北京首都机场T3航站楼发生爆炸事件，这次机场爆炸案的起因是当事人曾在广东东莞打工期间受到不公正对待，上访了数年未果，因此想通过制造爆炸性的新闻来引起相关部门和公众的注意。这种"信闹不信法"的错误意识是该起爆炸案发生的根源，政府部门应进一步加大司法制度改革，加快推进法治国家建设，破解"信闹不信法"的法治困境。

第二，非公正、非效率的司法判决，使法律自身失去公信力。在基层，检察官、法官断层，人少案多，不堪重负的现状日趋明显。两院办案侧重追求数量和数字上所能体现的成绩，案件质量下降，部分判决书阐述过于简单，按照推理得不出结论，更激发当事人不服，造成一审、二审、重审、再审现象频发，众多程序令人心力交瘁，于是"闹"就成为最直接、最简便的解决方式。2013年7月，"上访妈妈"唐慧经过劳动教养、一审败诉之后获得了终审胜诉。唐慧案从法制层面也反映了当前法治机制的缺失导致了法律公信力的下降是进一步导致公众"信闹而不信法"的原因。

第三，权利救济与司法救济存在冲突。由于一些公众通过群体事件、缠访等不恰当行为获得了比通过司法途径更多的利益，部分公众会把信访、闹访看成是优于国家司法救济的一种特殊权利。信访已由民意表达机制更多地变为一种权利救济方式，并与司法救济方式发生了冲突。这种试图用行政救济替代司法救济的一个严重后果就是，客观上会消解国家司法机关的权威这一现代社会治理的基础。当国家的司法权威受损，司法救济被权利救济压制，那公众自然不会选择法律途径维护自己的权益，"闹"就成为其必然的选择。

（三）信网不信党

"信网不信党"是当前在政府公信力重塑、畅通民意诉求渠道方面面临的一个新的挑战。中国社科院在 2013 年的《新媒体蓝皮书》中披露，网络谣言传播是 2012 年特别值得关注的社会现象。2012 年 1 月至 2013 年 1 月的 100 件微博热点舆情案例中，出现谣言的比例超过 1/3。这些谣言不仅丑化了党和国家的形象，更激化了社会矛盾。但这些谣言何以具有较高的煽动性，让公众信以为真，这与政府公信力下降、政府与公众缺乏沟通直接相关。

第一，政府缺少公信力。政府行为缺乏公开性，官员和公务员存在腐败行为且责任意识淡漠等问题，使政府逐渐失去公信力。而不协调的干群关系，更加深了这一矛盾。目前，部分公众已形成一种"仇官"的心态。2013 年 5 月，一名安徽籍女青年在北京京温商城内坠楼身亡。事件发生后，网上出现"袁某系被商城的 7 名保安侮辱后跳楼且警察拒不立案"的谣言，引起了部分安徽同乡和网友的示威游行。事后北京警方通过微博、央视媒体等通报案情，称该女青年未遭性侵、排除他杀，系自主高坠。"女青年坠楼案"引发的群体性事件表现出了当前公众"信网不信党"的基本心态。为此，亟须通过体制机制改革，重建政府公信力，为社会平稳运行提供基本保障。

第二，政府缺乏与公众的沟通。不少官员仍带有"重实质正义、轻程序公平"的旧思想。认为只要把事情处理好就是做好了本职工作，而疏于与公众的沟通。恰恰是这种不尊重、不重视公众表达的态度，造成了干群意识的断裂，使公众极易被谣言煽动。2013 年 6 月，《北京晨报》报道指出，神农架机场"削平了 5 个山峰、填平数百个溶洞"，引发公众对社会环境的忧虑。质疑声中，当地政府却一直不愿对外公布相关的环境影响评估报告书。"神农架拒公布机场环评报告"一方面表明神农架机场建设项目只是把环评当成了形式，另一方面是对民众环境权的漠视。环评信息的公开是公众参与的前提，政府缺乏与公众的沟通、公众参与的缺位会影响环境公共决策的正当性，容易导致政府公信力的缺失与相应的经济损失，如厦门"PX 事件"、昆明"PX 事件"等一系列的环保方面的群体性事件就是前车之鉴。

三 当前畅通民意诉求表达"三位一体"模式探讨

当前，畅通民意诉求表达模式大体上可以分为三类，包括政府主动接收模式、群众主动表达模式和社会主动引导模式。这三种模式是按照不同的主体在畅通民意诉求表达中的不同功能进行划分的。这三种模式各有特点，各有利弊，是相互差别又统一的三种模式。三者之间的差别体现在每个模式中发挥主导作用的主体有所不同；统一性体现在三个模式共同构成了畅通民意诉求表达的整体，每一个模式都不能单独作为畅通民意诉求表达的唯一模式，三种模式的三个主体要通过共同发挥作用，才能实现公众民意诉求的充分表达，进而促进社会的有序运行与和谐稳定。

（一）政府主动接收模式

政府主动接收模式是指政府作为畅通民意诉求表达的主体，通过政务公开、接待日等方式，主动接收民意诉求并予以反馈的模式。同时，政府也是民意诉求表达的客体，畅通民意诉求表达渠道，实现利益关系的协调是其重要职能。在政府主动接收模式中，在畅通民意诉求表达渠道中政府起着关键的保障作用；从民意诉求表达的效果来看，政府在满足公众需求中发挥着重要的主体作用。在我国，随着互联网的快速普及，政府通过官方网站、官方微博等互联网平台，主动向民众公开财务、政务及与民生相关热点事件，同时，民众也可以通过互联网表达自己的意见与建议，网络问政逐渐成为政府接收民意诉求表达的主要渠道。

这种政府积极接收民意诉求表达的模式，有助于弱化社会的不协调关系，缓解社会矛盾。但同时，也容易出现诉求表达客体不到位等问题。作为民意诉求表达的客体，政府行政人员的行为和态度会对诉求表达主体需求的实现产生重要影响。在实际工作中，有些基层干部民主意识差，担心公众的意见和批评会影响自己的政绩和个人的发展，甚至一些基层政府千方百计阻拦公众上访，把合理的民意诉求表达、正常的民主监督当成是"给政府找麻烦"。这种现象导致了公众无处表达、公众有表达而政府无回应的局面，极大地影响了公众诉求表达的积极性和有效性。因此，在政府主动接收模式中，政府要充分发挥自

身的主体作用，着力从规范诉求表达形式、营造诉求表达环境、完善诉求表达法治机制等方面为畅通民意诉求表达提供必要的保障。

一是规范诉求表达形式，使公众诉求表达有渠道。政府在规范传统诉求表达渠道的同时，要注重从创新诉求表达形式着手，积极拓宽公众诉求表达渠道。一方面，政府要积极构建社会协商平台，引导不同利益主体参与多层次、多形式的社会协商对话，在了解各个利益群体诉求的同时，与各个利益群体进行沟通，促进公共决策的有效性。另一方面，政府要充分利用现代信息技术，创新公众民意诉求表达渠道，构建网上论坛、网上政府接待日、网上公示平台等新型平台，满足各个阶层，尤其是新兴阶层的民意诉求表达需求。

二是营造民主法治的诉求表达环境，使公众诉求表达有意愿。一方面，加强对广大党员干部的教育培训，进一步深化为人民服务的宗旨，引导广大干部树立正确的价值观，把最广大人民公众的根本利益作为工作的出发点和落脚点。另一方面，结合当前公众需求，着力构建民主决策机制，加快建立政府信息披露制度、社情民意反映制度及重大事项的社会公示制度等信息公开机制和民意表达机制，切实调动公众在构建和谐社会中的主动性与创造性，并积极促进制度化与法治化相结合，使公众诉求的表达与政府权力的行使法治化，共同构建法治政府、法治社会和法治国家。

三是完善诉求表达法制建设，使公众诉求表达有依据。一方面，要发挥依法行政在诉求表达中的关键性作用。公众的利益主要是通过党政机关的政策制定和执行来实现的，因此必须通过行政执法制度化提升行政执法水平，加快实现行政执法的法制化、民主化。另一方面，要发挥司法公正在诉求表达中的基础性作用。司法是法律实施、保护公民权利的重要手段之一，要充分发挥司法职能，为公众民意诉求表达提供必要的法律保障，促进社会利益关系协调。要加快健全法律关于公众利益诉求的司法救济机制，赋予公众寻求司法救济的权利，并注重以人为本，积极简化法律诉讼程序，降低司法成本，使现有的司法制度真正成为公众利益诉求表达的有效途径。

四是要健全诉求表达的评估机制，使公众诉求表达有保障。一方面，评估机制不应过于着重硬性指标，要避免刚性维稳的情况出现。把上访数量等指标纳入评估机制，只会导致利益协调演变成利益冲突。另一方面，评估机制的建立要遵从民意，不能由政府单方面制定，应由社会评估机构实施监督、评估，否则评估机制的建立只会成为政府的"面子工程"。

（二）群众主动表达模式

群众主动表达模式是公众作为民意诉求表达的主体，通过听证制度、人民代表大会制度、人民政协制度、行政诉讼及复议制度等规范化的民意表达方式和群体性事件、信访制度、网络民意表达等非规范性表达方式（见图1），主动表达民意诉求与意愿的模式。公众是民意诉求表达的主体，公众的主动参与是畅通民意诉求表达渠道、发挥民意诉求表达功能的前提。

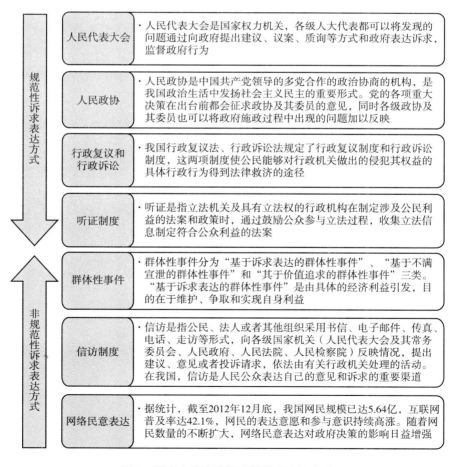

图1 群众主动表达模式的诉求表达方式

以公众主动表达为主的群众主动表达模式，有助于培养公众的政治参与意识，能有效促进政治民主化。作为民意诉求表达的主体，公众应当有强烈的诉求表达意识，积极参与到国家政治生活及相关的公共事务中去，向公共政策的制定者与执行者表达自己的诉求。但现实情况中，这一模式下诉求表达主体不成熟的问题非常突出，主要表现在两个方面。一方面，很多人大代表、政协代表，由于自身原因，不能反映出公众的诉求。另一方面，强势利益群体凭借其在经济社会结构中的特殊地位，以不正当的行为方式限制了其他群体的利益诉求表达，弱势利益群体由于自身条件不足、社会地位低等问题影响了常规性的民意诉求表达，容易出现不规范性诉求表达方式，甚至极端行为。因此，在群众主动表达模式中，公众要充分发挥民意诉求表达的主体作用，加快培育理性的诉求表达意识和能力，不断创新规范性的民意诉求表达渠道，以合理的方式有效表达自身的民意诉求，实现社会的和谐稳定。

第一，要培养公众的诉求表达的主体意识和能力。良好的诉求表达意识是公众自觉开展民意诉求表达的前提。只有让公众对民意诉求表达具有主体意识，才能让公众认识到自身的利益诉求，进而主动参与到政府公共决策中来，表达自身合理的利益诉求。培养诉求表达意识的关键在于文化的引导。因此，一方面要加强公众的文化教育，通过教育培养公众的诉求表达意识，提升公众诉求表达的能力，为公众参与政治生活与公共决策奠定必要的文化基础；另一方面，要加强公众诉求表达的法律知识普及，提高公众的法制意识，明确自身的合法权益，实现公众的民意诉求表达理性化、法制化，减少不必要的社会纠纷。

第二，充分发挥各个诉求表达渠道的不同作用，理顺不同渠道和不同环节的关系。充分发挥人大和政协的诉求表达作用，让民意诉求表达主体畅通地进行民意诉求表达。人大代表要履行诉求表达职能，要建立与选民联系的常态化机制，充分代表选民利益；人民政协要充分发挥诉求表达功能，要建立政协委员表达利益诉求的制度化程序，最大程度畅通政协委员代表的利益群体的诉求表达渠道。同时，也要注重不断发挥网络问政等新型诉求表达渠道的作用，让民意诉求在多种渠道中得到充分表达。

（三）社会主动引导模式

社会主动引导模式是以社会组织及大众传播媒介为主体，对诉求表达起到引导作用并监督利益协调机制的模式。在我国，社会主动引导模式一方面通过工会、共青团、妇联、工商联、残联等正式社会组织向政府表达所代表的群体的诉求，促进政府有效落实这些利益诉求；另一方面通过大众传播媒介将利益诉求广泛传播，形成强大的舆论压力，促进政府有效回应这些公众诉求。同时，随着民间社会组织的兴起，商会、行业协会等社会组织在民意诉求表达中的作用逐渐显现，他们凭借自身优势和社会影响力来影响政府公共政策的制定，促进政府制定的公共政策能够体现他们的利益诉求。

以社会组织和大众媒体的引导、监督为主的社会主动引导模式，有助于树立起正确舆论导向。当前，这一模式面临的主要问题是社会组织和主流媒体的引导诉求表达的能力相对较弱，对公众诉求表达的引导性作用有一定局限性。目前，我国的社会组织存在严重的行政化倾向，尤其是一些重要的基层社会组织，容易受到严重的行政干预，成为各个共建单位的一个交流平台，而不是真正意义上的社团法人、决策者。严格上说，这些社会组织是"二政府"、"三政府"，不具有社会组织独立性的特征，从而无法获得公众的认同。从另一个层面分析，这些社会组织对行政权力的过度依附，将导致社会组织失去自身缓解公众与政府矛盾的调节作用，加剧公众对行政权力的不信任。因此，在社会主动引导模式中，要充分发挥社会组织作为利益群体的诉求表达者的功能，大众传媒作为公众特别是弱势群体利益诉求表达者的功能，要不断加强对社会组织的培育，发挥其诉求表达主体的作用，要不断发挥大众媒体对公众舆论的引导作用，促进各个利益诉求主体的利益诉求能够在现有体制下充分表达。

一是健全社会组织体系，充分发挥社会组织引导诉求表达的功能。以高度的组织化代替分散的个体表达利益诉求，是现代社会的一个显著特征。个体利益诉求有其分散性、局部性和不可控性，在民主基础上建立的工会、妇联、行业协会、学会等社会组织，往往代表特定人群的利益诉求，它们在实现政府与公众之间的有效沟通与合作方面起着桥梁和中介作用。我国的社会利益诉求机

制建设应该充分发挥社团、行业组织、社会中介组织和城乡基层自治组织的作用，建立社会组织的支持、监督机制，赋予社会组织表达民意诉求、维护公众权益的基本权利和义务，引导群众以理性合法的形式表达利益要求，加快形成"党委领导、政府负责、社会协同、公众参与"的社会管理格局。

二是充分利用传播媒体，有效发挥公共舆论引导和表达公众利益诉求的作用。大众传媒具有显著的信息放大和聚集效应，对公共舆论有强大的导向功能，是公众表达利益诉求、维护自身利益、进行社会监督的重要途径。① 在互联网与信息技术高速发展时期，健全和完善公众利益诉求表达机制，非常重要的一点就是要发挥好网络等新型大众传媒的社会利益表达作用。要加强对大众传媒的管理和相应的制度建设，如尽快出台新闻法等；要建立第三方媒体调查机构和调查机制，并加快构建全面、公正、统一的媒体信用体系，提高媒体的社会公信力；完善行业专业性评议制度，促进行业之间的相互监督和评估，形成积极良好的社会舆论氛围。同时，要注重行业自律建设，要不断加强行业自律和自我约束，使媒体自觉承担起社会责任，坚持正面舆论导向，提高社会公信力。

参考文献

连玉明、武建忠：《十大维度听民意、观民情、察民生》［R］，载《大参考1105》，团结出版社，2011。

连玉明、武建忠：《建立利益诉求表达机制三大典型案例》［R］，载《大问题1105》，团结出版社，2011。

俞可平：《敬畏民意——中国的民主治理与政治改革》［M］，中央编译出版社，2012。

朱丽峰：《网络民意与政府回应问题研究》［M］，中国社会科学出版社，2013。

孙媛风、肖鹄：《加强和创新群众利益诉求机制的路径思考》［J］，《求实》2012年第10期。

任学婧、朱勇：《畅通利益诉求表达机制的对策》［J］，《河北联合大学学报》（社会科学版）2013年第1期。

———————————

① 王俊杰、李社增：《我国社会利益诉求现状及其规范化》，《理论探索》2008年第3期。

B.9
观察中国社区居民自治的
三大发展趋势

摘　要：

　　近年来，随着我国进入经济社会转型发展的关键时期，社区居民自治的一些传统工作方式、工作机制已经难以适应越来越复杂的社会管理与社会建设局面。在此背景下，破解当前社区居民自治发展面临的现实困境，需要积极推动协商民主、参与式预算、公共治理模式在基层社区的探索与创新，通过构建以"对话"为中心的政府放权、以"公平"为重点的资源分配、以"参与"为主体的管理模式，最终实现社区居民自治能力的进一步飞跃与提升。

关键词：

　　社区自治　协商民主　参与式预算　公共治理

　　社区自治即以社区为基础，依据国家有关法律，按照社区居民的意愿，通过一定的组织和形式，自主管理本社区内各项社会公共事务的过程与模式。在我国，实现社区自治的主要组织是社区居委会。社区居民自治是社区居民依法直接参与社会基层公共事务管理的一种民主形式，是社会主义民主在基层广泛实践的现实基础。当前我国正处在经济社会转型的关键时期，伴随着利益主体的日趋多元化、社区居民利益诉求的日益多样化，基层社会的管理问题越来越突出。关于社区居民自治的一些传统的工作方式、工作机制已经难以适应越来越复杂的社会管理与社会建设局面，因此，积极思考和探讨未来社区居民自治的发展趋势意义非凡，是推动我国社会建设必须研究的一个重要课题。

一 协商民主：以"对话"为中心的政府放权

社区居民作为社区的主体，是社区公共利益的共同维护者。只有调动社区居民参与社区建设，围绕社区建设与发展的一些重大决策和重要事项共同商议、达成共识，才能不断提升社区自治水平。当前，探索协商民主在基层的实现形式、推动政府实现"限权"与"放权"的同步改革、赋予社区居民一定的权力，是推动社区自治的一个重要途径与发展趋势。

（一）协商民主的基本概念

1980年，美国一位政治学教授约瑟夫·毕塞特在其发表的《协商民主：共和政府的多数原则》一文中首次提出了"协商民主"这一概念。到了20世纪90年代，协商民主理论逐渐成为西方一股重要的民主思潮。关于协商民主的概念，国内外学者进行了深入研究，我们对其中一些具有代表性的观点进行了梳理。

从梳理的国外学者的观点来看，国外学者对于"协商民主"的研究侧重于对民主治理形式的探讨。其中爱尔兰学者梅维·库克的观点比较具有代表性。该学者在其发表的《协商民主的五个观点》一文中指出，协商民主是为政治生活中理性讨论提供基本空间的民主政府。主要是从民主政府治理形式的角度对"协商民主"进行了界定。此外，乔治·瓦拉德斯、亨德里克斯、古特曼、汤姆斯和埃尔斯特等一大批西方学者都纷纷从民主治理形式的角度对"协商民主"展开了研究，包括：协商民主的重要作用是"促进不同政治话语的互动对话与相互理解"；协商民主的核心功能是实现"民主决策"；协商民主的价值导向是"必须珍视理性与公正的价值"；协商民主是"以讨论的方式进行的"等核心观点。

相比较国外学者围绕民主治理形式对"协商民主"展开的研究，国内学者的研究更加强调基于"政府放权与政府改革"的"协商民主"的研究。比较具有代表性的是学者陈家刚、俞可平等的研究观点。陈家刚对"协商民主"做了七个方面特征的概括（见图1），但核心还是推动政府改革。俞可平提出了"协商民主"的三种主要形式：对话、讨论和审议，并认为"公共利益最大化"是政府决策的前提。

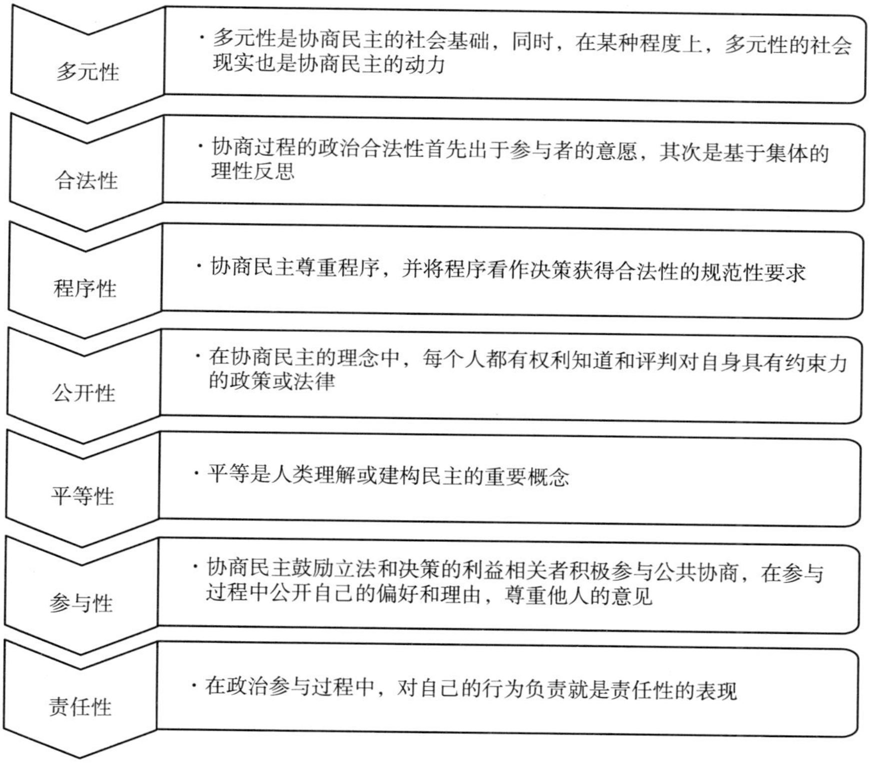

多元性	·多元性是协商民主的社会基础，同时，在某种程度上，多元性的社会现实也是协商民主的动力
合法性	·协商过程的政治合法性首先出于参与者的意愿，其次是基于集体的理性反思
程序性	·协商民主尊重程序，并将程序看作决策获得合法性的规范性要求
公开性	·在协商民主的理念中，每个人都有权利知道和评判对自身具有约束力的政策或法律
平等性	·平等是人类理解或建构民主的重要概念
参与性	·协商民主鼓励立法和决策的利益相关者积极参与公共协商，在参与过程中公开自己的偏好和理由，尊重他人的意见
责任性	·在政治参与过程中，对自己的行为负责就是责任性的表现

图1　学者关于协商民主的七个特征概述

资料来源：陈家刚：《协商民主：概念、要素与价值》[J]，《中共天津市委党校学报》2005年第3期。

通过梳理国内外学者对于"协商民主"的研究，可以对协商民主的概念有一个初步的认识。首先，协商民主是一种"共善政治"的民主理想，其目的是实现决策的合法性和政治的民主性。其次，协商民主强调"民主"，这种"民主"体现在两个方面，一方面是主体的"多元化"，认为政府、企业、公民以及社会组织等都是民主政治的主体；另一方面是程序的"规范化"，认为协商民主是在信息公开、透明的条件下，多元的参与主体依据一定的程序，遵循一定的规则进行的。最后，协商民主重在"协商"，这种"协商"也体现在两个方面，一方

面是开展形式表现为各方参与主体自由平等地进行对话、讨论、审议,进而形成民主决策;另一方面是协商内容主要是对关乎各方利益的相关公共政策的讨论。

(二)在我国社区自治中推动协商民主的实践探索

从某种意义上说,社区自治的过程也是在基层开展协商民主的过程。社区居民可以依法选举、罢免、监督社区的负责人,自主决策社区内的各类重大事项,自主管理或协助政府、社会组织管理好社区的内部事务,自行管理和支配社区的财务,实行居务公开,这其中都存在着大量的协商。近年来,我国各地在推动社区自治的过程中,围绕基层协商民主进行了一系列的探索与创新,总结出了一些值得借鉴和推广的形式与做法。

一是社区居民听证会。社区居民听证会是协商民主在社区居民自治过程中的一种重要形式。社区居民听证会的主题和内容涉及社区建设的方方面面,包括居民生活中的各类热点、难点和焦点问题。听证会由居民代表以及与听证会主题相关的政府部门负责人、社区居委会干部参加,居民对听证的内容进行协商讨论或投票表决。这种做法不仅调动了居民参与社区事务管理的积极性,也使社区事务的决策和社区工作更加贴近百姓。通过听证会这种形式,为居民在社区中实现"自我管理、自我教育、自我服务、自我监督"搭建了有效的载体和平台,基层协商民主也得到了充分的体现。

二是社区协商议事会。社区协商议事会一般由社区党组织成员、社区居委会成员、社区居民代表、社区老党员代表及社区单位负责人组成。社区协商议事会通过积极听取社区居民群众的意见和建议,提高协商议事的水平;通过吸收更多辖区单位和社区居民的加入,有效地整合社会资源。社区协商议事会作为推进社区自治的有效载体,使社区居民能更好地行使民主协商议事和民主监督职能,促进了基层协商民主的开展。

三是社区党建协调委员会。协商在社区党建协调委员会这一形式中也有大量体现。社区党建协调委员会是近年来在基层出现的一种社区参与形式,一般是街道辖区内不同隶属关系的党组织为开展区域性党建工作而组成的协商议事机构。社区党建协调委员会分会是街道党建工作协调委员会的下设机构,是由社区党组织牵头,辖区内各单位党组织负责人参加的区域性协调组织。随着社会管理体制改革的推进，社区在很大程度上打破了过去行政化的组织体系。通过建立社区党建协调委员会，广泛吸收区域内机关、部队、企业、事业单位和"两新"组织的党组织参与，建立横向协调关系，实现社会化管理，改变了传统的金字塔式的、垂直的上下级隶属关系。社区党组织着重发挥协调作用，通过各个党组织间的协商，协调驻区单位参与社区建设和基层社会管理，充分调动其在社区建设中的作用。

（三）在我国社区自治中推动协商民主面临的主要问题

不论是社区居民自治还是协商民主，当前在我国都还处于发展的初级阶段。因此，在社区自治中推动协商民主还面临一些问题。

一是社区自治机构依然带有行政色彩。从目前来看，行政权力干预社区建设的情况还比较严重，甚至是起到决定性的影响。具体来说，社区成员代表大会作为社区的"人大"机构，本应是社区的"立法"机构，掌握社区重大事务的决策权，但目前在实践中，社区成员代表大会最重要的决策职能、监督职能难以得到体现。而作为社区"执行"机构的居委会本应向社区成员代表大会负责，但在具体的实践过程中，居委会更多的还是向街道负责，执行上级安排的各项行政任务，具有"半官方"的性质。社区代表只是在会上聆听居委会的报告，然后再向居民传达会议精神，本应进行充分理性讨论和协商的过程变成了居委会"发号施令、布置工作"的过程。权力主导了决策，平等受制于权威，民主协商成为空谈，民主决策难以实现，社区自治也只能成为一种形式或一句口号。

二是社区居民参与协商民主受到限制。第一，参与主体结构不够合理。目前社区中能够经常参加活动的主要是以老年人为主，引领社会发展的主流力量中青年人参与社区活动较少，他们的缺席对于社区协商民主的效果有很大影响。第二，参与形式比较单一。目前社区居民参与的主要形式是动员式的形式上的参与，这种流于形式的参与既不能对社区事务开展的具体项目进行决策，也不能对社区公共权力的运作进行监督，实际上并无多大意义。第三，参与机制亟待完善。当前关于参与机制的完善主要包括两个方面，一方面是要提高社区居民的参与意识；另一方面还要积极构建社区居民参与社区建设与发展的有效机制，切实为社区居民真正参与社区建设与管理提供机制上的保障。

（四）对在我国社区自治中进一步推动协商民主的思考

不得不承认，当前在我国基层推进协商民主依然存在一些问题，针对这些问题，接下来我们要着重从以下几个方面加以解决和改进。

一是加强制度建设，保证协商过程的开放性。基层协商民主的核心是互动对话，互动对话的一个重要前提是保证协商过程的"开放性"。这种"开放性"需要制度的保障，也就是说，要通过制度建设，保障政府、企业、公民和社会组织等相关利益主体的参与权，把他们纳入协商机制之中。否则，就会使其民主参与程度大打折扣。在基层协商民主制度建设中，要逐步健全这种多元主体的参与制度，扩大参与议事决策的范围，规范各类利益主体参与的协商程序和方式，从制度层面上保障各类利益主体的知情权、表达权和对话权，真正使基层的协商过程能够更加充分、客观和民主。具体来说，一方面是要积极构建居民参与的有效平台（见图2），通过参与的畅通性来加强社区建设与居民自身利益的关联度；另一方面要逐步健全和落实"民主选举、民主决策、民主管理和民主监督"[①] 制度，使社区居民切实享有对社区自治组织的"选举权、罢免权和监督权，以及对社区事务的参与权和决策权"。

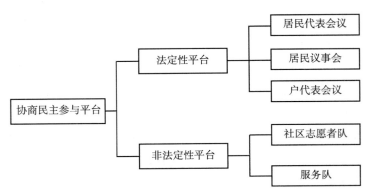

图2　居民参与协商民主的平台建设

---

① "四个民主"的提法，在1993年民政部下发的关于开展村民自治规范活动的通知中首次出现，1994年第十次全国民政会议正式使用。

二是推动社区组织"去行政化",保证协商主体的平等性。在基层推动协商民主的关键是政府"放权",要实现政府"放权"迈出的第一步就是要逐步理顺政府与社区的关系,消除社区组织的"行政化"色彩,推动社区组织"去行政化"。政府、企业、公民、社会都是基层协商民主的参与主体,这些参与主体在协商过程中的地位应该是平等的。但在基层社区自治的过程中,政府权力对自治、对协商的影响依然存在,甚至非常强势,最突出的表现就是社区组织带有浓厚的"行政化"色彩,成为政府的"代理人"。这一方面要求政府改变过去"大而全"的治理模式,向基层适度放权,更多地通过政策、制度对社区建设与发展的方向性与合法性进行规范、约束和监督,防止社区自治的"功能异化";另一方面,社区组织要通过创新社区管理体制,改变过去行政科层化的结构,逐步形成相互监督、互为制约的扁平化的组织网络,提升自身的自治能力。只有通过这两个方面的努力,才能保证基层协商民主在社区自治过程中得以实现,才能保证协商民主的真实性与合法性。

二 参与式预算:以"公平"为重点的资源分配

在我国,参与式预算刚刚起步。首先在社区层面推动参与式预算改革,具有一定的现实可行性。在社区实施参与式预算,就是要将涉及社区居民切身利益的公共项目建设资金等,通过参与式的预算管理,交给公众讨论,并由公众决定资金的分配、使用和监管,使预算编制更加公开、民主、透明。

(一)参与式预算的基本概念

从发展历程上看,参与式预算在20世纪80年代发端于巴西。此后,这一模式逐步得到北美、欧洲、亚洲等国家和地区的认同,很多国家和地区开始探索实践参与式预算。在我国,参与式预算模式也有所推进,近年来,温岭、无锡、哈尔滨等各地方政府开始逐步推行参与式预算的试验和改革,并取得了一定的进展。

从概念内涵上看,参与式预算首先是一种预算机制的改革,主要是在预算过程中引入公众参与,让公众利益得到充分表达;其次,是在预算的决策、执

行、审查和监督的各环节中明确政府的受托责任，其根本目的是实现公平的财政资源配置，提高财政资金的使用效率。

从目的效用上看，主要是通过参与式预算，推动行政体制改革，促进公共资源的公平分配，进而实现社会的公平公正。这种行政体制改革的核心还是鼓励公众民主参与，通过公众参与，实现公共决策的民主化、科学化，某种意义上说，参与式预算改革是一种相对缓和的民主改革模式。一些发展中国家和转型国家，由于一步到位地实现有效选举体制存在一定困难，就会从相对缓和的参与式预算改革入手，推动公民社会的发展和民主政治的改革。

（二）在我国社区自治中推动参与式预算的实践探索

在我国，最早开始进行参与式预算探索的是浙江省温岭市。2005 年，温岭市在其两个镇启动参与式预算的试验，主要做法是把当地采用了多年的"民主恳谈"方式引入政府的预算过程。此后，无锡、哈尔滨等地也相继推进参与式预算的改革实践。江苏省无锡市在 16 个街道中实施参与式预算，黑龙江省哈尔滨市在 2007 年启动道里区和阿城区的参与式预算试点工作，这两个地方的试点都选择了街道和乡镇层面。总体上来说，参与式预算在我国还处于起步阶段，主要表现为：预算项目数量较少、资金额度较小、涉及公众数量有限、程序随机性较大等特点。但是，参与式预算实践所蕴含的理念、产生的积极效应却要远远超出这种做法和实践本身。下面，我们围绕哈尔滨市道里区关于参与式预算的实践探索进行阐述分析。

参与式预算的第一个环节是公开预算总额，让公众知情。任何一项涉及旨在保障公众利益、解决公共分歧的改革，都必须以公众知情为基础。在参与式预算中，让公众知情贯穿始终。让公众知情，首先是要实现信息公开，为公众提供信息服务，提高信息的透明度。从哈尔滨道里区的参与式预算试点实践来看，其开展的第一步工作就是向社区公众公开公示社区项目的预算总额，及时让百姓了解预算情况。

参与式预算的第二个环节是开展公众调查，形成预算备选项目。民主参与不仅需要让公众了解政府的情况，同时，政府也需要了解公众的需求。在这方面，开展公众调查是一种行之有效的方式。哈尔滨道里区的各乡（镇）、街道的参与式预算委员会的一个重要做法就是通过公众调查来了解老百姓的想法。村委会和社区居委会组织辖区居民填写"村屯或社区建设征求意见表",并对意见表反馈的情况进行梳理。在此基础上,形成辖区建设的备选项目,并提交乡(镇)、街道参与式预算委员会。同时,把辖区建设的备选项目对外公示。在这个环节当中,开展公众调查发挥了两个方面的作用,一方面是了解民意,进一步把握公众需求;另一方面是通过调查沟通,让社区居民对预算项目的基本情况有进一步的深入了解,为接下来社区居民参与预算决策打好基础。

参与式预算的第三个环节是进行公众投票,确定辖区参与式预算项目。在民主参与中,投票往往是公众行使参与权、决定权的一种重要方式。哈尔滨道里区各乡(镇)、街道参与式预算委员会在开展信息公开与公众调查的基础上,分别召开会议通过投票的形式,在辖区建设备选项目中产生若干个参与式预算项目,参会人员主要包括村民组长、社区组长和群众代表等。此后,综合考虑资金额度和辖区发展的实际情况,聘请专业机构做好工程预算方案,再对辖区居民进行公示。

参与式预算的第四个环节是召开代表大会,确定工程预算。参与式预算项目确定之后,乡镇、街道参与式预算委员会组织召开项目所涉及的村屯、社区的召开代表大会,讨论工程预算情况及工程建设方案等,提出意见建议,并对相关内容进行合理调整。村屯、社区代表大会的代表通过推荐和自荐等形式在村民和居民中选举产生,规定代表人数占项目所在地区总人口的5%以上。这是开展参与式预算至关重要的一个环节。

参与式预算的第五个环节是开展公众监督,保证工程建设的顺利实施。这个环节主要是在项目执行过程中实施,旨在保质保量完成工程建设。哈尔滨道里区的主要做法是,组织村民、居民代表对项目施工情况进行定期检查,村委会、居委会接受群众的监督和质询。

参与式预算的第六个环节是进行公众评估,让公众认可项目实施的结果。在参与式预算的推进过程中,项目实施不但要接受公众监督,最后还要获得公众的认可。在项目施工结束后,哈尔滨道里区各乡(镇)、街道参与式预算委员会组织工程验收,向项目所在村屯、社区代表大会公布工程验收结果和工程

资金支出情况，并组织村民、居民对项目实施结果进行评估。至此，参与式预算完成了一个闭环式的循环，各项工作顺利完成。

（三）在我国社区自治中推动参与式预算面临的主要问题

当前，在我国社区自治中推动参与式预算主要面临着来自政府、公众和社会三方面的制约。

首先是来自政府方面的制约。我国传统的财政体制是一种自上而下的决策模式，财政透明度相对较低，一般的普通公众很难获得财政预算的相关信息，这为公众参与预算过程、监督预算行为形成了制约。

其次是来自公众方面的制约。应该说，财政预算是一个相对比较专业的领域，公众要参与到财政预算的过程中，就必须要有一定的专业知识的储备。但是，一般的普通公众在这方面的专业知识有限，这对于参与式预算的实施是一种客观的制约。当然，除了专业知识外，公众参与还需要具备一定的沟通能力、理解能力和学习能力，如果公众不具备这些方面的能力，无疑参与式预算的效果就会大打折扣。

最后是来自社会方面的制约，主要表现为我国社会资本的发展不足导致参与式预算的基础不牢。所谓的社会资本，不仅包括有形的物质资本，更指包括制度、信仰、伦理、道德、风俗习惯、文化传统、价值观念等在内的无形的资本。从参与式预算的实践来看，无形的社会资本在促进或协调公众行动方面作用明显，特别是对于发挥社区的整合力和社会组织的行动力，作用更加突出。但在我国，传统的社会资本受到破坏，而现代的社会资本还没有形成，这对于在社区自治中实施参与式预算带来了一定的影响。

（四）对在我国社区自治中进一步推动参与式预算的思考

当前，之所以要在基层推动参与式预算的发展，主要是因为政府、公众、社会组织等都在致力于寻找改进公众参与的方法，包括降低参与成本和使参与者受益的更多途径。而在参与式预算框架下，通过政府、公众、社会组织的通力合作可以提高基层民主自治的质量和公共治理的绩效。因此，参与式预算将成为社区自治的一种重要模式。在这一模式的推动过程中，要突出"四个强化"。

一是进一步强化预算的透明度。参与式预算最基本的要求是公开透明，这也是我国推动预算改革的必由之路。从基层的社区（村）来看，财政公开范围有限、公开透明程度不高是当前面临的主要问题，这与参与式预算所倡导的基本原则是相背离的。因此，要在基层推进参与式预算，要推动我国公共财政改革，就必须首先强化财政预算的透明度，把相关的财政预算信息向公众公开公示，这是保障公众能够真正了解预算、参与预算和监督预算的前提。

二是进一步强化预算的参与度。没有公众的参与也就没有所谓的参与式预算。在社区自治中推动参与式预算，就是要提供参与的机会和渠道，吸纳更多的公众参与到预算决策中来，扩大公众的参与度。此外，扩大预算参与度，还要注重引导中介组织、行业协会和社会团体等社会组织的参与，使财政预算具有更加广泛的社会基础。

三是进一步强化公众的专业度。如前所述，在社区层面推动参与式预算目前面临的一个主要问题是社区居民对预算方面的专业知识相对缺乏。这就需要在推进参与式预算的过程中，更加注重对社区居民进行财政预算方面的知识培训，使社区居民能够掌握一些专业的财政预算知识，让社区居民能够看得懂预算草案、听得懂财政报告，这样才能提高参与式预算的质量和效果。

四是进一步强化监督的规范度。参与式预算一个很重要的环节是对预算实施进行有效监督。在社区层面，没有专门的预算工作机构，因此强化社区居委会对预算全过程的审查监督就显得非常重要。这需要从法律层面上给社区居委会赋予一定的相关职责和权力。当然，也可以在社区居委会的推动下，聘请一些熟悉预算审查监督业务的专业人士，参与到社区预算审查监督工作中来，从而提高对预算监督的规范度。

三 公共治理：以"参与"为主体的管理模式

公共治理理念在社区的落实可以用"社区治理"这一词来代替。在当前政府一元主体的治理模式向社会参与型的多元主体模式转变的大背景下，社区治理就是政府与社区组织、社区居民共同管理社区公共事务的活动模式，并且只有通过政府、社区组织及社区居民的共同努力才能达到良好的治理目标，

改善社区环境、提高社区居民生活质量，最终促进社区乃至整个社会的稳定和发展。

（一）公共治理的基本概念

公共治理理念产生于20世纪90年代初期。作为公共管理、社会管理的一个重要理念和价值追求，公共治理从一开始就与政府管理、市场调节有所区别，又互动共存。

对"治理"概念的解释比较权威是全球治理委员会在1995年发表的《我们的全球伙伴关系》的研究报告中对"治理"作出的界定："治理是各种公共的或私人的机构管理其共同事务的诸多方式的总和。它是使相互冲突的或不同的利益得以调和并且采取联合行动的持续的过程。它既包括有权迫使人们服从的正式制度和规则，也包括各种人们同意或以为符合其利益的非正式的制度安排。"①

关于"公共治理"的概念目前还没有一个统一的界定。学者的研究主要涉及四个方面的维度：一是从公共治理的参与主体来看，改变了过去政府作为公共管理的单一主体，公共治理是由政府、企业、社会组织等各类私人机构或公共机构共同参与完成的。多主体的参与强调的是"合作"。二是从公共治理的职责定位来看，更加强调政府职能的转变，把原来由政府独自承担的公共管理和公共服务的职能逐步转移给各类企业和社会组织，这种职能的转移依托于公民社会的发展与成熟。三是从公共治理的运行模式来看，在公共治理中，企业、社会组织、公民既是管理主体，也是管理对象，这就要求公共治理必须建立一个共同参与、多方合作、自主平等的社会公共事务服务管理系统。四是从公共治理的手段方式来看，更加强调多元主体参与管理的手段、方式方法的多样化，包括行政的手段、经济的手段、法律的手段等。

（二）在我国社区层面构建公共治理模式的实践探索

近年来，随着社区建设的推进和政府工作重心的下移，乡镇和街道办

---

① 全球治理委员会：《我们的全球伙伴关系》[M]，牛津大学出版社，1995，第2~3页。

事处将更多的行政工作转移到社区层面，使得社区行政化倾向日趋严重。对此，一些地区按照"理顺关系、完善结构、提高效能"的基本思路，积极推进社区管理体制改革。在推进社区管理体制改革过程中，各地虽举措各异，但都对扩大直选、完善民主管理机制的探索给予了重点关注。总体来看，目前各地在探索社区公共治理的动力机制和模式上，主要存在以下两种类型。

　　一类是"合作型"的社区治理模式。参与主体的多元化是"合作型"治理模式的典型特点，主要变化就是参与主体由过去的政府单一主体扩展到社区内的自治组织和各类非政府组织，包括企业、社会组织等多个主体。其实现的主要形式就是通过"政府服务外包"，把一部分公共管理和公共服务职能转移给非政府组织，而社区自治组织承担相应的监督监管职责。其中，政府的主要职能是规划指导、权力下放、提供经费、购买服务等，社区自治组织则通过自身的发展完善，逐步实现社区居民的"民主选举、民主决策、民主管理和民主监督"等目标。非政府部门发挥其机制灵活、服务专业的优势，逐步参与到社区的服务管理当中。目前，我国大部分地区探索实践的都是这种"合作型"的社区治理模式。当然，在"合作型"的社区治理模式中也包括了我们下面要介绍的"自治型"社区治理模式的很多的做法在内。

　　相比较"合作型"社区治理模式，我们把另一类型概括为"自治型"的社区治理模式，更多地强调社区自治，其治理主体是社区的自治组织以及一些志愿性的社会组织。这一类社区治理模式的构建必须基于社区体制改革的完成以及居民委员会的职能还原，一般这种社区都成立了社区服务中心，由社区服务中心主要执行社区服务和管理的职能，而居委会则作为自治组织存在。也有一部分新建小区组建了业委会等各类社区委员会，与社区服务中心的性质类似。在这种"自治型"的社区治理模式下，政府对社区的干预主要以协商的方式进行，通过相关的法律法规和相关政策对社区管理服务加以约束和规范。以社区自治为目标取向的新型社区治理模式，在我国的武汉、广东、重庆、浙江等地有所探索和实践。

　　为进一步了解我国社区治理模式的探索与实践，我们以武汉市的"江汉模式"为例进行具体分析和阐述。"江汉模式"是以主动转变政府职能为核心特征,坚持"小政府、大社会"的改革理念,一方面重构社区微观组织体系及运行机制,另一方面积极转变区、街政府部门的职能和行政运行机制,形成政府自觉依法行政、社区组织自主管理、社区人自愿参与相结合的治理模式。在具体的探索与改革过程中,社区建设"883行动计划"(见图3)、"345"的工作机制(见图4)都发挥了重要作用。总的来说,"江汉模式"选择的是渐进式的改革方式,即通过三轮改革创新最终实现社区治理模式的完善与成熟(见表1),其改革历程涵盖了前文所分析的"合作型"与"自治型"社区治理模式的理念与机制。

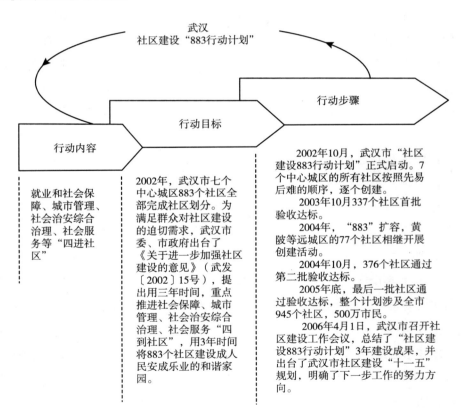

图3 武汉社区建设"883行动计划"

资料来源:城市管理学院案例库,http://www.hust-snde.com。

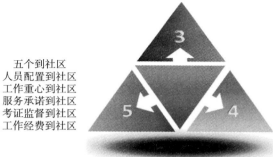

三个归位
政府职能归位
社会中介组织功能归位
社区自治功能归位

五个到社区
人员配置到社区
工作重心到社区
服务承诺到社区
考证监督到社区
工作经费到社区

四个坚持
坚持"科学配置、效能优先"的原则
坚持"因地制宜、着眼长远"的原则
坚持"以人为本、服务居民"的原则
坚持"政府主导、社会参与"的原则

图 4　武汉社区建设"345"工作机制

表 1　"江汉模式"改革历程

	改革目的	改革成效
第一轮改革创新	理清政府与社区关系	社区建设的"江汉模式"初现雏形
第二轮改革创新	提升社区自治功能	社区建设的"江汉模式"基本形成
第三轮改革创新	规范社区管理体系	社区建设的"江汉模式"趋于成熟

（三）在我国社区层面构建公共治理模式存在的主要问题

一是"政府独大"导致社区治理主体结构单一。当前社区管理依然是一种"自上而下"的行政命令式的运行模式，政府垄断社区的所有资源，主导社区的整体工作。社区居民和社会组织一方面是缺乏参与社区公共事务的渠道，另一方面即使有参与的平台，也缺乏相应的制度维护其管理公共事务的权利。总之，当前社区治理主体的单一性还比较普遍，亟待通过相应的体制机制设计，引导更多的主体参与到社区建设中去。

二是"角色错位"导致社区居民委员会的自治功能难以发挥。从目前来看，社区居民委员会的角色错位问题依然没有得到根本解决，基本上成为基层政权组织及其派出机构的"附属物"，虽有自治之名，却无自治之实。根据1989 年《中华人民共和国城市居民委员会组织法》第二条规定："居民委员会

是居民自我管理、自我教育、自我服务的基层群众性自治组织。"也就是说,居民委员会不是一级政权组织和行政组织,它是一个具有一套组织系统的群众性自治组织。然而目前社区居委会实际上仍然是以街道办事处的一个执行机构而存在,大量地承担着上级政府下达的各项工作任务,成为一个"准行政组织"。这个"准行政组织"首先对政府负责,而不是像居民委员会本应该有的角色定位"首先对居民负责"。

三是"发展制约"导致社会组织难以承接社区管理与服务事务。尽管近年来我国社会组织发展比较迅速,从数量上来说增长很快。但是社会组织在我国的发展存在先天性的不足,缺少法律制度保障、没有传统文化基础等。这也直接导致了在社区层面存在着诸如社会组织发育不成熟、发展不规范、功能不健全等问题。如何在社区层面培育社会组织,并发挥社区组织的功能是当前构建社区新型治理模式需要认真思考和解决的问题。

(四)对在我国社区层面构建公共治理模式的思考

有专家学者认为,对于未来我国城市社区治理模式的路径选择,相关的专家学者作了很多的研究,基层也开展了多种多样的实践探索。总的来看,社区治理的发展方向应该是一种以"参与-合作主义"为基础的模式。具体来看,需要从四个方面进行改革。

一是推动社区治理主体由单一化向多元化转变。当前,推动社区治理主体由单一化向多元化转变的关键点是政府职能转变与培育社区治理主体,实际上就是要构建一个"不再是由政府独大,而是由政府和非政府组织合作"的治理模式。这就要求积极培育社会公民和大力发展非营利性的社会组织,加强政府与社区组织的合作、政府与社区居民的互动。要逐步取消社会组织进入社区的障碍,支持社会组织开展社区管理与服务事务的持续资源。社会组织要提高自身能力与水平,不断加强与政府部门的沟通,共同推动政府在社区政策方面推行有利于社会组织参与的各项改革。

二是治理过程由行政控制向民主协商转变。一方面是要进一步健全社区的组织体制与管理制度,为社区居民参与民主协商提供制度保障。另一方面是要增强社区成员的参与意识和民主意识,通过培育居民自发性的志愿组织等形式,增强社区居民参与社区管理与服务的能力，实现各共同利益主体的合作协同。

三是治理组织体系由"垂直"的科层结构向"横向"的网络结构转变，也就是构建扁平互动的网络型社区运行体系。随着经济社会的转型发展，公民的权利意识逐步觉醒，在社区层面就表现为社区居民对自我权利的维护等。在这种情况，政府部门传统的自上而下的权力运作方式显然已经不能适应社区服务管理的变化；必须通过社区治理模式的重构，在组织体系上改变过去由"由上而下"的垂直式的科层结构，变成一种更加扁平化的横向互动的网络结构，逐步形成政府、社区自治组织、社会组织、社区成员单位及社区居民之间的平等互动的运作模式。

参考文献

俞可平主编《治理与善治》［M］，社会科学文献出版社，2000。

周红云：《通过治理创新构建和谐社区》［M］，社会科学文献出版社，2008。

魏娜：《我国城市社区治理模式：发展演变与制度创新》［J］，《中国人民大学学报》2003 年第 1 期。

吴光芸：《社会资本与协商民主：渊源、互动与发展》［J］，《中共福建省委党校学报》2007 年第 9 期。

吴猛：《社区协商民主：理论阐释与路径选择》［J］，《社会主义研究》2011 年第 2 期。

陈家刚：《协商民主：概念、要素与价值》［J］，《中共天津市委党校学报》2005 年第 3 期。

任维德：《公共治理：内涵　基础　途径》［J］，《内蒙古大学学报》（人文社会科学版）2004 年第 1 期。

修宏方：《城市社区治理及发展走向》［J］，《黑龙江社会科学》（社会发展与社会建设版）2008 年第 4 期。

徐昌洪、杨莉：《三轮改革创新孕育成熟的"江汉模式"》［J］，《社区》2010 年第 15 期。

湖北省委政研室、湖北省民政厅联合调研组：《十年探索结硕果　"江汉模式"誉全国——武汉市江汉区推进社区管理体制改革创新调查》［J］，《政策》2010 年第 8 期。

唐亚林、陈先书：《社区自治：城市社会基层民主的复归与张扬》［J］，《学术界》2003 年第 6 期。

胡慧：《社区自治视角下的居民参与有效性探析》［J］，《社会主义研究》2006 年第 4 期。

B.10
新媒体时代政府公信力的重构与提升

摘　要：

　　政府公信力主要包括三个方面的构成要素，即政府行政能力、公众满意度以及传播能力。近年来政府公信力在世界范围内都呈现普遍下降的趋势，我们国家也不例外。特别是当前新媒体的快速崛起，推动了权威主体由单一化向多元化发展，增加了政府部门维护和巩固权威的难度，提高了对政府部门信息回复能力的要求。在这样的背景下，重构和提升政府公信力，必须不断推进政府从管制模式向治理模式转变，提高政府能力；逐步推动传播方式从单向宣传向交互引导转变，实现有效传播；有序引导公众从情绪宣泄向理性参与转变，实现满意度提升。

关键词：

　　政府公信力　新媒体时代　重构与提升

　　"一只南美洲亚马孙河流域热带雨林中的蝴蝶，偶尔扇动几下翅膀，可以在两周以后引起美国德克萨斯州的一场龙卷风。"这是美国气象学家罗伦兹提出的"蝴蝶效应"的阐述。从新媒体时代政府公信力面临的冲击来看，我们也可以把"蝴蝶效应"这一概念运用到社会领域，并且可以这样理解：一个微小事件的发生，通过一定媒介的传播与扩散，最终将引发一系列的连锁反应，导致某个区域发生重大变化。以2010年的突尼斯骚乱为例，一名在街头售卖水果的青年，因抗议执法人员粗暴对待而自焚身亡。这一消息通过facebook等社交网站和手机快速传播，引发了全国性的抗议与骚乱，最终导致执政达23年之久的突尼斯总统本·阿里黯然下台。这一事件充分说明，政府公信力在新媒体时代的冲击下面临着"蝴蝶效应"的危险，有时甚至会不堪一击。特别是在微博、博客、社交网络等新媒介的即时传播效应与放大效应下，一个微小事件都可能像一根导火索，点燃公众对于政府公信力的广泛质疑，从而引发"多米诺骨牌"效应，最终演变成一个巨大的社会事件。

一 我国政府公信力呈现弱化趋势

当前，不论是在东方国家还是西方国家，不论是发达国家还是发展中国家，都普遍面临着政府公信力下降这样一个尴尬的事实，我们国家也不例外。具体来看，政府公信力的下降并非是由单一因素造成，而是受多方因素的综合影响形成的一个客观存在。

（一）政府公信力下降成为世界范围内的普遍趋势

进入20世纪后半叶，在世界范围内，各国政府都或多或少地面临着一个看似矛盾的困境：一方面，政府在经济社会发展和公共服务提供中的作用越来越明显，政府行为在社会领域的覆盖范围不断扩大；另一方面，建立在民主政治基础上的政府遭遇了严重信任危机，政府公信力呈大幅度下降趋势。据美国民意调查结果显示，美国政府公信力从20世纪60年代开始一直处于下降的趋势。虽然就连续的年份来看，两年之间的下降或许并不明显，而且并不总是每年都在下降。但是经过较长周期的分析对比可以发现，政府公信力这些年整体下降的幅度很大。如根据民意调查结果显示，1964年有75%的美国公众信任美国联邦政府，而到了1995年，这个比例下降到了25%。当前以美国政府为代表的西方国家政府公信力下降趋向更加严重的态势。一方面国家内部各个层级的政府以及所有公共部门的公信力都在不同程度的下降；另一方面，政府公信力下降在西方国家呈蔓延态势，不仅美国政府的公信力下降，加拿大、英国、意大利、西班牙、瑞典等国家的政府公信力也在下降。

目前，与其他国家一样，我们国家政府公信力也整体呈现弱化趋势，并且未来面临的挑战可能会更加严峻。一方面，我国政府公信力下降有其宏观的社会大环境。经过改革开放30多年的快速发展，我们国家已经进入了经济社会深度转型的关键时期，在这一深度转型的大背景下，新旧体制的摩擦冲突、社会利益的分化组合、各种遗留问题与新产生问题的集聚与爆发等诸多因素，都

造成了当前政府在社会管理、公共服务等方面满足群众需求的能力和水平与社会和公民的期待之间的差距越来越大，由此导致了公众对于政府的信任与满意度逐渐降低。另一方面，我国政府公信力下降的一个重要内部性因素在于政府改革的进度、力度与人民群众的期待产生较大落差，具体的表现之一就是政府部门行政效能不高、应对突发事件迟缓落后，这在很大程度上损害了政府权威，影响了政府形象，使公民对政府的不满情绪和不信任感与日俱增。例如，近年来发生的"躲猫猫事件"、"7·23甬温线动车事故"、"郭美美事件"等，都是因为政府部门的处置不当造成了社会广泛的质疑与不满，从而给政府公信力带来了巨大的负面影响。

具体来看，当前我国各级政府的公信力水平是不一样的。从横向比较看，东部经济发达地区的政府公信力一般高于中西部经济欠发达地区；从纵向比较看，中央政府的公信力高于省级政府，省级政府高于基层政府，基层政府的公信力最低。

（二）三大因素导致我国政府公信力弱化

现代社会影响政府公信力的原因涉及方方面面。从我们国家来看，当前普遍认为造成政府公信力弱化的因素主要有以下三个。

1. 社会问题日益增多，政府治理难度不断加大

我们用改革开放30多年的时间走完了西方国家100多年才能走完的历程，取得了举世瞩目的成就。但是快速发展在推动我们国家社会进步的同时，也给我们带来了诸多难以解决的社会问题，如人口膨胀问题、环境污染问题、社会治安问题、失业问题、交通拥堵问题等。一方面过去长期积累的问题没有得到完全解决，另一方面新时期又面临着许多新问题。总之，转型期各项工作的艰巨性，公共问题的复杂性，社会的动荡性和多元性，都导致了当前政府治理难度的加大。

另外，当前整个国家、整个社会普遍面临着信用缺失的问题，并且信用缺失的范围这些年还在不断扩大，不论是政府官员还是普通民众，不论是专家学者还是白领学生，不论是商界精英还是街头小贩，各个领域、各个行业、各个群体都面临着严重的信用危机，特别是这些年经过了"三聚氰胺奶粉"、"毒胶囊"、"表哥房叔"、"砖家大师"以及"不管你信不信，反正我信了"等一系列事件的持续积累、发酵，可以说，当前整个社会的信用已经到了一个冰点，到了必须

积极拯救、重新构建的关键时期，否则极有可能积重难返。所以说，在这样一个社会诚信整体缺失的大环境下，政府信用呈现下降趋势也在所难免。

2. 改革进展缓慢，传统政府管理模式的弊端日益显现

导致政府公信力下降的政府因素体现在以下几个方面。

一是政府信息公开机制不健全。尽管我国政府近年来在推动信息公开方面做出了一些努力（见图1），但整体上缺乏健全的信息公开机制，导致政府信

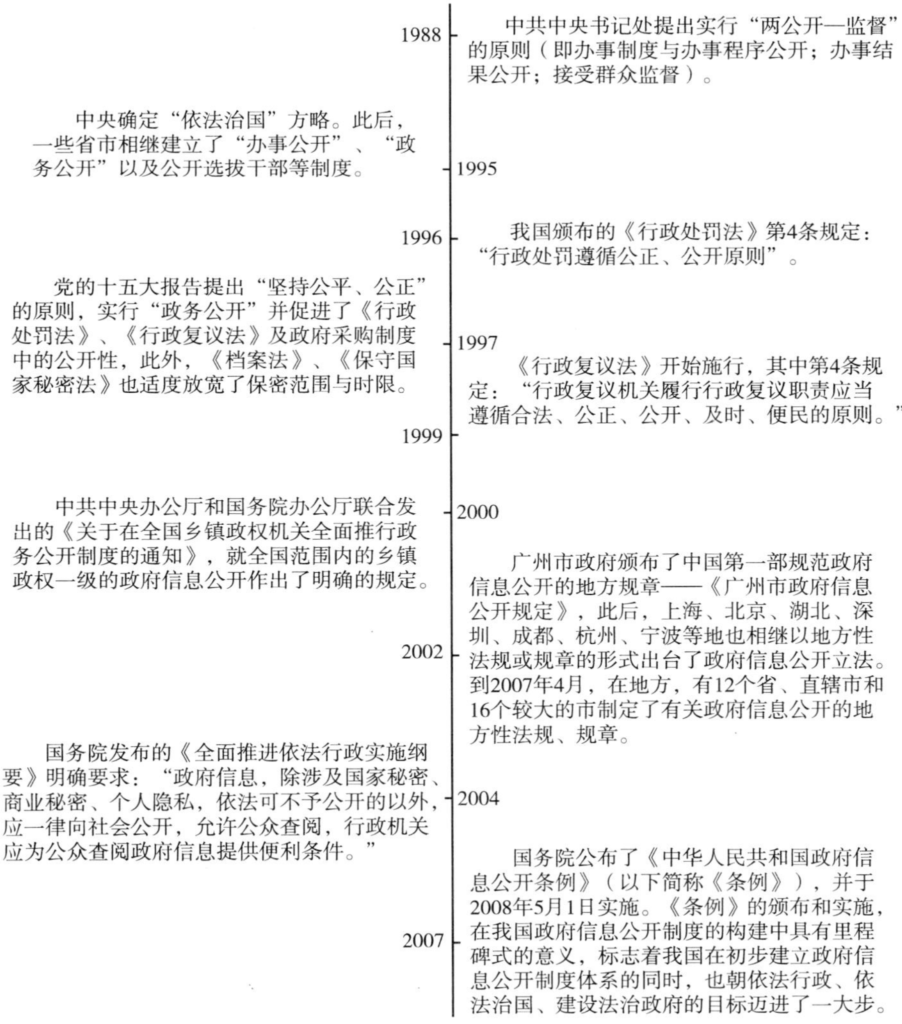

1988	中共中央书记处提出实行"两公开—监督"的原则（即办事制度与办事程序公开；办事结果公开；接受群众监督）。
中央确定"依法治国"方略。此后，一些省市相继建立了"办事公开"、"政务公开"以及公开选拔干部等制度。　　　　　1995	
1996	我国颁布的《行政处罚法》第4条规定："行政处罚遵循公正、公开原则"。
党的十五大报告提出"坚持公平、公正"的原则，实行"政务公开"并促进了《行政处罚法》、《行政复议法》及政府采购制度中的公开性，此外，《档案法》、《保守国家秘密法》也适度放宽了保密范围与时限。　1997	
1999	《行政复议法》开始施行，其中第4条规定："行政复议机关履行行政复议职责应当遵循合法、公正、公开、及时、便民的原则。"
中共中央办公厅和国务院办公厅联合发出的《关于在全国乡镇政权机关全面推行政务公开制度的通知》，就全国范围内的乡镇政权一级的政府信息公开作出了明确的规定。　2002	2000
	广州市政府颁布了中国第一部规范政府信息公开的地方规章——《广州市政府信息公开规定》，此后，上海、北京、湖北、深圳、成都、杭州、宁波等地也相继以地方性法规或规章的形式出台了政府信息公开立法。到2007年4月，在地方，有12个省、直辖市和16个较大的市制定了有关政府信息公开的地方性法规、规章。
国务院发布的《全面推进依法行政实施纲要》明确要求："政府信息，除涉及国家秘密、商业秘密、个人隐私，依法可不予公开的以外，应一律向社会公开，允许公众查阅，行政机关应为公众查阅政府信息提供便利条件。"　2007	2004
	国务院公布了《中华人民共和国政府信息公开条例》（以下简称《条例》），并于2008年5月1日实施。《条例》的颁布和实施，在我国政府信息公开制度的构建中具有里程碑式的意义，标志着我国在初步建立政府信息公开制度体系的同时，也朝依法行政、依法治国、建设法治政府的目标迈进了一大步。

图1　近年来我国政府信息公开发展情况

息公开性、透明度很差，一定程度上造成了行政神秘化。另外，由于政府信息公开的滞后，不能及时公布准确信息，很容易导致社会上谣言四处传播，进一步削弱了政府的公信度。

二是政府职能定位不清晰。政府在工作中经常出现"越位"、"缺位"、"错位"现象，导致出现了不该管的去管了，而该管的却没有管住、没有管好的问题。政府职能定位的不合理、不准确，使得一些原本应该由政府承担的事情，如公共产品供给、公共事业发展等转移给了社会，而社会力量无法承担此类工作，政府部门又做得不够，从而导致社会公共需求难以得到满足，人们对于政府的不满情绪日益增高，最终导致了政府公信力的不断下降。

三是责任追究制度不健全。到目前为止，我们国家关于行政人员由于故意或者过失导致工作失误的行政责任追究制度尚未完全建立，还存在着诸多不完善的地方。由于制度的不完善，法律的惩罚力度太小，导致行政人员工作的责任心和严谨程度不够，从而导致工作的低效率和低质量，进而影响了人们对政府的信任与期待。

四是政府应对突发事件能力较差。一旦出现危机事件，政府应该全力解决问题，这样才能"大事化小、小事化了"，将危机化解在萌芽状态。但是从目前来看，一些政府部门，尤其是地方政府部门应对态度、应对能力都还存在很多问题。如有些政府部门官僚作风明显，面对民众三番五次的质疑依然高高在上、置之不理；有些政府部门则是躲躲闪闪、反应迟缓，想方设法掩盖问题。政府部门较差的突发事件应对能力不仅耽误了解决问题的最佳时期，而且加深了民众的疑问与不满，从而进一步导致公众不信任感的蔓延，最终极有可能引发大规模的群体性事件。可以说，这些年接连发生的一些大规模群体性事件与政府应对突发事件能力较差有很大关系。

五是腐败问题屡禁不止。腐败问题是引发群众不满、拉低政府公信力的一个非常重要的原因。当前政府公权力寻租即腐败现象大量存在，权钱交易、权色交易等腐败行为严重影响干群关系，极大地破坏了政府在群众心中的形象，大大降低了民众对政府行为及政府本身的信任程度（见表1）。

表1 十八大后厅级以上落马官员名单

姓　名	落马前职务	落马(公布)时间
雷政富	重庆市北碚区委书记	2012 年 11 月
吕英明	广东省国土资源厅副厅长	2012 年 11 月
陈弘平	广东省人大农委会主任委员	2012 年 11 月
单增德	山东省农业厅副厅长	2012 年 11 月
王有明	山西省国土资源厅原副巡视员	2012 年 11 月
梁道行	广东省深圳市原副市长	2012 年 12 月
李春城	四川省委副书记	2012 年 12 月
汪建设	安徽省黄山市委常委、政法委书记	2012 年 12 月
李亚力	山西省公安厅副厅长兼太原市公安局局长	2012 年 12 月
江捍平	深圳市卫生与计生委主任	2012 年 12 月
冯湘勇	广东省云浮市常务副市长	2013 年 1 月
黄小虎	安徽军工集团董事长	2013 年 1 月
赵建明	马鞍山钢铁集团公司党委副书记	2013 年 1 月
郭　超	安徽省合肥市人大常委会副主任	2013 年 1 月
吴永文	湖北省人大常委会副主任	2013 年 1 月

3. 公众参与空间有限，群众满意度不断下降

近年来，随着经济社会的快速发展，人民群众生活水平的不断提高，公众对于自身权利的重视程度逐步提高，越来越多的公民开始不仅仅局限于生存方面的追求，而是要求在政治参与、民主自由等方面有更多的追求，而当前由于各种主客观因素导致公众的愿望与政府给予的空间之间存在现实的差距，从而导致公众和政府之间产生矛盾，并且不断激化，最终导致公众对于政府的信任度不断降低，政府公信力在群众心中的地位也越来越低。另外，由于公众缺乏政治参与的空间与平台，从而也导致大量公众对于政府工作机制的不熟悉、不了解，所以一旦发生突发事件，公众只会关心政府应当怎么做、做了什么，而不会关心政府内部具体的工作流程、工作步骤。所以即使政府部门前期做了一些正确的工作，但是如果这一工作与群众的认知有偏差，公众也会对政府产生质疑。

二 政府公信力构成与新媒体时代对
政府公信力带来的挑战

（一）现代政府公信力的三大构成因素

在了解政府公信力的构成之前，我们首先需要对政府公信力的概念和内涵有一个初步认识。当前围绕政府公信力的概念和内涵理论界众说纷纭，尚无统一的定论。各方对于政府公信力的理解，主要集中在以下两方面：一方面是从政府主体的角度出发，认为公信力就是指政府通过自身行政行为获取公众信任的情况或程度；另一方面是从公民的客体角度出发，认为公信力是公民对政府行为所作的一种评价。

通过梳理当前理论界关于政府公信力概念和内涵的阐述，我们可以这样简单地理解：政府公信力就是指政府履行自身责任和义务这一行为，经过长期的积累在公众心中的认可度与满意度。公众的认可度与满意度高，则政府的公信力就高；认可度与满意度低，政府的公信力就低。政府公信力既体现了政府工作的权威性、民主程度、服务程度和法制化程度；又反映了公众对政府行为的满意度和信任度（见图2）。

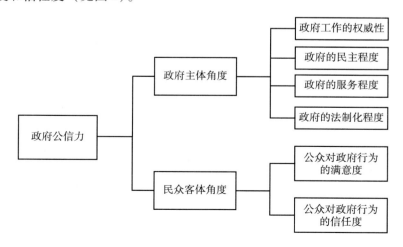

图2 政府公信力的基本内容

解析政府公信力的构成，我们还要追本溯源。具体来说，政府公信力的思想渊源来自近代西方的社会契约理论，即公众与政府是一种委托—代理关系，公众通过选举出自身利益的代言人，然后把一部分自然权利交由代言人组成的政府行使；政府在行使权力的同时，也必须承担维护公众利益的责任与义务，并接受公众的评价和监督。从这种委托—代理关系出发，现代政府公信力是指政府在一整套体制机制的保障下，通过一系列的施政理念、施政措施、工作成绩等来获取公众信任和认可的能力。更进一步理解，现代政府公信力除了包含两个在一定程度上相互对立的主体，即作为行为主体的政府行政能力和作为评价主体的公众信任度外，还包括一个重要的组成部分，即有效的传播中介。所以我们可以认为，现代政府公信力包含三个方面的构成要素，即作为行为主体的政府行政能力，作为评价主体的公众满意度和作为中介主体的传播能力。如果用公式来表达，就是：

$$政府公信力 = 政府能力 × 传播载体 × 公众满意度$$

在这一公式中，政府能力是政府公信力的基础，公众满意度是政府公信力的评价尺度，而传播载体则是影响政府公信力的重要变量。

（二）新媒体时代传播载体的三个典型特征

新媒体是指 20 世纪后期在新技术支撑体系下，利用数字技术、网络技术、移动技术，通过互联网、无线通信网、有线网络等渠道以及电脑、手机等终端，向用户提供信息和娱乐的传播形态和媒体形态，并且这一形态相比传统媒体，信息的传播速度大大加快、传播方式更加丰富多样。据中国互联网络信息中心统计显示，截至 2012 年 12 月底，我国网民规模达 5.64 亿，全年共计新增网民 5090 万人（见图 3）。从用户规模上看，我国已成为名副其实的新媒体第一大国。

所谓新媒体的"新"最主要体现在它的传播载体上，传统媒体的传播工具为报纸、广播和电视，而作为新媒体传播载体的互联网，它同时兼具了文字、声、画、像等多媒体功能。新媒体是相对旧媒体的特征而言的，一般说

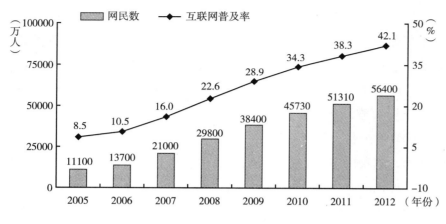

图3 中国网民规模与普及率

资料来源：中国互联网络发展状况统计报告。

来，我们可以把新媒体定义为"互动式数字化复合媒体"。具体来说，新媒体与传统媒体相比有以下几点明显的特征（见表2）。

表2 新媒体与传统媒体的比较

类 别	传统媒体	新媒体
传播状态	一点对多点型	多点对多点型
主导状态	主导受众型	受众主导型
受众状态	普通大众型	细分受众型

一是从传播状态来看，新媒体区别于传统媒体由传播源到受众一点对多点的传播，而是转变为多点对多点的传播。传播源和受众之间的界限逐渐被模糊，每一个个体都可以成为信息传播的中心。

二是从主导状态来看，新媒体区别于传统媒体的主导受众型，而是转变为受众主导型。新媒体背景下，受众的选择趋于多样化，不再简单是媒体发布什么，受众就接受什么，而是受众可以根据自己的喜好自由选择信息来源。

三是从受众状态来看，新媒体区别于传统媒体的普通大众型，而是变为细分受众型。在传统媒体背景下，所有的媒体几乎都是大众化的。而新媒体由于技术的创新与进步，可以做到面向更加细分的受众，可以面向个人制定个性化的信息。

（三）新媒体时代对政府公信力带来三大挑战

新媒体由于具备信息量大和受众量多、形式多样化，以及即时性和交互性等诸多区别于传统媒体的典型特点，它的快速发展彻底改变了传统的信息传播的状态，即由一点对多点的传播变为多点对多点的即时传播，信息由自上而下的流转演变成信息自下而上以及横向的全面流动。新媒体的快速发展，推动了当前政治生态的巨大变化，比如草根阶层快速崛起，网络意见领袖一呼百应，公民权利表达趋于活跃，公共议程的实质权力分散，社会共识的底线调整，等等。这些新形势、新情况和新变化，给当前的政府公信力带来了巨大挑战。具体来说，主要表现在三个方面。

一是新媒体推动了权威主体由单一化向多元化发展。在新媒体快速发展之前，传统媒体凭借自身较高的专业化程度以及多年在公众心中积累的固有影响，事实上呈现着一家独大、掌控全局的局面，牢牢控制着整个社会的公共话语权，左右着社会舆论的发展走势。在这一相对单一的传播模式之下，政府部门可以比较容易地利用自己的行政权力，对大众媒体施加影响，使信息传播的理念和导向与政府意志能够趋于一致，为政府工作的失误或者即将开展的工作营造有利的舆论氛围。但是，新媒体的崛起打破了这一固有的规则，由于新媒体具有开放性、互动性和多中心的特点，实际上它的快速发展为广大公众创造了一个可以自由表达意见、自由交流、自由讨论的巨大空间。在这一空间里，每一个个体都可以成为信息的传播中心和推动力量，每个个体反映的情况都有可能成为大家讨论的焦点，每个微小的事件、不知名的人物经过新媒体的渲染都有可能成为舆论关注的热点。新媒体的发展，逐渐培育出了大小不一、不计其数的权威主体，比如网络意见领袖。这些权威主体或分散、或集聚，或单兵作战、或联合作战，逐渐在社会上集聚了广大的影响力与号召力，逐步打破了政府部门垄断信息的局面。在这一背景下，公众获取信息的来源更加多样，意见表达更趋自由，政治参与更加积极，另外加上社会转型期价值多元化、矛盾复杂化、诉求多样化以及利益分化等诸多问题聚集，导致当前关于政府公信力难以形成相对一致的评价。

二是新媒体增加了政府部门维护和巩固权威的难度。政府部门自身权威的树立，既需要政府部门严于律己、切实提高自身的行政能力，同时也需要通过一定的媒介对公众进行宣传引导。在传统媒体时代，由于政府掌握着大量的媒体资源，政府部门可以通过自己的宣传媒介不断巩固自身的权威，提高自己在公众心目中的威信。但是进入新媒体时代，政府无法控制分散在各地各处的单一的权利主体，任何一个人只要注册了一个微博账号、QQ账号等都可以发表即时信息，都可以对某一事件发表自己的评论。所以在这一背景下，互联网会呈现出多中心权威的特征，身在不同地方的网民可以在互联网上随时聚集成多个权威主体，并呈现出巨大的号召力和影响力。如果政府反应不及时、处置不恰当，那么政府权威不仅难以维护，而且流失的速度也会加快。如2009年发生的"躲猫猫"事件，起因在于一名被拘捕的男青年在看守所内被牢头狱霸打死，而公安机关在没有深入调查取证的情况下，给出的解释是其"死于躲猫猫游戏"。此事件一经媒体曝光，便在网络上快速传播，引起广泛关注与讨论，当地政府公信力受到了空前广泛的质疑。虽然随后云南省委宣传部通过公开邀请网友和社会人士参与调查，最终查清了案件真相，处分了相关人员。但是经过这一事件打击的政府部门权威却在很长时间内难以回到以前的水平。所以说，在新媒体时代，面对"人人都有麦克风，人人都是发言人"的新局面，政府引导舆论走向、维护自身权威的难度越来越大。

三是新媒体对政府部门信息回复能力提出了更高要求。新媒体的快速发展，改变着当前的社会结构，同时也给当前政府传统的官僚化的工作模式带了巨大的挑战、提出了更高的要求。新媒体由于其信息传播的便利性、即时性和多方向性，一旦发生突发事件，信息就会在第一时间经由个体传播到四面八方、大街小巷，而这些信息由于难以避免带有主观情绪，所以经常会出现信息失真的情况，最后甚至会导致谣言的大规模传播，从而引发整个社会群体性的恐慌。面对这些突发情况，政府部门本应在第一时间出来辟谣，但是由于政府职能规范化的分工所形成的官僚结构难以做到及时有效回应，由此形成了一个权威真空的阶段，从而使虚假信息的大规模扩散有机可乘，同时政府反应的迟缓也极大地削弱了政府的公信力。所以说，建立及时有效的政府信息回应机制意义重大，但是目前很多政府部门还并未认识到新媒体信息技术革命引发的对政府结构的根本性挑战和由此对政府回应能力的复合挑战，因此在新媒体领域掌握话语权、彰显权威和引导思想价值都显得被动而迟钝。

三　以"三个转变"为核心提升政府公信力

新媒体的快速发展，改变了传统媒体点对面的信息传播方式，构建了一种全民中心、全民互动的面对面的信息传播方式，这一新型的信息传播形态由于自由度较高、受权威影响较小，对当前的社会舆论走向和政府行为有着重要的影响力，从而也对当前我国政府公信力的重构和提升提出了迫切的要求。从完善政府公信力系统构成和应对政府公信力建设面临的挑战来看，当前重构和提升我国政府公信力必须以政府能力、传播载体和公众满意度这三个构成政府公信力的主要因素为突破口，切实推进"三个转变"，即不断推进政府从管制模式向治理模式转变，提高政府能力；逐步推动传播方式从单向宣传向交互引导转变，实现有效传播；有序引导公众从情绪宣泄向理性参与转变，实现满意度提升。

（一）推动政府从管制模式向治理模式转变，提高政府能力

近年来，随着我国经济社会的快速发展、民主与法律制度的逐步健全，公众的权利意识开始逐步觉醒，公众要求政治参与的热情也空前高涨。在这一新趋势和新背景下，传统的自上而下型的政府管制模式已经无法适应新形势下面临的新挑战，尤其是其僵化的运行体系、落后的管理理念以及迟缓的反应速度等弊端在新媒体的冲击下更加显得与当前的发展要求格格不入。而治理模式则不同（见表3），它强调的是政府、市场、社会等多元主体通过合作协商等手段共同管理公共事物，它的一个重要特征就是存在着上下互动的管理过程。治理模式代替传统的管制模式，既有利于释放政府自身的活力，又有利于赢得社会广泛的支持与认可，对于提高政府能力有着重要的意义，而政府能力的提高对于提升政府公信力有着重要帮助。因此，在新形势和新背景下，要取得公众对政府的信任和支持，切实提高政府的公信力，就必须牢固树立以人为本、为民服务的理念，切实推动政府部门自身改革，积极推动政府从管制模式向服务型、协商型、互动型的治理模式转变。

表3　政府管制模式与政府治理模式的区别

内涵区别 ＼ 管理模式	政府管制模式	政府治理模式
本质性区别	管制的权威必定是政府	治理虽然需要权威，但这个权威并非一定是政府机关
主体区别	管制的主体一定是社会公共机构	治理的主体既可以是公共机构，也可以是私人机构，还可以是公共机构和私人机构的合作
权力向度的区别	管制的权力向度是单一的、自上而下的	治理的权力向度是多元的、相互的

　　资料来源：俞可平：《社会管理最佳状态是善治，应促进公平正义》［J］，《理论参考》2013 年第 1 期。

　　在这一新模式下，政府需要推进一系列改革（见图4）。政府不再是高高在上的拥有权力的官僚机构，而是可以看作是一个企业化的政府，公民就是企业的潜在顾客群，企业要想吸引顾客、留住顾客就必须提供最好的服务。所以说治理模式构建的就是一个以满足公民需求为中心的公共服务型政府。在这一模式转变过程中，政府的职能就在于和其他多元主体共同管理公共事务，政府角色则从单独控制者转变为服务提供者。也就是说，"公共行政官员不是公共利益的单独主宰者。相反，公共行政官员应该被视为在一个包括公民、团体、民选代表以及其他机构在内的更大治理系统中的关键角色"①。因此，在我国已从计划经济转变为现代市场经济的条件下，政府必须严格依法明确自己的职能范围，凡是市场与社会能自我调节的内容，就完全交由市场与社会去做，政府不参与这一过程，保证政府与市场主体各归其位、各司其职，不越位，不失位。政府要更多地承担"裁判员、监督员"的职能，要把精力集中在规则的制定和实施上，集中在体制机制的完善上，努力去营造一个有利的激励环境，创造一个公平公正的法律环境，保障市场的有序运行。从而使政府与社会、公民之间，不再是一种自上而下的单向的管理服从型的关系，而是一种多向的、协商的、合作的良性互动关系。

----

　　① 〔美〕珍妮特·V. 登哈特、罗伯特·B. 登哈特：《新公共服务：服务，而不是掌舵》［M］，中国人民大学出版社，2004，第 79 页。

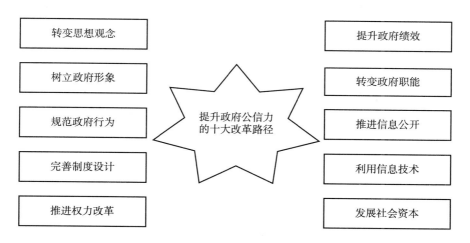

图 4　提升政府公信力的十大改革路径

资料来源：刘雨辰：《提升政府公信力与和谐社会建设》［J］，《中国发展观察》2012 年第 2 期。

（二）推动传播方式从单向宣传向交互引导转变，实现有效传播

由于我国国情的原因，政府与媒体关系的一个典型特征就是政府的强主导性与媒体的高附属性。所以在传统媒体环境下，大众媒体与政府关系密切，政府可以很容易地利用自己的行政权力干预媒体的报道，引导舆论向有利于自己的方向发展，从而获取公众的支持和认同。但新媒体的快速发展与普及打破了传统的信息传播形态，新媒体的平等性、大众性、开放性以及互动性等特点，逐步实现了信息来源的多元化、公众参与的自由化、话语表达的大众化。在当前新媒体影响力不断扩大的背景下，如果政府部门依然固守成规，不与时俱进地推进信息传播和引导机制的改革与创新，还期望通过大众传媒主导信息传播，控制舆论导向，那政府公信力必然会离公众的期望越来越远。

因此，面对当前声势浩大、只适合疏导而不可以禁止的网络民意，政府部门需要积极调整应对思路、转变发展理念，坚持利用新媒体的优势来应对新媒体的挑战，如可以通过加强政府门户网站建设、完善新闻发言人制度、开通政务微博等，主动搭建公众与政府互动交流的平台，畅通公众与政府的沟通渠道，积极听取网民的意见和诉求，并及时在网上进行回复和解答，力争使各种

问题通过网络这一平台就能得到解决。特别是面对当前日益频发的突发公共事件，政府要切实改变过去"维稳第一"的应对思路，否则极有可能既实现不了维护社会稳定的目的，反而会导致问题越来越严重，矛盾越来越激烈，最终引发大规模群体性事件，政府的威信一落千丈。所以当前在应对突发公共事件过程中，政府要坚持"以人为本、公开公正"的理念，切实维护群众的合法权益，听取群众的正当利益诉求，并邀请媒体、公众等参与事件的调查与解决，并且还要通过包括网络在内的多种渠道及时公开信息，用信息的及时开放阻断流言和谣言的传播，保证事件在公开公正的环境中得到解决，并希望通过政府良好的工作态度和应对措施赢得公众的认可和谅解。从长远的发展来看，政府要积极适应当前社会发展的新形势与新要求，逐步建立完善常态化的网络社情民意监测分析机制和定期回应机制，听取公众的利益诉求与意见表达，保证公众的有序政治参与，以此来巩固和提升政府的公信力。比如，政府可以建立及时高效的调查回应机制，充分保证公众的知情权、参与权与监督权，第一时间对一些热点焦点事件展开调查、取证，并及时将事件的调查进度与调查结果向公众公布。另外要加强与社会团体、意见领袖、各新媒体终端组织等权利主体的合作，联合这些在群众中具有一定影响力和号召力的意见领袖对社会问题及时调查、及时公开、及时处理，通过事实真相的快速公开、及时公布，让一些谣言与传言没有传播的空间。建立及时高效的政府调查回应机制，有利于政府科学合理地化解未来可能发生的一波又一波的社会事件。如果政府能够长期坚持下去，公众对于政府的信任感一定会与日俱增，政府的公信力也会自然而然地不断提高。

（三）引导公众从情绪宣泄向理性参与转变，实现满意度提升

简单来说，政府公信力的构成主要包含了三个方面的因素：即作为行为主体的政府行政能力、作为评价主体的公众满意度和作为中介主体的传播能力。所以说，要想重构和提升政府公信力，既要改进政府自身的行政能力，又要有效运用新型的传播媒介，还要不断提高作为评价主体的公民自身的政治素养。

美国著名的公共行政学家乔治·弗雷德里克森指出："只有公民具有高度的公民精神才能实现管理的高效，即高公民精神与高职业主义才能形成公民友

爱与相互信任的有效管理的环境"①。但从目前来看，我国网民的整体文化素质还相对偏低。根据中国互联网信息中心（CNNIC）发布的《第31次中国互联网络发展状况统计报告》显示，我国网民的学历结构偏低，截至2012年，高中及以下文化程度网民占到网民总数的78.8%，大专以上仅占21.1%。加之，我国公民法治意识、责任意识以及公德意识等的普遍缺乏，公民在面对一些公共事件时，更容易从感性的角度去发表一些看法和评论，而并未经过理性的思考、严谨的考虑。所以当这一群体的数量大量存在时，各种不符合实际的、违背客观事实的、主观色彩浓厚的非理性言论就可能会影响舆论的导向、掩盖事实的真相。而由于新媒体开放性、自由性的特点以及我国关于网络言论相关法律法规的缺乏，使得公众在获得话语权的同时，却不必要担负较大的责任，这就导致了当前在网络社会中个体情绪化的宣泄经常会高过理性的思考判断，以致建立在公共理性原则基础上的言论表达自由很容易变质变味，成为一部分人发泄自己不满的"宣泄场"。在这样的一个背景下，关于政府公信力的理性评价也就难以形成。

因此，在新形势下提升政府公信力，一方面要不断提高公民的法律意识、法制观念以及自身素质，提升公民甄别信息能力和理性判断能力，推动公民政治参与能力的不断提高；另一方面还必须制定一套完整的关于新媒体背景下约束公民行为的规则，保证公民能够理性合法地表达诉求和意见。比如，在广泛征求意见的前提下，可以试点推行新媒体背景下关于网络言论自由的法律法规，对政府、公民、企业等主体的网络行为都进行明确的界定和说明。在制定法律法规的过程中，一方面要坚持包容宽松的原则，允许公众围绕一些问题发表比较激烈的言论；另一方面，对于个人利用新媒体发布各种虚假信息、混淆视听的行为，一定要加大打击和处罚力度。比如，政府可以鼓励公众利用新媒体积极参与政府的决策活动，围绕一些即将开展的涉及国计民生的重大工程、重大项目，公众可以在政府门户网站或者微博、QQ等公开平台发表自己的意见和建议，这样可以保证政府广泛吸纳社会各方面意见。

---

① 〔美〕乔治·弗雷德里克森：《公共行政的精神》［M］，中国人民大学出版社，2003，第204页。

参考文献

连玉明、武建忠:《网络新政》[M],中国时代经济出版社,2009。

刘文富:《网络政治——网络社会与国家治理》[M],商务印书馆,2002。

〔美〕沃尔特·李普曼:《公众舆论》[M],上海人民出版社,2006。

俞可平:《权利政治与公益政治》[M],社会科学文献出版社,2005。

刘超:《论当前地方政府公信力的提升》[J],《湘潭大学学报》(哲学社会科学版)2005年第5期。

孟财、杨宁:《网络化背景下我国政府公信力的重构与提升》[J],《湖南广播电视大学学报》2011年第1期。

涂燕子、孙巧珍:《网络时代政府公信力研究》[J],《内蒙古农业大学学报》(社会科学版)2011年第4期。

周红、赵娜:《新媒体环境下地方政府公信力的提升策略研究》[J],《电化教育研究》(理论探讨版)2012年第1期。

孟财、杨宁:《政府、媒介、公民——互联网时代我国政府公信力建设的路径思考》[J],《广东青年干部学院学报》2011年第1期。

吴曲波:《网络化背景下我国政府公信力的重构与提升》[J],《广西职业技术学院学报》2011年第2期。

杨宁、孟财:《网络化背景下我国政府公信力建设的路径思考》[J],《曲靖师范学院学报》2011年第2期。

B.11
我国公民社会发展现状分析与
基本方向探讨

摘　要：

　　目前中国的公民社会还是一种典型的政府主导型的公民社会，是一种不成熟的、初步的公民社会。在推动社会建设与社会领域改革的进程中，我们既要看到公民社会发展的必然趋势，又要充分看到需要面对的问题与克服的困难，积极推动公民社会回归正确的发展方向：从"发展型政府"转变为"服务型政府"，从"大政府"转变为"大社会"，从"善政"转变为"善治"。

关键词：

　　公民社会　公共治理

　　公民社会的概念起源于西方，它可以理解为国家和市场，或者政府系统和企业系统之外的所有民间组织或民间关系的总和。公民社会是民主政治的摇篮，也是公共治理的社会基础，在社会管理民主化、国家政治文明化的发展进程中，公民社会发挥着不可或缺的重要作用。

一　公民社会奠定公共治理的社会性基础

　　公民社会和公共治理是一种相互依存的关系。一方面，公民社会在公共治理中具有管理主体和管理对象的双重身份，而这种特殊身份使其在公共治理的过程中发挥着不可替代的社会基础作用；另一方面，公共治理作为一个由政府、企业、社会组织和公民共同参与的现代治理理念，体现了现代公民社会的重要特点。从某种意义上说，公民社会是推动社会建设绕不开的话题。

（一）社会现代化进程中的公共治理理念

公共治理理论形成于 20 世纪 70 年代，其内涵与治理概念的基本含义有着密切的联系。20 世纪 90 年代以后，全球范围内掀起了一阵推动公共治理模式变革的浪潮。1989 年世界银行首次使用了"治理危机"这一概念，此后"治理"一词便广泛地应用于政治发展研究中，对治理的研究也成为 20 世纪 90 年代政治学的新发展和新成果。目前关于治理的定义众说纷纭，尚无统一定论。全球治理委员会在 1995 年发表的《我们的全球伙伴关系》的研究报告中，给治理下了一个定义，即：治理是各种公共的或私人的机构管理其共同事务的诸多方式的总和。它是使相互冲突的或不同的利益得以调和并且采取联合行动的持续的过程。它既包括有权迫使人们服从的正式制度和规则，也包括各种人们同意或以为符合其利益的非正式的制度安排。① 具体来说，治理有四个方面的基本特征（见图 1）。

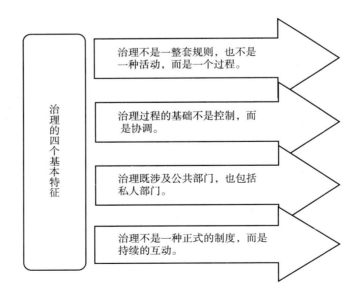

图 1　治理的四个基本特征

---

① 全球治理委员会：《我们的全球伙伴关系》［M］，牛津大学出版社，1995，第 2~3 页。

在社会现代化的发展历程中，罗豪才、宋功德认为"公共治理模式主要有三种：一是由国家作为唯一的管理主体，实行封闭性和单向度管理的国家管理模式；二是由国家与各种社会自治组织共同作为管理主体，实行半封闭和单向度的公共管理模式；三是由开放的公共管理和广泛的公众参与这两种基本元素综合而成的公共治理模式，其典型特征是开放性和双向度"。随着市场经济的快速发展，政府在国家管理、社会管理中的弊端日益暴露，政府失灵的现象日益增多。在这一背景下，传统的封闭性和单向度的政府管理模式已经不适应经济社会的快速发展，取而代之的公共管理模式通过开放公共过程来拓展公众参与空间，公共治理模式因此普遍兴起。总的来讲，公共治理模式是一种开放的、互动的管理过程，强调以多元的、民主的、协作的行政模式管理公共事物。

与传统政府治理观念相比较，公共治理模式包含以下四个方面的新理念：一是合法性，即社会秩序和权威被自觉认可和服从的性质和状态；二是责任性，即行政权力具有服务于社会公众的义务；三是协作性，即政府、企业和公民社会分享公共权力；四是效能性，即公共治理能力的强弱以及由此产生的成效。

（二）公民社会是公共治理在社会层面的基础

从公共治理的构成来看，其主要包括开放的公共管理与广泛性的公民参与这两大组成元素。即，公共治理＝开放性的公共管理＋广泛性的公众参与。

公共治理的内涵其实就是国家权力向社会的回归，公共治理的过程就是一个还政于民的过程。可以说，公民是公共治理的重要组成部分，公民社会是公共治理的现实基础和重要主体，没有一个健全和发达的公民社会，就不可能实现真正意义上的公共治理。在推进公共治理的过程中，公民社会以其特有的价值诉求与功能表达影响着公共治理的成效。

（三）社会转型期的中国需要在公共治理的框架下推动公民社会的发展

当前随着我国步入经济社会转型的关键时期，在经济社会发展中出现了诸多矛盾和问题，主要表现在腐败、贫富分化严重、食品药品安全、安全生产、环境污染、群体性事件、公共决策失误等方面。这些问题的出现归根结底与现行的政治体制有关。下一步我们要全面解决改革和发展中出现的矛盾和问题，就必须推进政治体制改革。为了最大限度地降低经济社会转型的风险，我国未来政治体制改革的方向和核心内容就是推进治理创新，构建现代、科学的公共治理模式。具体来说，当前公民社会的发展要顺应公共治理发展的要求，不断推进社会主义政治制度自我完善和发展，实现由政府主导的一元化社会向政府、市场和社会多元化方向发展。

一是加强民主法制建设，营造有利于公民社会发展的良好环境。良好的环境是公民社会兴起、发展的关键和保障。在当前的发展形势下，一方面，政府部门要加强法制建设，通过完善法制体系为公民社会组织提供法律上的地位和保证；另一方面，要用政策法规对公民社会的发展进行引导和约束。这样才能让公民社会发展在法律性、制度性、程序性、政治性等方面得到有效保障，推动我国公民社会在和谐的社会大环境下不断发育发展，更好地发挥其功能和作用。

二是加强公共精神培养，筑牢有利于公民社会发展的文化基础。在我国传统社会中，个人作为社会成员没有私人领域，改革开放后随着经济领域的放开，公民社会意义上的私人和公共领域才得以逐步形成。因此在这样的背景下，公共精神的缺失和淡漠势必会对我国公民社会的发展产生消极影响，对当前民主制度的改革也是一个很大的阻碍。在这样的情况下，我们必须着力构筑良好的公共精神文化，一方面，优良的公共精神能够使社会真正形成民主和自由的制度；另一方面，公民与公民，公民和社会组织，公民与政府的对话、协商、辩论、谈判、政治参与、监督等方式，不仅有助于促进相互尊重、平等商谈、自由讨论、守法、宽容、恕道和理性等公共精神的产生和提升，也是公民参与社会和政治生活的基础。公共精神的形成和提升对于筑牢公民社会发展的文化基础具有重要意义。

三是更新管理理念，构建有利于公民社会发展的管理体制。第一，促进公民社会内部机构优化，破除原有的官僚习气和家长制作风；第二，更新管理理念，改革管理体制，推进公民社会组织不断进步与创新，提高其解决社会问题、满足社会需求的能力与水平；第三，健全公民社会的组织结构，推动各类社会组织日常管理的科学化、程序化和民主化；第四，引进高素质人才，加强人员培训和组织能力建设，完善社会组织的治理结构和责任机制。

二　我国公民社会发展的现状与特点

（一）我国公民社会发展处于初级阶段

公民社会的理念发源于西方，并且首先在西方国家实现了蓬勃发展。近年来随着经济全球化的发展，公民社会的理念也开始在全球得到广泛传播。我国学术界和理论界自20世纪90年代以后掀起了研究公民社会理论的热潮，但如果要探究中国公民社会的产生，还应该追溯到20世纪70年代后期开始的改革开放。

改革开放以前，由于新中国成立初期的三大社会主义改造运动以及后来的"文化大革命"，我国公民社会组织的发展陷入了停滞。改革开放以后，随着市场经济的发展与推进，我国的社会结构开始出现巨大转型，开始从农业社会向工业社会转型，从同质的一元社会向异质的多元社会转型，从人治社会向法治社会转型。在这种转型背景下，社会资源开始在市场的主导下自由分配，社会组织开始蓬勃发展，社会公共空间也开始逐步扩大，传统的政府与社会一体化结构开始朝着政府与社会二元结构的方向转变。在此基础上，我国公民社会开始出现萌芽并逐步发展。

一般来讲，衡量公民社会是否成熟完善的一个重要标志就是各类社会组织的发展状况。目前单从数量和空间规模上看，经过30多年的改革开放与社会变迁，我国社会组织已经初具规模，但这并不能说明我国的公民社会已经成熟，只能说我国的公民社会具备了一定的发展基础。因为规模数量庞大并不能说明各类社会组织的价值和功能得到了充分的实现和发挥，并且从现实发展情况来看，也是如此。当前在我们国家，无论是公民精神的培育、现代公民的形成，还是社会组织的发展，都还处于初级阶段，加上我国市场经济改革的不彻底性和政治体制改革缓慢这一外部环境的制约，导致我国公民社会的发展整体上仍然处于初级阶段。

（二）我国公民社会发展呈现成长性特征

由于我国的特殊国情，公民社会在我国的发展比较缓慢。特别是与西方成熟的公民社会相比，我国公民社会正处于兴起和成长过程中，呈现明显的"成长性"特征。

一是我国公民社会的发展与政府的推动息息相关，所以其成长的典型特征就是政府推动型。这与西方国家公民社会自主发展的特征截然不同。我国公民社会是在政府主动扶持和让渡部分资源和公共管理职能的过程中产生和成长起来的。它与政府的机构改革和职能转换密切相关，是政府改革及职能社会化的产物。这种以政府为主导的政府推动型发展模式，其主要的特征就是要求在公民社会的建设方面，一方面必须充分发挥政府的主导作用，另一方面还要求政府在一些非重要领域适当放权，为公民社会在中国的发展提供空间。

二是我国公民社会的发展呈现"数量大，能力弱"的特性。我国的公民社会组织和西方相比，数量和规模都比较庞大（见表1），但组织能力、自治能力和行动能力比较弱。具体表现为自主性及与政府分权能力弱，倡导角色不足，组织制度和民主治理机制的不完善，以及在营利与非营利、政府与非政府的性质边界上还亟待进一步明确，等等。以政府为主导的政府推动型发展模式，必然会在一定程度上导致民间组织的能力明显低弱。这样的特点，使得公民社会并不能在一定程度上分担政府的部分责任，"大政府、小社会"的局面没有得到真正意义上的改变，反过来恶性循环加剧了我国公民社会的"数量大，能力弱"的问题。

表1　2005～2012年我国社会组织的发展规模

类别＼年份	2005	2006	2007	2008	2009	2010	2011	2012
社会团体(万个)	17.1	19.2	21.2	23.0	23.9	24.5	25.5	26.8
民办非企业单位(万个)	14.8	16.1	17.4	18.2	19.0	19.8	20.4	22.1
社会组织(万个)	32.0	35.4	38.7	41.4	43.1	44.6	46.2	49.2
基金会(个)	975	1144	1340	1597	1843	2200	2614	2961

资料来源：民政部网站。

三是我国公民社会的发展具有明显的"官民双重性"。长期以来，我国国家管理制度规定，任何民间组织的登记注册都必须先有一个正式的党政机关作为其主管部门和主管单位，这是我国公民社会发展呈现半官方、半民间这一典型特征的重要原因。虽然目前这一状况已经有所改善，但公民社会组织官方色彩浓厚、对政府财政拨款依赖严重的缺陷并没有得到改善。可以说，这种"官民二重性"的特性正好是我国公民社会"成长性"特征的一个真实写照。在我国市场经济还不够完善，官方经济还控制和垄断着许多重要经济领域和行业的背景下，我国公民社会的发展并非完全自发形成，公民社会组织还具有"早产性"、"不成熟性"和"不规范性"等特征。

四是我国公民社会的发展受到重大事件的引领和推动。民间组织或者社会组织是公民社会的基础和主体，民间组织的大量存在和快速发展是公民社会发展的前提，大量志愿者和志愿者组织的存在是公民社会形成的标志。2008年被认为是我国公民社会发展的元年，其主要的一个特征就是大量志愿者和志愿者组织的出现。汶川大地震发生后，中国几十万志愿者和许多民间组织在抗震救灾中发挥了重要作用，这代表着现代公民意识的日趋成熟。北京奥运会上志愿者的优异表现，给中国志愿服务事业的发展提供了前所未有的机遇，同时也进一步推动了我国公民社会的发展。

（三）我国公民社会发展面临三大困境

公民社会的形成与发展对于我国的政治改革和社会发展具有重大的推动作用，但目前由于受到诸多内外部因素的制约，我国公民社会要想跨越初级阶段，实现更进一步的发展还面临着三个方面的发展困境。

一是市场经济发育不完全，缺乏自由发展的文化基础。公民社会的形成与市场经济的发展密切相关。市场经济可以为契约的运行提供舞台，为公民社会契约文化的生成提供土壤；市场经济可以为个人和团体实现其物质利益提供平等的机会和广阔的空间；市场经济可以塑造具有自主意识、平等意识、竞争意识、开放意识和公民意识的个人与团体，从而有利于逐步形成并不断强化公民社会的自主性品格；市场经济可以使人从作为群体主体的存在转变为作为个体主体的存在，造就公民社会的主体。可以说，市场经济是孕育公民社会的温床和摇篮，唯有市场经济充分发展，才能产生培育公民社会生长的土壤。但是我国市场经济体制改革的不彻底性导致我国公民社会发展的条件并不充分。在这一环境下，公民社会的发展虽然取得了一些进展，但却出现了诸如过度依赖政府、公民意识薄弱等诸多先天性缺陷，所以说我国要进一步推动公民社会发展，首先要做的就是进一步完善市场经济体制改革。

除了健全的市场经济体制外，公民社会的形成还需要有健全的、与之相适应的文化体系作为支撑，但是我国公民社会发展面临的一个重要制约就是缺乏自由发展的文化基础。我们国家2000多年的封建专制主义统治形成了一种单一的权力——服从型的政治生态，在这种政治生态下，国家权力至高无上，掌控一切，可以渗透到任何领域，而个人和个体经济组织的发展则受到众多制约和限制。究其根源，我们国家公民社会发展缓慢，一个很大的原因就是我们本身的文化也是依附于强权政治，为专制统治服务，我们从来就没有形成公民社会自由发展的文化基础。可以说，在我们国家，人治大于法治自古以来就是一个传统，并且这么多年来这种政治文化传统已经根植到人们的血液之中，难以改变。虽然五四运动之后，民主和自由的理论在我们国家得到了广泛的传播，但并没有形成坚实的群众基础和政治基础。新中国成立以后，公民社会建设在我国以一种特有的形式出现，但一方面由于我国的社会条件先天不足，如商品经济不够发达，全民文化素质普遍偏低，缺乏民主政治传统等。另一方面，新中国成立后由于党的一些决策失误导致公民社会的发展陷入停滞。总体来看，公民社会在我国由于既缺乏传统的文化基础，又缺乏有利的外部环境，所以整体上发展显得比较缓慢。

二是政府部门认识不统一，公民社会的发展障碍重重。围绕公民社会的发展问题，当前各级政府部门不但没有形成统一的认识，反而为公民社会的发展设置了诸多障碍，这也是当前我国公民社会整体发展滞后的一个重要原因。具体来说，当前各级政府面临两难矛盾：一方面，经过改革开放30多年的发展，政府部门越来越清晰地认识到，社会的多元化发展是一种不可逆转的历史潮流，要想保持多元化的利益团体能够和谐相处、共同发展，避免社会的动荡与不安，维护社会的和谐稳定发展，公民社会的发展势在必行。另一方面，政府部门对公民社会的发展又心存忧虑。公民社会的发展必然会导致政府公共权力的分散与削弱，而政府部门对于这一改变准备不足，或者说不知如何应对；另外，在传统的行政管理模式下，政府部门不愿放弃自身的权力或利益，加上公民社会在国外的发展也伴随着一系列的群众运动与社会变革，所以整体上我们国家对于公民社会的发展是一种严格管理和限制的态度。除此之外，当前我们国家在法律法规和制度层面上对于公民社会的发展也设置了一些障碍。以社会组织的发展为例，其在注册成立、资金来源、参与主体、监管信任等方面都面临着诸多制约，这些都导致了当前公民社会在我国的发展困难重重。

三是社会组织发展不够成熟，不能充分发挥应有作用。社会组织是推动公民社会发展的重要力量，但是目前我国社会组织的发展还存在着诸多问题，不能担负起推动公民社会发展的重任。我国真正意义上的民间社会组织发展的历史还比较短，目前还处于由发育走向发展的初级阶段，其自身还存在着诸如定位不够清晰、功能不够完善、机制不够健全以及管理不够规范等方面的问题，而这些问题又严重地制约了民间社会组织的进一步发展。社会组织发展的不够成熟，导致其作用不能充分发挥，进而又制约了我国公民社会的发展与进步。

三　我国进一步推动公民社会发展的基本方向

公民社会的发展实质上就是朝着国家还权于民、社会自治、政府与公民合作共治这样一个目标前进。而要实现这一目标必然要推动政府治理模式的深刻变迁。当前我国在政府治理过程中还存在许多问题，比如政府的服务意识淡薄、政府提供的政治参与渠道不畅通、政府的公共服务供给能力相对不足、行政授权和体制性腐败等问题都还没有得到很好的解决等。解决好这些问题，推动公民社会的发展首先要积极推动"三个转变"，从"发展型政府"向"服务型政府"转变，从"大政府"向"大社会"转变，从"善政"向"善治"转变。

（一）从"发展型政府"转变为"服务型政府"

随着我国公民社会的兴起，公民的权利意识和利益要求日益强烈，这就要求政府转变过去只注重发展、不注重人的理念，切实把人的发展放到首位，把维护公民权利放在首要位置，以公民的利益为出发点和归宿，把服务作为政府的核心理念。具体说来，推动政府由"发展型"向"服务型"转变，首先转变的就是一种为政理念，即由过去的"一切向 GDP 看准"转变为现在的"一切以民生为准"，就是政府要把改善民生和维护社会公正作为自己的主要工作。当前我们国家已经进入了经济社会转型的关键时期，如果政府部门依然只关注经济的发展，不注重解决众多社会民生问题，那各种旧的问题和新出现的问题就可能在这一时期集中爆发，从而影响社会的稳定与和谐。而要避免这些问题，实现社会的平稳顺利转型，关键就是要积极构建公共服务型政府。经济层面上，政府就是要明确自己的职能定位，努力做到不越位、不缺位，既要充分发挥市场在资源配置中的基础性作用，又要避免"市场失灵"现象的出现，保证市场经济在公平公正的环境下实现有效运行。政治层面上，政府作为维护人民群众利益的代言人，其核心的职责就是要为社会各个阶层、各个群体提供一个安全、平等和民主的制度环境，通过有效的治理更好地服务于人民大众。社会层面上，政府要努力营造公平公正的社会环境，保证每一个人都能享有"学有所教、劳有所得、病有所医、老有所养"等基本社会保障，确保社会和谐稳定发展。

（二）从"大政府"转变为"大社会"

托克维尔曾经说过："一个中央政府，不管它如何精明强干，也不能明察秋毫，不能依靠自己去了解一个大国生活的一切细节。它办不到这一点，因为这样的工作超过了人力之所及。当它要独自创造那么多发条并使它们发动的时候，其结果不是很不完美，就是徒劳无益地消耗自己的精力。"① 由此可知，一个政府要想更好地提高行政效率、满足人民多样化、高标准的需求，其唯一的选择就是把自己的部分权力让渡给社会。从我国公民社会的发展历程来看，计划经济时代，我国长期保持着政府与社会高度合一的一元化社会治理模式。市场经济改革以来，这一模式开始逐渐松动，而随着公民社会的兴起，整个社会开始要求社会治理主体由一元化向多元化转变，政府由"大政府"向"大

---

① 〔法〕托克维尔：《论美国的民主》[M]，商务印书馆，1995，第108页。

社会"转变。通过扩大公民有序的政治参与，积极推动政府过度的权力实现分散和疏解，构建政府与社会共同治理模式，进一步提高社会的民主开放程度，保证政府决策的科学性与合理性。在具体的政治制度设计上，要确保政府与社会两者处在一个平等的政治地位，避免出现一个政治主体权力过大、独断专行的局面。当前在实现共同治理的过程中，各种社会组织和市场组织作为重要的参与主体发挥着重要作用。政府要大力培育和发展各种社会组织，要把属于社会组织职能范围或可以由社会组织自行完成的事项，交给社会组织自行管理。政府部门对其依法监督、协调，加强行业规划。

（三）从"善政"转变为"善治"

20 世纪 90 年代以来在西方公共管理运动中成长起来的治理和善治的理念及模式对我国产生了日益广泛的影响。善治的内涵实质就是国家权力向社会的回归。当前推动政府管理模式由"善政"向"善治"转变，就是推动国家权力向公民回归的过程。要想实现国家权力回归社会、回归公民，政府部门就应该从"全能政府"向"有限政府"转变，从"大包大揽"向"突出重点"转变，从"政府主导"向"政府引领"转变。进一步来说，政府部门要积极转变传统的管理模式，即要实现由行政主导的管理模式向根据经济、法律规则运行的管理模式转变，由直接管理模式向间接管理模式转变，由"人治"模式向"法治"模式转变。当前政府与社会共同管理的"善治"模式具备以下几个特征：一是政府公共权力的行使必须严格遵循宪法和法律的规定；二是政府公共权力的行使必须符合为人民服务的宗旨；三是政府部门必须积极推动政务公开，依法自觉接受人民群众监督；四是政府部门的工作必须符合高效率、高水平的原则。

参考文献

何增科：《公民社会与第三部门》［M］，社会科学文献出版社，2000。
俞可平等：《中国公民社会的兴起与治理的变迁》［M］，社会科学文献出版社，2002。

连玉明、武建忠:《中国社会管理创新报告 No. 1》[M]，社会科学文献出版社，2012。

全球治理委员会:《我们的全球伙伴关系》[M]，牛津大学出版社，1995。

罗豪才、宋功德：《公域之治的转型——对公共治理与公法互动关系的一种透视》[M]，《软法与公共治理》，北京大学出版社，2006。

徐刚:《公共治理与公民社会》[J]，《中国商界》2009 年第 3 期。

谢志岿：《转型期社会问题与国家治理创新——兼论政治体制改革中国道路的核心内涵与路径选择》[J]，《理论与改革》2011 年第 4 期。

朱文涛:《社会转型中的中国公民社会的构建和发展》[J]，《中国证券期货》2009 年第 8 期。

李穆基:《我国政府治理模式转变探析》[D]，福建师范大学硕士论文，2005 年 4 月。

徐越倩:《治理的兴起与国家角色的转型》[D]，浙江大学博士论文，2009 年 5 月。

国际借鉴篇

International Experiences

B.12
完善的市场秩序与成熟的法制
体系下的美国社会建设模式

摘　要：

美国在完善的市场竞争秩序与成熟的法制体系下，通过社会核心理念的打造，发展非营利组织、改革行政体制、完善社会保障体系、推行人口均衡政策等方式，打造其所谓的"伟大社会"，推动了美国社会领域的发展。尽管中美国情有不同之处，社会建设的模式也不尽相同，但是，他山之石可以攻玉，美国在社会建设方面的经验，对正处于社会转型期的中国的社会建设具有重要借鉴意义。

关键词：

核心价值理念　非营利组织　行政体制改革　社会保障制度　人口均衡政策

美国是当今世界中唯一一个超级大国，在现代化、工业化、城镇化的进程中领跑世界。它经济社会发达、综合实力强大，对世界格局有极强的影响力。

美国作为世界公认的第一强国，在发展经济和推动社会建设等方面都积累了许多成功的经验。

一 完善的市场秩序与成熟的法制体系是美国社会建设的前提与基础

19世纪后期，美国工业化、城市化迅速发展，国民财富急剧增多，其作为一个经济大国迅速崛起，其中有几个重要的时间节点和标志性数据值得关注。1884年，美国成为工业大国，工业产值超过农业产值；10年后，美国的工业产值跃居世界之冠，超过英国；1910年，美国的城镇化率达到45.5%；1850～1900年，美国的国民生产总值从70亿美元增加到880亿美元；1895年，美国经济居世界第一。

然而，美国经济的高速发展并未给其社会带来和谐。实际上，在美国经济极速增长的19世纪后期，是其历史上社会矛盾最突出、最频繁的一段时期。经济快速发展的同时，美国的社会发展也面临空前的转型，因此，重塑社会成为当时美国发展的第一要务。其中，"进步运动"、"社会新政"及"伟大社会"这3次社会改革运动是美国社会转型的重要推动力（见表1）。其核心与重点就是重建市场经济秩序和守法机制，而这也正是美国推动社会建设的前提与基础，也是美国社会建设模式区别于其他国家和地区的一个重要方面。

表1 美国三次具有历史意义的社会改革运动

改革运动	改革时间	改革内容及重点	改革意义
"进步运动"	1900～1917年	改革范围延至多个领域，其中包括争取妇女的选举权、加速反垄断运动、推进市政改革及保护自然环境。其改革的关键是反垄断。	美国国会通过了对后世经济、贸易至关重要的两部法律，即"克莱顿法"与"联邦贸易委员会法"。在20世纪，它们成为美国反垄断活动中最有力的武器。也因此，美国的经济能重回自由竞争状态。

续表

改革运动	改革时间	改革内容及重点	改革意义
"社会新政"	1933～1939 年	改革范围包括全面接管经济、公民的福利保障以及缩小贫富差距、保护劳工等法律制度的建设。其改革的关键是建立起福利保障制度。	颁布了《社会保障法》,明确政府要对人民的基本生活负责。这是美国走上福利国家的一个重要标志。
"伟大社会"	1964～1969 年	改革范围包括福利计划、反贫困计划以及税制改革、城市更新和环境保护等。其改革的关键是扩大民权。	稳定了当时的社会形势与政治格局。凝聚了美国国民的国家认同感,为美国经济的持续发展营造了良好的开端。

资料来源:李阳春:《美国经验对当前中国社会建设的启示》[N],《南方日报》2011 年 8 月 4 日。

1900～1917 年,美国社会启动"进步运动"。其根本目的是化解当时垄断资本主义引发的社会矛盾;主要目的是重建经济秩序及国家基本价值理念体系。美国开展的"进步运动"可以称得上是一场"全覆盖"的社会领域改革,一方面,该项运动在联邦、州和市各级全面展开,另一方面,改革运动主要在政治、经济、社会和生态四个领域内进行,囊括了社会生活的各个方面,比如市政改革、反垄断、改善工人待遇以及保护生态环境等。"进步运动"在美国社会建设进程中影响深远,特别是经济领域的反垄断运动对于重建市场竞争秩序起到了关键性作用。

1930 年代初,美国经历了第二次具有历史意义的社会变革运动。由于世界性的经济危机爆发,美国工业生产骤然下跌,大批企业破产。在 1.22 亿的美国人中,有近 10% 的人失业,20% 左右的人处在温饱线以下。1932 年,富兰克林·罗斯福获选任总统,"新总统"和"新政"成为美国人破解经济危机的希望。罗斯福"新政"不仅全面管理经济,最重要的是保障公民的基本福利。为此,美国着力进行了一系列法律制度的建设,颁布了《社会保障法》等多项法律法规。

1963 年,林登·贝恩斯·约翰逊宣誓就职为美国第 36 任总统。他提出的"伟大社会"改革计划,在一定程度上扭转了美国低迷的社会气氛,实施了税制改革、反贫困计划、福利保障、保障民权等一系列政策和法规,在降低失业率和消除贫困方面发挥了巨大功效,给予美国人极大的精神鼓励,复苏了美国经济,再次增强了美国的国家凝聚力,缓解了当时的各种社会矛盾,稳定了

局势。

到 20 世纪中后期，美国运行了半个多世纪的改革逐渐接近尾声，美国的社会改革使市场竞争秩序与法治机制得到了完善。20 世纪末，美国经济开始第二轮的极速发展，并且社会逐步稳定，迈入富足、完善、成熟的"社会"。众所周知，美国是一个多民族国家，是一个移民大国，但据调查显示，在欧美 18 个发达国家中，美国人对祖国的认同感和自豪感最强，是最具凝聚力的国家之一。这是美国社会建设成功的一个有力证明。有研究者认为，美国的经济体制和政治体制共同构建了美国社会管理的基本框架，其共同作用于法制体系之下。换句话说，美国迅速崛起且社会能长久保持稳定的根本原因就在于其形成了完善的市场秩序和成熟的法治机制。

二　美国社会建设的核心理念与重要措施

在完善的市场秩序和成熟的法制体系的基础与前提下，美国在社会建设中非常注重以核心价值理念为根基，推动非营利组织的发展、行政制度的改革、社会保障制度的改革以及推行均衡人口政策，由此顺利通过了社会矛盾频发的"进步时代"后，继续"又快又好又稳"地发展，形成趋于成熟、相对完整的社会形态。

（一）构建核心价值理念是美国推动社会建设的根本

构建核心价值理念是美国社会建设的重中之重。美国社会的核心价值理念解决了一个国家、一个社会最为紧要、最为根本的问题，那就是广泛的"国家认同"或"社会认同"。这种认同的核心是领土意识和国民情感。所谓领土意识就是国民认同自己的国籍身份，将自我归属于国家，对国家利益高度关心。所谓国民情感就是在国家利益受到侵害时，国民愿意挺身而出；在国家文化受到歧视时，个人感情也会受到伤害，国民自愿地对国家的发展负起责任。美国在推动社会建设的过程中，十分重视对国民"国家认同"或"社会认同"的引导，其重要的举措就是构建核心价值理念。在构建核心价值理念方面，美国形成了一些具体的途径、方式、载体和政策支撑等。

1. 将社会活动作为构建核心价值理念的重要途径

在美国，社会活动多种多样，有政治活动、社会团体活动、宗教活动等。这些社会活动在美国构建核心价值理念的过程中具有重要地位，发挥着重要作用。

第一，宗教活动对美国社会具有一种极其强大的整合力（见表2）。美国当代政治学家肯尼思曾指出，"教堂是公民的孵化器"，这实际上阐述的就是宗教在美国构建核心价值理念的过程中所发挥的不可替代的作用。宗教在美国是一种受宪法保障的教育形式，美国通过宗教来培养公民的民族精神、国家意识和道德观。在一般意义上的宗教活动的基础上，美国还存在着一种所谓的"公民宗教"现象，"公民宗教"并非严格意义上的宗教信仰，而是通过进行"公民宗教"教育，培育公民的美国精神和道德观，实际上"公民教育"类似于我国的"爱国主义教育"，其目的是增强国民的爱国主义情怀。这在美国被认为是一个公民所应有的对国家、对社会的感情。"公民宗教"超越了种族、党派等界限，被美国人广泛认同，成为美国社会团结的纽带。

表2　美国主要宗教基本情况

单位：万

主要教派	教派分布与概况	教徒人数	追溯来源
新教	在美国，拥有最多的教众。主要聚集在美国的中西部和南部。	约7200	即基督教新教，是由16世纪宗教改革运动中脱离天主教会的教会和基督徒形成的一系列新宗派的统称。由移民者带入美国。
罗马天主教	主要集中在美国东部大城市。占全国人口的24%。是美国最大的教会组织，比较统一。神学院、天主教会学校较多。	约5000	罗马天主教众多为爱尔兰人、意大利人和波兰人的后裔。
犹太教	拥有5000座教堂，20所大专院校。	约600	犹太教信奉者亦多为犹太人。最初的犹太教徒多是来自东欧和俄国的移民。
东正教	主要分布在东部、中西部和加利福尼亚。	约300	由教徒从阿拉斯加开始布教。
佛教	主要集中在罗切斯特、纽约、洛杉矶和旧金山。寺庙约60座。	约60	日本移民及其后裔是佛教徒的主要组成。

资料来源：维基百科与美国旅游网《美国宗教》。

第二，政党活动也是美国构建核心价值理念的重要途径。在美国，民主党和共和党虽然互为对手，但在社会建设与国家发展的大方向上是一致的。美国

核心价值理念，在政党的活动中得以向外传播、普及。

第三，社区以及各种社团和组织活动在美国核心价值理念的构建中也受到了高度重视。各式各样的社会团体服务于美国的各个阶层、各个教派。社区组织、妇女组织、残疾人协会等社会组织，也起到了传递核心价值理念的作用。

2. 将家庭教育作为构建核心价值理念的重要方式

在美国，家庭教育受到国家的高度重视。美国认为，监护人的思维方式与价值取向会对未成年人造成直接的影响，家庭教育是培育未成年人核心价值理念的关键。因此，在家庭教育方面，美国采取许多方式规范和督促家庭教育的实施，特别是在运用法律手段督促家长实施家庭教育方面的做法十分突出。一方面，美国的法律对家庭教育有一些惩戒性规定。如一些州规定，未成年人犯错，监护人同样会受到处罚；另一方面，美国的法律对家庭教育的实施有一些保障性规定。如与学校联动合作，更有效地实施家庭教育。

3. 将学校课程作为构建核心价值理念的重要载体

家庭教育在核心价值理念的构建过程中所发挥的作用不言而喻，同时，学校教育也是其中不可或缺的重要组成部分。在美国，与价值观相关的教育课程很受重视，学校都会通过课程，对学生渗透美国的文化教育、历史教育、法制教育、品德教育。此外，学生社团组织活动也是进行核心价值理念教育的重要途径。

除了课程设置以外，美国的很多学校还会采取各种形式来对学生进行核心价值理念教育。例如在校车、校园设施上贴上标语；华盛顿市推出"品德教育伙伴计划"。这一计划把道德教育的重点放在诸如敬重他人和履行公民的权利及义务这样一些公民道德问题上；要求把品德教育渗透到学校的各项活动中。

4. 将国家政策作为构建核心价值理念的重要支撑

政府是构建核心价值理念的主导者，通过律法与政策对公众的言行、社会的发展进行制约与引导，使其与国家核心价值理念相符合。在核心价值理念的构建过程中，政府主导国家核心价值理念建设主要是通过保持与国家政策的一致性来实现的。换句话说，美国社会建设的成功之处就在于国家观念与社会观念高度吻合。

美国各级政府在制定政策的过程中都坚持以核心价值理念为指导，比如，美国在教育政策、福利政策等公共政策的安排中，始终坚持自由、人权、民主、宪政、法治的核心价值理念，使得核心价值理念的构建既成为公共政策的基本原则，同时又通过公共政策的实施使得这些价值理念具有了深厚的社会土壤。核心价值理念对制定法律起到指导作用，法律成为核心价值理念的官方解释，两者相融合、相维护。

（二）发展非营利组织是美国推动社会建设的重要手段

自治既是美国社会文化的核心，也是美国法制体系的基本要素之一（见图1）。基于这种社会文化和法制基础发展起来的非营利组织是美国实现社会治理的重要基石。在推动非营利组织的发展过程中，美国建立了一套完善、周密的关于社会组织发展的法律和政策。

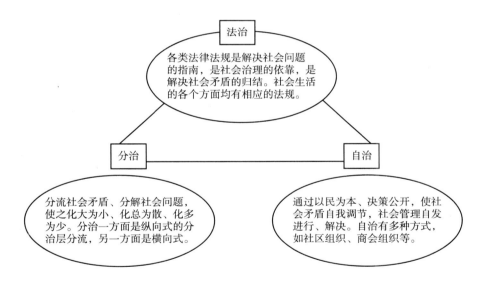

图1　美国法制体系的三大核心要素

资料来源：根据公开网络资源整理。

1. 简便的注册政策

在美国，"注册能得到政府财政资助的非营利社会组织的手续十分简单。美国的法律明确要求，非营利组织注册首先要求宗旨合法，另外就是必须要有章程，章程必须载明：所有经营服务收入或接受捐赠的收入应全部用于与宗旨

相关的事业；机构终止时将全部剩余财产转交宗旨或业务范围相同或相近的其他同类机构等"①。在美国，申请注册非营利组织的"门槛"相对较低，过程简便，只要符合国家法律与相关规定就可以获批。

2. 优惠的免税政策

在美国，非营利组织一经注册登记，就可以向美国国内税务局申请成为具有免税资格的非营利组织。我国民政部一份赴美国代表团学习考察报告显示，"美国政府对非营利组织的优惠政策主要体现在税收优惠，特别是联邦税法的优惠上，对非营利组织自身收入的税收予以免除"②。

3. 完善的捐赠政策

在美国，除了非营利组织自身收入的免税政策以外，完善的社会捐赠制度也是非营利组织健康发展的重要支撑。某种意义上来说，正是因为有了非营利收入免税和向非营利组织捐款抵税两大政策，才成就了当今美国社会的非营利社会组织的发展。曾岳雄在《美国社会组织发展的经验》一文中指出"美国的社会捐赠制度非常完善，慈善抵税的政策是美国人捐款捐物、踊跃举办公益慈善组织的一大动力"③（见图2）。

4. 灵活的发展政策

美国对于非营利的社会组织发展政策非常灵活，鼓励社会组织的多样化发展。其主要表现是"对于社会组织的服务范围并不局限于从事非营利活动，政策上支持社会组织既可以独立提供服务，也可以募集资金支持其他社会组织的活动，还可以从事与其宗旨相关的营利性领域的投资活动，但在税收政策上有非常严格的区分，非营利活动收入免税，经营活动须依法纳税"④。正因为这样，美国社会组织才得以发展壮大，逐步成为社会治理的"第三部门"。

---

① 民政部赴美国代表团：《美国非营利组织运作和管理的启示与思考》[J]，《社团管理研究》2011 年第 3 期。
② 民政部赴美国代表团学习考察报告：《美国非营利组织运作和管理的启示与思考》[J]，《社团管理研究》2011 年第 3 期。
③ 曾岳雄：《美国社会组织发展的经验》[J]，《特区实践与理论》2013 年第 2 期。
④ 曾岳雄：《美国社会组织发展的经验》[J]，《特区实践与理论》2013 年第 2 期。

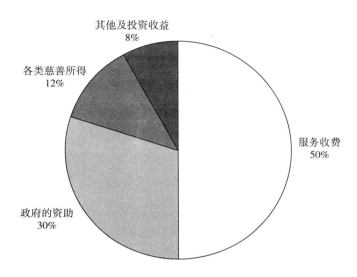

图2　美国非营利社会组织收入构成

资料来源：曾岳雄：《美国社会组织发展的经验》[J]，《特区实践与理论》2013年第2期。

（三）再造行政制度是美国推动社会建设的重要改革

如果说发展非营利组织是美国推动社会建设的第一推手，那么行政制度的再造就是其推动社会建设的第二推手。在20世纪的最后20多年里，为迎接全球化、信息化以及国际竞争加剧的挑战，摆脱财政困境和提高政府效率，美国掀起了一场行政改革的热潮。在"政府再造"的行政改革浪潮中，传统的公共行政模式向"管理主义"或"新公共管理模式"转变，非营利组织接手政府负责的部分社会管理及公共服务的职能，构建了以公民作为社会治理主体的公民社会。为此，美国政府进行了多方面的改革。

1. 推行福利政策改革，实现政府社会职能收缩

福利制度一直是发达国家社会建设的核心，并成为一个成熟社会的基本标志之一。但在社会建设的过程中，福利制度也是处于一个不断改革更新的状态。

1996年，美国克林顿政府进行了一场号称是"终结福利"的福利政策改革，改革的内容包括社会保障政策、医疗健康保险政策、收入保障政策和住房

补助的调整。改革的初衷主要是由于社会福利开支给政府造成巨大的财政负担，美国政府决定收缩其社会职能。改革首先从压缩福利项目开始，通过压缩福利项目逐步收缩政府的社会职能。应该说，1996 年美国的福利改革纠正了当时许多不合理的社会弊病，但也没有解决所有的社会问题。2008 年经济衰退又使福利国家备受质疑，而美国政府采取的措施依然是通过福利政策调整改变"大政府"所带来的效率损失。

此外，在美国，通过政府公共服务输出的市场化实现政府社会职能的收缩，也是其在推动社会管理方面的一项重要举措。所谓政府功能输出就是引进市场机制，把一些必须由政府承担的公共服务职能通过合同出租、公私合作、用者付费和凭单制度等方式来实现，实际上就是将政府权威与市场交换的功能优势进行有机地组合，从而提高公共服务的水平和效率。

2. 放松经济领域管制，实现政府经济职能收缩

第二次世界大战以后，美国经济管制政策逐步发展起来。到了 20 世纪 70 年代后期，经济管制政策日益显现出它的负面作用，一方面使企业的负担加重，另一方面阻碍了新技术的发展和运用。为此，从 1975 年开始美国政府不断放松经济领域管制，主要是放松了对企业的开设、产量和物价等方面的管制，从而提高了企业的效率，同时也减轻了政府的行政开支。

最为关键的是，以放松经济领域管制为取向的政府内部管理改革，使基层公务员从繁琐陈旧的规章制度中解脱出来，他们不再需要对过程负责，而是只对结果负责，使其能集中精力去管好政府应该管的事情。换句话说，就是把社会公众作为政府部门和公务员直接服务的"顾客"，建立一种"顾客导向"型政府，突出政府对公民的重视和交流意愿，重新树立公民对政府的信任，从政府改革的角度为实现社会的有效管理提供了条件。

3. 实施政府分权改革，实现政府绩效提升

美国政府再造行政制度，不仅仅是进行政府职能的收缩，为社会的发展提供空间，同时，也对其政府内部进行一种以分权为取向的制度设计，从而不断提高政府绩效。

观察美国的联邦政府和州政府可以发现，他们之间的权力分配，受时代、社会格局及经济形势的影响，当然，这种变化是在宪法原则的总体框架下进行的。罗纳德·威尔逊·里根总统在1981年开始推行新联邦主义，这一制度的实施，使美国政府走向分权的道路；20世纪90年代克林顿政府推动的放松管制改革的实践，更加重视政府间权力的平衡；第42任美国总统威廉·杰斐逊·克林顿特别注重社区的发展和权力的下放。通过相关举措的推行达到平衡各级政府权力的目的，消除了政治领域中潜在的问题，为美国社会领域的发展与改革提供了空间。

（四）完善社会保障体系是美国推动社会建设的重要制度

美国的社会保障体系立法较晚，但发展迅速。与其他高福利国家相比，美国社会保障制度较好地处理了公平与效率的关系。应该说，社会保障体系的不断完善成为美国社会发展有效的减震器和调节剂，是美国推动社会建设的一项重要的制度保障。

1. 政府、企业和个人在社会保险、社会福利、社会救济中发挥不同的作用

社会救济、社会福利及社会保险是美国社会保障制度中的重要组成部分。在美国的社会保障体系中，责任主体可以分别是个人、企业和政府。

一是社会救济。政府与相关的非政府组织共同推动社会救济项目的开展与运行。社会救济的资金主要由联邦政府与州政府提供，社会捐助也会提供一部分。而它的运行方式较多，可以是国家行为，也可以是个人行为或是私营企业行为等等。目前，美国的社会救济相对成熟，由政府、慈善机构、企业福利机构等共同实施。

二是社会保险。美国的社会保险主要包括养老保险、医疗保险、失业保险、残疾者保险、幸存者保险等项目。个人和企业是缴费主体，政府是责任人。例如，由聘任方为雇员投保的集体退休保险是根据雇员个人情况和聘任方的经营状况决定的，投保金额不一。

三是社会福利。尽管美国政府采取了一系列公共服务输出市场化的手段，但政府依然是最主要的责任人。美国的社会福利工作是建立在完善的养老、医疗等保险制度之上的，包括妇女、儿童、老人等社会福利方面的工作，主要由联邦政府制定政策、规章、服务标准，州政府实施行政监督和管理，由社会上的私人服务机构运营。这样既可以节省政府的财政支出，又可以引入竞争机

制，调动社会各界积极性，提高服务水平。

2. 针对人口老龄化和历史负债逐步探讨社会保障制度的改革方案

尽管美国的社会保障体系比较完善，但到了20世纪80年代，美国的社会保障仍面临赤字问题，其主要原因归结为两点，一是人口老龄化，二是历史负债。针对这两个原因，美国开始逐步提出对社会保障制度进行改革的一些思路和方案，主要包括："推行社会保障私有化；实行社会保障津贴累进价格指数化机制，减少社会保障制度的长期财务赤字；推迟法定退休年龄，以削减津贴支出等"[①]。

（五）推行人口均衡政策是美国推动社会建设的重要举措

社会建设的核心是人，人口问题是一个重要的社会问题。在世界发达国家中，人口数量仍在较快增长的国家只有美国（见图3），这一方面使得美国在较长的时期内保持生产和消费较快增长的势头；另一方面，也面临着一些问题和弊端，比如，人口老龄化问题、人口发展不均衡等。在推动社会建设的过程中，美国政府通过一系列法律法规来调节人口规模和结构，以解决由于人口问题所引发的一系列社会问题。

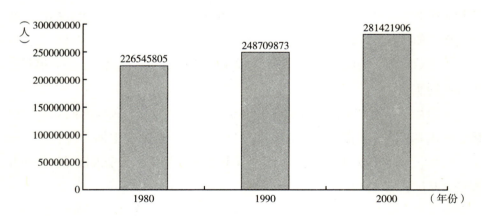

图3 美国1980～2010年人口增长态势

资料来源：维基百科及网络资料整理。

---

① 邓大松、刘威：《美国社会保障制度改革建议与反思》[J]，《社会保障研究》2010年第6期。

1. 应对老龄化社会带来的挑战

一般认为，人口老龄化（aging of population）是指总人口中因年轻人口数量减少、年长人口数量增加而导致的老年人口比例相应增长的动态过程。国际上人口老龄化的具体标准是 60 岁以上的人口占总人口比例达到 10%，或 65 岁以上人口占总人口的比重达到 7%。美国的研究认为，世界性的人口老龄化是"历史上未曾出现的社会现象"，21 世纪初，美国 65 岁以上的老年人占人口总数的 12%，其中 85 岁以上的有 500 万人。人口老龄化不但对社会保障覆盖面提出了挑战，而且还会出现劳动力供给不足等问题。为此，美国政府采取了一系列措施应对和解决这一社会现象。比如，推行对多子家庭的政策鼓励。在美国，子女越多，可以抵消的个人所得税就越多。通过这类鼓励家庭生育的政策，延缓社会老龄化趋势。再比如，以年轻的移民人口化解社会的老龄化问题。移民政策不仅是美国应对老龄化的关键，它对美国的经济发展也有重要的影响。

2. 解决人口分布不均衡的问题

人口问题是社会发展中最为基础，也是最为重要的问题之一。从社会建设的角度来看，人口长期均衡发展意义重大。一个区域的人口密度过高或者过低，超出或者远低于人口承载极限标准，都会引发多种社会问题和矛盾，也不利于经济社会的可持续发展。人口发展不均衡问题也是其推动社会建设所面临的一项挑战。从这个方面看，美国大概经历了三个阶段。

第一个阶段，加快城市化进程，分散过于集中的人口。美国是世界上城市化较早且城市化水平很高的国家，其城市化的发展也经历了两个阶段，即向心型城市化阶段和分散化阶段。目前，85% 以上的美国人口居住在城市，需要分散。

第二个阶段，推进逆城市化，出现人口郊区化趋势。从 20 世纪中后期开始，由于受社会变迁和生活水平提高等多项因素的影响，居住在城市的人群开始向郊区转移。从 20 世纪 90 年代起，城市人口向郊区转移的迹象更加明显。

第三个阶段，协调大中小城市发展，促使人口均衡分布。20 世纪 70 年代，美国的逆城市化达到高潮，小城市因此得以发展，而大城市陷入低迷，城市人口向中小城市迁移。这时候，美国政府开始考虑协调大中小城市的发展，使大中小城市的人口分布均匀。

三 美国的社会建设模式对我国的启示

美国的社会发展史充分说明，单一的财富增长不足以使一个国家踏入和谐社会。国家经济发展到一定阶段，调整、改革各项政策制度，不断化解社会中的矛盾和潜在问题，促使社会保持稳定和谐、长效发展，就成为一个必然选择。虽然美国与我国的政治制度不同，但是在社会建设上依然有着不少共性问题，美国在社会建设上的成功，能为我国社会转型期的发展带来很多借鉴和启示。

（一）必须在法制的框架下推动经济改革、社会改革和政治改革

美国社会建设模式最突出的特点是，经济体制和政治体制共同构建了美国社会管理的基本框架，更为重要的是，经济体制、政治体制、社会体制共同作用于法制体系之下，不管是社会组织的发展，还是政府的行政行为，或是市场的有序竞争和参与，都是依据完善的法律体系来运行的。尽管我国的市场改革、社会改革、政治改革的特点与推进时序有别于美国，但是，有一点是我们在转型期推动社会改革需要高度关注的，那就是加强法制建设。也正因为如此，党的十八大报告把十七大报告提出的十六字社会管理格局改为二十字，在原来"党委领导、政府负责、社会协同、公众参与"的基础上，加上了"法治保障"四个字。法制是一个国家法律制度的总和，是立法、守法、司法、执法和法律监督各环节的统一，核心是依法办事。当前，我国加强法制建设，应侧重于依法进行国家管理和社会管理，也就是加强"法治保障"。

（二）立足国情，依靠"中国梦"凝聚社会共识

美国梦成功地凝聚了美国社会的核心价值观念，是其社会建设成功的重要原因之一。"中国梦"和"美国梦"既有相通之处，但又各有魅力。中国是一个拥有13亿人口的大国，有着自己独特的文化底蕴、特殊的历史使命、宏大的目标追求，中国梦不能脱离中国的国情。不得不承认，随着新的历史转型期的到来，利益群体的多样化、价值取向的多元化、政治心理的复杂化，使中国

社会对国家认同感呈现下降趋势。目前，我国急需一个符合当前时代特征的核心价值理念，以此凝聚人心。而"中国梦"就是新时期的国家核心价值理念。我国要依靠"中国梦"的本质内涵，即实现国家富强、民族复兴、人民幸福、社会和谐，在敏感的社会转折期，重新凝聚国民的国家共识和社会认同，使"中国梦"真正植根于每一个中国人的心中。

（三）培育社会组织，构建政府、社会、市场功能互补的社会管理网络

与美国、欧洲等发达国家相比，我国各类社会组织的发展相对缓慢。建立政府管理与社会调节互动互补的社会管理网络，是美国推进社会建设的一个"成功秘诀"。由于各种原因，目前我国社会组织的发展还处于起步阶段，作用还远远没有发挥。政府应借鉴美国的一些经验，对社会组织在准入方面放宽注册条件；在资金方面加大扶持力度；在管理方面采取更加灵活的分类措施。

（四）加快行政制度改革是推动社会建设的根本动力

我国现行的行政制度，极易滋生腐败、权力异化等社会负面现象。我国在推动社会建设的过程中，对行政制度的改革已刻不容缓。借鉴美国的行政改革经验，结合我国的基本国情，可以重点在以下三个方面启动改革步伐。一是放松政府管制，提高公共服务效率；二是树立"顾客导向"的理念，建设服务型政府；三是实行分权管理，实现公共决策的民主化。

（五）注重人口问题和历史负债问题，加速社会保障体系的完善

我国是一个人口大国，人口问题不可回避（见图4）。我国实行计划生育政策已经40多年，从现在的人口规模来看，它有效地缓解了人口数量的快速增长，但从我国的人口发展趋势来看，我国也面临着老龄化态势严峻、人口增长过快、人口区域发展不均等多方面的问题。与此同时，我国社会保障压力巨大。我国的社会保障体系是在对原"单位福利"进行颠覆式改革的基础上建立起来的，目前在社会保障实施过程中，已经开始显现由于历史负债和人口问题带来的不利影响。因此，要针对我国的国情，充分借鉴包括美国在

内的发达国家的经验教训，制定预防社会保障赤字的方案，加速社会保障体系的完善；同时，逐步改进包括生育政策、人口迁移、人口劳动就业政策和民族人口政策等在内的涵盖人口变动全过程的政策体系，统筹解决人口问题和社会发展的需求。

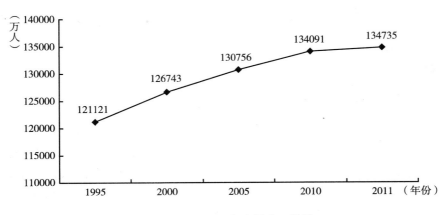

图4 1995～2011年中国人口增长

资料来源：1996～2012年《中国统计年鉴》。

参考文献

孙浩然：《美国的宗教与宗教渗透》[J]，《中国党政干部论坛》2007年第5期。

邓大松、刘威：《美国社会保障制度改革建议与反思》[J]，《社会保障研究》2010年第6期。

崔志胜：《美国价值观念及其对中国社会主义核心价值体系建设的启示》[N]，《江西师范大学学报》2010年第43卷第2期。

陶静坤、张媛媛：《浅析美国行政改革对中国行政改革的启示》[J]，《黑龙江对外经贸》2011年第11期。

贾广虹、陈靖：《借鉴美国人口政策 推进人口均衡型社会建设》[J]，《中国计划生育学杂志》2011年第8期。

蒋励佳：《美国进步时代改革对当下中国社会管理的启示》[J]，《学术论坛》2012年第6期。

李阳春：《美国非营利组织发展的启示》[N]，《南方日报》2011年8月4日。

B.13
英、法、德与政党活动有机融合的社会建设模式研究

摘　要：

　　在我国讨论如何有效推进社会建设时，应当学习和借鉴欧洲先进的社会建设经验和模式，并结合我国国情，制定相应的社会建设改革路径，在社会建设方面找到一条切合实际的中国道路。本文着力分析欧洲发达国家较为成熟的社会建设模式及社会建设的先进经验，以期为我国进一步推进社会建设提供借鉴和启示。

关键词：

　　社会建设　社会保障　政党发展

　　欧洲社会近代以来的现代化过程，就是其社会建设模式不断完善的过程。英、法、德作为典型的欧洲发达国家，其社会建设模式具有共同之处，其社会建设与政党发展、政党活动紧密联系，并随着执政党发展历程不断推进与完善。

一　英国：社会建设与政党发展"齐步而行"的经验及模式

　　英国的社会建设离不开政党发展，社会建设的进程和政党活动紧密相关。通过研究英国政党发展史和社会建设步伐，不难发现在英国社会建设历程中，英国执政党在社会改革与建设中一直是主导者和引领者，同时社会建设也随着执政党的发展历程而前行。渐进式的英国改革模式中，先进的社会建设发挥着化解社会冲突和矛盾的功能，是稳定社会格局、促进社会发展的软实力，这同时也是政党的功绩。

（一）依法设立独立的社会组织管理机构，实现运行管理的独立性

在英国，对民间公益组织的登记注册和监督管理设有专门的机构，即英国慈善委员会（Charity Commission），这是一个有着 150 年历史的官方机构，是依据英国《慈善法》设立的。1993 年英国《慈善法》明确规定，委员会是公务员体制，其主席直接由英女王任命，但其运作管理却又独立于政府机构会议之外。委员会的主要职能是：登记注册、咨询监督、制定法规和调查执法等（见图 1）。

慈善委员会主要职能

审核一个组织是否能成为民间组织。	获取评估和公开发布有关慈善委员会工作目标和日常工作情况的所有信息，准确登记民间公益组织的资料，维护好相关数据库。	监督民间公益性组织的运行，确定和调查违法公益机构，及时防范。
发放和管理统一的公益性募捐执照。	为政府各部的部长，提供关于慈善委员会工作目标和日常工作情况的信息，提供相关的咨询服务，并提出相应的建议和意见。	鼓励、促进和帮助民间公益性组织提高管理水平。

图 1　英国慈善委员会具体职能

（二）推动政党与社会组织良性互动，实现功能上的互补性

社会组织在英国得以良好发展，是因其良好的公民社会环境和相对稳定、良好的社党（社会组织和政党）关系。在英国，政党与社会组织之间是一种良性互动状态。这种良性互动关系主要体现在两者之间功能的"双向输出"。

一方面，社会组织的充分发展给政党提供了联系社会、动员社会和支持执政的力量源泉。鉴于相对独立而强大的社会组织在英国社会政治生活中所发挥

的重要作用，英国政党十分注重加强与社会组织的沟通联系。许多政党充分利用社会组织网聚的民众力量，尤其是来自草根的民众力量，扩展自身在基层群众中的影响。另外，一些社会组织在思想政策创新方面常常超前于政党，这些由社会组织率先提出的新思想理念和新政策主张往往被政党吸收并变成政党的思想和主张。从社会组织中吸取先进有益的思想和主张为己所用，成为英国政党思想政策创新的重要来源之一。

另一方面，社会组织通过影响进入政治体系的政党来更好地表达自己的利益诉求或者借助执政党的力量扶持和资助自身的发展（见图2）。

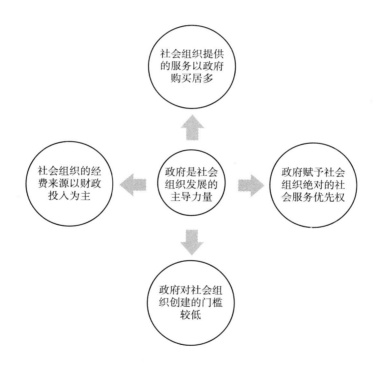

图2　英国政府主导社会组织发展

法治体系是构成西方发达国家市场经济和民主政治制度框架的基础。在处理政党与社会组织关系上，英国十分重视在法治框架下实现政党与社会组织的平等合作。注重法治就是建立健全相关法律和制度，以此规范制约社会组织的政治功能和运作方式。

社会管理蓝皮书

（三）推动政府公共服务体制改革，实现价值观的一致性

英国是具有长期慈善和志愿传统的国家，非营利部门或者说社会组织在经济和社会生活中占有重要地位。各政党在其执政期间，在促进政府与社会组织的合作方面付出了极大努力，期待实现政府与社会组织在价值观上的一致性。

早在20世纪70年代，保守党撒切尔政府就针对政府公共部门效率低下、行政机构臃肿等问题，大力推行"私有化"政策，加强政府公共部门与民间公益部门的合作，将许多原来由政府公共部门提供的公共服务以委托等方式转交给民间公益部门来执行。

从工党1995年重新登台开始，政府计划的公共部门"现代化"改革开始启动，其内涵在于重新定位政府公共部门、私人企业部门和民间公益部门三者之间的关系，重点强调建立一个强大的、积极活动的民间公益部门，推动政府和民间部门的合作。1998年，在政府和各类社会组织的努力下，双方签署了《政府与志愿者及社区组织合作框架协议》，社会组织成为政府的合作伙伴。

2010年，代表保守党的卡梅伦政府执政，更加重视发挥非营利组织在社会公共服务中的作用，提出并启动了"大社会"（Big Society）计划，改变过去任何问题都依靠政府解决的做法，着力于建立"小政府"，"还政于民"。公众不再单纯依靠地方当局或中央政府来解决他们面临的问题，而是有充分的自由和权力为自己的社区服务，由此建立一个"更大、更好的社会"。在"大社会"计划中，为了让社会组织和社会型企业承担因政府裁减机构后存在的公共服务空缺和公共服务渠道拓展的作用，英国政府不惜斥巨资用于社会组织和社会型企业的培养。除政府给予的支持外，各类社会组织和个人之间也形成了一种互相提供服务的模式，这样，通过挖掘和利用一切社会资源，更好地做到了资源的高效利用和配置。

（四）发挥政党和社会组织在完善社会保障体系中的作用，实现政策的兼容性

英国是最早建设福利制的国家之一。18世纪的工业革命铸就了19世纪最

优秀的产业工人群体。从 19 世纪 30 年代开始，在政治、社会、经济、司法制度等领域，英国政府实行积极的干预政策，规划了一系列立法改革。第一项便是议会选举法改革，议会选举的改革使英国土地贵族逐步失去优势，而为工业资产阶级和无产阶级争得了选举权。之后又对财富分配、税收制度以及促进向社会底层低收入阶层倾斜的分配方针等进行了改革。英国政府于 20 世纪初颁布的一系列福利法律，涉及全民共享的医疗、教育、文化、养老等社会保障体系建设，最终形成了一个橄榄形中间部分的中产阶层。实际上，社会保障政策所属的社会政策领域一直是英国执政党和反对党对立性比较强的一个政策领域，在如何实现社会保障政策的一致性上，社会组织就发挥着重要作用。社会组织本身以推进社会福利、公益服务为宗旨和使命，通过社会组织发挥作用，使得英国的社会保障政策保持着应有的兼容性。当然，系列的社会建设与发展都离不开政党，政党在社会保障政策制定过程中起着牵头引导作用。

二　法国：多党联合联盟执政体制下的社会建设模式

法国的社会建设同样也离不开政党发展，并且社会建设在很大程度上也围绕着政党活动展开进行。但法国也有其自身的独特性，那就是在多党联合执政体制下推动社会建设。这种多党联合执政体制对于法国社会建设的快速良性发展有着不可磨灭的决定性影响。

（一）执政党在党内成立社会建设专题组织推动社会建设

法国多党联盟联合执政的特点是在长期多政党竞争与角逐中，经历了内部矛盾和外部压力的磨炼而最终形成的。法兰西共和国建立后，社会阶层发生颠覆性的变化，经过历史和社会变革的磨炼，目前形成了以保卫共和联盟、法国民主联盟为首的右翼保守派和以社会党、共产党为左翼的改良性质的改革派。两派之间，观点对立，斗争不断。这为法国的多党联合联盟执政的格局埋下了伏笔。

社会建设是一个国家的软实力，也是国民不可或缺的命脉，法国政党对于社会建设的关心程度尤为突出。在法国的多党联合联盟执政的情况下，为了争取执政领导地位，法国各党派将研究解决社会问题，制定相应的规划和政策作为自己赢得到更多社会支持的筹码。无论哪个政党上台执政，都会把社会建设看作重中之重，并在党内成立社会建设方面的专题组织，对法国出现的关于经济、政治、民主、民生等与社会建设相关的问题作出了深入研究，尽可能为执政领导阶层提供向导性意见和规划政策。法国执政党在社会建设方面采取的政策大概可以归纳为以下几个方面：合理调整经济政策，重视社会政策建立，完善社会保障制度及再分配政策，提高对国民教育的重视，营造平等和正义的社会，缩小贫富差距等。

（二）政党与社会组织共商合作推动社会建设全面化

在法国这个多元化的社会中，政党很难全方位地估计和解决社会建设中方方面面的问题，在这种情况下，政党就必须通过与党外组织，特别是社会组织的对话、协调、合作等方式来实现社会建设的全面化。因此，法国的政党非常重视与各类社会组织的关系培养。工会无疑是法国社会组织中最有影响力的组织之一，也是法国政党在社会建设方面最为重要的"盟友"。

工会作为法国最有影响力的社会组织之一，其覆盖面涵括各个行业，是政府与相关当局的法定对话者。在法国，工会组织在维护收入阶层利益及移民权益、维护社会福利、抵制不利于低收入阶层的改革等方面发挥了重要作用，常常组织大型示威活动，向政府和当局提出自己的诉求，如推动延长退休年龄等改革。工会等社会组织在很大程度上缓解了政党与民众的直接矛盾，在社会建设中起着润滑和传输的作用。在法国，工会在政治决策机制中的作用是受法律保护的，法律规定，每年秋天，政府都要和各大工会举行有关社会事务的谈判，主要围绕最低工资标准上调、工作时间、受薪者各方面条件和社会保险等问题。工会在法国经济与社会理事会中占有重要地位，为社会事务的各项立法发表意见、提供咨询。

（三）执政党不断完善社会机制支撑社会建设

法国执政党在社会建设方面，尽可能地跟上时代和社会变革的脚步，制定出相应的管理机制，使其成为支撑社会建设和合理发展的重要保障。以下列举几条较为完善的社会管理机制。

比如，法国反腐败机制的完善。在欧洲国家中，法国是腐败问题比较严重的国家之一，特别是近年来各种腐败案频频现报。为此，法国通过政府相关专题委员会研究，确定了"预防为主、铲除犯罪根源"的反腐败工作的指导思想，此后，法国又通过立法确立了几项行之有效的预防腐败制度，包括反腐法制构架、反腐机构设置、反腐惩罚机制等。

比如，法国献血管理机制的健全。法国于1995年开始实行了免费、自愿和匿名的无偿献血制度。到20世纪80年代，法国采血机构的发展有些失去控制，1985年法国艾滋病毒经过血液制品传染事件使得法国当局和各机构充分认识到血液采集、管理的重要性，20世纪90年代开始改革，先后分两次重组采供血机构，各采血站全部归法国血液管理局统一管理，并由国家领导任职组成一个专业委员会，对管理制定相应且细致的条约，由管委会监督实施。

再比如，法国社保基金运作监督机制的建立情况。应该说，社会保障制度的稳定与否的关键就在于社保基金的管理和运作。作为社会福利最为完善的国家之一，法国社保基金的运作程序是比较复杂的，并形成了一个相互监督的良好机制，加大了对个人或机构挪用、侵占社保基金的监管，从而减少风险。对于社保基金的使用管理除了依靠完善的法律制度外，法国社保基金管理部门还制定了内控机制，从而确保社保基金能够良性运作。

（四）社会保障的社会化经营和分散管理模式

法国社会保障制度享有高度的自主运作权，主要通过国家宏观调控，经国家、大区、省级三层机构进行社会化经营和分散管理，个人的收益是根据社会标准和分摊金缴纳数额来核定的。

当然，在法国这个福利制国家，国家的宏观调控依然非常重要，国家可以看作是管理和掌控社会福利的机构。国家在社会保障体制上主要的作用有两点：第一，相关法规的制定，如《社会保险法》、《公众健康法》、《劳工法》、《保险法》等；第二，监督、鼓励和直接管理的作用。如财政部监督社会保障体制的资金状况。在法国，社会保险机构的负责人由政府任命，政府不仅有解散社会保险机构行政委员会的权力，还有取消社会保险机构做出的错误决定的权力。

三　德国：严谨精细的社管机构构建起的
社会建设经验和模式

"二战"之后，德国将社会政策作为一项基本国策，大力推进社会建设和管理，强调社会发展与经济发展相协调。在建立和维护公平的市场竞争秩序同时，对经济进行积极有效的调控，实现了经济效益与社会和谐之间的平衡。在过去的 60 年里，德国不断完善国家行政管理机构的功能，在不断发展和完善社会保障制度和社会政策措施方面，这些管理机构各司其职，构架起德国社会建设的完整模板，形成了较为完善的社会建设体系，打造出了一艘精密精细的社会建设"舰母"。

（一）系列直属各部的联邦机构、部门和组织共同负责社会建设和管理

实行联邦制的德国是一个高度法制化和高福利的国家。在德国基本法中规定，联邦政府可设立对应的行政管理机构实施社会建设和管理，政府主管机构则担负监督职责。德国在社会建设和社会管理方面主要设立有：劳动和社会事务部、卫生部、联邦劳动就业服务局以及相关的法人组织、团体、基金会等。[①]

劳动和社会事务部的主要职责是负责维护社会体系的正常运作，为残疾人和弱势群体融入社会提供帮助，在就业方面为该群体创造有利条件等。具体来讲，其任务主要由"四个部分"组成：一是，研究判断社会福利政策和经济发展的关系；二是，稳定和推动养老保险制度；三是，帮助残疾人和弱势群体融入社会；四是，稳定劳动力市场。[②] 在推动相关社会管理工作过程中，劳动和社会事务部既发挥统筹作用，又和多部门建立沟通与协调关系，形成合力，

---

① 田永坡：《德国人力资源和社会保障管理体制现状及改革趋势》[J]，《行政管理改革》2010
　　年 4 月 23 日。
② 田永坡：《德国人力资源和社会保障管理体制现状及改革趋势》[J]，《行政管理改革》2010
　　年 4 月 23 日。

推动各项政策的实施。联邦卫生部的职责在于"维护法定医疗保险和长期照护保险制度的有效性和高效率；维持和提高保健制度的完善和品质；提升病患利益；建立合理有效的预防措施和预防保健等"①。德国联邦劳动服务局是德国官方的劳动就业管理培训机构，"为德国公民和劳动者提供就业机会和培训服务，在全国范围内拥有就业机构和办事处，提供全面的网络信息服务"是其基本职责②。此外，劳务部还对劳动力市场进行调研，对相关数据进行统计，利用统计的数据，建立起劳动力市场资源数据库，创建全国通行的网络平台，使得劳动就业问题得到更好的解决。

此外，德国在地方政府中也设置了分管劳动和社会事务的部门。例如：巴登－符腾堡州劳动和社会事务部，不来梅劳动、妇女、卫生、青年人和社会事务部，汉堡社会事务、家庭、卫生和消费者权益保护事务部等。虽然各州之间部门设立稍有不同，但其职责范畴大致包括维护妇女和家庭权益、社会保险、劳动和社会基本保障、卫生等方面的工作。

从德国政府对社会建设和社会管理的机构设置来看，其基本特点是实施"大部制"，在职能上强调"关注民生"。

（二）在社会建设与管理中发挥中介作用的法人组织、团体或基金会

在德国的社会建设与管理中，政府直辖下的法人组织、团体或基金会等机构发挥着重要的中介作用，这种中介作用主要表现在三个方面：一是弥补政府制度和社会政策存在的缺陷；二是加强与公众的沟通与协作，共同在社会管理的各项事务中发挥作用；三是与各类社会组织联动，共同在社会福利事业中发挥作用。

（三）社会保障体制建立在国家立法和社会自治相结合的基础之上

德国社会保障体制与社会经济政策并驾齐驱，坚持国家立法与社会自治相结合的原则。德国联邦政府会根据经济社会的变化情况制定和调整相应的社会

---

① 维基百科。
② 德国联邦劳动局官网。

保障政策，制定出的政策在全国范围内高度统一，但在具体管理和实施上，却又呈现分散性和多样化的特点。社会保险是德国社会保障体系的主体内容，受政府监督和调解，以资质管理为主。在德国，社会保险机构较为独立，自主自治性较强，保险机构的职能运行必须建立在依法合法的前提下进行，受管理委员会监督管理。

四 英、法、德三国的社会建设模式对我国的启示

纵观英、法、德的社会建设模式，有三个最突出的特点。第一，在社会建设的主题和导向上，强调社会福利建设。这种社会建设模式在一定程度上缓解了社会不平等和阶层差异性矛盾，稳定了欧洲资本主义国家的经济和政治体制，同时在控制社会张力、稳定社会秩序方面作出了不可磨灭的贡献。第二，在社会建设的模式和体系上，突出表现为社会建设与政党发展、政党活动紧密相关。"二战"后，欧洲的社会建设都由其执政党探索和规划，在长期的探索和规划中，欧洲的社会建设进步明显，特别是各党派对立统一地看到社会发展和社会建设的重要性。第三，在社会建设的制度和机制上，都是以法律形式确立并推进社会建设、社会发展和社会管理。这些经验对当前我国推动社会建设具有重要的借鉴和启示作用。

（一）社会建设与社会管理应坚持以人为本的基本导向

改革开放30多年以来，我国在政治、经济、文化等方面均取得了长足的发展。但是，作为一个拥有着13亿人口的大国，衣食住行关乎百姓的切身利益，民生问题势必成为一个当前发展急需解决的关键问题。"国以民为本，民以生为先。"民生问题得不到解决，就不会有国家安定，就难以实现社会和谐。关注民生、改善民生、造福民生，既是治国理政之根本，也是推动社会建设、创新社会管理之要务。我国从长治久安和社会主义建设的全局出发，强调"构建社会主义和谐社会"就必须"以解决人民群众最关心、最直接、最现实利益问题为重点"，实际上就是在社会建设和社会管理中坚持以人为本的理念。在这一理念框架下，我国提出了"学有所教、劳有所得、

病有所医、老有所养、住有所居"等目标，开始逐步"实施积极的就业政策，发展和谐劳动体系"、"坚持教育优先发展，促进教育公平"、"加强医疗卫生服务，提高人民健康水平"、"完善社会保障制度，保障群众基本生活"等政策。

需要特别强调的是，我国正处于经济社会转型的关键时期，各项改革进程缓慢，这与我国缺乏健全的社会保障体系有很大关系。要顺利推进经济改革、政治改革，社会保障制度的配套改革也要相应跟上。在完善社会保障制度的进程中，应充分吸取世界上一些福利国家在这方面的经验和教训，立足我国实际，不断完善社会保障体系。目前，亟待解决的问题是，逐步扩大保障服务的对范围，将农民、流动人口等纳入服务保障范围，尽量缩小城乡差别、地区差别，缓解阶层矛盾。

（二）充分发挥政党在社会建设中的重要作用

总结欧洲社会建设的进程和成果可以看到，欧洲的社会建设离不开政党的支撑，可以说欧洲社会建设的步伐同政党的进步是一致的。在我国，应从中汲取先进做法和经验，提高党组织的群众基础，使党的组织在推动社会建设和调解阶层矛盾方面发挥作用。首先，应学习欧洲政党在维持政治秩序，促进社会健康发展方面的政治品质、政治技能。其次，应加强党组织对社会稳定的认知能力建设，加强维护社会公正能力的建设，加强社会管理能力的建设等。最后，应加强基层党组织与社会组织的互动发展。借鉴欧洲这种与社会组织相互并存和协作的关系，在推动社会建设的过程中实现基层党组织的功能转型。

（三）社会建设与社会管理必须纳入法制化框架

欧洲各国虽然在推动社会建设和社会管理方面的时间和过程略有不同，但都有一个共同特点：以法律形式确立并推进社会发展。我国社会建设与社会管理中的一个薄弱环节就是法制建设。法律体系滞后于社会组织的发展、社会管理的实践，这种法制建设的缺失，将严重地影响到我国社会的健康发展，应当引起高度重视。

参考文献

邱运华：《政治要改革，但社会建设更迫切》［N］，《环球时报》2012 年 4 月 19 日。

徐延辉、黄云凌：《社会服务体系：欧洲模式与中国方向》［J］，《人民论坛学术前沿》2012 年第 17 期。

林卡、张佳华：《北欧国家社会政策的演变及其对中国社会建设的启示》［J］，《经济社会体制比较》2011 年第 3 期。

周荣美：《法国推进公共服务体系建设的主要做法》［J］，《当代世界》2012 年第 1 期。

陈露：《欧洲社会党组织转型比较研究——以英国工党、法国社会党、德国社民党为例》［J］，《当代世界社会主义问题》2009 年第 2 期。

李勇：《德国非营利组织管理工作考察报告》［EB/OL］，http：//www. chinanpo. gov. cn/1938/index. html。

田永坡：《德国人力资源和社会保障管理体制现状及改革趋势》［J］，《行政管理改革》2010 年 4 月 23 日。

黄鼎：《欧洲社会建设与中国和谐社会构建的思考》［D］，华东师范大学硕士学位论文，2009 年 9 月 1 日。

战涛：《当前我国社会建设存在的问题及对策》［J］，《理论研究》2011 年第 5 期。

B.14
亚洲国家和地区社会建设模式的研究

摘 要：

受儒家文化影响，亚洲国家和地区在经济、文化、社会等方面有诸多发展共性。特别是在发展社会事业、优化社会结构、完善社会服务功能、促进社会组织发展等方面形成了一些自有的建设模式和经验。本文着重分析亚洲国家和地区比较成熟的社会建设模式及先进社会建设经验，以期为我国进一步推进社会建设提供借鉴和启示。

关键词：

新加坡 日本 中国香港 社会建设模式

随着我国改革开放的持续推进和市场经济的深入发展，社会发展长期滞后于经济发展的趋势日趋明显，尤其是社会发展与经济发展的矛盾不断加剧，集中体现为"经济建设这条腿长、社会建设这条腿短"的突出矛盾，由此导致的一系列新的社会矛盾、新的社会现象、新的社会需求不断涌现。[①] 相比较而言，同属于亚洲的一些国家和地区的社会建设相对比较成熟。比如，日本、中国香港、新加坡作为亚洲地区各具特色的国家及地区代表，其社会建设模式对我国推动社会管理创新具有极大的借鉴意义。

一 新加坡："政府管理与社会治理相融合"的社会建设模式

新加坡在现代化发展进程中所取得的进展，在亚洲国家是有目共睹的。新加坡现代化发展模式的成功之处就在于"两条腿"走路，不仅在经济发展上

---

① 温家宝：《关于发展社会事业和改善民生的几个问题》［J］，《求是》2010 年第 7 期。

全面推进了对外开放，实现了产业转型，更在于其社会建设方面的发展和进步。新加坡社会建设模式的核心是实现了政府管理与社会治理的融合发展。这种"融合发展"主要体现在四个方面，一是以"德治法制"并重的公共价值体系塑造为根本；二是以"民生优先"的社会保障体系建设为责任；三是以"政府主导"的社会组织发展为重点；四是以"政民互动"的民主机制完善为保障。通过在四个方面的建设推进，新加坡很好地解决了东西文化有机整合、经济发展与环境保护协调推进、自由信仰与民生保障平衡发展等问题，探索出了一种不同于西方的社会建设与发展的东方模式。

（一）社会建设的根本：构建"德治法制"并重的公共价值体系

众所周知，新加坡是一个典型的移民国家。新加坡的国民中绝大多数是华人的移民后代，其次是马来西亚和印度移民，还有一部分欧亚混血人口，各个群体有各自的语言文字和文化传统，在某种意义上说，新加坡的社会建设缺乏共同的价值观念体系。这是新加坡不得不将构建统一的社会价值观，实现"国家认同"作为执政第一要务的主要原因。

区别于美国社会价值观体系构建更多地基于市场竞争机制与法制机制的特点，新加坡在推动社会价值体系构建的过程中，更多地考虑了本国的文化传统。新加坡有3/4的人口具有华人血统，华人社会的儒家思想在新加坡的影响力极大。为此，新加坡建国后，充分重视儒家思想中的"群体观念、家庭和社会的责任"等核心理念，以复兴新儒学为基础，重构新加坡人对国家的认同，同时发挥儒家思想在多元社会中的"黏合剂"作用。在此基础上，引吸收西方成熟的法制观念，采取"德治与法制"并重的策略①，着力打造一个"威权政府"，而这也正是新加坡具有东方式特点的社会建设的根本所在。

在德治方面，新加坡十分重视以道德来凝聚社会力量、凝聚民心。新加坡政府一直以来奉行极具"东方色彩"的中央集权制治理模式，政府在推动经济发展、社会管理和文化建设等方面执行的是极强的国家干预主义的治理哲

---

① 王继雨：《新加坡推进社会建设的经验》［J］，《红旗文稿》2010年第13期。

学，这实际上与儒家思想中的"德治理念"、"精英治国理念"是相同的。新加坡也由此形成了以社会精英为基础的执政主体，进而形成中央集权制的治国力量①。

在法制方面，新加坡更多的是吸收了西方的法律制度和法治精神的精髓。新加坡政府认识到，仅仅依靠道德的力量来推动国家的发展，缺乏强有力的外在约束是行不通的。某种意义上说，新加坡发展成功的重要基石就是坚持依法治国，执行严厉的执法体制。如前所述，尽管新加坡政府一直以来奉行的是极具"东方色彩"的中央集权制治理模式，但是政治体制采取的却是极具"西方特征"的民主政治形式。西方民主政治的重要基础就是完善的法律体系以及"法律面前人人平等，法律面前人人自由"的法治环境。正因为这样一种政治体制，使得新加坡在法制建设方面得到了长足的发展，通过依法严格执法保障了新加坡政府的廉洁高效。可以说，在"德治"的基础上加强法制建设，是新加坡成功构建社会价值体系，提高公众国家认同的一个"秘诀"。

（二）社会建设的责任：建设"民生优先"的社会保障体系

新加坡的社会建设模式是在政府主导下推进的，最突出的表现是政府把社会保障体系建设作为稳定社会的关键，作为新加坡社会建设的重点任务。通过政府的长期努力，目前，新加坡已经形成了被世界公认为最成功的保障体系。新加坡对于社会保障体系建设的重视，在社会保障体系建设中形成的一些经验模式，对于我们国家推进社会建设具有一定的借鉴性。

新加坡以政府主导推进社会保障体系建设，首先，体现在推动社会保障的理念上。那就是坚持"民生优先"，把解决民生问题作为社会保障体系建设的核心目标，作为政府的重要职责。其次，体现在社会保障体系的建构上。新加坡的社会保障体系主要由四大部分组成，② 包括：协助国人为退休进行储蓄的公积金制度、保障"居者有其屋"的公共住房政策、确保国人收入保障的就业奖励和培训计划、保证高质量医疗服务的医疗保健储蓄政策。在这四个方面的政

① 王继雨：《新加坡推进社会建设的经验》[J]，《红旗文稿》2010 年第 13 期。
② 杜海波：《新加坡社会保障体系的特点》[J]，《劳动保障世界》（理论版）2013 年第 3 期。

策制度体系中，政府都发挥着积极的作用。最后，体现在社会保障制度的运行上。以新加坡的公共住房政策为例，公共住房政策被称作新加坡的"立国之本"，这一政策制度的运行最能体现新加坡政府的权威和地位，其最主要的执行手段就是兴建廉价但舒适的公共租屋，并推行住房公积金制度，使国民有能力购买政府兴建的公共租屋。在政府的大力推动下，新加坡用20年左右的时间就实现了"居者有其屋"的目标，成为世界上国民拥有自己的住宅比率最高的国家之一，早在20世纪80年代，新加坡已有85%的国民拥有了自己的住宅。政府主导推动社会保障体系建设也是新加坡政坛长期稳固的重要原因之一。

在政府主导推动社会保障体系建设的同时，新加坡政府也吸取西方高福利国家的一些问题和教训，避免社会福利助长人的惰性，提倡用儒家思想中的"勤奋、节俭"等道德规范来修复普惠式福利制度的弊端。[1] 在新加坡的社会保障体系中，既有政府的财政投入，也有个人的经济承担，而不是完全由政府大包大揽。例如，新加坡的公积金制度，就是由政府主导的一项长期的强制性储蓄制度。每一个职工在银行都设有一个账户，资金主要来自于职工收入，由政府规定每月存入账户的数额。[2] 这项制度在新加坡已经执行了40多年，使得新加坡成为世界上储蓄率最高的国家之一。政府是公积金的有效使用者，主要用于两个方面，一方面，为新加坡公民在住房、教育、医疗和养老等方面提供保障；另一方面，也为解决新加坡公共设施建设更新等城市问题提供保障。这项制度执行的核心就是要有效节制个人消费，抑制通货膨胀，在政府主导下，使公民能够为社会保障体系的建设承担责任。

（三）社会建设的重点：实施"政府主导"的社会组织发展策略

在新加坡，政府是直接负责国家和社会管理的主体，但并不仅仅是由政府"唱独角戏"，而是非常注重开展与民间的互动，充分调动全社会的积极性，全面发挥社会自我管理机制的作用。在新加坡的社会治理的构架中，政府、基层组织、公民、社会组织共同参与国家和社会管理。这一点与我国正在推动的

---

① 王继雨：《新加坡推进社会建设的经验》［J］，《红旗文稿》2010年第13期。

② 郭伟伟：《战后新加坡社会保障制度的特点及功效评析》［J］，《上海党史与党建》2009年第10期。

社会管理体制十分相似。

在新加坡的社会治理架构中，有一种带有"半官方"性质的社会组织发挥着重要作用，他们在社会管理与社会建设中，扮演着加强政府与民间组织、公民联系沟通的"桥梁"的角色。比较典型的是新加坡的人民协会。1954 年，新加坡人民行动党成立，1959 年，新加坡实现自治，此后人民行动党执政至今。1960 年，人民协会成立，是人民行动党的全国性基层组织，也是新加坡负责社区发展的一个法定机构。这个机构的董事会主席由新加坡总理兼任，其主要任务是通过组织公众参与各种类型的社区活动，塑造"富有凝聚力、生气蓬勃"的社会氛围和国家形象。更为重要的是，人民协会作为一个基层的社会组织，协助执政党和政府与民间保持互动沟通，是化解各种社会矛盾、稀释各种社会问题的一个重要的"缓冲器"。

除了这些社会组织在社会建设和社会管理中发挥重要作用以外，基层组织也是新加坡实现社会稳定的关键性主体。比如，在每一个公共住宅区都设立居民委员会，居民委员会通过举办各种活动加强社区凝聚力，其主要目的是促进社区居民之间和睦共处、种族和谐；再比如，新加坡在基层还有很多类似民众俱乐部、民众联络所的组织，这些组织主要分布在各个选区，负责举办各种社会活动，包括举办知识技能培训、艺术学习班，开展幼儿教育，建立社区体育设施等。这些组织的主要功能是联络选民，了解公众的实际情况和各类需求等。

（四）社会建设的保障：完善"政民互动"的民主机制

新加坡社会建设模式最突出的特点是"政府管理与社会治理相融合"，这种融合性的表现之一是"政民互动"，这种民主机制的建立与完善也是新加坡维持社会稳定的重要保障。在推动"政民互动"方面，新加坡主要是从两个方面着手。

一方面，注重发挥社会团体的作用，通过社会团体建立与公众互动协商的桥梁。比如，全国职工总会就是新加坡一个很有影响力的社会团体，执政党人民行动党历来重视与其保持利害相关的和谐关系，在稳定经商环境、保护劳动者权益等方面发挥了重要作用。实际上，新加坡执政党人民行动党之所以能够保持稳定执政，是和公众对他们的政治支持分不开的。这种强有力的政治支持，主要来自政府与公众之间的良好沟通与协作。新加坡政府通过加强与工会的联系，形成了一种独特的劳资与政府关系，之所以说其独特，就在于政府与职工的紧密联系，这是新加坡政治稳定、社会和谐的基石，也是其始终保持经济竞争优势的关键因素。另一方面，为了推动"政民互动"，新加坡还建立了一系列政府与公众直接见面沟通的长效机制。新加坡规定，政府领袖、国会议员都要利用各种机会亲近百姓，定期接见选民；政府要经常与各行各业的代表会面对话，协助解决问题；政府工作人员要定期进入社区访问公众，确保信息透明畅通，舆情及时反馈。另外，新加坡政府在出台公共政策之前，必须通过各种渠道与共众沟通协商，有关部门和机构必须随时向公众公开与新政策有关的非机密性信息与资料。① 在政府的机构设置方面，新加坡政府设有专门的处理民意的部门，负责征询民意，征求各界意见。在新加坡还有一项奖励制度，就是如果公众提出的好的建议能被政府采纳，政府将给予奖励，这项制度在推动"政民互动"方面起到了很积极的作用。

二 日本：国家政策推动下的"社会现代化"模式

日本的社会建设是在经济高速发展的背景下，为解决经济与社会发展不协调问题而逐步启动与推进的。这一点与我国当前面临的问题极其类似。20 世纪 50～80 年代，日本获得了经济发展方面所谓的"辉煌三十年"②。但就在经济高速发展的同时，经济与社会发展的不协调开始在出现，诸如城市环境问题、城市治安问题、城市流动人口安置问题、城市与农村发展不协调问题等成为制约日本发展的重要的社会问题，使日本面临极大的社会危机。处在经济高速发展期的日本开始探讨"社会发展如何适应经济的现代化"这一命题，国家政策也逐步转移到"社会现代化"建设领域。以国家政策为推动力的日本社会建设逐步启动，并在社区重建、企业组织、家庭制度和阶层结构等社会领域形成了一系列"社会现代化"建设的成果与经验。

---

① 王继雨：《新加坡推进社会建设的经验》［J］，《红旗文稿》2010 年第 13 期。
② 李升：《国家行政学院学报》［J］，《日本经济高速成长期的社会建设》2012 年第 3 期。

（一）通过推动社区重建，形成"自立型地域社会"

所谓日本的"自立型地域社会"，就是通过推动社区自治，重构整个社会的治理模式，包括在社区实施产业自治、教育自治、空间自治、财政自治和市民自治等多个方面①。日本在推动社区自治过程中面临两个方面的主要问题，一方面是要使原社区居民发挥重要的引导和示范作用。另一方面是要使新社区成员能够逐步地融入其中。为解决这两个方面的问题，日本政府充分发挥社区自治性组织"町自治会"与日本社会中的中产阶层作用，通过自治组织与中产阶级的参与推动社会自治，而政府只是在其中发挥辅助性作用。下面，我们分别从产业自治、教育自治、空间自治、财政自治和市民自治等方面来阐述日本推动社区自治的模式。

推动产业自治，巩固地域经济的基础。为保持日本经济的持续快速发展，日本政府十分注重巩固地域经济的基础。在这个过程，日本政府的主要措施就是实施高度的产业自治。在日本，产业自治的主体是多元的，通过多元参与在产业发展方面形成合力，推动地域经济的稳定发展。推动产业自治的主要手段是，鼓励引导各自治主体，包括组织、团体、个人进行资金的注入，政府在这方面只进行一些辅助性补充。应该说，地域经济和产业发展的高度自治对于有效构建日本社会稳定的经济基础发挥了重要作用。

推动教育自治，形成公民观念的内核。推动教育自治是日本实现社会现代化很重要的一项措施，在形成日本社会整体的公民观念方面发挥了很重要的作用。这里所说的教育既包括学校教育，也包括社会教育。从学校教育方面来看，日本不像我国实施"户籍入学"的制度，而是吸纳流动居民进入到当地学校进行学习。日本的学校教育充分吸收了西方教育的经验，十分注重开展公民教育，对于促成公民观念的形成发挥了很重要的作用。从社会教育方面来看，日本有很多从事教育的专门的社会机构，这些专门的社会机构在开展教育活动的过程中贯穿了对传统的民族价值、团体精神和创业精神等公民观念的传播。以日本的公民馆为例，公民馆是战后日本实施社会教育的一个重要设施，

---

① 李升：《日本经济高速成长期的社会建设》[J]，《国家行政学院学报》2012 年第 3 期。

是一个"非营利性、非党派性和非宗教性"的组织，集"公民学习班、图书馆、博物馆、公众集会厅、产业指导所等功能"（见表1）于一身。在日本社会，公民馆在培育公民观念、促进经济增长及社会稳定方面发挥了积极作用，公民馆既是社区居民参加社区活动、交流情感的重要场所，也是公民开展自主、终身学习的重要机构。

表1　日本公民馆的主要职能

功能	具体内容
功能之一	定期开设讲座
功能之二	定期举办讨论会、讲习会、讲演会、实习会、展示会等
功能之三	置备图书、记录、模型、资料等,供居民利用
功能之四	举办相关体育、文娱活动等的集会
功能之五	积极联系各种团体、机关等
功能之六	将其设施提供给居民集会及其他公共目的利用

资料来源：根据日本社会教育法相关规定整理。

推动空间自治，扩大社区居民的参与。推动空间自治是日本政府扩大社区居民参与的重要方面。所谓空间自治就是政府、地方企事业团体、社区居民定期就社区的发展方面的问题进行协商解决，听取居民对社区建设与发展的意见建议，在尊重居民的主体地位的同时振兴社区发展。

推动财政自治，实现地域发展资金的良性循环。在日本，社区发展实施财政自治，通过"社区金融机关、市民型金融机构及地域信用保证机构"① 等参与财政自治，为社区发展提供资金与物资的保障。当然，社区产业的发展也是支撑社区发展的有力保障。

推动市民自治，形成福利社区的保障。在日本，因为经济衰退带来财政危机以及人口快速的老龄化，促使日本的社会保障开始转入以社区福利为主的模式，所谓的"福利社区"由此而来。"福利社区"建设的基础是市民自治。市民自治的参与者包社区居民、社区领袖、社区内有影响力的企业家、与社区发展有关的社会组织等。

---

① 李升：《日本经济高速成长期的社会建设》［J］，《国家行政学院学报》2012 年第 3 期。

（二）通过推动企业组织发展，培育集团主义意识

在经济现代化、产业现代化的日本社会，企业不但在经济发展中发挥着重要作用，也是建立社会现代化的关键所在，日本称之为企业组织的发展。这与二战后日本以政府主导推动企业发展，促进经济的腾飞有着密切关系。

组织的核心表征，日本的企业培养出日本人"以社为家"的思想，公司和企业在日文中的汉字书写为"会社"，这是另一种归属感的重要依据。企业通过"年功序列"等给予企业成员生活的保障，成员则通过勤奋的工作来回报企业的保障。

日本企业组织的发展被很多学者称为"日本式经营"或"日本型雇佣"。可以从以下几个方面来分析这种企业组织的发展模式。第一，这一模式的核心特征是培育一种集团意识，把企业成员与企业发展紧密联结起来，让企业成员产生一种强烈的归属感。第二，这一模式在体系结构上是完全封闭的，以企业为家，追求企业成员的感情融合。第三，这一模式的运行制度也有其自身的特点，在组织制度中，把对职工的培养作为企业长期的奋斗目标，形成了一个包括终身雇佣、工龄工资制及劳动工会三个方面组成的制度体系。其中，终身雇佣制和工龄工资制是核心，是企业为保证和促进企业职工的生活，在工资和晋升方面设立的制度。而劳动工会则是为了保障维护企业职工的相关权益而设立的。这些制度的设计为日本的社会管理奠定了基础。

（三）通过社会结构的重构，夯实社会发展的基本单元

日本社会结构最典型的特征是日本式的家族结构。通过近代的明治民法，日本的家族结构实现了法律化和制度化，由此形成了日本特有的"家族共同体"。日本这种"家族共同体"制度的核心理念是"集中继承"，解决了家族资产的流向问题。通过家族资产的集中在一定程度上满足了日本经济产业化的需要。

日本社会走向经济现代化之后，传统的"家族共同体"制度被逐步解除。

但是，日本人关于"家"的核心思想以及权利义务关系却得到了完整的保存，成为约束日本人的重要行为规范。某种意义上来说，在经济现代化中的日本，家庭体系的产业化作用弱化，但是作为社会基本单元的功能却得到了巩固和加强，也就是说，家庭成为日本社会发展的基本单元。

（四）通过中产阶层的扩大，强化社会稳定的基础

中产阶层是保持社会稳定的重要基础。在日本的社会建设中，十分注重对中产阶层的培育与扩大，政府通过促进经济腾飞，为这个群体的壮大提供了物质的基础。同时，通过企业组织结构及雇佣关系的改变，使得社会的"中间层"逐步扩大，在日本社会逐渐形成了一个中产阶层群体，这个群体在社会发展中发挥着主导作用，支持并维护社会秩序和稳定。

日本人的"中产意识"非常强烈，也就是日本人对于自身在社会经济发展中的地位认同，增强了自身对生活的幸福感和满意度，这也是推动"中间层"努力成长的一个重要原因。中产阶层的形成既进一步促进了日本的经济成长，也推动了日本社会的发展。

三　中国香港"小政府、大社会"的社会建设模式

中国香港的社会建设是典型的"小政府、大社会"的运行模式。所谓"小政府"，有三个方面的表现，一是香港是一个法制社会，包括政府行为在内的一切社会行为都必须遵循法律规定；二是政府公务员及政府公共开支极低。有数据显示，香港政府公务员人数为16.3万人，占香港700万总人口的2.3%，政府公共开支占全港GDP的17%。这与全球其他国家和地区相比，都是非常低的；三是"小政府"的管理和服务社会的效率比较高。与"小政府"形成鲜明对比的是"大社会"，非政府组织与志愿组织发育成熟，在社会建设与管理中发挥着重要作用（见图1）。

（一）香港政府在社会建设中居主导地位

回顾香港的发展历程，今天经济的繁荣，与其各项社会配套事业的长足发

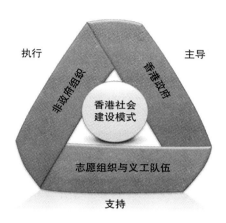

图1　香港社会建设的政府、非政府组织、志愿组织的合作格局

展息息相关。在香港推进工业化和现代化的过程中，政府主导着社会建设与管理，政府部门的协作互动，有力地加强了政府对社会的"治理"，使整个香港社会处于一种有序的、平衡的和稳定的发展状态。在香港的政府部门中，从事社会工作的包括民政事务署、社会福利署、廉正公署和警务署等机构。民政事务署负责建立社区组织、引导社区工作。社会福利署主要负责提供社区福利。廉政公署负责通过实施社区教育及推动社区参与，建立"肃贪倡廉"的社会风气。警务署负责建立防卫性社区组织系统，促进警民关系，提高警队的工作效率。

（二）非政府组织在社会建设中发挥执行作用

如果说香港政府是社会建设的主导的话，那么，非政府组织则是社会建设的主要执行者。在推动社区发展的过程中，非政府组织起到了关键性作用。政府和非政府组织之间形成了一种相互依赖、密不可分的合作关系。

在香港，非政府组织主要是指由民间组织举办的机构，具有非政府、非营利性。非政府组织必须按照香港的有关法律在政府部门进行登记注册，登记注册后的非政府组织可以到税务部门申请税务豁免。非政府组织作为一种独立的民间组织，自行雇佣工作人员，自行解决部分经费，其运作必须遵循非营利性。

当然，政府资助也是非政府组织资金来源的重要部分，香港民政事务署和社会福利署会通过拨款资助的方式，委托非政府机构来推行有关的社会福利政策。因此，香港的非政府组织是社会福利服务的主要执行者，比如，儿童福利服务、残疾人服务、一些综合性社区服务等，都是由非政府组织来实施和承办的。同时，非政府组织在推行政府社会福利服务的过程中，依据相关服务目标的实施状况，进一步为政府在制定新政策时提供相关的事实依据。

香港社会服务联合会是一个非政府组织，它主要是承担民政事务署、社会福利署委托的各项政府主导的社区福利服务工作，同时，协助社区解决各类问题，并主动收集社会居民的意见建议，向相关的政府部门汇报。可见，香港的非政府组织，包括一些志愿服务组织和政府部门之间形成了一种互相依赖、密不可分的合作关系。

（三）志愿组织与义工队伍在社会建设中具有基础功能

香港的社会志愿服务是非常成熟的，志愿机构与义工制度比较完善，参与人数庞大，有良好的社会公众基础。在香港，志愿组织对社会建设与发展的影响举足轻重。总体上来看，志愿组织和义工队伍在香港社会具有以下几个方面的基础性功能。

一是维持社会稳定发展的基础。香港社会面临的很多问题单靠政府的力量是很难解决的，更多的需要社会公众的参与与支持。正是在这样一种背景下，香港的志愿组织与义工制度应运而生。志愿组织与义工队伍充分发挥他们来自于社区内部的优势，针对一些社会难题，积极开展一些补救性、预防性的工作，对于促进整个香港社会的稳定协调发展发挥了重要作用。

二是推动社会保障事业发展的基础。香港的志愿组织与义工队伍承担了社会保障方面的大量具体工作。比如，为社区老人与残疾人提供细致周到的服务、开展心理问题的辅导、帮助青少年的一些学习活动、开展法律咨询、免费医疗服务等，特别是在各项社会福利捐款捐赠活动中志愿组织与义工队伍做了很多积极的努力。通过他们的努力，一方面解决了普通公众在实际生活中面临的一些困难与不便，另一方面也帮助政府在推动社会保障事业发展方面达到了经济与效率的良好结合。

三是实施社区服务的基础。香港的志愿组织和义工队伍数量庞大，包括了香港各个阶层的人士，有着广泛的社会影响力，在扩大社会服务体系的辐射范围方面有明显优势。特别是在社区服务方面，香港的各类志愿组织与义工队伍通过与政府的服务工作相结合，广泛开展各种社区服务活动，不但提高了社区服务质量，也在净化社会风气方面起了很好的作用。

四　新加坡、日本、中国香港的社会建设模式对我国推动社会建设方面的启示

新加坡、日本和中国香港的社会建设各具特点，但是在以政府主导构建完善的社会治理模式、推动社会共同价值培育、推动社会组织发展和完善社会保障等方面都有着比较完善的制度，对我国推动社会建设具有较强的可借鉴性。

（一）构建政府主导下的"小政府、大社会"的治理格局是符合亚洲国家和地区实际的一种较为通行的做法

应该说，政府主导是亚洲国家和地区在社会建设方面的一个较为一致的做法。这既和亚洲国家和地区的传统文化有关，也是在市场经济条件下，解决政府在社会建设中错位、越位问题的需要。一方面，政府不应该也不可能直接经办所有的社会服务职能，另一方面，也必须看到，政府所承担的主要社会职能是不可替代的。在新加坡、日本、中国香港，包括我们国家在内，在社会建设和社会管理中，政府相关的社会政策所发挥的主导作用是显而易见的。没有政府相关的法律法规的保障，没有政府的监督与规范，社会建设就不可能健康、有序地开展。在社会建设中，政府是规划者、组织者、监督者，但同时，政府又不能直接干预非政府组织、志愿机构的工作，它们之间应该是合理分工，各自发挥职能，形成一种"小政府、大社会"的发展格局。

（二）社会共同价值体系的构建不能脱离传统的文化基础

不管是在西方，还是在亚洲，构建共同的社会价值体系都被当作是社会建

设的一个核心。在亚洲国家，因其传统文化的强势基因，在社会共同价值体系的构建中，都十分注重与传统文化的结合融合。比如，新加坡在其社会共同价值的构建中，就将儒家伦理中的很多思想进行了改造和充实，使其更容易为公众所接受，更加符合新加坡的国情，在加强社会凝聚力、缓和社会矛盾等方面发挥了重要作用。当然，从新加坡、日本的经验来看，仅仅依靠道德、文化的约束是不够的，他们同时引入了西方的法律制度和法治精神，依靠依法治国及严厉执法的体制形成其社会建设的重要基石。

（三）完善社会保障体系既要考虑社会公平，更要注重法制化建设

不管是新加坡还是日本，包括中国香港，都有一个共同的特点，社会建设的重中之重是形成一个健全完善的社会保障体系，这是当前推动社会建设的前提和基础，而我国在这方面任务重、基础薄。

在推动社会保障体系的建设方面，首先是要立足国情和区域发展的实际，充分考虑各方面的承受能力，满足社会各类福利需求。在新加坡、日本和中国香港的社会保障体系建设上，有一点是十分突出的，就是注重社会保障的公平性。而这一点，又恰恰是我国目前社会保障体系建设方面面临的突出问题。当然，这和我国长期以来形成的"二元社会"格局有关，但不管怎样，突破这种"二元"思维局限，在社会保障体系建设中坚持"公平理念"，特别是将快速城镇化进程中大量的农村转移人口纳入社会保障体系，是必须提上议事日程的重要课题。

坚持公平理念的同时，更要注重推进社会保障制度的法制化进程。我国目前社会保障制度方面的立法还不健全，行政法规也是比较粗线条的。这就容易造成社会保障的随机性，降低其对社会建设的保障性作用。在社会保障立法问题上，日本的做法是从社会保障的单个项目入手，制定单行法规。这一点比较符合我国目前的实际，就是先行分项制定社会保障的单行法，待条件成熟以后，再制定总括性的、根本性的、统一的社会保障法，使我国的社会保障的各项工作尽快做到有法可依。

（四）加快培育社会组织与各类志愿组织

目前，我国社会组织发育迟缓是难以实现政府社会职能和服务职能转移的

根本原因。不管是新加坡、日本，还是中国香港，庞大的社会组织都是政府整合社会功能的有力支持。因此，政府在对待社会组织的发展上是持鼓励、扶持态度的，这种扶持体现在税收、用地、用房、用工等方面的政策倾斜上。其中，政府的财政补贴是促进政府转移部分服务职能给社会组织的关键，也是规范各类社会服务活动不偏离社会建设总体目标的根本所在。

同时，要注重建立不同层次的志愿救助体系。这一点，在香港取得了非常成功的经验。香港的志愿服务项目涉及面十分广范，既包括低层次的社会救助，又包括高层次的社会福利。低层次的社会救助与我国大陆执行的最低生活保障制度类似。但是，香港的志愿救助比我们做得更好的是，他们不仅给予物资补助，更关注人性化的服务，并取得了很好的效果。所谓高层次的社会福利是涵盖各种高层次、专业化的服务内容、项目，以高素质的专业人才和高质量的专业服务来解决各类社会矛盾和社会问题，推进社会福利的现代化。

参考文献

杜海波：《新加坡社会保障体系的特点》［M］，《劳动保障世界（理论版)》，2013 年 3 期。

郭伟伟：《战后新加坡社会保障制度的特点及功效评析》［M］，《上海党史与党建》，2009 年 10 月。

李升：《日本经济高速成长期的社会建设》［M］，《国家行政学院学报》2012 年 7 月。

王继雨：《新加坡推进社会建设的经验》［J］，《红旗文稿》2010 年第 13 期。

王学锋、闫勇、杨春玉：《日本低碳社会建设规划分析及对我国的启示》［J］，《中国城市经济》2011 年第 7 期。

堺屋太一：《日本式经营的优点和缺点》［M］，南京大学出版社，2013。

国内实践篇

Domestic Practice

B.15

贵州省贵阳市：创新城市基层社会管理的"贵阳经验"

摘　要：

　　贵阳市是全国社会管理创新综合试点城市和全国从整体上推进社会管理创新三个大城市之一。贵阳市在社会管理创新工作中，结合发展实际，通过"减转分合"、"三化并举"、"三创一强一提升"的创新管理模式实施，逐步实现了社区管理的"六个转变"，包括：居民自治从"无序"向"有序"转变，基层民主从"虚化"向"实化"转变，社区村居从"衙门"向"家门"转变、社区干部从"领导"向"社工"转变、管理服务从"间接"向"直接"转变，基层基础从"薄弱"向"坚实"转变，真正把中央关于建立"党委领导、政府负责、社会协同、公众参与、法治保障"① 的社会管理体制的要求落到了实处，走出了一条服务质量高、社会管理强、群众参与广、执政基础牢的社区建设科学化道路，形成了建设"新型社区、温馨家园"的贵阳经验。

---

① 党的十八大报告《坚定不移走中国特色社会主义道路　夺取中国特色社会主义新胜利》。

关键词：

　　贵阳　社会管理创新　基层基础　新型社区

一　基层基础在社会管理中的重要性与贵阳市推动社会管理创新的迫切需要

贵阳是贵州省会，总面积为 8034 平方公里，辖六区一市三县，一个国家级经济技术开发区、一个国家级高新技术开发区，总人口 439 万，其中城镇人口 295 万，原有街道办事处 49 个，居委会 456 个。近年来贵阳市经济实力显著提升，城市面貌日新月异，人民群众利益结构呈多元化发展，社会事业快速发展。

随着我国改革开放的不断深入和社会主义市场经济的逐步建立，经济社会发展出现了深刻变化，集中体现为"四个深刻"：经济体制深刻变革、社会结构深刻变动、利益格局深刻调整、思想观念深刻变化[①]。这种经济社会发展的空前变革，是我国推动社会管理创新的核心动力，也是贵阳市适应城市现代化和经济社会"加速发展、加快转型、推动跨越"的要求，满足人民群众对社会管理的需求和期待，不断加强社会建设的重大背景。从贵阳市来看，社会管理体制的"不适应性"具体表现在以下三个方面。

（一）体制机制不顺，难以应对新形势下社会管理的变化和挑战

贵阳市现行的城市基层"街居制"源于计划经济体制。街道办事处作为政府派出机构，其职责应是履行政府赋予的公共管理和公共服务职能。但随着改革开放以来区街经济的快速发展，街道办事处在经济发展方面的作用开始显现，逐渐成为推动经济发展的"主力军"，而原本应该由街道办事处承担的社会管理和公共服务的相关职能和任务则交给了社区居委会去完成，职能职责严重"错位"。社区居委会作为基层群众自治组织，其职责本应是组织居民开展自治活

---

① 中国共产党十六届六中全会作出的《中共中央关于构建社会主义和谐社会若干重大问题的决定》。

动，但由于街道办事处的职能"转嫁"，开始大量承担街道办事处安排下达的各项行政事务，据统计，每年街道办事处给社区居委会下达的各项行政事务多达200余项，逐步演变成"上面千条线、下面一根针"，街道办事处"错位"和居委会"越位"的局面，导致的最终结果是政府公共管理和公共服务"缺位"。随着社会主义市场经济体制的建立和完善，社会体制由"一元"向"多元"转变，社会管理的形势、对象和内容发生了重大而深刻的变化，所以现行体制机制显然已无法应对新形势下社会管理的变化和挑战，必须探索建立新的管理体制和运行机制。

（二）方式方法不活，难以落实新形势下社会管理的任务和要求

经过改革开放30多年的建设，贵阳市经济社会各项事业有了长足发展，城市面貌发生了翻天覆地的变化，既为城市管理提供了良好的物质基础，也对城市管理提出了更高的要求。而长期以来，由于党委政府在社会管理方面扮演了"全能"的角色，一方面是"大包大揽"，包揽了很多不该包揽的经济社会事务；另一方面是"管理缺位"，对本该履行的制度建设、行业监管和其他公共管理服务工作却无暇顾及，出现"越位"和"缺位"并存的现象。特别是对于社会管理中出现的一些新问题、新矛盾，在处理和解决方面具有很大的局限性。比如，当一些群众性事件发生，或者是面临信访"老大难"积案处理时，由于干部管理观念陈旧、对社会管理的规律性认识不够，缺乏做好群众工作的能力，习惯性地采取行政强制措施和手段来解决社会问题，从而导致了一些原本可以化解在萌芽状态中的人民内部矛盾出现进一步激化，甚至演变成"对抗性"矛盾。因此，如何适应形势的发展变化，转变工作的方式方法，妥善处理好人民内部矛盾，逐渐成为新形势下创新社会管理的根本问题。

（三）基层基础不强，难以满足人民群众对社会管理的需求和期待

当前，贵阳市正处于社会转型期和矛盾凸显期，人民群众的利益结构和实现方式发生了深刻变化，对社会管理服务的需求日益多样。特别是随着越来越多的"单位人"变成了"社会人"，社会生活的重心也随之发生转变，由过去的单位逐渐转向现在的社区。而由于体制机制不顺、方式方法不活，导致街道办事处"衙门化"倾向严重，且主要精力抓创收，对社会管理"有力无心"；居委会

"行政化"倾向明显，加之人员年龄结构老化、整体素质不高、工作经费匮乏、办公条件简陋等实际困难，对社会管理"有心无力"。对此，中央和贵州省委多次强调，要进一步创新社区管理和服务体制，努力实现"情况掌握在基层、问题解决在基层、矛盾化解在基层、工作推动在基层、感情融洽在基层"①。因此，必须通过改革，调整组织结构，夯实基层基础，才能更好地落实"基层在先、服务为先、民生优先"的要求，更好地满足人民群众的新需求。

当前，贵阳作为全国社会管理创新综合试点城市和全国社会管理创新三个大城市之一，在社会管理创新工作方面深入展开，把群众工作的开展与社会管理创新有机地结合起来，取得了很好的效果，多次被国内媒体报道（见表1）。

表1 关于贵阳市城市基层社会管理创新的新闻报道

时　间	媒体	标　题
2011 年 4 月 1 日	人民日报	《贵阳精简层级服务升级》
2011 年 9 月 1 日	人民日报	《贵阳市委书记李军谈社会管理如何更加科学化》
2011 年 5 月 22 日	人民日报	《变一元调处为多元调处　贵阳引入社会力量促和谐》
2011 年 4 月 29 日	人民日报	《我们的辛苦，百姓的幸福——贵州省贵阳市 30 万名党员在服务基层中创先争优》
2012 年 12 月 26 日	人民日报	《资源就在百姓身边》
2012 年 2 月 21 日	光明日报	《从"衙门"到"家门"——城市基层管理体制改革的"贵阳探索"》
2012 年 7 月 26 日	法制日报	《新型社区的"贵阳探索"》
2012 年 7 月 26 日	法制日报	《对话贵阳市委书记李军》
2012 年 8 月 16 日	法制日报	《贵阳对农民工实行"五新式"管理》
2013 年 4 月 6 日	中国组织人事报	《贵阳出台〈细则〉密切党群干群关系》
2013 年 1 月 29 日	贵州日报	《新型社区直接面向群众提供服务——贵阳市积极探索整体推进社会管理创新道路》
2013 年 4 月 25 日	贵州日报	《新型社区温馨家园——贵阳市城市基层管理体制改革的实践与探索》
2013 年 4 月 27 日	贵州日报	《"六个创新"筑和谐——贵阳市加强和创新社会管理工作综述》
2013 年 4 月 27 日	贵州日报	《建设新型社区　营造温馨家园——贵阳市城市基层管理体制改革纪实》
2013 年 5 月 9 日	法制日报	《贵阳打造 2768 个网格助推生态文明城市建设》
2013 年 8 月 13 日	贵州日报	《找准抓手全面推进社会管理和群众工作》

资料来源：根据互联网信息整理所得。

---

① 2011 年习近平在出席省部级主要领导干部社会管理及其创新专题研讨班结业式上的讲话。

二 贵阳市基层管理体制改革的探索实践

加强和创新社会管理，是适应我国发展新特征、新变化的时代课题，是各级党组织和各地政府面临的重大战略任务。贵阳市按照三年打基础、三年抓提升的思路部署，始终坚持做实做强城市新型社区，以建设群众满意的"温馨家园"为目标。经过三年多的改革实践，贵阳市社区建设逐步完善，社区功能得到充分发挥，群众满意度不断提高，群众对社区工作的满意率达98%以上。习近平在花溪区瑞华社区视察时曾指出，"贵阳探索和创新的'一核多元'的社区共治机制和区域化党建格局值得总结并不断完善"①。具体来说，贵阳市社会管理创新做法可以概括为"减转分合"、"三化并举"和"三创一强一提升"的管理模式。

（一）"减转分合"构建更加科学的基层管理体制

为解决在传统"街居制"管理模式下，由于职能"错位"导致的街道办事处对社会管理"有力无心"的问题，由于职能"越位"导致居委会"有心无力"的问题，2010年，贵阳市在全国范围内率先推动了城市基层管理体制的改革，将全市49个街道办事处全部撤销，设立了90个新型社区，这项改革于2012年4月基本完成。贵阳市城市基层管理体制改革的重点就是"减转分合"。

所谓"减"，就是将过去的"市、区、街道、社区居委会"四级管理转变为"市、区、社区"三级管理层级，实行"区直管社区"的新体制，促进管理服务的扁平化发展。新社区的设置是以社区环境的地理区域和服务半径为主要依据和标准，同时兼顾人口数量、居民认同感、安全管理、公共服务资源配置等多种因素，按"2~3平方公里、2万~4万人"划定社区范围，一个社区设若干个居委会，形成"15分钟服务圈"。

所谓"转"，就是"转变工作职能，强化服务管理"。街道办事处撤销后，其过去的经济职能划归区（市、县）经济职能部门，行政审批和行政执法职

_____

① 2011年习近平在贵阳市考察时的讲话。

能上交区（市、县）相关职能部门。在社区这个层面上，其主要职责是"为群众服务、团结人民、优化管理和维护稳定"，社区服务中心主要承担民政、计生、卫生等事务性管理工作。

所谓"分"，就是建立工作"准入制"等，将市场能办的放给市场，社会能做的交给社会，对需要居委会协助开展的工作，由政府采取购买公共服务的方式进行补助。同时，积极培育"和谐促进会"、"服务社"等公益性社会组织，形成专业化、市场化、社会化的社区服务体系，为居民提供更好的服务。通过"居政分离"，居委会回归了群众性自治组织的属性，真正成为社区群众的"代言人"。

所谓"合"，就是"促进资源整合，形成治理合力"。贵阳市在社区创新治理结构中，以社区党委为核心，建立驻区单位党组织参与的区域化"大党委"。成立居民议事会，对社区事务进行民主决策、民主管理、民主监督。建立社区服务中心，通过实行"四个纳入"（见图1）的工作机制开展公共服务和社会管理。社区通过重构治理结构逐步形成了"居民提议、党委决策、服务中心执行、群众评议成效"的管理新模式。

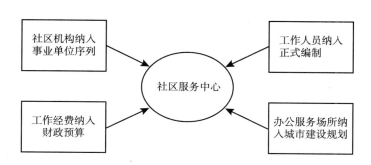

图1 贵阳市社区服务中心的"四个纳入"机制

应该说，贵阳市通过"减转分合"的基层管理模式，实现了工作重心下移、资源下沉，降低了管理成本，提高了管理效率，解决了街道办事处与原社区居委会在行政管理和公共服务中的职能错位缺位、功能雷同、机构重叠、职责不清、关系不顺等问题，同时形成了党委领导，政府协同、社区居民自治、居民群众和社会组织广泛参与的格局，创新了基层社会管理体制。

（二）"三化并举"完善了为群众服务的社区科学运行体系

贵阳市推动"三化并举"的措施，通过社区职责标准化、社区服务精细化、社区管理制度化，形成社区居民服务的科学运行体系。

一是职责标准化。贵阳市先后制定下发了《进一步深化和完善城市社区建设的若干意见》、《关于解决新型社区建设若干具体问题的意见》，明确了社区的职能定位、机构规格、运行方式、办事流程和服务标准，以及与区直部门、居委会的关系。各社区均按"一厅四部"设置（见图2），统一社区标识，统一社区办公用房标准，统一设立社区警务站和片区司法所。通过努力，全市的社区办公服务用房全部达到800平方米以上，90个社区分别设立警务站，并根据实际工作需要设立了46个片区司法所。

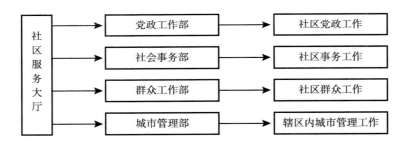

图2　贵阳市社区"一厅四部"设置结构

二是服务精细化。为了进一步提高社区精细化管理服务水平，贵阳市在社区层面着手推进社区管理综合信息平台、"12319"公共服务平台和社区网格化建设，充实完善了社区人口、设施、事件、城管等基础信息数据库，实现了"底数清、情况明"，逐步实现了社区服务管理的全覆盖。

三是管理制度化。制定和出台了一系列措施和办法形成了以年度工作目标和项目化运作为基础的任务分解体系、以专项财政经费和预算增长机制为核心的财政保障体系、以群众满意度为目标的综合目标考核体系、以工作绩效排位制和责任追究制为重点的实施监督体系，推动社区健康有序运行。

通过"三化并举"的实施，贵阳市成功实现了社区职能转变，让社区不再承担经济职能，主要精力用于直接面对群众开展服务，实现了社区服务管理更加精细、更加到位。

（三）"三创一强一提升"提高了社区基层服务的管理水平

为深化社区建设，贵阳市围绕建设全国生态文明示范城市和全面小康社会的目标，以"三创一强一提升"活动为抓手，每年投入 2 亿元用于社区公益事业项目建设，切实解决群众身边亟须解决的现实问题，让群众共享社区改革发展成果。

一是创建文明社区。开展了以社会公德、职业道德、家庭美德、个人品德、诚实守信为主要内容的道德实践活动，大力弘扬"知行合一、协力争先"的贵阳精神，涌现出了"最美交警"、"爱心妈妈"等一批道德模范、身边好人，形成了争当"文明有礼贵阳人"的良好氛围。组建社区文化队伍，定期组织开展筑城广场社区文艺汇演等活动，丰富居民的精神文化生活。以关爱他人、关爱社会、关爱自然为主题，在社区组织开展"绿丝带"志愿服务活动，形成了"爱心银行"、"四点钟乐园"、"时间储蓄"等一批活动品牌。

二是创建绿色社区。编写了《生态文明城市建设市民读本》，通过设立社区生态文明宣传专用橱窗、宣传栏、提示牌等，向社区居民大力宣传生态文明理念。开展"生态文明家庭"评比活动，引导居民践行绿色、低碳、环保的生活方式，使用节能产品和可再生产品。开展垃圾分类试点工作，设立专用废旧电池回收点，实行建筑垃圾、餐饮垃圾定点投放，封闭运输。大力实施社区绿化、美化、亮化工程，加强环境卫生整治，扩大绿地空间，提高社区绿化率。定期开展油烟、噪音污染等专项治理行动，保障居民的环境权益。

三是创建平安社区。深化"我为别人守一夜，别人为我守一月"活动，筹集 3000 余万元群防群治经费，发动群众参与各种治安志愿服务，组建了摩托车巡逻队、银发巡逻队等各类群防群治队伍，与专业打防队伍形成紧密协作。新增 1000 名民警、1000 名辅警，全部下沉到社区网格。新增 5000 个监控探头，推广平安 E 家、单元防盗门、门禁系统、超 B 级锁等技防入户，加大对楼群院落的治安防控。组织开展无毒、无邪教社区创建活动，打造社区

"阳光工程"品牌，促进特殊人群融入社会。成立各级和谐促进会，先后筹集资金 1.14 亿元，投入帮扶资金 7169.9 万元，成功调处各类"老大难"案件 657 个，惠及群众 10 万余人。推动制定了《贵阳市流动人口基本公共服务均等化实施细则》、《贵阳市流动人口积分入户管理暂行办法》等政策文件，在就业、住房、教育、医疗等九个方面落实流动人口的市民待遇，促进流动人口有序融入城市。

四是加强社区党组织建设。围绕党组织组建和党的作用发挥，坚持社区党建联席会议制度，每季度召开一次共驻共建联席会议，共同解决社区党建和管理中的重大问题。建立了油榨社区、宅吉社区两个省级社区党员短期实践培训基地，定期对社区工作人员开展培训。开展"服务基层先锋行"活动，选派 90 名机关干部到社区帮助指导工作。深化"我是共产党员、我为贵阳争光"、"争做好党员"活动，设立"党员雷锋岗"、"党员服务站"，引导社区党员向居民亮身份、作表率、办实事。抓好商铺、店面、商圈等集中区域党建工作，实现党的组织和工作在社区全覆盖。

五是提升社区群众满意度。制定了一系列制度，督促各级各部门领导班子成员及其他党员干部深入到基层社区和广大群众中，通过"定时联系、定点联系、定人联系"等方式面对面直接联系群众，把感情融洽在基层，形象树立在基层。制定《贵阳市公众参与社会管理办法（试行）》、《公众参与社会管理考核评分办法（试行）》、《社会管理和群众工作公众评价方案》等，按照"依法有序、民主平等、公开诚信、便捷有效、广泛性与递进性结合"的原则，鼓励和引导公众有序参与基层民主管理、参与社区建设和志愿服务。在新型社区公益事业项目建设工作中，围绕群众关心的水不通、气不畅、灯不亮、路不平、卫生差、治安乱等现实问题，切实发挥居委会、业主委员会、居民议事会的作用，充分调动社区居民参与建设的积极性，变"政府配餐"为"群众点菜"，变社区群众"议论"纷纷为"议事"纷纷，真正做到"干什么，群众说了算；怎么干，群众盯着看；好不好，群众来评判"，让社区群众在全程参与中了解实情、消除疑虑，在办事解难中不断提高群众的幸福感和满意度。截至目前，贵阳市已批复"新型社区·温馨家园"社区公益事业项目三批，共 767 个项目，批复概算金额 1.53 亿元。

通过建立区域化"大党委"，开展"辖区党员到社区报到"的活动，进一步优化了党的基层组织设置，提升了基层党组织的服务功能，城市基层党建工作资源配置更科学、组织效能发挥更充分、教育管理效果更显著，实现基层基础从"薄弱"到"坚实"的转变。特别是对社区领导干部实行"公推直选"以来，群众对社区党组织和干部的认可度显著提升。全面开展"三创一强一提升"活动，着力解决了四大类97项社区居民最关心、最现实、最迫切的民生问题，提升了群众对社区工作的满意度。社区通过开展"摆家常"活动，听取群众呼声、解决群众诉求、化解群众矛盾，密切了党群干群关系，筑牢了信访维稳工作的第一道防线。

三 贵阳市打造基层管理体制改革样板的示范性分析

城市基层管理体制改革是一项方向性的改革举措，是一个艰难探索的过程。尽管目前取得了一定成绩，但前路多艰，还需要在不断研究解决新情况新问题中继续把改革推向前进。贵阳市在基层管理上的措施和改革是有一定借鉴意义的。

（一）要牢牢把握精简管理层级这个核心

党中央、国务院历来高度重视行政管理体制改革。传统的"街居制"主要是依靠"单位制"、采取单一的行政手段进行社会管理。随着经济社会的快速发展，大量"单位人"变为"社会人"，社区"兜底"功能明显，街道办事处"二传手"的弊端日益显现，迫切需要通过减少行政层级，重构城市基层管理体系来提高服务管理效率。贵阳市变"四级管理"为"三级管理"，实行区直接管理社区、社区直接面向居民开展管理服务，工作职责更加明晰，工作更具针对性，各级各部门能够更好地集中精力做好分内之事，进一步理顺了工作关系。

（二）要牢牢把握转变政府职能这个实质

贵阳市开展的基层社会管理体制改革始终坚持把"转变政府职能"放在

第一位。社区作为社会管理的重心、改善民生的依托、维护稳定的根基，必须克服"重经济建设、轻社会管理"、"重管控、轻服务"的倾向，向创造良好发展环境、提供优质公共服务、维护社会公平正义转变，切实承担起"服务群众、凝聚人心、优化管理、维护稳定"的功能。

（三）要牢牢把握完善治理架构这个重点

社区是人们生活的主要场所，也是社会管理的基础平台。面对群众需求多样化、利益主体多元化、社会矛盾复杂化等问题，必须进一步完善社区治理模式，充分发挥多元主体的力量，采取多种合作协商的方式，变单一的政府管理为"一核多元"的共同治理，才能最大限度地激发社会活力、增加和谐因素、减少不和谐因素。贵阳市建立的"一委一会一中心"治理模式，就是优化城市社会管理工作的有益探索。通过"大党委"制的实施，有效夯实了党在城市基层的执政基础。通过社区服务中心向居民提供优质、高效、便捷的服务，增强了居民对城市基层组织的认同感和归属感，使管理成效更为明显。

（四）要牢牢把握加强制度建设这个关键

贵阳的新型社区建设是一个新生事物，城市基层管理体制改革涉及体制机制的变革和方式方法的根本性转变，贵阳市及时将改革的成功做法，以地方法规、政府规章、工作制度等形式，建立一套科学完整的制度体系加以规范，确保了改革不偏离正确方向，取得了实实在在的效果。

（五）要牢牢把握便民利民惠民这个目的

习近平同志强调，人民群众对美好生活的向往就是我们的奋斗目标。人民群众是城市基层管理体制改革的参与者，也是直接受益者。判断改革成功的根本标准，就是看群众拥护不拥护、赞成不赞成、满意不满意，必须始终坚持以人为本，切实实现好、维护好、发展好社区居民的切身利益，把便民利民惠民贯穿改革全过程。贵阳市在社会管理过程中就是把便民惠民作为目标，人民群众的满意度不断提升，促使贵阳市的社会管理稳步高效的发展。

参考文献

连玉明、武建忠：《加强和创新社会管理领导干部读本》［M］，北京工业大学出版社，2011。

《新型社区的"贵阳探索"》［N］，《法制日报》2012年7月26日。

《贵阳精简层级服务升级》［N］，《人民日报》2011年4月1日。

《从"衙门"到"家门"——城市基层管理体制改革的"贵阳探索"》［N］，《光明日报》2012年2月22日。

B.16
北京市朝阳区："居民议事厅"探索
党政群共商共治奥运村模式

摘　要：

为深入贯彻落实党的十八大精神，北京市朝阳区在全区全面推进"党政群共商共治工程"，充分发挥基层党组织的统筹引领作用，整合政府各部门和社会各界的有利资源，调动广大干部群众的积极性和参与热情，形成党政群共同协商、共同参与、共同治理的工作模式，实现由"政府单向决策、居民被动接受"向"政府和居民双向互动、共同决策"转变，进而推动基层民主政治建设。奥运村街道在实施"党政群共商共治工程"中，以"居民议事厅"为载体，通过征求群众意见和群众协商，让社区居民通过自主调研、立项和票决实事项目，实现了在整个公共服务中参与决策，参与监督。"居民议事厅"既是激活基层民主的创新实践，更是打造责任政府、构建社会公共治理模式的重要探索。

关键词：

奥运村街道　居民议事厅　党政群共商共治　社区自治　公共治理　协商民主

一　党政群共商共治是基层社会管理体制的创新实践

近年来，北京市朝阳区不断推动社会服务管理创新，取得了一系列成果。2013年，朝阳区在全区正式实施"党政群共商共治工程"。此项工作旨在充分发挥街乡党委的统筹引领作用，建立由人大代表、政协委员、街乡职能科室、社区党委、居民委员会、居民代表、社会组织代表、社会单位代表共同参与的问政会，形成党政社群共商共治的长效工作机制，建立党政社群共同协商、共同参与、共同治理的工作模式，是基层社会管理体制的一项创新实践。

在实践中，朝阳区坚持"三个始终"原则做好群众工作。尊重群众首创精神，汲取群众强大创造能量。始终用群众意愿决定主抓方向，探索实施"定期提议、支部受议、集中审议、公开决议"的议事决策"四步法"，突出群众主体，规范议事程序，重大事项让群众定取舍。始终用群众力量推动工作落实，让群众全程参与社区事务管理，推行"重大事项共推、日常事务共理、公共财物共管、村风民风共育"的村务运行管理"四机制"，促进工作落地见效。始终用群众眼光评判工作实效，在党务政务公开、重大项目实施、惠民政策落实、干部履职尽责等方面引入群众全方位评价机制，接受群众监督，实现群众满意。

二 居民议事厅："五环国际社区"目标体系下的基层社会管理体制创新

奥运村街道因北京奥运会而得名、设置并发展。后奥运时期，奥运村街道立足长远发展、持续发展，确立"奥运文化基地，国际交流窗口，都市宜居家园"的战略目标，逐步推进国际奥运村、文化奥运村、智慧奥运村、绿色奥运村和幸福奥运村的"五环国际社区"建设（见图1）。其中，推动社会服务管理创新，实现为民惠民，是"五环国际社区"建设的一个重要突破口。2012年，奥运村街道实施"为民解忧工程"，"1+3"党务居务助理进社区工程，取得了很好的效果。2013年，以朝阳区实施"党政群共商共治工程"为契机，奥运村街道在原有的工作基础上，启动了"奥运村居民议事厅"，搭建平台，真正落实在社会服务管理中党委领导、政府负责、社会协同与公众参与。

（一）规范议事规则，健全社区合作治理体系

为了更好地开展党政群共商共治工作，奥运村街道在实施"为民解忧工程"的基础上，搭建"居民议事厅"这一平台，进一步规范议事规则和处置

与国际接轨，高起点、高品质、高科技的成熟国际化社区

以信息化时代"3G"智慧生活为主要模式的智慧社区

平安幸福，宜居幸福及文化幸福的幸福社区

公共文化设施完善、奥运品牌优势突出、文化建设制度健全、文化管理人才集聚，公共文化意识浓厚的文化社区

环境监管体系健全、污染防治措施有效、自然生态环境优美、环境文化氛围浓厚、居民环保意识较高的绿色社区

图1 奥运"五环国际社区"的框架

程序，形成问政于民、问需于民、问计于民的长效机制，逐步建立健全社区合作治理体系。

1. 组建组织机构

奥运村街道成立了党政群共商共治工程领导小组。领导小组主要由街道党政负责人、各社区的书记主任、社会顾问组成，负责落实街道工委、办事处关于问政工作的各项决议和部署；不断完善问政程序，监督各方严格遵守问政制度；负责统筹协调问政整体工作的进程；组织落实街道层面的各项工作任务。在此基础上，按照党群工作、公共服务、环境秩序、日常生活、公共文化、社会安全、社区建设、纪检监察等8个方面成立项目组，分别负责各类实事项目的建立、研讨和落实。

2. 明确推进程序

奥运村街道推进党政群共商共治，主要分为三个阶段，包括征询确认、组织实施和检查验收，从而确保工作能够有序推进。

第一个阶段：征询确认。按照代表性、广泛性的原则，组织地区社会建设协调委员会、社区议事协调委员会、社区居民代表会、"两代表一委员"座谈会，广泛征求社区居民、社会单位的各类意见建议。根据需求的所属类别，做好分类整理。组织人大代表、政协委员和党代表、街道相关科室人员、社区工作者、居民代表、利益相关人等召开"居民议事厅"，商定每项需求能否立项、如何解决。在此基础上，街道工委将召开专题会，研究确立项目的责任主体、责任人、解决方案、完成时限和效果要求。

第二阶段：组织实施。在征询确认的基础上，统筹各方资源，调动一切积极因素和力量，扎实做好"解忧"工作。一是项目化管理。对确定的"为民解忧"工程实行项目化管理，一个项目制定一套解决实施方案，形成项目书，定期上报项目进展情况，严格按照项目运作的要求推进。二是透明化运作。每项解忧工程的招投标、解决过程及进展情况，要做到公开透明，定期向利益相关人通报，并以观摩、座谈等形式邀请地区"两代表一委员"、居民代表及利益相关人参与其中，接受居民群众的监督。三是全程化监督。街道确定的"为民解忧"工程列入行政效能监察范围，按照项目管理的要求实行全程监督，重点做好过程中的督促检查，特别是做好关键环节、重点部位的把控，确保工程合理合规、保质保量，确保执行不走样。

第三阶段：检查验收。对确定的各项"为民解忧"工程，一方面街道各相关科室要组织专门人员逐一做好检查验收，确保每一项实事都得到落实，达到预期效果；另一方面街道领导小组将邀请人大代表、政协委员、居民代表等参与到检查验收工作中，在参与中提高对街道工作、社区工作的了解和认识。同时，做好公开公示。街道将召开为民解忧工作报告会，将当年为民解忧工程的完成情况，向利益相关人和提请人做出专门汇报。同时通过居民代表大会、"两节"走访慰问、座谈会等形式，借助宣传栏、报纸、网络等媒介，对实事完成情况进行公开和公示，接受居民群众和社会单位的监督。

3. 规范议事规则

"议事"是奥运村街道推动党政群共商共治的核心环节。这个核心环节主要是以"居民议事厅"为载体定期举行。"议事厅"的主持人和参与者由地区社会建设协调委员会、社区议事协调委员会、社区居民代表会、"两代表一委员"推选，广泛征求地区居民、社会单位的意见建议后确定，并建立了一套科学的议事程序与规则，主要包括五个环节。

一是动议并陈述议题。动议者举手经主持人允许后提出动议，动议必须是

具体的、明确的、可操作性的行动性建议，陈述议题并简要阐述理由，时间不超过 3 分钟。

二是附议。附议仅用在刚刚有人提出动议后。附议表示附议人赞成该动议。附议不需要发言权，不需要陈述理由，只需举手并喊一声"附议"。动议必须有 3 人以上附议，始得成立，若不满 3 人，则视为动议不成立。

三是反对。主持人对动议向议事代表询问有无反对意见：无反对者直接进入表决；有反对者需陈述理由，有 3 人以上人员有反对意见则进入辩论环节。

四是辩论。为保证辩论的公平性，主持人应要求动议方和反对方各选出不少于 3 名成员进行辩论，双方人数应保持相同。辩论过程中需遵守以下规则：正反双方需交替发言；每一方个人发言不超过 3 分钟；每一方总辩论时间不超过 10 分钟。

五是表决。只有主持人可以提请表决，每一个成立的议题需表决结束后再进行下一议题的提议；表决票数相等则动议未通过，得票数多的一方获胜。

（二）完善参与机制，搭建社区合作治理平台

奥运村街道在开展党政群共商共治工程过程中，充分发挥党的统筹引领作用，带动政府及社会各界共同参与社会建设，通过"1 + 3"党务居务助理进社区工作机制，机关、社区、辖区单位、研究机构共同参与，打造众智合力下探寻社区问题解决之道的"居民议事厅"，深入系统地深化为民解忧工作。

奥运村街道社区党务居务助理选聘采取"1 + 3"模式，即：以社区为单位，成立 12 个社区党务居务助理小组；每个助理小组由 1 名机关助理、1 名社会顾问、1 名专业研究机构的助理和 1 名社区助理组成。助理小组围绕创建文化、智慧、绿色、幸福的国际社区目标，对接市、区社会建设重点任务，组织开展智慧社区服务体系建设、老旧小区自治管理、平安社区管理系统创建、流动人口实时动态管理等课题研究和实践活动，带动社会力量积极参与社区建设，促进地区社会服务管理创新。

在推进"居民议事厅"的工作中，奥运村街道继续深化"1 + 3"党务居务助理进社区工作机制，通过这一工作机制，整合各方力量，推动党政群共商共治，形成了有效的社会参与机制。比如，奥运村街道举办的第二届"1 + 3"

党务居务助理进社区工程社区辩论会就是一次成功的实践。通过辩论会，社区居民代表、社会专业机构、社区顾问、街道社区就共同关心的"社区养老问题"进行了议事，实现了经验互通、问题共研、方法共议、共商共治，不断探寻众智合力下社区问题的解决之道。

（三）整合社会资源，增强社区合作治理合力

奥运村街道在扩大社会参与的基础上，进一步落实社区公共服务事项准入制度，划清基层政府与自治组织、社会组织的职责边界，建立社区公共服务对接机制，引导各类社区主体参与社区建设、提高社区服务管理水平。重点整合三个方面的力量：一是整合街道各职能科室的力量，充分利用政策、争取资源，集中资金和力量为民解忧；二是整合社会资源，加强联系和沟通，争取社会单位、社会组织等社会力量的支持为民解忧；三是整合民间力量，充分发挥居民自治、协商治理等自治组织以及志愿队伍的力量为民解忧，努力实现社区管理和服务的主体多元化、管理扁平化，形成社区合作治理合力。

以"社区养老问题"为例，由社区居委会成员、居民代表及各领域专家组成的议事代表们，就养老问题阐述自己的观点。形成结对养老，政府提供公共空间，引进专业社会组织，提供无偿、低偿、有偿养老服务，组织化志愿者结对养老等五项动议，逐步建立社区养老服务对接机制。实际上，就是在解决社区养老问题上，充分发挥政府、社会组织、自治组织、志愿队伍的作用，整合力量，攻克难题。

三　奥运村"居民议事厅"破解了基层社会
管理体制创新的三大难题

朝阳区奥运村街道创新社会服务管理，坚持为民惠民，全面推进社会建设。依托"居民议事厅"，奥运村街道深入开展为民解忧办实事工程，顺民心，察民情，问需于民，问计于民，问政于民，进一步提升社会服务管理创新与社区建设、城市管理水平，协同作战，全力把奥运村建设提高到一个新的水平。更为重要的是，通过"居民议事厅"，实际上是破解了当前基层社

会管理体制创新中的三大难题，对于进一步推进社会管理创新具有十分重要的意义。

（一）"居民议事厅"破解了居民如何实现自治的难题

居民自治是基层社会治理的一种形式，是扩大基层民主的一种基础性工作。在我国，创新基层社会管理体制面临的一个突出问题就是如何让居民真正能够实现自我管理、自我服务。

奥运村街道的"居民议事厅"就是让老百姓自己的事情自己管、自己的事情自己议，是有序的社区公共事务管理的一个产物，也是对社区自治的一个很好的实践与诠释。"居民议事厅"活动让居民把社区当成自己的家，积极主动地参与公共生活、公共管理，大家一起出主意、想办法，有力出力、有钱出钱，支持公共事务，解决一些矛盾，使社区从生活的共同体变成道德的共同体，最后变成信念的共同体，形成一种新的社会秩序。在居民自治和参与的过程中，增强了基层政府与居民的互动性，社区居民的声音在关注中得到重视，促进了社区自治的发育，破解了社区居民如何实现自治的难题。

从奥运村街道的实践来看，社区居民实现自治的关键在于三点。首先是社区建设成熟，社区居民对社区的归属感和认同感强。奥运村街道近年来在"创建五环国际社区，建设幸福奥运村"的目标体系下，不断加强社区的硬件和软件建设，赢得了广大社区居民的高度认同。其次是社区运行透明，社区居民具有参与社区建设的热情和意识。奥运村街道在"居民议事厅"的推进过程中，坚持需求的征集过程公开、项目确定过程公开、项目实施过程公开的"三公开"原则，主动邀请居民群众、社会单位和新闻媒体参与监督，使得社区运行十分透明，使居民群众对政府、社区工作从初步了解到深入认识，再到逐步认同，激发了群众参与社区事务的热情和意识。最后更为重要的是，居民参与规范。奥运村街道的"居民议事厅"参照国际通行管理，结合区域实际，确定了居民的议事规则。在一个规范化的运行体系下，居民的参与就变得简便易行。

（二）"居民议事厅"破解了社会如何协同的难题

加强和创新社会管理，让社会组织、各界人士参与公共服务和社会管理，实现互帮互助、共建共享机制，是不断提升公共服务和社会管理水平的关键所在。党政群共商共治就是政府、社会、市场等有益的结合，特别是把社会组织、社会管理、社会服务变成社会公共治理的主体。对社会如何协同的有益探索是奥运村"居民议事厅"的一个重要成果。

奥运村的"1＋3"党务居务助理进社区工作机制，吸引了社会资源参与社会公共服务，创造出独具特色的社区公共治理模式，在基层形成了政府、社会、群众"共商共治共管共享"的新格局，受到辖区群众的普遍认同和社会各界的高度认可，为推动基层社会管理体制创新提供了可供参考的示范。

奥运村的"1＋3"党务居务助理进社区工作机制的核心就是解决好社会如何协同的问题。关键之一，成立了一个具有较高协同管理与公共服务能力的社会组织——"1＋3"社会管理创新协会。拥有高素质、专业化、职业化的人才队伍，具备自我更新、自主发展能力是社会组织参与协同管理的基础条件，如果失去了这一基础条件，社会协同也就无从谈起。关键之二，成功搭建了社会组织协同管理，参与公共服务的有效平台。"1＋3"党务居务助理进社区工作机制之所以能够成功运行，主要是把社会组织纳入了基层党和政府主导的社区工作体系中，充分发挥社会组织的专业优势，有效参与各类社区服务管理项目的实施，形成了党委领导、政府主导、社会组织广泛参与的公共事务管理机制，对于吸引更广泛的社会资源投入社区公共管理与公共服务领域具有很强的示范性。关键之三，拓展了社会组织的活动空间和效用发挥。社会组织只有贴近社会、贴近群众才能发挥作用。奥运村街道引入社区组织融入社区管理服务，与社区党组织、自治组织、驻社区单位密切配合，广泛参与社区各类服务性、公益性、互助性活动，使得社会组织在服务中体现价值。这种价值体现既是社会协同的成果，也是进一步深化社会协同的动力。

（三）"居民议事厅"破解了基层如何协商的难题

党的十八大报告首次确认了"协商民主"这一概念。全国政协副主席郑万通在"十八大"后接受《南方都市报》和《南方周末》的联合专访时曾经指出，"党的十八大确立'社会主义协商民主制度'概念，进而对'健全社会主义协商民主制度'进行规划和部署，体现了中国共产党在社会主义民主问题上最新的实践创新和理论创新。"① 党的十八大之后，社会主义协商民主建设被提上了议事日程。社会主义协商民主实际上是由三个部分组成的，第一部分是人民政协的协商民主，第二部分是中国共产党领导的多党合作中的协商民主，第三部分是基层的协商民主。基层协商民主的重点是推动基层民主决策的科学化和民主化。党政群共商共治就是对基层协商民主的有益探索，是政府、社会、百姓共同参与的一种模式，其核心是参与式治理。民主就是一种参与，治理也是一种参与，怎么能让方方面面、上上下下的力量都参与到社区建设中来，是党政群共商共治不断探索和解决的问题。

奥运村通过"居民议事厅"着力解决了在基层协商民主中的三个重点问题。第一个问题是，聚焦民生工程，确定了基层协商民主的内容范畴。有关协商民主的内容可以很多，但奥运村街道立足基层工作，把协商的重点放在了"事关民生的重大问题，对百姓生活具有影响的重大政策调整和重大建设项目"上，增加事关民生的公共政策协商的分量，符合基层协商民主推进的实际。第二个问题是，与"居民议事厅"的议事规则相结合，规范了基层协商民主的程序。完善协商形式，规范协商程序，是推动基层协商民主的前提条件。奥运村街道把规范基层协商民主的程序与"居民议事厅"的议事规则结合起来，让协商有章可循。第三个问题是，把"居民议事厅"纳入党委政府的决策环节和干部政绩考核体系，这一点至关重要。奥运村街道把基层的协商作为重要环节，将"居民议事厅"纳入党委和政府的决策体系，纳入检验领导干部工作水平、执政能力的绩效评价体系，并由专门部门负责督促落实，这对于成功开展基层协商民主是必不可少的。

参考文献

万军：《社会建设与社会管理创新》[M]，国家行政学院出版社，2011。

---

① 《十八大确立"社会主义协商民主制度"概念具有里程碑意义》，《南方都市报》2012年11月15日。

童星：《创新社会管理》［M］，中国社会科学出版社，2012。

夏静、祝军：《创新社会管理提升市民幸福指数》［N］，《光明日报》2012 年 3 月 3 日。

《北京市朝阳区奥运村街道五年行动计划纲要（2012~2016）》，2012 年 5 月。

《奥运村街道关于开展党政群共商共治工程工作方案》，2013 年 1 月 17 日。

《奥运村街道党政群共商共治工程居民议事厅活动方案》，2012 年 6 月 6 日。

B.17
重庆市渝中区："社区工作日"
走出新时期联系服务群众
创新社会管理新路子

摘　要：

　　重庆市渝中区在探索社会管理创新的过程中，通过创建"社区工作日"，深入社区、楼栋、院坝之中，倾听民声、满足民需、化解民怨、凝聚民力，切实做到了夯实基层基础。特别是在当前开展"党的群众路线教育实践活动"的大背景下，重庆市渝中区"社区工作日"的创建与发展，为全国各地社会管理的实践创新起到了推动作用，是开展党的群众路线教育实践活动的有效形式。

关键词：

　　重庆渝中区　社区工作日　群众路线　社会管理　基层基础

当前，我国正处在经济转轨、社会转型的特殊历史时期，社会矛盾复杂交织，加强和创新社会管理的任务十分艰巨和紧迫。这种艰巨性和紧迫性更加集中地体现在基层。基层具有"春江水暖鸭先知"的独特性，群众的基本需求和主要取向，基层社会管理体系能最先感知；社会发展中出现的各种问题和矛盾挑战，基层社会管理体系将直接面对。加强社会建设、创新社会管理，就要像中央高层反复强调的那样，做强基层组织、壮大基层力量、整合基层资源、强化基层工作。

一　新时期加强群众工作的重要性与渝中区推动社会管理创新的背景

经过改革开放30多年的发展，我国正处于全面建成小康社会的新时期。

这个时期既是经济社会加快发展的战略机遇期，又是利益多元、格局复杂的矛盾凸现期，解决各种错综复杂的社会矛盾和社会管理领域存在的问题显得更加紧迫，而这些矛盾与问题，大多与群众利益息息相关。为此，协调和解决好这些矛盾问题，就要求我们进一步深化群众观念，加强群众工作，维护群众利益，并不断完善社会管理的基层基础。中央高层与地方实践对此都给予了高度重视。

1. 中央高层反复强调新时期加强群众工作的重要性

在 2011 年 2 月召开的省部级主要领导干部社会管理及其创新专题研讨班结业式上，习近平同志强调，"党和国家事业的发展进步，离不开人民的创造力量；党的全部执政活动，离不开强有力的群众工作。社会管理主要是对人的服务和管理，说到底是做群众的工作。一切社会管理部门都是为群众服务的部门，一切社会管理工作都是为群众谋利益的工作，一切社会管理过程都是做群众工作的过程。"① 加强社会管理创新，要做到与群众工作紧密联系，群众工作是社会管理的基础性、经常性、根本性工作。进一步深化群众工作对研究形势和任务的发展变化提出了更高的要求，加强积极探索并改进群众工作的新途径、新办法，将群众工作落脚点放到社会管理的各个方面与环节，做到从根本上化解社会的矛盾、维护社会的稳定、促进社会的和谐。

2012 年 12 月 4 日，中共中央政治局会议召开，会上通过了《关于改进工作作风、密切联系群众的八项规定》（见图 1）。会议表示，规定的制定，指导思想是"从严要求，从严治党"。工作作风的改进情况、联系群众密切程度，是党和人民群众和谐发展的衡量指标。各级党政机关、领导干部要坚持"以人为本、执政为民"，带头改进工作作风、深入基层调研；带头密切联系群众、解决各地区实际问题。

2013 年 6 月 18 日，党的群众路线教育实践活动工作会议在北京召开，会议上习近平强调，"群众路线是我们党的生命线和根本工作路线。实现党

---

① 2011 年 2 月 23 日习近平在省部级主要领导干部社会管理及其创新专题研讨班结业式上的讲话。

要改进调查研究，切记走过场、搞形式主义；要轻车简从、减少陪同、简化接待	要精简会议活动，切实改进会风；提高会议实效，开短会、讲短话，力戒空话、套话。
要精简文件简报，切实改进文风，没有实质内容、可发可不发的文件、简报一律不发。	要规范出访活动，严格控制出访随行人员，严格按照规定乘坐交通工具。
要改进警卫工作，减少交通管制，一般情况下不得封路、不清场闭馆。	要改进新闻报告，中央政治局同志出席会议和活动应根据工作需要、新闻价值、社会效果决定是否报道，进一步压缩报道的数量、字数、时长。
要严格文稿发表，除中央统一安排外，个人不公开出版著作、讲话单行本，不发贺信、贺电，不题词、题字	要厉行勤俭节约，严格执行住房、车辆配备等有关工作和生活待遇的规定。

图1　关于改进工作作风，密切联系群众的八项规定

的十八大确定的奋斗目标，实现中华民族伟大复兴的中国梦，必须紧紧依靠人民，充分调动最广大人民的积极性、主动性、创造性。开展党的群众路线教育实践活动，就是要使全党同志牢记并恪守全心全意为人民服务的根本宗旨，以优良作风把人民紧紧凝聚在一起，为实现党的十八大确定的目标任务而努力奋斗。"群众工作是社会管理的基础性、经常性、根本性工作，这就决定了社会管理工作要将群众满意作为出发点和落脚点。我们党在长期执政过程中之所以得到广大群众的拥护，就在于让群众得到了实实在在的利益。社会管理工作要以人民利益为切入点，从人民群众最关心、最直接、最现实的利益问题入手，真心实意为群众谋利益，让百姓安居乐业。当前，各地正如火如荼地推进"党的群众路线教育实践活动"（见表1），很多地方都把群众工作的开展与社会管理创新有机地结合起来，取得了很好的效果。

表1　媒体关于各地推进"党的群众路线教育实践活动"的报道

媒体	时间	标题
光明日报	2013 年 8 月 3 日	《江西："五访纳谏"听真言》
光明日报	2013 年 8 月 1 日	《安徽：广拓渠道听真话听实话》
光明日报	2013 年 8 月 1 日	《河南：擦亮镜子正衣冠》
陕西日报	2013 年 7 月 29 日	《延安记忆：这里有群众路线的真经》
新华网	2013 年 7 月 28 日	《四川教育实践活动："动真格""真出汗""真治病"》
公务员局网站	2013 年 7 月 26 日	《山东莱芜市：立体公开评价加强作风建设考核》
人民日报	2013 年 7 月 25 日	《鄂尔多斯：干部下沉服务上门》
人民日报	2013 年 7 月 24 日	《河北行唐：群众评议实权科长不合格者将被免职》
新华网	2013 年 7 月 23 日	《广西：学习教育重实效开门纳谏整作风》
人民日报	2013 年 7 月 22 日	《重庆江津区："院坝会"实打实》
公务员局网站	2013 年 7 月 19 日	《福建福清市：设立效能监测点强化作风建设》
新华网	2013 年 7 月 19 日	《长沙用"两个随机"促进基层组织抓党建》
云南日报	2013 年 7 月 15 日	《云南省长李纪恒小镇蹲点调研和农民刨坑撒种施肥》
南海网	2013 年 7 月 10 日	《海南 73 个单位负责人集中公开述职接受社会评价》
新华网	2013 年 7 月 4 日	《浙江省要党员领导干部红红脸、出出汗、排排毒》
陕西日报	2013 年 6 月 9 日	《陕西宝鸡建起五千联系点边查边改解民忧》
南方日报	2013 年 5 月 17 日	《广东省委值班室党支部：群众利益"守夜人""突发事件"》

资料来源：根据网络资料整理。

2. 重庆市渝中区立足地区实际推动群众工作与社会管理创新相结合

渝中区位于重庆市西南部，是重庆市的中心城区，地处长江、嘉陵江交汇处，三面环水，西面通陆，为一东西向狭长半岛。改革开放，特别是重庆直辖以来，渝中区经济实力显著提升，城市面貌日新月异，人居环境不断改善，社会事业快速发展，人民生活步入较为宽裕的小康阶段。在社会事业发展方面，通过统筹整合资源，加大财政投入，渝中区民生事业取得新进步。

特别是近年来，渝中区针对新时期中心城区群众工作的新特点、新要求，努力找准联系群众、维护稳定的有效途径，探索社会管理新模式。自 2010 年 5 月以来，重庆渝中区创建"社区工作日"制度，全区副处级以上领导和干部定期组织开展"下访、慰问、宣传、调研、帮扶和社会服务管理"活动。通过零距离来听群众说事、请群众来议事，为群众办实事、解群众的难事。在和群众的紧密联系中传承党的优良作风，增进党群鱼水情；在"听民声、解民

难、惠民生"中共创和谐社会，夯实群众基础；逐渐探索出新时期下党员干部紧密联系群众、加强社会管理、促进和谐社会的新道路。同时，"社区活动日"制度也是渝中区贯彻落实党中央以及重庆市委"干部大下访，转变干部作风、密切干群关系、服务群众举措"的具体体现。

二　渝中区"社区工作日"制度的探索实践

加强和创新社会管理，是适应我国发展新特征、新变化的时代课题，是各级党组织和各地政府面临的重大战略任务。渝中区在加强和创新社会管理的基层实践中，探索建立了"社区工作日"这一联系群众、服务群众的载体，让干部沉到社区、走进群众，零距离听群众说事、面对面请群众议事、全方位为群众办事，努力做到在群众最关注之处回应、在最急需之处帮助、在最动情之处关怀，真正成为群众的知心人、贴心人，暖心人，党群干群关系变得日益密切，社会管理也顺利高效地推进。

1. "社区工作日"凸显了群众主体的价值取向

确定工作时间，实行定期蹲点。渝中区针对当前部分党员干部不敢、不善甚至不愿、不想与群众打交道的现象，着力把干部的工作阵地放在基层、放在实践中、放在群众中，让干部到离群众距离最近、呼声最近、需求最近的地方去。实行定期蹲点，让干部走出"空调房"、走到"太阳坝"，结合中心城区"居民居住在楼房、集中在社区"的实际情况，确定每月第二周、第四周星期二为"社区工作日"。

确定工作内容，开展"5＋1"活动。渝中区规定，所有区级、处级干部及全体机关干部深入77个社区脱产工作，开展走访接访、基层慰问、政策宣讲、调研学习、扶贫帮困、社会服务管理"5＋1"活动等，做到零距离听群众说事、面对面请群众议事、全方位为群众办事。

确定工作议题，实施公开公示。在"社区工作日"前两天，渝中区会通过电视、报纸、网络和社区党务政务公开栏、黑板报等，向居民公示蹲点领导的姓名、职务、分工和接待时间、地点等，请群众到社区来"赶集"，欢迎并邀请居民群众来唠家常、讲问题、提建议。通过亮牌上岗，让群众说事情

"找对人"，接待群众，党员干部需佩戴"党员标识牌"，并放置"社区工作日"接待牌，标明接待人的姓名、职务、相片，让群众知晓有事找谁说、找谁办。

渝中区开展的"社区工作日"活动，作为改善民生、凝聚民力的有力抓手，坚持"在思想上尊重群众、感情上贴近群众、工作上依靠群众"，并通过实施"点对点听群众说事、面对面请群众议事、实打实为群众办事"的工作机制，充分保障了群众的知情权、表达权、参与权、监督权。创造性地把群众主体价值贯穿于社会管理服务的工作之中，取得了很好的效果。

2. "社区工作日"健全了群众工作的办理机制

实施社会管理的根本目的是让人民群众生活得更好。健全各项群众工作机制，要坚持想问题、作决策、干事情都从群体利益出发，统筹兼顾好最广大人民根本利益。群众工作做得好与否是决定社会管理机制有没有效果的关键。方法得当，群众工作往往会事半功倍，相反，如果群众工作处理不妥当，社会管理就很难得到群众的理解支持，甚至会引发矛盾冲突，给社会和谐带来不稳定因素。

在实行"社区工作日"的过程中，渝中区通过建立健全办理机制，让答应群众的事情件件有回音、件件得落实，作出的承诺逐一兑现。

一是建立接访"提前公示"制度。每月公开接访提前3天对外公示接访具体时间，根据工作需要和群众意愿，提前公示接访领导、职能部门和专题接访队等接访人员。在各社区的"社区工作日"接待室外，设立明显接访标志，提前公示接访地点。

二是建立社区工作"台账登记"制度。制定《群众反映事项办理办法》，建立"社区工作日志"，参加接待的干部认真填写《群众反映事项办理情况记录表》，实行一人一表、一事一记，街道填写《接访活动统计表》，确保全面记录接访时间、接访人员、反映事项、处理意见等情况。

三是严格工作责任"交办落实"制度。按照"谁接待、谁包办、谁负责"的原则，由接待、走访人一包到底，凡是能现场协调解决的，立接立办；不能现场解决的，向群众承诺"3日交办、10日反馈"，明确主办、协办单位联动办理，由接待、走访人督促办结。

四是建立民生难题、信访积案"专项化解"制度（见图2）。针对信访疑难案件，组建城建、民生、安稳3个方面12支主题接访队伍，在12个街道每月各自巡回，集中接待、宣传、解释，点对点攻坚化解、坚持不懈做减法，成功化解了一批长达几年甚至十多年的信访老户反映的拆迁安置、企业改制、"四久工程"处置等遗留问题。针对"社区工作日"中群众反映集中的老旧电梯、水电"一户一表"改造、化粪池疏浚等问题，区委常委会、区政府常务会专题研究，制定专门工作方案、成立专门工作小组、集中力量协调各方，逐一专项解决。

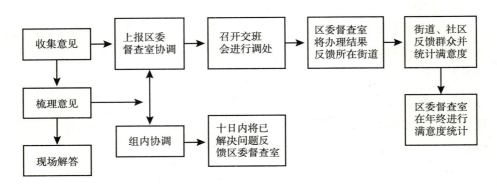

图2　"社区工作日"专题接访队事项办理流程

五是建立"情况反馈"制度。首先，办理部门要在收到问题10日内，将办理结果告知群众，并将办理情况反馈给活动办公室。随后，活动办公室在收到部门办理情况后的3日内，将办理结果反馈给街道和社区，并告知接访领导。

六是建立群众反映事项"考核督办"制度。组建4个督查组，办理中全程督查、次月回访复查，并通过电话回复、社区公示、群众见面会等形式，确保办理到位、问题解决、承诺兑现，做到"群众不满意、事项不销账"，真正做到不让党政失信、部门失职、群众失望。

"社区工作日"制定完善了包括民声听取、民意吸纳、民怨化解、民生改善在内的一整套工作机制，成为增进群众感情的情感行动、维护民生民利的责任行动、优化发展环境的发展行动（见表2）。通过活动的开展，使领导干部当好矛盾纠纷化解员、社情民意调研员、政策法规宣传员、惠民便民服务员，增进了党群干群鱼水情，被誉为新时期促进社会和谐的一把"金钥匙"。

表 2 　"社区工作日"主要工作制度

制度名称	制度主要内容
提前公示制度	公示接访时间、公示接访人员、公示接访地点
台账登记制度	通过一系列表格全面记录接访时间、接访人员、反映事项、处理意见
交办落实制度	能办即办、限时结办、统筹交办、高位督办、协调商办
专项化解制度	组建城建、民生、安稳接访队伍、制订工作方案、成立专项小组
情况反馈制度	反馈来访群众、反馈活动办公室、反馈街道社区、反馈接访领导
考核督办制度	全程督查、回访复查、现场核查

3. "社区工作日"构建了社会管理的创新载体

当下许多基层组织面临社会管控能力差、忽视社会管理等问题，导致群众有了矛盾不能及时解决，有了纠纷得不到正确引导，矛盾纠纷化解作用难以发挥。面对群众诉求日益多元化、复杂化和利益化的新形势，基层组织原始、粗放的社会管理和解决矛盾纠纷的方式已经无法适应要求。深入实际、深入基层、深入群众是掌握情况的主要方法。然而，以怎样的形式开展社会管理的基层工作，切实做到知民情、解民忧、暖民心，仍然是目前亟待解决的问题。

渝中区把党群干群之间情感的交流、心灵的沟通、心理距离的拉近作为群众工作的重要目标、关键内容，并构建了一系列社会管理的有效载体。

通过楼栋院坝会、民情恳谈会、低保听证会、法官进社区等，向群众宣讲政策、释疑解惑，倾听心声、汇聚民智。每次社区工作日，在全区每个社区的接待平台，群众和干部围坐一圈，"七嘴八舌"提建议、话发展。入户"串门"，唠家常、问寒暖。延伸开展"警民恳谈会"、"法官进社区"、"人大代表在行动"、"政协委员双走进"等特色活动，将公安、法官、"两代表一委员"、医疗专家等纳入活动范畴，倾情为居民群众服务。

通过包片包楼包户，干部在每个"工作日"中至少走访3～5户家庭或企业，与群众讲家事、话时事，听取建议意见。围绕老百姓的衣食住行和社会各领域发展的不同问题，明确了"五个走访重点"（见表3）。

表3 渝中区领导干部"五个走访重点"

走访群体	交谈内容
困难户、低保户	问衣食冷暖
农民工、再就业和下岗职工	问就业现状
上访户、意见户、钉子户	问事情原委
两代表一委员、老干部、老党员	问时政利弊
总部企业、"两新组织"	问发展之策

通过与困难群众结对,开展"暖心"活动,满腔真情地帮扶困难群众。将"社区工作日"与"531结对帮扶"、"人生关怀"结合,每名区级、处级、一般干部对口联系5户、3户、1户贫困家庭,在全区每个群众"出生、入学、婚育、重病、生活困难、节日、养老、临终"8个重要节点,上门看望慰问,与群众共同分享幸福、分担困难,让党员干部受教育、受触动,群众享温暖、受感动。

渝中区通过"社区工作日"的创建,把工作阵地放在基层、放在实践、放在群众中,领导干部亮出身份、放下"架子",切实做到了动起来、跑下去。目前16750人次处级以上干部接待群众43210户,帮扶慰问困难群众100260人次,办结群众反映事项5872件,办结率达95%以上,实现了办结一件、满意一件、争取群众一片。群众普遍反映:"见领导比以前容易了,反映问题也方便了,党的优良传统回来了"。同时,也促使机关干部深入基层感知最生动的发展、总结最新鲜的经验、思考最紧迫的课题、收获最深刻的启示,不断提高各级干部愿做、会做、善做群众工作的能力和水平,着力增强基层党组织的创造力、凝聚力、战斗力。

4. "社区工作日"夯实了服务管理的基层基础

扎实推进群众工作,是密切联系党群关系的治本之策,也是加强社会管理的重要方法。只有这样,才能够真正夯实基层基础。

渝中区着力把"红岩党员先锋服务"、"机关干部社会服务"以及渝中城市建设管理等列为工作重点,纳入到"社区工作日"中来。最为关键的是,在服务管理中与社区居民携手共建,鼓励居民参与,使"社区工作日"成为干群联络、融合共建的有效平台。

携手美化家园，党员干部每月至少1次到联系社区参加社会服务，与居民群众一起动手植树造林、清扫保洁、精细城市管理，督促整治脏、乱、差现象，为居民群众改善生活环境，在共同工作、共同劳动之中结下深厚情谊。

携手共促和谐，在全区倡导"幸福社区，邻里如亲"活动，领导干部示范带头参加文明劝导、扶弱济贫、关爱助学等共建和谐活动，向居民群众宣讲民生政策、宣传惠民措施、宣教文明礼仪，促进城区文明程度、市民文明素质提升，同心同德打造安居乐业的"首善之区"。

携手共创幸福，发挥领导干部政策熟悉、信息丰富等优势，倡导他们积极帮助群众解决就学、就医、就业等方面的实际困难，在为群众倾注感情、热心服务中锤炼宗旨意识、群众观念。

通过"社区工作日"活动，一方面，党员干部领导在走访群众过程中广泛宣传民生改善的法规政策，并认真听取群众意见、记录群众建议，区委、区政府在此基础上广纳民意开出了"民生清单"，大力实施"531"对口帮扶（见图3）、"人生关怀"系统工程等10个方面33件民生实事；另一方面，让群众参与到党委政府的决策、实施过程中来，全区群众热爱家乡、关爱家园、关心发展的热情得到激发，维护稳定、共创和谐的积极性得到调动，实现了决策与民情的契合，发展与民生的互动，协调了党群干群的鱼水关系，夯实了服务管理的基层基础。

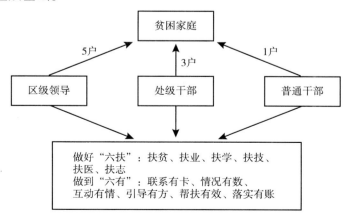

图3 渝中区党员群众"531"对口帮扶结构

三 渝中区在社会管理中服务基层、夯实
基础的创新性分析

在"社区工作日"两年的实践中，渝中区一方面注重以社会管理创新的新理论、新思维、新方法来指导活动创新开展；另一方面注重在活动实践中提炼总结、发现规律、创造经验。渝中区始终坚持民情在第一线了解、政策在第一线宣传、意见在第一线征求、问题在第一线解决，以硬性规范、制度约束，促使领导干部深入基层、融入群众。在社会管理服务中切实做到"体察民情零距离，情感交融零隔阂，解决问题零失信，服务社会零怨言"。中国公共经济研究会秘书长、国家行政学院教授许正中在对渝中区"社区工作日"活动进行调研后表示，在社会转型期，渝中区为全国的社会管理创新找到了"金钥匙"。

1. "社区工作日"是紧密联系群众的实践创新

"在我党的一切实际工作中，凡属正确的领导，必须是从群众中来，到群众中去。"毛主席这一精辟论断深刻地揭示出，群众路线是任何时候我们党取得一切工作胜利的根本保证。对于我们党来说，最严重、最可怕的危险之一，就是脱离群众。在新时期，世情、国情、党情都发生了巨大变化，给群众路线的内涵和外延赋予了新的时代意义。

"社区工作日"正是通过在内容上进行创新，在制度上进行约束，督促干部深入群众之中，体人民之情，解百姓之难，暖百姓之心，彻底消除了党员干部走马观花的不良之风。同时，渝中区将"社区工作日"作为促进党和政府的路线、方针、政策落实落地的宣传平台，通过与居民群众面对面的沟通交流，深入宣讲中央、市委市政府、区委区政府重大方针政策、重大决策部署、重要战略思路、重大发展成果、重大会议精神、重点民生政策，让党委政府声音传递到基层，让党委政府政策走进群众，得到群众衷心拥护和赞同。全区近400名处级以上干部进社区，在基层实践中淬火、在群众工作中炼金，党员干部多了基层实情，少了"衙门"作风。许多干部感叹，经过"社区工作日"这个"课堂"的实践学习，真正了解了群众的疾苦，掌握了基层的实际，对老百姓的感情更浓了，感觉自己身上的责任更重了。群众称赞干部作风好："一进门，一发言，字字句句暖心田"。

2. "社区工作日"是党的先进性、纯洁性建设的新形式

先进性、纯洁性是马克思主义政党的生命所系、力量所在，是马克思主义政党的根本特征。"社区工作日"从"空调房"搬到了"太阳坝"，党员干部队伍走进社会底层，深入贫困家庭，亲近群众零距离、感知群众零距离。在目睹了百姓的贫苦生活、住房窘境，与现代大都市繁华景象的强烈反差，极大震撼了蹲点党员干部的内心思想，他们时刻提醒自己保持勤俭节约、艰苦奋斗的传统美德，不断告诫自己坚持与人民群众同甘共苦，始终保持党员的先进性、纯洁性；强化自身服务理念，前移窗口去办事，做到服务群众零距离。此外，党员干部带头参加文明劝导、清扫保洁、城市管理，在共同劳动中与群众打成一片，增进了群众感情，树立了先锋形象。这些做法避免了空洞的说教，形成了以"掏心窝"来"化隔膜"，实现了理论与实践的结合统一，无疑是新形势下党的先进性、纯洁性建设创新的延续。

3. "社区工作日"是加强社会管理的有效载体

基层是社会管理的基础，也是我党执政的基石。找到契合的着力点，使社会管理更趋人性化、更富活力，让群众工作落到实处，是做好基层服务的关键。"社区工作日"立足中心城区的特点，赋予社会管理新时代的独特内涵：更加强调以人为本、以广大人民群众的根本利益为本、以人的全面发展为本的新理念；更加突出从细节小事做起、从具体服务好一家一户群众家庭和家庭成员的科学发展做起的新视角；更加注重探索联系群众、服务群众的新载体。走访回访问民需、扶贫帮困暖民情、深度调研解民难、社会服务添民利、深入宣讲聚民心等措施，实现了柔性管理的工作氛围，避免了以往社会管理中常用的说教式、处罚式、强制式手段，而是采取领导干部走进社区开展院坝会、恳谈会、听证会等方式，倾听百姓声音，更多的是感情的交流、思想的沟通，充分发挥百姓的话语权、参与权、知情权和监督权，并围绕收集到的老百姓需求，出台一些政策，干一些和老百姓切身利益密切相关的实事，让每个居民都感到自己是这个城市的主人。

以人民群众利益为重、以人民群众期盼为念，渝中区以人为本，用心

服务，通过改进政府提供公共服务的方式，真正把社会服务与管理工作做到了群众的心坎上，进而实现了管理与服务的有机统一，为社会管理这个老课题交出了一份"心"的答卷。"社区工作日"的创建与实行，使社会管理更加人性化，成为新时期密切党群血肉联系、加强社会管理创新的创意品牌。

4. "社区工作日"是打造和谐社会的"减压阀"

随着社会的日益开放和人口流动，公众诉求也越来越多元化、多层次。渝中区"社区工作日"的创建，畅通了民生诉求的通道，为更好地解决民生所需奠定了基础。群众的困难有诉说的对象、有反映的地方、有解决的渠道，对群众反映的问题"特事特办、急事快办、难事巧办"，老百姓少了等待、少了怨气，使许多矛盾纠纷化解在基层、化解在萌芽状态，有效地维护了社会的和谐稳定。"社区工作日"开展以来，全区信访总量、重信重访数量批次同比分别下降19.33%、58.41%。前国务院副秘书长、国家信访局局长王学军到渝中区调研并给予高度评价："社区工作日密切了党与人民群众的血肉联系，把群众反映的问题化解在基层，在社会管理创新上迈出了坚实的一步，值得全国其他地区学习、推广"。

转型时期的社会管理，矛盾多元、多样、多发难以避免。渝中区以"社区工作日"为载体，通过定期走访下访、常态化接访约访，做到关口前移、源头治理，从源头上主动解决问题。渝中区"社区工作日"的开展，达到了"触点增多、燃点降低"的成效。通过增加政府与群众的"接触点"，把社会管理同人民群众的意愿和需要紧密结合起来，"润物细无声"地化解了基层矛盾，开创了"社会和谐人人有责、和谐社会人人共享"的生动局面。

参考文献

连玉明、武建忠：《加强和创新社会管理领导干部读本》［M］，北京工业大学出版社，2011。

《"社区工作日"渝中区群众工作"金钥匙"》［EB/OL］，http：//cqrbepaper. cqnews. net/cqrb/html/2012 – 12/08/content_ 1595445. htm，2012 年 12 月 8 日。

陈朋：《基层社会管理：重点与路径》［EB/OL］，http：//www. studytimes. com. cn：9999/epaper/xxsb/html/2012/07/16/06/06_ 32. htm，2012 年 7 月 16 日。

《一场特殊的院坝会》［N］，《重庆日报》2012 年 9 月 5 日。

《走基层，播暖意》［N］，《瞭望东方周刊》（延伸阅读），2012 年 12 月 13 日。

B.18
辽宁省大连市:"民生十梦"绘就
基层群众看得见的"中国梦"

摘　要:

中国梦的根本在基层,中国梦的基石是民生。大连市西岗区日新街道着力寻求基层工作与实现中国梦的结合点,提出了"民生十梦"的构想,把中国梦与百姓梦结合起来,让中国梦体现在街道的每项工作中,让居民群众在分享中国梦的实践成果中感受幸福生活,通过卓有成效地开展民生工作,创新社区服务管理,体现中国梦的实践意义,助推中国梦的努力实现。

关键词:

大连市西岗区日新街道　中国梦　民生十梦　基层社会管理创新

党的十八大提出了"两个百年"的奋斗目标,实现中华民族伟大复兴的"中国梦",描绘了未来发展的宏伟蓝图。当前,要实现"中国梦",需要营造有利于追梦的公平正义的社会环境,需要不断提高社会管理水平。"中国梦"的根在基层,只有不断实现好、维护好、发展好最广大人民的根本利益,"中国梦"才有实现的基础。

一　从"中国梦"到基层的"民生梦"

十八大报告指出,"在改善民生和创新社会管理中加强社会建设。"作为基层行政组织,街道已经步入党和政府创新社会管理、开展公共服务、落实民生政策、建设和谐社会、实现群众利益的最前沿。多年来,党和政府十分重视街道社区的建设和发展,出台法规政策,采取有力措施,加大资金投入，从居民自治组织、社区工作者队伍、基础设施建设、服务群众工作、社区党建等方面全面加强社区建设，有力地加快了民生事业的发展，提升了服务群众水平，促进了社区和谐，维护了社会稳定。党的十八大提出了"两个百年"的奋斗目标，描绘了未来发展的宏伟蓝图，特别是习近平总书记提出了实现中华民族伟大复兴的中国梦，为基层扎实推进社会服务管理创新进一步指明了方向。正是在这一背景下，大连市西岗区日新街道提出了"民生十梦"的构想，把中国梦与百姓梦结合起来，让中国梦体现在街道的每项工作中，让居民群众在分享中国梦的实践成果中感受幸福生活。

（一）中国梦为基层扎实推动社会服务管理进一步指明了方向

2012 年 11 月，新一届中央领导集体在国家博物馆参观《复兴之路》展览时，习近平总书记首次提出了"中国梦"的概念。十八大以来，新一届党中央对"中国梦"进行了系统阐述，明确了"中国梦的核心内涵就是国家富强、民族复兴、人民幸福。""中国梦归根到底是人民的梦，必须紧紧依靠人民来实现，必须不断为人民造福"。随后有关"中国梦"的一系列重要论述为基层扎实推动社会服务管理创新进一步指明了方向（见图 1）。

基层工作是一切工作的基础，群众力量是办好一切实事的有力力量。基层是宣传"中国梦"的重点，更是践行"中国梦"的根基。只有实实在在地去解决人民生活中的实际问题，让每个人参与"中国梦"的建设，受益"中国梦"的创新，使"中国梦"走进每一个人的心中，让"中国梦"成为"百姓梦"、"民生梦"，"中国梦"才能真正实现。

（二）日新街道用实践诠释"中国梦"归根到底就是"民生梦"

大连市西岗区日新街道地处大连市中心区域，辖区面积 2 平方公里，下设 6 个社区，5 万余人口，是大连市总部经济、楼宇经济聚集区和现代产业发达区。多年来，伴随着民生事业的快速发展，西岗区日新街道坚持"以人为本、民生为先"的理念，把"打造幸福民生、实现群众利益"作为一切工作的出

深化中国梦宣传教育座谈会
　　刘云山强调，"把中国梦宣传教育不断引向深入，要在突出思想内涵、增强认知认同上下功夫，在把握实践要求、推动实际工作上下功夫，积聚团结奋进的正能量，激励人们在中国特色社会主义伟大实践中同心共筑中国梦。"

● 2013年4月8日

在江苏、山东调研时刘奇葆强调，"要把开展中国梦宣传教育作为一项重要任务，与中国特色社会主义宣传教育结合起来，切实抓实抓好。实现中国梦必须走中国道路、弘扬中国精神、凝聚中国力量。要通过宣传教育，汇聚起追梦圆梦的正能量。"

2013年3月25日

在达累斯萨拉姆你累而国际会议中心发表演讲
　　习近平指出，"中国人民正致力于实现中华民族伟大复兴的中国梦，非洲人民正致力于实现联合自强、发展振兴的非洲梦。中非人民要加强团结合作、加强相互支持和帮助，努力实现我们各自的梦想，同国际社会一道，推动实现持久和平、共同繁荣的世界梦，为人类和平与发展做出新的更大的贡献。"

● 2013年3月25日

在莫斯科国际关系学院发表演讲
　　习近平强调，"实现中华民族伟大复兴，是近代以来中国人民最伟大的梦想，我们称之为"中国梦"，基本内涵是实现国家富强、民族振兴、人民幸福。中国发展壮大，带给世界的是更多机遇而不是什么威胁。我们要实现"中国梦"，不仅造福中国人民，而且造福各国人民。"

2013年3月23日

会见香港行政长官梁振英、澳门行政长官崔世安
　　习近平强调，"香港、澳门与祖国内地的命运始终紧密相连。实现中华民族伟大复兴的中国梦，需要香港、澳门与祖国内地坚持优势互补、共同发展，需要港澳同胞与内地人民坚持守望相助，携手共进。"

● 2013年3月18日

十二届全国人大一次会议
　　习近平强调，"实现全面建成小康社会、文明和谐的社会主义现代化国家的奋斗目标，实现中华民族伟大复兴的中国梦，就要实现国家富强、民族振兴、人民幸福，既深深体现了今天中国人的理想，也深深反映了我们先人们不懈追求进步的光荣传统。"

2013年3月17日

参加十二届全国人大一次会议辽宁代表团的审议
　　习近平指出，"雷锋、郭明义、罗阳身上所具有的信念的能量、大爱的胸怀、忘我的精神、进取的锐气，正是我们民族精神的最好写照，他们都是我们"民族的脊梁"。要充分发挥各方面英模人物的榜样作用，大力激发社会正能量，为实现"中国梦"提供强大精神动力。"

● 2013年3月6日

参加科协、科技界委员联组会
　　习近平强调，"要加强科技人才队伍建设，为人才发挥作用、施展才华提供更加广阔的天地，鼓励人才把自己的智慧和力量奉献给实现"中国梦"的伟大奋斗。"

2013年3月4日

中央党校2013春季学期开学典礼
　　习近平指出，"全党同志特别是各级干部，都要有本领不够的危机感，都要努力增强本领，都要一刻不停的增强本领。只有全党本领不断增强了，"两个一百"的奋斗目标才能实现，中华民族伟大复兴的"中国梦"才能梦想成真。"

● 2013年3月1日

会见中国国民党荣誉主席连战及随访的台湾各界人士
　　习近平指出，"我们真诚希望台湾同大陆一道发展，两岸同胞共同来圆"中国梦"。携手推动两岸关系和平发展，同心实现中华民族伟大复兴，应该成为两岸关系的主旋律，成为两岸中华儿女的共同使命。"

2013年2月25日

会见驻穗部队师以上领导干部
　　习近平特别指出，"实现中华民族伟大复兴，是中华民族近代以来最伟大的梦想。可以说，这个梦想是强国梦，对军队来说，也是强军梦。"

● 2012年12月10日

参观《复兴之路》展览
　　习近平首次提出"中国梦"，他说，"现在，大家都在讨论中国梦，我以为，实现中华民族伟大复兴，就是中华民族近代以来最伟大的梦想。"

2012年11月29日

图1　中央高层关于"中国梦"的主要讲话

资料来源：根据网络资料整理。

发点和落脚点，先后荣获全国未成年人思想道德建设先进单位、全国安全社区、全国敬老爱老模范单位、辽宁省先进党委、辽宁省文明单位标兵、大连市先进党委、大连市先进集体等荣誉称号。经过多年的努力，日新街道辖区发展充满了活力，居民生活充满了欢乐，社会发展充满了和谐，居民群众对过上更加美好的生活充满了新期待。

中央提出"中国梦"，在日新街道及社区的广大干部群众中引起了强烈的反响和广泛的认同，街道党工委抓住这一有利时机，迅速开展了一系列的"中国梦"学习宣传教育活动。通过报告会、专题讲座、巡回宣讲、座谈讨论、手抄报展示、文艺展演等多种形式，让党员干部群众在准确把握中国梦的基本内涵、基本要求和实现路径等基础上，引导居民群众把实现中国梦与实现和谐社区梦、幸福家庭梦、美好个人梦结合起来，把每个家庭的前途与国家民族的兴旺结合起来，把每个人的美好梦想与扎扎实实的圆梦行动结合起来。在此基础上，日新街道积极思考将宏大的"中国梦"与基层社会服务管理创新工作结合起来，在中国梦的目标和旗帜下，提出建立"民生十梦"的构想，激发工作新活力，形成基层正能量，共同建设美好家园。

二　日新街道"民生十梦"让"中国梦"照进现实

中央高层关于"中国梦"的系统阐述，引发了基层和群众的广泛共鸣。中国梦，和我们普通老百姓有着怎样的联系，是我们必须面对和回答的问题。事实上，中国梦，既是国家的梦，也是百姓的梦。大连市西岗区日新街道在中国梦的目标和旗帜下，提出建立"民生十梦"的构想，通过工作创新、真抓实干，让中国梦真正照进基层百姓的现实生活。

（一）光荣梦——让党员成为服务群众的榜样

随着我国加强和创新社会管理的不断深化，街道承担着越来越重的管理和服务职责。这就需要街道党工委忠实履行职责，提高领导区域发展的能力，充分发挥社区党建的带动作用，通过党工委总揽全局、协调各方的领导核心作用，组织和发动社区党组织和党员、辖区企事业单位的党组织和党员，共同参与服务群众、优化管理、促进和谐的社会管理和服务工作。为此，日新街道首先提出了"光荣梦"，号召社区党总支和楼院党支部在楼院里树旗帜、发号召、创先进，社区党员在群众中亮身份、做承诺、争优秀，充分发挥社区党组织和社区党员的战斗堡垒和先锋模范作用，把基层党组织的政治优势、组织优势转化成推动区域和谐发展的强大力量。

日新街道 50 个楼院党支部、160 支党员志愿服务队常年在楼院里带头开展服务群众工作，82 个党员示范区、240 个党员模范岗，一人一岗、一岗一责，带头开展环境美化绿化、结对帮扶、空巢老人照料、矛盾纠纷调解、宣传文明新风、维护楼院治安等方面志愿服务，发挥了模范作用，树立了崭新形象。

党工委以"携手惠民"为载体，每年至少同 50 个辖区企事业单位签订重点民生项目，120 多个企业党组织和单位以不同形式参与携手惠民活动。在各级党组织和党员的带动下，有力地促进了全街服务群众工作的开展和民生事业的提升。

日新街道充分发挥党员的作用，给每个党员每年下达五项"硬指标"：每人负责一个社区网格，每人承包一个和谐楼院，每人帮扶一个贫困家庭，每人解决一个民生难题，每人撰写一份民情报告。这五项指标，街道都要求党员在找齐"论点"、"论据"以后，得出完美的"结论"。这个结论与"党员"有关，更与"光荣"有关。"党员"的"光荣"就是"以身作则"。只有党员干部以身作则的模范引领作用能被百姓看得见、摸得着，社会才有可能形成自助互助的良好风气。

根据统计，2013 年以来，日新街道党工委共收集社情民意 86 条，党员为群众解决难题 210 件，赢得了居民群众的认可。

（二）主人梦——让居民群众成为社区的主人

居民自治是社区建设的基本原则之一，也是社区建设活力、生命力所在。通过民主选举、民主决策、民主管理和民主监督，实现居民的自我管理、自我教育、自我服务、自我监督，给居民重新审视自我的机会，把自己放在社区主人的位置，在居民享有自治权利的同时，也减轻了政府社会管理的压力，是推进我国民主政治建设、加速和谐社会建设的有效方法。多年来，日新街道注重发挥居民群众在社区建设和发展中的主体作用，充分调动居民群众参与社区建设的主动性、积极性和创造性，通过"主人梦"让居民群众成为社区的主人。

日新街道按照"自己管理自己的事情"、"大家的事大家办"的原则，逐步形成了社区居民议事会定期议事，楼院事务协商管理委员会随时议事，社区社会组织参与议事的"三位一体"的居民议事长效机制。社区定期召开居民议事会，研究决定居民自己的议题，楼院事务管理委员会随时召开会议，研究和解决楼院里有关事宜，社区社会组织发挥自身优势，为社区和楼院有效开展居民议事活动提供法律、社情民意等咨询服务。同时，街道还进一步畅通社情民意的渠道，通过党务政务公开、社情民意收集等方法，及时收集党内外的各种意见和建议，受理居民群众的各种诉求，解决居民群众提出的困难和需求，体现了居民的民主权利和居民自治，使居民真正成为社区主人。

"三位一体"的居民议事长效机制较好地保证了居民群众的知情权、决策权、参与权、监督权和评议权，实现了社区的事和百姓的事自己管、自己议、自己定、自己做。

（三）教育梦——让终身教育在社区成为现实

教育不是孩子的专利，接受良好的终身教育是所有人类共同的梦想。社区教育是实现居民终身教育的主要途径，是构建全民终身教育体系必不可少的平台。发展社区教育对强化居民的社区参与意识，满足居民对文化教育的渴望，提高整体素质和文明程度，促进人的全面发展都具有重要的实践意义。西岗区日新街道抓住这样的契合点，将教育引入社区，让百姓重上学堂，把"知识点亮生活"的种子播在每个人的心里。

为了开展好社区教育工作，日新街道在多年实践中探索出了一条教育内容系统化、教育形式多样化、教育资源区域化、教育效果目标化、教育制度长效化的"五化"社区教育模式。街道建立了"社区教育基地"，向辖区居民开展多层次、开放式的社区教育。从 2009 年起，日新街道利用社区教育基地开设了 20 个课堂，每年设计 30 个专题教育内容，服务百姓。这些教育内容从形势政策教育到公民道德教育、从国学讲座到健康讲座、从法律知识到科普知识、

从青少年教育到老年人教育等，全方位多角度地吸纳了辖区居民的多种需求。仅2012年，日新街道就举办了47场次文化教育活动，面向居民设置了时事政治、健康生活、家庭理财、安全常识、科学普及、心理辅导、艺术鉴赏、网络技术等多领域的知识内容。

（四）文化梦——让社区散发浓郁的文化气息

社区文化是社区建设的核心内容，是建设和谐社区的重要载体，健康丰富的社区文化在满足居民的精神文化需求、提高居民的综合素质、促进人际关系和谐、培养居民对社区的归属感和认同感、增强社区凝聚力、促进良好的社会风气形成等方面发挥着不可替代的作用。从这点上说，发展社区文化是街道党工委、办事处的一项重要的政治责任，也是社区居民群众的热切期盼。日新街道围绕着群众的需求和愿望，发动社区居民积极参与，最大限度地调动社会各种资源，共同助推文化活动的开展。

在日新街道，内容丰富、形式多样的文化活动贯穿全年，遍及楼院，每年街道与社区都会开展"30＋70"百场主题文化活动和地区性的大型广场文化展演，居民不出社区和楼院就能参与各种文化活动。以"我们的节日"为主题，春节、元宵节、清明节、槐花节、端午节、中秋节、重阳节都要举办传统节日文化活动；五一劳动节、七一党的生日、八一建军节和十一国庆节等重要节日，都要开展一系列的庆祝和纪念活动；每年举办一次楼院文化节，每次都有至少30场广场和楼院文化表演。邻里百家宴、趣味运动会、家庭才艺展演、楼院睦邻周、经典诗歌诵读、演讲比赛等社区文化活动，让居民在分享草根文化盛宴的同时，受到教育启迪，丰富了精神境界，提高了文化品位。

（五）帮扶梦——让贫困家庭感受社会的温情

社区内的各种贫困家庭是社区服务管理的重点，扎实有效地做好对贫困家庭的帮扶工作，不仅关系到保障贫困家庭工作、生活、就医、就学等问题，也关系到社会的公平正义和社会稳定。帮助残疾人群创造生活便利，为贫困家庭提供救助资金，助特困女孩完成学业，日新街道党工委、办事处始终将辖区弱势群体作为街道民生工作的重点，不断加大扶贫帮困力度，创新帮扶形式和内容。

多年来，日新街道心系贫困家庭，探索创新救助帮扶的方法途径，帮助贫困家庭解决各方面困难。广泛发动人大代表、政协委员、民主党派、共建部队、辖区企事业单位等社会各界共同参与"扶贫帮困献爱心"主题活动。每个新年伊始都举行大规模的帮扶启动仪式，开展"新年圆梦行动"，按照困难群众的需求，开展多层次、个性化、多样化的救助帮扶。每月都有一个帮扶主题活动，体现了政府政策救助和临时救助相结合，街道社区救助和社会各界救助相结合，一次性救助和长期结对帮扶救助相结合，日常救助和节日前的走访活动相结合，现金实物救助和心理疏导相结合的特点。

在长期的救助帮扶工作中，日新街道逐步形成了以"扶贫帮困基金、慈善基金、红十字基金、党内关爱基金、助学基金、关爱女孩基金"等6个基金和帮扶"贫困家庭、残疾家庭、空巢老人、困难党员、贫困学生、困难女孩及困难母亲"等6个方面对象为主要内容的"六六"帮扶机制（见图2），使日新街道扶贫帮困工作实现了帮扶资金专项化、帮扶群体定向化、帮扶活动长效化。

仅2012年，日新街道共筹集各种捐款60余万元，为85个空巢老人、辖区180个重点贫困户、120个困难党员、31个残疾人家庭、42个贫困家庭的学生、18个贫困家庭女孩、12个患重大病的居民实施了临时救助，使贫困家庭真切地感受到党和政府的关怀和温暖。

（六）公德梦——让文明新风吹遍院落和家庭

全面提高公民道德素质是社会主义道德建设的基本任务，也是社区精神文明建设的重要内容，更是形成健康向上的社会风尚、提高社区文明程度总体水平、促进社区和谐发展的有效途径。日新街道以全国文明城市创建为牵动，深入开展多种形式的社会主义核心价值体系教育和公民道德实践活动，让文明新风吹进每个街巷、每个角落，建立起社区居民共有的精神家园。

从街道到社区都设立了道德讲堂，每月一次开展公民道德教育活动，建起了公民道德教育主题楼院和主题教育街，营造浓重的氛围。以重大节假日为契机，举办了节日升旗仪式、中华经典诵读、民俗技艺展示、传统文化展演等喜闻乐见的节庆活动，传承民俗文化，厚积民族自豪感。以"文明在身边"为主题，开展文明行为大家拍、大家画、大家查、大家评活动。以"志愿服务在社区"为主题，每月开展一次周六志愿服务日活动。以"讲文明树新风"为主题，开展"我推荐、我评议身边好人"活动，培养树立了一批居民身边的"道德人物"、"社区好人"、"身边雷锋"、"好楼长"、"好邻居"，居民们纷纷学习好人、追赶好人、争做好人。以"感恩心、责任感"为主题，与辖区6所中小学联合开展"红领巾志愿服务在社区"、敬老爱老走访日、环境卫生清理日、美化楼院体验日、栽花种草绿化日等道德实践活动，培养青少年良好道德品质，尊德守礼、崇尚文明蔚然成风。

（七）平安梦——让百姓生活充满和谐与安宁

平安稳定是社区建设和发展的前提和保障，是一项重要的基础性工作，同时也是社区居民最关心的热点问题。形成社区良好的社会秩序、减少各种违法犯罪、消除安全隐患，使社区居民平安祥和、安居乐业是社区居民最大的愿望。日新街道把卓有成效地开展平安社区建设、落实好社会治安综合治理各项工作、增强社区居民治安防范意识、社区安全意识，构建一个和谐稳定、文明祥和的社区作为街道党工委、办事处的头等大事和第一责任。多年来，日新街道坚持以预防为主，综合治理的方针，以开展平安社区、安全社区的创建为契机，维护了辖区社会稳定。

日新街道以开展平安社区建设为重点，建立社情民意收集、居民诉求表达、矛盾纠纷调处等多维机制，对群众的诉求和社区内的矛盾，做到早发现，早调节，早解决。充分利用"红梅调解室"和"法律援助站"等社区社会组织在法律援助、心理疏导等方面的专业优势，有效发挥社区工作者和维稳志愿者在纠纷排查和矛盾调节等方面的作用，及时调节关系，化解矛盾，做到小事不出楼院，大事不出社区。坚持人防和技防相结合，搞好警民联防群治，在辖区设立80个网络视频监控点，对辖区主要路街、公共场所和居民居住区，全方位、全天候进行监控。

日新街道结合国际安全社区创建，同时开展居家安全、消防安全、治安安全、交通安全、校园安全、老年人安全六个项目的创建工作，建设了18个安全文化主题楼院，在130个楼院、25条街巷安装了有关安全标志和设施，在

70 个楼院和 260 个楼道设置了安全知识宣传板，为 6500 户一楼居民家中窗户安装防盗插销，为 150 个贫困家庭和空巢老人安装了煤气报警器，为旧城区 113 个楼院配备了灭火器。

（八）智民梦——让网络引领居民智慧化生活

随着信息网络时代的快速发展，智慧城市建设已经展现在社区居民的眼前，居民群众对智慧生活充满了梦想。日新街道党工委、办事处应紧跟信息时代的发展步伐，带领社区居民科学运用信息和通信技术，让智慧城市建设的成果走进居民家庭，提高居民生活的整体水平。

日新街道提出了建设"智慧日新"的目标，在区委、区政府大力支持下，建立和完善了"服务管理云端系统"，从街道到社区，实现了居民全部诉求网上受理、协调处理、分拨反馈的运行模式。在街道综合服务大厅安装了电子信息查询系统，电子屏幕发布系统，将服务信息、办事指南、政策解答、工作动态等同时发布，方便居民咨询查阅。在辖区内主要商务服务区、公共场所和居民小区实现无线网络全覆盖。与专业公司共同开发了 iHome "E 家 E 本"系统，逐步实现智能家居、在线购物、物业管理、家政服务、安防报警等多方面的智能化服务。推进高清电视互动便民智能服务平台入户，建设以高清电视为依托的信息服务系统，居民通过电视就可实现电子报刊及图书阅览、电视购物、高清电视、3D 电视、互动点播、新闻阅览等多项便民服务功能。在高清电视平台设立智慧日新板块，为居民提供 6 大类 29 项便民服务栏目，辖区居民在高清电视上就可以收看到街道多种服务项目和信息资讯。

（九）楼院梦——让楼院变成美丽温馨的家园

楼院是居民生活的最基本单元，楼院折射出社会的文明和发展，楼院也蕴含了许许多多的个人梦、家庭梦和社区梦，建设一个环境优美、设施齐全、生活舒适、文明祥和的楼院是居民群众的共同梦想。日新街道把组织和带领居民群众圆楼院的梦作为街道党工委、办事处的一项重要民生任务加以推动。

日新街道地处老城区，95% 的楼院没有物业管理，这些楼院普遍存在环境卫生脏乱差、服务设施残缺不全、居民文化娱乐活动单调等突出问题。早在

2006年，街道党工委就带领全街党员干部群众开展了以"同住一个院共建一个家"为主题的和谐楼院创建活动，并制定了和谐楼院"十个一"的创建标准（见图2）。

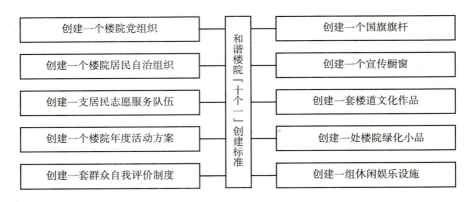

创建一个楼院党组织

创建一个楼院居民自治组织

创建一支居民志愿服务队伍

创建一个楼院年度活动方案

创建一套群众自我评价制度

和谐楼院"十个一"创建标准

创建一个国旗旗杆

创建一个宣传橱窗

创建一套楼道文化作品

创建一处楼院绿化小品

创建一组休闲娱乐设施

图2 日新街道和谐楼院"十个一"创建标准

资料来源：《千年建成80个和谐楼院》［N］，《新商报》2010年10月11日。

以整治楼院环境为切入点，以发动居民群众共同参与为主要形式，居民群众纷纷走出小家，融入楼院大家庭，共同开展创建活动。辖区人大代表、政协委员、民主党派人士、企事业单位、共建部队与楼院居民结对共建，在环境改造、美化绿化、娱乐设施等方面的建设给予了许多帮助。在改造一新的楼院里，居民自愿报名组建了楼院志愿服务队，从楼院宣传栏到院落里的树木，从环境卫生的保洁到花草树木的养护，从服务设施的维护到楼院治安管理，从文化活动的开展到楼院居民自治，从服务残疾人到陪伴空巢老人等，都由志愿服务队来承担。居民们还定期有组织地开展"楼院文化节"、"邻里亲情节"、"楼院趣味运动会"、"居民才艺展示"等丰富多彩的楼院文化活动，活跃楼院生活，密切邻里关系，形成了团结友爱、和睦相处的氛围。

（十）养老梦——让老人安享幸福的晚年时光

随着我国社会老龄化速度的加快，对发展社区养老事业，特别是对老年人的服务工作提出了越来越高的要求，尊老爱老敬老不仅仅是一个良好社会，更是当今社会的一项重要的工作内容。实现老有所养、老有所为、老有所乐是日新街道党工委、办事处的重要工作内容，也是彰显社区文明与进步的重要标志。

日新街道积极倡导"尊重老人、关爱老人、服务老人"的工作理念，组织和发动辖区党员干部、社区工作者和社会各界共同开展爱老敬老助老活动。46 支助老志愿者队伍，常年在社区、楼院和老人家中，为老人提供生活关怀、精神慰藉、法律援助、健康保健和文化娱乐等方面的志愿服务，对辖区 110 个家里有各种困难的老人，采取"一对一"、"多对一"的结对式服务，为辖区内 67 个空巢老人提供由政府出资、街道实施的居家养老服务。依托辖区养老机构——红岩老人院，建起了社区日托式养老服务中心，为老年人提供日间照料服务。为辖区 500 个老人发放"惠老证"，享受 23 家加盟企业的优惠服务。成立老年人大学，设立书画班、舞蹈班、乐器班、合唱班等 31 个老年人课堂，近千名老年人常年参加活动，街道社区经常组织老年人开展书法摄影大赛、歌曲舞蹈展演、健身操、太极拳等符合老年人特点的文化娱乐活动。每年组织老年人到社会主义新农村、开放先导区、城市建设重点工程现场等参观。每年评选"老有所为先进个人"、"模范五老"、"十佳婆婆"等奖项，激发老年人参与社区建设的热情，让老年人在社区生活得幸福快乐。

三 日新街道以"民生十梦"为载体推动基层社会 服务管理创新的意义与价值

中国梦是中国人民站在新的历史起点，对个人的全面发展、社会的和谐有序、民族的伟大复兴的期待。践行"中国梦"，尤其是街道社区基层这一级，必须因地制宜、突出特色，围绕群众关切的问题，找到践行"中国梦"的突破口和着力点。刘云山同志讲，每一个中国人都是"梦之队"的一员，都是"中国梦"的参与者、书写者，但仅纸上谈兵而不真抓实干，再美好的梦想也不可能成真。日新街道就是"梦之队"的探路者，是"梦之队"的先锋队，他们将梦想付诸行动，使"中国梦"照进现实，走进寻常百姓家。

311

（一）"民生十梦"增强了社会服务管理的号召力和感染力

实现中华民族伟大复兴的中国梦作为全民族的一个伟大理想、一个奋斗目标，在社区引起了广泛的共鸣和积极的响应，对社区的居民群众也起到了巨大的引领和凝聚作用，在这一梦想的指引下，日新街道党工委、办事处带领全街党员干部群众开展了一系列的学习教育，启动了"打造幸福工程实现民生十梦"的实践探索，引起了社会各界的广泛关注，调动了社区百姓的参与热情，出现了人人参与圆梦、人人争做贡献的良好局面。通过"民生十梦"的不断实施和实现，日新街道找到了实现中国梦与基层推动社会服务管理创新工作的结合点，使社区的百姓认识到身边的变化和发展，深切地感受中国梦并不遥远，就在身边、在楼院、在社区。"民生十梦"为街道创新社会服务管理工作开辟了广阔的前景，使中国梦在最基层得到贯彻和实施，使街道的工作在中国梦的引领和照耀下，健康有序地开展。

（二）"民生十梦"破解了新形势下群众工作的难题

"以人为本，服务群众"是街道一切工作的出发点和落脚点，也是衡量街道工作成败的根本标准。日新街道推动"民生十梦"，涵盖了街道改善民生、服务群众的主要工作内容，"民生十梦"就是倾听群众呼声、满足群众要求的十个奋斗目标和十个郑重承诺。"民生十梦"的实践探索，使日新街道更加突出了服务群众的工作重点。"民生十梦"是中国梦在基层的落脚点，是让每个人参与中国梦，受益中国梦的创新路径，有效地破解了新形势下做好群众工作的难题。

（三）"民生十梦"让居民分享改革发展的成果

"中国梦"是共享的梦。围绕着实现"民生十梦"的目标，日新街道的实践探索活动在不断深化，由"民生十梦"所衍生出的50个民生项目在一个一个的实现，从居民环境的改善到文化生活的丰富，从智慧家庭普及到平安社区建设，从扶贫帮困到爱老敬老，从社区终身教育到公民道德实践，从居民当家做主到党员模范作用，无不让社区百姓感受到变化，触摸到幸福，中国梦走进每一个家庭，照进每个人的现实。如今的日新地区呈现出经济繁荣、社会稳定、环境整洁、服务完善、邻里融洽、文明和谐的景象，社区居民更多更好地分享了国家建设和发展的成果。

（四）"民生十梦"实现了社区和党建工作的可持续发展

贯彻实施"民生十梦"是一个长期的过程，也是一个运用倒逼机制，不断推动工作的过程。"民生十梦"不仅体现了群众利益的实现，同时在全街的广大干部群众中达成了共识、振奋了精神、凝聚了力量，营造了奋发有为、干事创业的良好氛围，民生的发展和进步有力地推进了区域经济、社会事业和党的建设的全面协调与可持续发展。中央政治局常委刘云山同志，原国务院总理温家宝同志，原中央政治局常委、中纪委书记贺国强同志先后到日新街道视察工作，对街道服务群众、文化建设、精神文明创建和党的建设等工作给予了充分肯定和高度评价。"民生十梦"的实践探索，使日新街道确立了创新工作的突破点，做好民生工作的紧迫感和使命感不断增强。在带领党员干部群众筑梦圆梦的实践中，我们要不断完善科学的工作方式和管理方法，建立行之有效的工作标准和考核机制，形成良好的作风和干事创业的精神，以此来推动社区建设发展向系统化、规范化和科学化迈进。

参考文献

《习近平总书记阐释"中国梦"》［EB/OL］，http：//news. xinhuanet. com/ziliao/2013－05/08/c_ 124669102. htm，2013 年 5 月 28 日。

《十个民生工程实现居民幸福梦》［EB/OL］，http：//epaper. hilizi. com/shtml/bdcb/20130627/42072. shtml，2013 年 6 月 27 日。

《民生改善是梦想的最好诠释》［EB/OL］，http：//politics. people. cn/n/2013/0326/c359238－20915104. html，2013 年 3 月 26 日。

《在促进社会和谐中实现中国梦》［EB/OL］，http：//news. lnd. com. cn/htm/2013－05/14/content_ 2904597. htm，2013 年 5 月 14 日。

B.19
江苏省南通市：以 "亲情社区"
为抓手创新基层社区服务体系

摘 要：

近年来，随着我国社会的转型发展，越来越多的 "单位人" 转变为 "社会人"，变成了 "社区人"，社区服务管理亟待加强。加强社区服务管理，就要不断满足社区居民的需求，提高社区居民的幸福指数。因此，我国出台了相关规划，把完善社区服务体系作为带动基层社会管理创新的重要突破口。在这方面，江苏省南通市先行先试，成为全国社会管理创新的排头兵，在社区服务体系建设方面走在了全国的前列。其中，崇川区和平桥街道北濠东村的 "亲情社区" 建设是南通市众多社区服务管理新形式中的一个典型缩影。北濠东村 "亲情社区" 为推动社区服务体系建设提供了样本。

关键词：

南通市崇川区 北濠东村模式 亲情社区 社区服务体系

当前，我国工业化、信息化、城镇化、市场化、国际化 "五化同步" 进程正在逐步加快，随之而来的城乡基层社会发生了深刻的转型变化，大量过去由政府负责的社会管理和公共服务职能开始向基层社区转移，同时，社区居民的服务需求逐渐呈现个性化、多元化和高层次的特征。在这一背景下，社区的社会性、服务性功能作用日趋明显，进一步加强和完善社区服务体系建设已势在必行。江苏省南通市从改善社区为民服务、积极搭建服务平台、创新服务方式、完善服务体系、提高为民服务水平入手，取得了系列社会管理创新成果。其中，崇川区和平桥街道的北濠东村 "亲情社区" 模式，更是得到了社会各界，特别是基层群众的肯定与好评，产生了广泛的社会影响，为推进服务型社区建设、完善社区服务体系提供了有益的借鉴。

一 和平桥街道以社区服务体系建设为突破口，促进社会管理创新

社区是社会的细胞，抓好社区服务、构建和谐社区，是做好群众工作的开端，也是实现社会管理创新的重要方式和有效途径。为深入贯彻党的十八大精神，严格落实《中共崇川区委关于改进工作作风、密切联系群众的具体规定》等相关文件要求，不断深化与群众的血肉关系，切实增强基层的基础性作用，和平桥街道在着力开展社区服务体系建设、破解社区服务体系建设中的关键环节取得了一定成效，并涌现出了北濠东村"亲情社区"模式等诸多典型。

（一）推进公共服务平台规范化、标准化建设

和平桥街道紧紧围绕提升社区工作人员服务意识这一目标，规范公共服务平台的服务纪律、服务秩序和服务要求，逐步形成"服务行为标准、平台管理到位、效能建设科学"的平台服务规范体系。一是规范群众接待，提升服务行为的标准程度，进一步规范接待举止和标准服务用语；二是规范服务程序，提升平台管理的到位能力，以方便群众为目的，科学规范办事流程，合理注重办事细节，不断提高服务效率，着力增强服务的公开性和便捷性；三是规范学习体系，提升效能建设的科学水平。从加强社区工作者队伍建设入手，通过完善学习体系，制定和实施培训计划，着力提高工作人员的综合素质、政治理论和业务水平，使社区工作者的服务能力得到不断加强，从而切实提高为居民服务的效率。

（二）推进群众连心活动常态化、长效化开展

和平桥街道深入践行"以人为本、服务为民"的工作宗旨，改变"社区工作者常坐办公室"的工作误区，坚持深入群众，加强长效联系，站稳群众立场，强化基层建设，逐步建立了全体社区干部与社区居民之间的长期沟通机制，分包到户，定点到人，切实做到"三个明确"。一是明确走访目的，各社区通过连心活动进一步了解所辖社区的居民基本情况，增强了社区干部在居民

生活中的"活跃度",帮助解决涉及社区热点和居民切身利益的问题及困难,把社区工作做到实处。二是明确连心对象,连心活动辐射社区的所有居民,最终实现社区连心群众的全覆盖,加强对连心对象的分类推进、双轨并行和重点突出。三是明确联络周期,结合日常工作,根据实际情况合理安排联络时间和方式,联络采用上门、电话、网络、短信等多种沟通形式,每位社区干部每月主动与连心对象联络总计不得少于 20 次,上门拜访总计不得少于 8 次,每次联络要留有书面记录,记载简单的沟通方式、时间及主题内容,记录留存备查。和平桥街道还提出了争取在 2017 年前对辖内所有居民做到连心全覆盖的目标。

(三)推进社区公共事务自主化、民主化管理

和平桥街道重视社区居民在社区公共事务管理和各项服务活动中的主体作用,着力营造社区和居民共同参与及管理社区公共事务的良好氛围。各社区转变工作思路,以转变活动被动吸引到事务主动管理为主线,以推动居民个体动员到团体成员参与为重点,实施了"三步走"的自主化管理方针,不断激发居民对社区的认同感和归属感,增强基层社区的活力和凝聚力。一是通过吸引凝聚,广泛引导居民主动参与到社区事务中来,通过参与逐步了解和认识社区公共事务。各社区进一步拓宽宣传渠道和丰富活动内容,并提升活动内涵。二是通过载体搭建,积极推进居民从活动参与向共同组织的转变,在不断夯实居民参与社区公共事务积极性的基础上,切实提高居民的主导地位,激发居民的自主能动性和创造力,积极转变工作思路和推动组织构建,促进合作,提高效能。三是通过职能转移,最终实现居民自主承担社区公共事务的管理工作,继续转变社区的自身功能定位,逐渐剥离活动组织的工作职能,增强指导职能和监督职能,实现居民及社区自治组织在社区公共事务中的自我管理,各社区注重建立激励制度,通过项目化等形式增强自治组织的积极性,不断推动社区自治组织的长效、有序发展。

(四)推进便民服务项目多元化、社会化运行

和平桥街道积极打造综合性的社区服务平台,拓展社区便民服务项目内

容，整合社会资源，提高服务质量，构建由政府部门、营利机构、公益组织、邻里自治等共同参与的社区服务体系建设，为居民提供"家门口"的多元化、社会化的服务项目。一是以需求梳理为基础，优先做好各类居民需求的收集和整理工作，为便民服务项目的设置提供充分依据，各社区迅速动员，结合居民走访和连心活动，推动需求收集工作的开展。二是以平台搭建为核心，在社区原有"一委一居一办一站"的组织架构基础上，推进公共服务平台与邻里服务平台互融并行的社区服务体系建设。新打造的邻里服务平台区别于公共服务平台所提供的行政化的共性服务，同时借助平台力量引导和组织居民互助活动，营造社会力量服务社区群众的良好氛围。三是以制度设计为根本，不断深化邻里服务平台的正常运作能力和服务质量，切实增进通过制度设计而实现的保障作用。探索各类组织进入平台参与服务的准入制度，建立健全居民评价和组织退出机制，促进平台服务的高质化；探索有偿、低偿、无偿的服务方式，明确政府购买和居民自费的项目界定，增强平台服务的多样化。探索平台工作的岗位设置和人员设置，确保有专人负责平台的日常工作，实现平台服务的长效化运作。

二　北濠东村"亲情社区"模式：完善社区服务体系，提升居民幸福指数

北濠东村社区位于江苏省南通市崇川区和平桥街道美丽的濠河北侧，是国家安居工程之一。北濠东村社区建于 1996 年，由于小区建设年代较久，社区呈现"三多二旧一少"现象，即老年人口多、下岗失业人员多、低收入家庭多，以及社区公共服务设施陈旧、基础设施陈旧和经济实体少。基于社区的实际情况，社区以"情汇北濠居，善润东村人"为口号，探索"亲情社区"模式，以"活力亲情服务"为社区建设理念，推动"四大工程"建设，包括：关注民生民情，办好"实事"工程；完善社区服务，推动"关爱"工程；开展创建活动，实施"文明"工程；加强民主管理，促进"自治"工程。北濠东村社区打造亲情社区的目的就是要打造一个以维护家庭亲情、增进邻里友情为基础的传统文化与现代文明完美交融的新型社区，开创一种让生活在社区内

的每一个人享受亲情服务，感受亲情氛围，接受亲情文化，树立亲情价值，进而实现社区居民的和谐共处。2011 年 12 月 20 日，中央文明委在北京召开全国精神文明建设工作表彰大会上，崇川区和平桥街道北濠东村社区作为全市唯一一家基层社区荣获"全国文明单位"称号，这也是城市社区首次参与评选。北濠东村社区还先后获得全国社区志愿服务联系点、全国妇联基层组织建设示范社区、江苏省文明社区、江苏省少数民族工作先进集体、江苏省妇联基层组织建设示范社区、江苏省民主法治示范社区、南通市文明社区、南通市民最满意的文明社区、南通党建工作示范点等荣誉称号。北濠东村社区通过创建"亲情社区"，以"亲情"为纽带，融洽了人际关系，完善了社区服务，在探索社会管理创新工作中创新了经验。

（一）完善组织机制，为创建服务型社区提供动力

推进机制创新是完善社区服务体系，建立服务型社区的重点。和平桥街道结合北濠东村社区实际，不断深化工作机制创新，加强与社会力量的合作共建，形成了具有自身特色的服务工作制度，为有效开展各项社区服务提供了发展动力和基本的制度保障。

1. 创新组织领导机制

北濠东村社区创新"一心两体一办三会"组织构架。即以社区党委为核心，社区居委会为主体，社区公共服务中心为载体，成立"十位一体"的综合治理办公室，组建社区协调参与委员会、社区社团服务委员会、社区共建共享委员会，整合区域各方力量，共同推进社区建设。在这样一种组织架构的基础上，充分发挥社区居民的主体作用，用心设载体，真诚聚民智，通过联席会议、民情接待、现场处理等方式，引导社区家园意识，形成主动服务社区、参与社区事务的亲情氛围。

2. 创新教育引导机制

社区工作内容多样，居民需求多元，为做好社区管理和服务工作，社区工作者具有较强的专业工作水平和较高的群众工作能力就显得尤为重要。为提高社区工作者的专业工作水平和群众工作能力，北濠东村社区成立了居委会党小组，由居委会的党员、发展对象和积极分子组成，每月一次学习党的知识或优

秀共产党员和事迹，增强党性认识、大局意识、责任意识。通过制定学习时间、确立学习内容、灵活学习方法，完善学习制度，强化与时俱进的学习意识，不断提高工作人员学习能力和专业素养。社区还采用专家讲座、专题探讨、业务"比武"等方式，在操作、思考、交流的更替进行中学习高效的工作经验和方法，全面提升业务能力，为居民提供优质服务。

北濠东村不但注重社区工作者专业能力的提升，还针对社区居民参与意识的培育、参与能力的提高做了很多工作。以打造"亲情社区"、培育亲情价值观为抓手，深入开展"平民模范，身边好人"评比活动，评出群众认可的各类典型。通过"三会"（"东村之夏"文艺晚会、社区趣味运动会、"我们的节日"民俗系列演示会），倡导健康生活，孕育亲情文化，提高居民的社区认同感、归属感、荣誉感。每年组织社区未成年人与道德模范人物、江苏省公众人物开展面对面交流活动，开展"道德点评"、"道德模拟法庭"等道德实践活动。

3. 创新共建共管机制

为更好地寻求解决社区重点难点问题的办法，北濠东村社区建立并坚持三项共建共管机制。一是坚持居委会、业主委员会、物业公司三方联席会制度，即每月一次，定期商讨关于社区环境、治安等方面的问题；二是坚持值班主任例会制度，每季度一次，共同分析居民需求、处理难点和解决办法；三是坚持共建单位联席会制度，召集辖区单位、共建单位每半年召开一次联席会，扎实推行群众连心行动，协助参与社区事务。同时，结合崇川区开展的"百千万连心行动"，为辖区党代表、人大代表、政协委员、区级机关、街道办事处干部联系，结对帮扶社区的困难家庭，为他们协调解决子女上学、再就业等问题，并募集帮扶资金对困难家庭给予支持。

4. 创新服务工作机制

北濠东村社区结合社区实际，建立了三项服务工作机制。一是公共事务接待工作机制，细化错时上班、首问受理、一专多能等制度。要求服务平台工作人员每天安排一人提前半小时上班，中午有人值班；首问负责办理居民事务，并跟踪办理结果；每个工作人员除精通自己工作外，对于平台上的其他事务都要有所了解，熟悉各项事务所需提供的材料和办理程序，及时为居民提供高质量的服务。二是畅通民情诉求机制，细化主任轮值、居民体验主任接待、群众走访等制度。要求后台办公的工作人员实行民情接待站每周一轮，负责接待服务来访居民；居民体验每周一轮，与轮值主任共同接待和处理居民事务；社区工作人员自行安排时间走访居民，每月走访不少于 10 户。三是建立"三必访三必陪"亲情制度，即居民家有大事必访、有困难必访、有矛盾必访；对孤寡老人实行每周一陪、就医必陪、生日必陪。

（二）推动社会参与，为创建服务型社区夯实基础

居民是社区提供服务的对象，居民与社区的良性互动是创建服务型社区的基础。北濠东村社区在"亲情社区"建设过程中，十分注重与居民的沟通联系，通过扩大居民参与，实现与服务供需对接，以满足群众日益增强的服务需求和利益诉求。

1. 畅通渠道积极参与

北濠东村社区成立了南通市首家社区民情议事厅，成为扩大社会参与、开展社区工作的重要路径和方法。社区通过民主议事厅，成立议事委员会、群众评审团和监委会，实行群众自我管理，推进群众自治。通过居民选举或推荐产生的群众议员，在群众中有很高的威信，是党委开展群众工作的有力支持和重要基础。民主议事会开展党员议事会、义工议事会、妇女议事会和不老松议事会等专题议事活动，对平时居民生活中的热点难点问题议一议、听一听、评一评。做到议员从群众中选，议题从群众中来，议决由群众来定。2009 年以来，共召开议事会 86 场，通过议事会解决或上报上级部门支持解决 7 件群众反映比较集中的难点问题。

2. 培育社团主动参与

社区服务涉及千家万户，仅靠社区居委会难有作为，唯有充分调动广大居民的参与热情，形成"我为人人，人人为我"的氛围，才能在工作中占据主动。北濠东村通过挖掘社区能人，建立特色团体、引领社区服务的方法，建立了一批以服务为宗旨的社团组织。社区成立了公益服务类社团 2 支，社会管理类社团 3 支，兴趣爱好类社团 11 支，在社区治安巡逻、文明行为倡导、维护社区绿化、帮扶困难群众、丰富群众生活上发挥了不可替代的作用。为规范社

团建设，活跃社团活动，社区制定了社区社团管理办法、社团引领人奖励细则。社区成立了南通市首家社团党支部，培育社团引领人20多人。社区合唱团和舞蹈队先后获得南通市少数民族文艺汇演一等奖、南通市优秀社团等荣誉。

3. 创新品牌吸引参与

在社会管理创新中，北濠东村社区首创"十日工作室"品牌（见表1），广泛吸引群众参与到社区社会管理和社区建设中来。"十日工作室"主要是通过社区党委充分调动党员群众的参与热情，开展体验日、感恩日、恳谈日、榜样日、睦邻日、学习日、健身日、娱乐日、巡查日、维权日等十日活动，让群众在参与中了解党委的意图，让党委在活动中了解群众需求，更深入地融入群众，贴近群众，服务群众，由党员和群众为主体办群众要办的事、想办的事。在体验日中，社区让党员、群众体验担任社区居委会主任的苦与乐，一方面让居民知晓社区的工作，另一方面体验居民来自于群众，更加了解居民的需求，在体验主任的工作中，处理群众事务更加得心应手。随着"十日活动"的开展，拓展了社区服务内容，丰富了服务形式，不但有效增强了社区的凝聚力，增加了居民的归属感，也促进了社会服务向品牌化、精细化方向发展。

表1 北濠东村社区"十日工作室"品牌

体验日	让居民代表、志愿者当社区主任和"管家"，处理社区事务，参与社区管理	"十日工作室"广泛引导居民和社会力量参与社区事务，成为了北濠东村社区开展社会管理创新工作的一大亮点。
恳谈日		
巡查日		
学习日	让居民看到榜样的力量，感受学习的快乐	
榜样日		
健身日	让居民提高生活品质	
娱乐日		
睦邻日	让居民感受到浓浓邻里情，体会社区大家庭的温暖	
维权日	让居民感受尊严	
感恩日	让居民感恩父母、师长、社会、集体	

4. 组建团队志愿参与

社区充分认识到在一个老旧社区做好群众工作的重要性和艰巨性，于是通

过社区居民自愿报名参加的形式，组建自己的工作团队，营造了社区干部与群众一家亲的浓烈氛围。比如，社区建立了"365 先锋"服务队，100 多名党员常年为群众提供医疗、家政、咨询、精神慰藉等服务，并建立志愿服务组织。

（三）创新服务方式，为创建服务型社区形成支撑

服务型社区的建设、社区服务体系的完善，一个重要的方面就是创新服务方式，落实服务步骤。和平桥街道北濠东村社区以打造"亲情社区"为抓手，围绕提升服务水平建设，不断创新服务方式，在开展各项工作中立足"实"处，做到"踏实为民、务实创新"，不断提高服务居民的水平。

1. 创建"亲情工作"服务方式

北濠东村社区树立"群众是亲人，真情感动人"的亲情工作理念，将每位居民当作自己的家人来对待。实行网格化管理、"一号通"服务模式，按照每个社区干部服务 300～350 户的范围，向居民发放"亲情一号通"服务卡片。社区建立了网站，开通了 3 个 QQ 群，为居民提供便民公告、办事指南、科普知识、计划生育、社区低保、党建专题等信息，大力宣传国家的法律法规和党的路线方针政策，包括惠民政策（居民低保、医保、医疗救助办理条件、程序等）、时事政治、各级党委政府的规定、社区通知等，居民还可以通过网址、QQ 群来表达心声、意愿，提出建议、意见，从而搭建社区与居民之间的连心桥。

2. 创建"普惠居民"服务方式

北濠东村社区开展普惠服务，为群众提供就业、医疗、学习、教育、文体、咨询、法律、培训、家政等十五大类近百项内容的服务。近年来，共为居民提供就业岗位 324 多个，就业培训 500 多人次，开展近百场广场服务活动，近千场文化活动，服务群众万余人次，满足了居民多元化的服务需求；先后投入 2000 多万元用于整治河道、道路，新增绿化面积 3000 平方米、机动车停车位 100 个，努力打造亲情宜居环境；社区成立江苏省首个"心视界"盲人电影讲解队，以"我的声音，就是您的眼睛"为理念，先后为盲人讲解电影 30 余场，盲人听众达 1000 余人次；成立代帮社，为有需求的群众提供代购、代交、代接、上门理发等服务 2000 余次；社区开展青少年社区实践教育起航行动，每年有近千名中小学生参加活动，开办了老年科普大学，吸收学员 300 余

名，成立了居家养老服务站，为 1200 余名老人提供服务。

3. 创建"实事工程"服务方式

北濠东村社区加强与上级沟通协调，加快落实为民办实事工程。北濠东村社区是南通市第一批安居工程小区，针对社区所住居民年龄大、经济收入低、房屋配套不齐备、需使用社区公共卫生间等问题，社区党委经多方了解与协调，在上级部门的关心和支持下，为居民加建了卫生间，解决了居民的切身生活问题，提高了社区党委在群众中的威信。

（四）搭建服务平台，为创建服务型社区创新载体

搭建服务平台不仅是全面推进服务型社区建设的重要举措，更是完善社区服务体系的重要突破口。北濠东村社区在和平桥街道的整体设计框架下，着力搭建服务平台，加强居民之间交流，随时为居民提供高质量的服务，从思想上、组织上和行动上将社区居民拧成一股绳，形成凝心聚力促发展的良好局面。

1. 服务中心成为服务居民的重要平台

北濠东村社区充分利用公共服务中心作为社区服务居民的重要平台。目前，社区现有面积 2070 平方米的社区公共服务中心，内设办公区域、民情诉求中心、综合治理办公区域、文化健身区域、社会组织培育区、露天剧场等居民服务活动功能区域，设有劳动保障站、综合服务站、新市民亲情驿站、医疗服务站，为居民提供全方位服务；同时开展代办、代理等服务，集中辖区的各类服务资源（各类商场、商业网点、便民店）、服务组织（社会性服务组织、中介、劳务人员）和各类志愿服务队伍。居民一旦有需求，就可以根据服务内容，拨打社区热线电话，社区就会联系与之需求相匹配的劳务人员和志愿者为其提供服务。公共服务中心这一服务平台的高效运行，成为北濠东村社区创建服务型社区的重要依托。

2. 教育活动成为服务居民的重要载体

社区群众教育馆是北濠东村社区根据新形势下工作新要求创设的又一重要载体，主要通过居民自我教育实现自我提升、自我完善。社区依托社区学校开展四大主题的教育活动。一是道德传承。通过开办道德讲堂、青少年道德模拟法庭、知止堂，举办道德评议等活动提高群众的道德修养，开展道德实践活

动。二是文化引领。通过开展各类文化活动陶冶情操，提高文化素养。三是知识传输。通过举办知识讲座、开办老年科普大学等扩大群众的知识面。四是典型示范。通过培育各类典型，评选每年一度的"平民模范，身边好人"，让群众学有榜样，追有标兵。近年来，群众教育馆共组织举办各种活动 500 余场次，参加 3 万余人次，评选各类典型 100 多个。

3. 社区文明成为服务居民的重要体现

北濠东村社区通过推进品牌文化活动服务平台，以形式多样的文明创建活动，潜移默化地影响居民形成良好的生活方式，提升居民乃至社区的文明度。一是，推进平安社区建设。开展"我戴红袖套，保卫我家园"活动，组建平安巡逻党支部，退休党员纷纷参与，争当义务联防员，并制定了义务联防员值勤制度，做好值勤记录，每天都有党员在社区内值勤，成了社区一道靓丽的风景线，为保卫自己的家园无私地奉献着，给社区的平安增添了一道坚固的保障线。二是，推进绿色家园建设。北濠东村建于 20 世纪 90 年代，小区的绿化由于多种原因被破坏，加之养犬户的增多，狗患也越来越严重，放养的狗、狗粪在社区随处可见，影响了其他居民的正常生活。社区党委组建环保绿化党支部和"文明养犬协会"，倡导居民爱绿护绿，文明养犬，签订了"文明养犬公约"，并进行了绿色签名活动，使社区的草更绿了，花更美了，居民的感情更深了。

（五）建立社工队伍，为创建服务型社区培育人才

创新社会管理，加强街道建设，做好社区工作，就必须培养优秀的社区工作人才队伍。北濠东村社区推动服务型社区建设，始终坚持加强社区工作队伍建设，不断激发社区工作者工作的活力，逐步形成了一支具有较高专业素养、具备较强服务能力、社区居民满意度较高的社区服务队伍。

1. 义工联合会队伍建设

社区党委大力发展社区社会组织，引导居民服务他人和参与社区事务。近年来，社区充分挖掘和甄选社团引领人，通过自发成长和帮助成立社区社会组织 16 个，包括兴趣爱好类、社区管理类和志愿服务类。其中，义工联合会是最有影响力的一支社区社团。义工联以"一个人的行动感染一群人，一群人的行动感染全社会"为行动理念，开展助老、助残、助学等公益服务活动。

义工群体的亲情服务得到社会的广泛好评，成为社区建设一大品牌，在社会上具有一定影响力。为进一步规范团队活动制度，成立义工联合会党支部，实行积分评定星级义工的管理机制，制定了章程，将党章融入其中，引导广大年轻义工服务社会。义工党员在各活动小组中，发挥了不可替代的先锋模范作用。社区党委不断扩大义工联合会党支部的活动力和影响力，培育和带动了其他社会组织的成长。

2. 民情直通站队伍建设

北濠东村社区组建了一支由党员、居民骨干为主体的工作团队，坐班"民情直通站"、"党代表工作室"，从提升工作能力、拓展服务路径、讲究工作方式三个方面来做好群众工作，构建起以党建为引领、服务为路径、载体为支撑、社团为基础的群众工作体系。民情直通站每天都有党员、居民值班，通过民情日记、民情信箱、民情电话了解民情民意，及时处理突发矛盾、共同处理居民事务，在党委和群众之间又架起了一座沟通的桥梁，畅通了民意诉求渠道。

3. 社情民意调查队建设

社区还成立社情民意调查队，就居民需求、环境整治、民主管理等问题发放调查表，广泛听取居民意见；通过民情日记、民情信箱、民情热线、民情网站收集居民诉求，汇集群众智慧。同时，还不断提高沟通协调能力，夯实工作载体，坚持嘴勤、腿勤、手勤的"三勤"工作法，加强与居民、与上级部门和与社会资源间的相互沟通，以贴心换真心，提高支持率，使解决问题事半功倍。

三　和平桥街道北濠东村"亲情社区"模式 对完善社区服务体系的启示

2011年，我国《社区服务体系建设规划（2011~2015年）》发布，各级党委政府对社区服务的重视程度越来越高。南通市崇川区和平桥街道把加强社区服务体系建设作为一项保障改善民生的民心工程，一项加强和创新社会管理的基础工程加以推进。特别是在北濠东村社区"亲情社区"的建设实践中，摸索出了一套完善社区服务体系的方式方法和体制机制，使得社区居民对社区

服务的认同感和归属感越来越强。其相关做法对各地推进社区服务体系建设，有效完成《社区服务体系建设规划（2011～2015年）》中提出的各项任务，具有一定的借鉴和启示作用。

（一）完善社区服务体系要坚持以人为本、满足需求的原则

和平桥街道北濠东村的"亲情社区"注重从人的基本需求出发，真正体现了"以人为本"的核心价值取向和人文关怀精神。实际上，北濠东村的"亲情社区"就是一种"管理有序、服务完善、环境优美、治安良好、生活便利、人际关系和谐"的服务型社区，抓住了社区服务这个根本，其目的是提高社区居民的满意度和幸福指数。在实践中，北濠东村社区注重创新服务理念，坚持以人为本，所有的服务围绕社区居民来展开，把满足社区居民的需求作为服务的起点，用服务理念做武器，把服务落实到社区工作的每一个环节，促进社区服务上水平。同时，坚持用服务的意识设计管理，用服务的手段推进管理，实现了管理与服务的有机融合。

（二）完善社区服务体系要以创新机制，优化服务为核心内容

创新服务机制，优化服务供给是社区服务体系建设的重点内容和任务。和平桥街道北濠东村社区在大力推动"亲情社区"建设过程中，首先从优化社区为民服务的制度入手，探索构建资源共享、优势互补、共驻共建服务型社区的新机制，社区还建立了联席会、议事会、评议会等制度，整合居委会、社区社团和党员志愿服务队伍等各方力量，共同把服务型社区的管理和服务工作抓实抓好，努力实现社区服务的标准化、规范化和长效化。应该说，创新服务机制是对现代社区服务的要求，是开展社区服务的基础和依托。北濠东村在社区服务的机制创新方面率先在全国作出了许多积极的探索，为其他地区开展社区服务制度创新提供了范本和鲜活经验。

（三）完善社区服务体系要以创新服务方式，提升服务水平为重点任务

努力建设服务型社区、创新社区服务方式，是保障和改善民生、促进社会

和谐稳定的重要基础，对于创新社会管理，构建社会主义和谐社会，提升社区服务水平，具有十分重要的意义。和平桥街道北濠东村社区始终以"服务群众、方便群众、造福群众"为落脚点，主动贴近、尽量满足居民的需求，更加深化、细化各项为民服务措施，积极开展服务方式创新活动，不断提升社区服务水平。服务方式创新是完善社区服务体系不可或缺的组成部分，从一定意义上讲，完善社区服务体系的根本目的就是创新服务方式，不断提升社区服务发展水平。

（四）完善社区服务体系要注重创新服务载体，实现资源共享

综观和平桥街道北濠东村社区"亲情社区"建设的一条基本经验就是，把社区服务与加强社会管理创新结合起来，与保障辖区和谐稳定发展结合起来，建立健全社区服务管理共驻共建机制，整合各类社区服务载体，发挥其综合效益，实现各类资源的共建共享，从而优化社区服务功能。不管是公共服务中心、社区教育活动馆、还是社区文明学校的建设，还是各类社工队伍的整合以及居民参与平台的搭建，都体现和贯穿了这样一条"共享"的主线和思路。应该说，北濠东村"亲情社区"模式成功的"秘诀"也在于此。

参考文献

《和平桥街道社会管理创新推进"四化"建设》 ［EB／OL］，http：／／wm. jschina. com. cn／9658／201305／t1209623. shtml，2013 年 5 月 22 日。

《北濠东村社区：做强亲情服务品牌，打造阳光活力社区》［EB／OL］，http：／／www. js. xinhuanet. com／ccq／2010－04／01／content_ 19403985. htm，2010 年 4 月 1 日。

毛瑞红：《在和平桥街道 2012 年度总结表彰大会上的讲话》，2013 年 2 月 19 日。

葛玉琴、程萍：《社区建设：创新基层社会管理的崇川探索》，《行政管理改革》［J］2012 年 4 月。

南通市统计局：《南通市 2012 年国民经济和社会发展统计公报》，南通统计信息网，2013 年 3 月 22 日。

B.20

江苏省无锡市：打造信息化、网格化、
扁平化"三化"联动的全天候服务新模式

摘　要：

　　服务和管理是社区工作的"两条腿"，两项核心职能。如何把信息化、网络化手段引入社区，不断提高社区服务管理水平，是当前社区有效服务居民的需要，也是提高社区管理水平的需要。针对社区工作实际，无锡市江溪街道通过建立一岗多能、分片包干、信息共享等工作机制，对社区人员工作方式进行调整，并依托无锡市社区三维地理综合信息管理平台（GIS 平台），对各条线业务系统的信息资源实施兼容共享，提高了社区管理区域和服务对象的覆盖面，优化了各类信息资源的配置。街道辖区内的太湖花园第二社区作为无锡市社区三维 GIS 应用平台的试点社区，在实践中通过信息化推动扁平化管理，通过网格化实现全天候服务，使社会管理和公共服务直接延伸到社区的每个居民家庭，有效地提升了社区管理和服务效能。

关键词：

　　无锡江溪街道　太湖花园第二社区　"三化"联动　全天候服务

　　快速城市化过程中社区建设面临的一大挑战，在于如何使社会资源的配置更为合理和优化。从整个社区管理现状分析，社区工作点多面广，需要处理的信息量非常巨大，而且很多针对居民、辖区单位的信息，往往是各条线多头搜集重复使用，工作效率低下。对此，作为新时期无锡推动基层社会建设管理的新实践，江溪街道探索利用三维地理综合信息管理平台（GIS 平台），并且依托无锡市社区行政事务信息平台建设，变分散管理为集约管理，通过实施社区扁平化管理和社区信息化建设，达到准确便捷服务社区居民、提高工作效率的目的。其中，街道辖区内的太湖花园第二社区（以下简称"太二社区"）作为无锡市社区三维 GIS 应用平台的试点社区，在实践中探索了一套行之有效的做法和经验。

一　江溪街道以信息化建设为突破口推动
社区服务管理创新

社区管理与服务，是基层社会建设的两大主题，是社区工作的两个重点。近年来，走在转型发展前列的无锡市清醒地认识到：经济转型催生社会转型，做好社会转型需要从社区管理抓起。随着社会结构变化和居民服务需求多元化等因素，社区工作唯有在变革中突破，在创新中求发展。

首先是管理服务的需求。伴随着众多"单位人"变成了"社区人"，再加上剧增的"外地人"、流动人口和社区规模的扩大，社区管理服务的对象正在趋于多元。社区居民关注的也不仅仅是衣食住行、生老病死，精神生活、个人发展等需求也趋多元。

其次是职能转换的挑战。政府管理重心的下移，直接导致进社区的事项愈来愈多，社区管理服务工作更趋繁杂。社区居委会干部往往会不堪重负，以致疲于应对众多的检查、考核，从而导致政府加强基层社会建设的工作相对散乱，没有从根本上起到重心下移的作用。

第三是运作模式的困境。当前，社区工作更多的还是"管"、"统"等人管人、人盯人老套路，沿着居民小组长、社居委干部、社居委主任等单线条、逐级别上下运作。政府下沉职能的方式，也基本沿袭传统的点对点、线对线。这类工作方式的结果，不仅管理效率低下，也耗费城市很大部分的管理成本。此外，群众办事多次往返于政府相关部门，便民也就成为扰民、累民和烦民。

针对以上问题，无锡市委、市政府经过半年多的时间，分别在无锡 8 个不同类型的试点社区积极探索，并创新推出了无锡社区管理全新模式——社区扁平化管理。2009 年 6 月，无锡市政府印发《关于推进社区扁平化管理工作的意见》，《意见》明确要求全市稳步推进社区扁平化管理，2010 年全市城镇社

区完成分片包干、网格管理、网络运作、取消繁重的台账等阶段性目标，2011年社区扁平化管理实现城乡社区全覆盖。同期，无锡市加强社区工作信息化建设也提上日程，先后发布《财政性资金的信息化项目的管理细则》和《无锡市信息化专家管理办法》等文件，投入720万元建立民政综合业务信息管理系统，在各社区端口实现与无锡市各委、办、局和各市（县、区）民政局、街道（镇）、社区（村）四级互联；并通过归并整合各委、办、局下移到社区的机构或职能，促使无锡全市社区工作通过一个界面、一个基础数据库、一表式社区数据采集实现办公电子化、无纸化。

作为新时期无锡推动基层社会建设管理的新实践，江溪街道按照每个社工站都要达到分片包干、岗位兼容、信息共享的工作要求，开始启动社区信息化、网络化建设，以此推动社区管理的扁平化和社区服务的全天候。

二　太二社区加强社区信息化、网络化建设，推动社区管理服务转型

社区是社会管理的基础，也是社会和谐稳定的基石。江溪街道根据无锡市加强和创新社会管理要求，结合自身实际，在管理上进行了深入的探索和创新，诸如理顺管理关系、完善管理机制，不断解决开发建设过程中政策、资金、资产、财务管理等方面的问题，妥善化解社会转型过程中出现的各类矛盾问题等。特别是在加强社区信息化建设和推行扁平化管理中，社区建设整体水平走在全市前列，并涌现出了太二社区等明星社区，得到了各方的充分肯定。

（一）信息化建设：整合社区综合服务管理平台

近年来，各地在探索社区信息化实践方面取得了积极进展，积累了丰富的实践经验（见表1）。其中无锡市民政信息化建设在全国呈领跑态势，在完成民政部"基层全业务民政软件标准"制定的同时，已于2011年3月全面实行社会救助、社会福利、老龄工作、社会组织等民政业务的网上受理、审批，市民领低保金、办老年卡不出社区已成为现实。2011年12月，无锡市社区三维GIS应用平台在全国青年文明社区——无锡新区江溪街道太湖花园第二社区通

过验收。平台的启用为无锡市地理信息共享服务平台提供了成功应用案例。此后，无锡各行业和部门都可基于"无锡市一张图"，通过直接应用、定制应用、标准服务或内嵌调用的方式快速便捷搭建专题应用系统，也为规划管理与设计提供了准确翔实的数据基础。另外，无锡市社区行政事务信息平台在全市推广使用，平台集中管理社区工作信息，为项目提供了数据保障，也为社区扁平化管理工作的深入推进提供支持。

表 1 各地共建中国社区信息化未来蓝图

部门或地区	文件或主要做法
中共中央办公厅、国务院办公厅	2006 年 5 月 8 日,发布《2006～2020 年国家信息化发展战略》,明确我国信息化发展九项战略重点,其中推进社区信息化的内容为:整合各类信息系统和资源,构建统一的社区信息平台,加强常住人口和流动人口的信息化管理,改善社区服务
江苏省	2011 年 11 月 10 日,出台《江苏省社区综合管理和服务信息平台共性技术规范》,在全面总结提炼省内社区管理和公共服务基层实践基础上,围绕创新社会管理、深化应用服务等共性需求,对江苏省社区综合管理和服务信息平台进行了顶层总体架构设计,明确规定了社区平台建设的应用功能、数据资源、交换接口、信息安全等相关技术要求
福建省	2009 年 9 月 16 日,出台《关于推进社区信息化建设工作的指导意见》,从创建"信息化社区示范点"入手,深入探索运用现代通信信息技术提高社区管理和服务水平的有效途径,推进社区信息化建设工作
重庆市	出台《重庆市信息化示范社区评选标准》,从重视程度、经费保障、社区信息化基础设施建设、社区信息网络平台及应用、社区信息化管理等方面来评比信息化示范社区
杭州"德加社区"	在网上开辟了社区党校、社区教育、居务公开、社区警务、综合治理、社区论坛、社区服务、旅游休闲等,居委会基本实现网络化办公,也是通过网络,向居民提供服务,解决社区问题
广州市"信息家园"社区	在这个社区中,居民可以通过宽带网络和固定电话实现远程遥控开关家电、视频监控家居安全、自主控制电视节目等住宅智能化管理。此外,居民还可以通过"信息家园网站"了解居家信息、订购所需商品。即使不在家,居民也可以在网上查看钟点工在家中服务的情况等

资料来源：根据互联网信息整理。

太二社区作为无锡市社区三维 GIS 应用平台的试点社区，具有一定的必然性。太二社区成立于 2002 年 6 月，不仅是全国第五批城市住宅试点小区，也

是无锡市第三期国家安居工程之一。社区总建筑面积47.35万平方米，其中，住宅面积28.23万平方米，总户数3958户。目前小区常住人口9400余人，流动人口2300余人，外籍人士220人，居住总人数12000余人。社区先后荣获国家级荣誉12项，省级荣誉30多项，市级荣誉50多项。近年来，太二社区依托无锡市社会管理信息化建设契机，创新工作方式，打造扁平化管理模式，不断提高社区管理服务水平。

整合社区综合服务管理平台。太二社区把信息化建设作为创新和提升基层社会综合管理服务水平的重要突破口，社区制定社区信息化建设主要标准（见表2），采用现代网络及通信手段，切实提高社区工作的服务管理效率。作为推进社区信息化建设的一项重要工作，江溪街道太二社区三维GIS平台在全国范围内首次运用到社区管理中。2011年9月，由无锡市城市规划信息中心承建的社区三维GIS应用平台基本建成，经过3个月的运行，平台于同年12月在太二社区通过验收并投入使用（见图1）。该应用平台的一大特色就是对社区常住人口、流动人口的个人信息、户籍信息、分类信息、居住联系信息等百余项信息进行了归纳整理，形成统一的信息平台。如在平台上随机点开一栋楼，立刻弹出这栋楼的详细信息：社区扁平化片区负责人、居民小组长姓名、楼道长姓名、楼层数、户数、常住人口数以及流动人口数等。

表2　无锡新区社区信息化建设主要标准

类别	主要内容
搭建网络办公平台	依托民政综合业务信息管理系统,建立社区网上办公、电子台账、居民数据库三大功能于一体的社区事务管理平台,实现与区、街道、社区三级的信息实时交流、信息共享、业务协同、流程对接,降低行政成本,提高工作效率
搭建社区门户网站	通过网站构建居民互动网络平台,拓展为民服务平台,推进基层民主自治建设。将政务、事务、财务、服务公开在网上,使居民不出家门就可知晓社区事务。并开设网上论坛和网上事务听证,使居民反映问题、发表意见有畅通的渠道
搭建便民服务信息平台	按照"十五分钟生活圈"建设标准,全面整合社区便民服务、自身管理等各类信息,为居民提供社区自身各类服务和社会化家政、物业、配送、订餐、订票等服务信息

资料来源：《无锡市新区江溪街道关于全面实施社区扁平化管理的意见》。

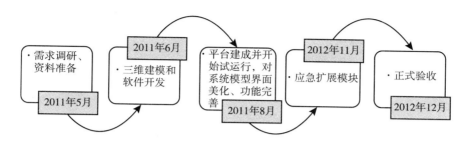

图1 无锡社区三维 GIS 平台建设时间表

社区三维 GIS 应用平台集场景展示、三维定位、信息管理于一体，是无锡市三维信息共享平台的第一个专业应用示范。GIS 平台分为社区全貌展示、社区综合信息查询、虚拟社区在线等全新模块、综合减灾模拟演示等，为社区综合管理服务提供更形象、直观、便捷的方式。应用平台主要有以下四大功能。

一是身临其境的场景展示。利用三维模型可以虚拟在线展示社区全貌，以社区区位、社区鸟瞰、社区人行漫游等方式多尺度、全方位地展示社区概貌与细节。

二是综合详细的信息管理。GIS 平台与各业务系统实现数据对接，综合展示了社区人口信息、社区扁平化管理情况、社区公共资源信息管理、自定义区域查询等各项功能，从而实现了对社区、片区、楼栋、住户、商铺的综合管理。

三是快捷便利的三维定位。通过"以人找位"、"以位找人"的社区管理功能，同人口、劳保、民政、残联、计生等系统结合，实现三维地理信息定位、社区三维扁平化在线管理。

四是综合减灾模拟演示。通过社区三维 GIS 平台模拟地震灾害以及火灾时的应急救援措施，模拟地震火灾发生后组织居民应急自救互救、疏散逃生、灾后安置以及灾后重建等情况，对社区居民进行综合减灾教育。

（二）扁平化管理："三机制"工作原则实现多方共赢

扁平化管理是一种科学高效、灵活便捷的管理服务模式，其主要内涵是减少中间层次、缩短管理过程、增大管理幅度、提高管理效能。太二社区自2009 年起重点推进社区信息化建设，打造扁平化管理。社区以提高居民舒适度、满意度、信任度和幸福感为目标，通过不断完善社区基础设施建设，整合社区各类系统数据，提升社区办事效率等措施，太二社区在居民自治、社区服务等方面成效显著。现已形成社区党总支和社区居民委员会、社区业主委员会、社区物业公司、派出所"四位一体"的社区服务管理模式，逐步确立完善一岗多能、分片包干、信息共享的"三机制"工作原则（见表3）。

表3 无锡新区太二社区"三机制"工作原则

类别	主要内容
一人多岗、一专多能	针对社区事务繁杂的特点，"门外一把抓，门内再分家"，人员相互补位，工作相互协调。同时，结合社区工作特点采取岗位AB制、错时工作制、假日值班制、预约服务制、一门受理制、服务承诺制、首问负责制、限时办结制等8项制度，使居民到社区"进一扇门、找一个人、办所有事"成为现实
分片包干、责任到人	按400户划分一个包干片区，由一个事务工作站人员负责包干，并在社区284个楼道里全部安装了《分片包干公示牌》，包干区域、包干责任人、联系电话、社区网址、片区QQ群号、爱心服务卡全部公示到每家每户。每人每月走访20户以上家庭，写好每月走访心得，对片区人员情况做到动态化管理。社区每月开展一次大型为民服务活动，有主题、有针对性，面向社区各类人群
资源整合、信息共享	建立起信息共享机制，打破了原来"一个系统一台机、一个系统一个网"的格局。做好社区基础电子台账，确保数据及时录入无锡市行政事务工作平台，逐步实现台账无纸化办公

创新居民自治社区服务管理新机制。以社区"四方联席会议制度"为抓手，建立以"议事会、听证会、恳谈会、社区互动"为一体的居民自治委员会，使大量的社区管理问题、社情民意、邻里矛盾在社区得到化解和解决。

创新社区志愿服务新机制。建立社区"援手"志愿者协会，并组织30多支志愿者队伍，15大类的为民服务队伍，每月定期开展为民服务，让具有奉献精神的人都能够为周边的人服务、为整个社会服务，使社区服务内容多样化、服务方式社会化、服务机制市场化、服务活动经常化、服务理念个性化、服务手段信息化。

打造社区优美环境。按照"优化环境，促进发展，方便群众，美化生活"的要求，全面实施退草还树改造工程，对社区主干道路进行集中硬化和绿化，同时计划投入资金建设社区文化活动广场舞台，供居民休闲娱乐。通过了ISO14001环境管理体系和ISO9001质量管理体系认证，使社区的环境管理从经验型、粗放型向规范型、精细型转变。

保障社区治安良好。大力加强安防网络建设，建立了以物业公司秩序管理员为骨干，以长江路派出所为后盾，以社区城管站、综治为基础，离退休党员、居民小组长广泛参与的"四位一体"的治安防范网络体系。大力开展"平安社区"创建活动，150 人志愿治安巡逻队队员，群防群治，形成了严密的防范格局。

（三）网格化系统：实现社区服务管理精细化

为进一步提高公共管理服务水平，太二社区将管辖区域划分成若干网格状的单元，对每一网格依托无锡市社区 GIS 平台实施动态、全方位管理。通过系统收集、整合、分析、汇总相关信息和诉求，建成一套精细、准确、规范的综合管理服务系统（见表4），实现辖区内劳动保障、教育卫生、民政残联、综合治理、城市管理、消防安全、人口计生、妇儿维权、文化体育、文明创建、党建工作、宣传统战、群团管理等24 类88 项工作科学化、高效化。同时，社区按照对等方式整合公共服务资源，对网格内的居民进行多元化、个性化服务。

表4　无锡新区太二社区网格化自治体系

推行片区、楼组体系管理，完善社区、片长、楼组长（居民小组长）的自治网络、工作机制和民意反馈机制，使居民自治覆盖全社区，延伸至每个成员	1. 按照"支部相邻、地域相近、小区相连、资源相通"的原则,科学合理地划分工作站人员的包干责任区,有明确的片区包干工作范畴、工作责任和工作方法
	2. 社区、片长、楼组长(居民小组长)管理体系健全,每300～500 户设一个片区,30～50 户设一个楼组(居民小组)
	3. 社区工作站合理设置工作岗位、完善工作职责,并在相近岗位之间实行AB 岗制度
	4. 实行"民情日记"制度。社区片长、条线岗位人员能通过定期或不定期走访居民、发放居民联系卡、发放居民意见征询表、居民小组长反馈等多种形式深入居民群众广泛收集社情民意,把握居民服务需求,处理居民生活问题
	5. 深入推进"四个民主",落实社区议事协商会、决策听证会、民事协调会、民主评议会等"四会"制度,引导居民对社区事务进行议事、协商、监督和评议
	6. 依托社区活动阵地,每月至少开展1 次有计划的、居民群众喜闻乐见的社区文体、服务、培训等活动,在活动中汇集民意,集中民智,增强社区凝聚力、居民归属感

（四）全天候服务：提高社区服务管理质量

江溪街道太二社区便捷高效的数字服务是江溪街道，乃至无锡市社会管理信息化建设的缩影。近年来，无锡市民政部门开发建设了综合业务、社区行政事务和96158便民服务信息平台，在民政转型发展中迈出了重要一步，并处于全国民政信息化工作的第一方阵（见图2）。

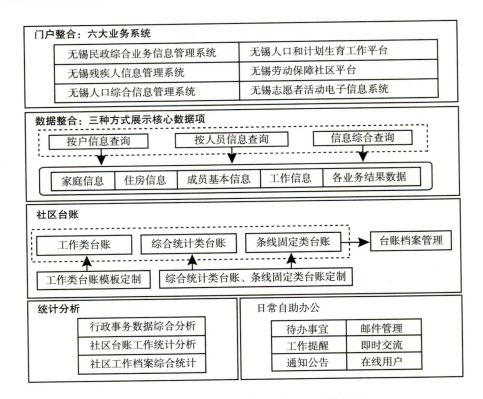

图2　无锡市社区行政事务工作平台建设框架

民政信息化服务的高效率和低成本不仅让广大群众受益，也使民政工作人员从繁重的事务性工作中解脱出来，用更多的时间深入居民家庭，提供更加细致周到的服务。在太湖花园第二社区，如今居民有需求，还可以通过QQ群、电话等方式申请办理，社区工作站与无锡市社区行政事务工作平台进行对接，使社区服务更加及时快捷，实现全天候。

三　江溪街道太二社区信息化建设样板的示范性分析

无锡在全市进行社区扁平化管理改革的探索，得到各级政府部门的关注，江溪街道太二社区等明星社区的出现，也为基层社区管理体制提供了范例。2011 年 11 月 28 日，民政部副部长姜力一行到无锡考察时，对无锡市在社区扁平化管理和信息化建设方面取得的成绩给予充分肯定。当前城市社区信息化建设正处在从条块结合、各自为战、向全面有效整合资源，建立全面覆盖、动态跟踪、集约共享、功能齐全的社会管理服务综合信息系统转变的重要阶段，无锡市江溪街道太二社区 GIS 平台以及无锡市社区信息化系统的成功实践表明，信息化技术可以为社区管理水平提高和改善居民生活质量提供重要支撑。借鉴其成功经验，各地在做好社区信息化工作中，要对以下三个方面更加重视。

（一）政府需要加强信息化建设的顶层设计，建立全面有效的信息共享机制

社区信息化建设是一项持续、复杂的系统工程，信息化的成功更大程度上不是取决于技术，而是取决于有效组织和管理，尤其是有效地协调不同层次、方方面面的利益关系和权力分配，离开地方政府的重视是不可能完成的。无锡市级层面的社区事务管理平台的建立，整合了相关资源，建立统一共享的信息数据库，是诸如太二社区实现社区服务管理的保障和关键。因此，做好社会管理信息化平台建设，需要加强在地区战略发展的高度进行顶层设计，按照"统一平台、资源整合、集约共享、安全便利"的原则，加快城市社区信息化规划、建设、管理的行政法规和信息标准制定工作，加大在全市层面的协调管理力度，重点监督相关政策、法规、标准的执行，增强信息化持续发展的能力。

社区信息化建设需要建立一个全面有效的信息共享协调机制。为实行社区信息化建设的可持续发展，必须尽快解决信息隔离的问题，要把社区信息化放在实施城市信息一体化战略的层面去规划发展，正确处理加快发展与保障安

全、公开信息与保守秘密、开发利用与规范管理、重点突破与全面推进的关系，着重在组织管理、法规政策、技术保障、经济运营四个方面建立和完善信息集约共享的协调管理机制。

（二）加大社区信息化服务的推广宣传力度，化解居民顾虑心理

紧紧围绕便民性、互动性、亲民性，努力打造群众满意度高的社区门户网站的同时，要充分利用居民会议、组织活动、社区宣传等载体，及时、准确、全面地做好社区信息宣传工作。围绕社区重要决策、重大活动、民生热点等问题，提高居民群众对社区门户网站的认知度和上网用网率，使他们真正成为社区信息化建设的受益者、参与者和积极推动者。太二社区在采集居民信息时，社区工作人员按照以房管人的原则，一家一户登记人口信息。有些居民一开始不理解，有的怕个人信息泄露，工作人员就反复讲解三维 GIS 应用平台的原理及保密措施，使居民明白应用平台是一个政务管理信息内网、不连接互联网，并且实行密码设置，分层分级、按岗按人设置登录及管理权限等，最后终于消除了大家的顾虑。

（三）落实社区服务区域、服务内容、服务对象三个全覆盖

加大社区信息化推广，保证社区信息化建设可持续，最根本的是落实社区事务，即社区服务区域、服务内容、服务对象全覆盖，让社区居民感受到实实在在的变化和成效。

一是保障服务区域全覆盖。社区综合信息服务平台一般要包括市、区、街镇、社区等多级网络，在地域上实现全覆盖。在此基础上，要通过社区信息平台建设，完成各管理和服务部门、各应用系统之间的数据整合和交换，在保证专有信息真实、完整和安全的同时，对这些数据实现最大限度的整合。

二是落实服务内容全覆盖。社区综合信息服务平台要根据社区不同和不同工作的个性特点，灵活开发、定制具有社区各种管理职能的系统软件，形成和运用高效数据库，实现在一个平台上对服务项目的申请、受理、办理、回复进行处理，从而完成统一、规范、配套的社区综合信息管理体系建设。

三是实现服务对象全覆盖。关注民生、关注社区成员个性服务是社区综合

信息服务平台的根本任务，要兼顾不同年龄、不同职业、不同群体，满足社区各个层次的服务需要，特别是社会特困群体需求，使社区居民通过平台便可以了解和办理日常多方面服务需求，如太二社区按照对等方式整合公共服务资源，实现了对社区居民进行多元化、精细化、个性化服务。

参考文献

沈大风：《电子政务发展前沿（2013）》［M］，中国经济出版社，2013。

洪毅、杜平：《中国电子政务发展报告：十年回顾与展望（2012）》［M］，社会科学文献出版社，2013。

赖茂生、樊振佳、张丽丽：《中国社区信息化发展状况及其影响分析》［J］，《中国图书馆学报》2013 年 5 月 15 日。

马贵侠：《社区服务管理创新模式与路径选择》［J］，《理论月刊》2013 年第 3 期。

庞圣民：《虚拟社会管理的问题及对策研究》［J］.《青年与社会》2012 年第 2 期。

李翠英、刘志红等：《湖南城市社区信息化建设之研究》［R］，全国和谐社区建设理论研讨会暨首届城区论坛，2008 年 10 月 13 日。

江苏省民政厅：《江苏省社区管理和服务综合信息平台共性技术规范》［S］，2011 年 11 月 10 日。

B.21
安徽省合肥市："两委两站"
化解社区工作"三个不满意"

摘 要：

　　社区是社会管理的最前沿，也是为百姓提供服务的基层平台。合肥市作为全国社会管理创新综合试点城市，注重从基层基础抓起，围绕"管理有序、服务完善、文明祥和"的目标，把社区建设放在突出位置，在社区管理体制改革方面探索出了新经验、新模式。其中，蜀山区西园街道推行的"两委两站"运行模式值得关注。西园街道通过在社区设立"两委两站"，形成以社区党委领导为核心、社区居委会民主自治、社区工作站依法行政、社区社会工作服务站开展服务的管理服务格局，使得社区各项工作进一步贴近群众、方便群众、服务群众，实现了社区服务水平的提高，是社区管理体制改革的一个成功案例。

关键词：

　　合肥市蜀山区　　西园街道　　两委两站　　社区管理体制改革

一　蜀山区推动社区管理体制改革着力解决基层
面临的四大现实问题

　　蜀山区是合肥市四个中心城区之一，也是城市西部组团核心城区和西部门户城区。目前蜀山区下属2个镇、8个街道、1个蜀山经济开发区，共辖52个社区、7个行政村，各类住宅小区525个，只有217个小区有物业管理。7万多人因企业改制、破产倒闭等原因由"单位人"转变成"社会人"。

　　近年来，随着城市管理重心的下移和基层民主意识的提升，以行政手段为主导的思维模式和管理方式已经不能适应区域发展的整体要求。基层政府做了一些不该做、也做不好的事情，特别是在社区层面，集基层公共服务与管理的提供者、社区自治和社区服务的组织者于一体，再加上千家万户、各式各样的服务需求激增，社区疲于应对，直接导致了"三个不满意"——群众不满意、基层工作人员不满意、上级领导不满意。群众期望得到优质服务的需求无法满足，心生有怨气无处发泄；社区工作人员工作繁重辛苦，却不被认可，心中有委屈；政府行政手段对基层的掌控力日益减退，各项工作落实不下去，上级不满意。

面对这种现实情况，蜀山区以推进社会管理创新为契机，展开深入调研，客观分析问题出现的原因，以便有针对性地采取改革措施。通过分析，蜀山区找到了导致目前社区工作"三个不满意"的主要原因集中在四个方面：一是社区角色错位，亟须加快体制改革。在政府职能转化过程中，一些职能部门片面强调重心下移，使社区成为政府的延伸出去的"手"。过多的政府职能压在社区身上，直接导致社区角色错位，出现了社区组织行政化、社区活动形式化的倾向。再加上社区服务的范围和领域比较狭窄，一般多为强迫式的推销服务，可供居民参与的社区事项很少，导致居民参与的热情不高、满意度不高。

二是社区组织无长效性，亟须设置统一平台。居民、社区单位缺乏参与社区事务的平台和载体。常常是政府部门要求了就组织居民开展活动，或者社区想到了就召集居民参加。社区服务的开展无计划、无系统，组织一次是一次，有了上次没下次，规律性差，给人一种运动式的、应景式的形式主义的感觉，使居民对社区的认同感和归属感淡化。

三是社区人才短缺，亟须增加专业资源。基层政府对社区的管理还缺乏足够的资源支持。城市在发展，社区的规模随之不断增大。往往是一个社区配备十几个聘用人员，这些专职人员面对的服务对象少则一万多人，多则两三万人。他们整天忙于事务，疲于应付，导致没有更多的时间和精力来专门研究和开展社区服务，难以推动社区公共服务与管理创新。

四是社区服务观念陈旧，亟须开创服务特色。基层政府过多依靠行政手段对社区进行管理，服务意识不强、服务手段单一、服务观念陈旧。由于行政的手段对社区自治组织没有约束力，致使这种单向、自上而下的完成任务式的方法，不能有效地在社区服务中得到落实。此外，社区工作人员大多没有经过系

统培训，也没有社会工作专业相关背景，服务理念及创新意识等方面与实际需求相距甚远，不能满足当下居民对社区的要求。社区需要有目的、有针对性的培育自己的特色服务，以满足本社区居民的需求。

基于这样一种现状，蜀山区认识到，健全完善以社区党组织为核心，社区居委会为主体、社区工作站为中坚力量，社区志愿者组织、社区社团组织、社区便民服务类组织等为配套的社区组织体系，刻不容缓。这是社会发展的需求，是党和政府的号召，更是居民迫切的期待。在这一背景下，蜀山区开始从理顺社区组织体系入手，探索推动社区管理体制改革的创新实践，包括西园街道"两委两站"模式在内的一系列改革在全区展开。

二　西园街道"四步走"推行"两委两站"模式

合肥蜀山区西园街道通过组织创新、平台构建、人才培养及项目设计共"四个步骤"，逐步推行"两委两站"模式，创新社区服务方式，着力破解社区管理难题，使社区居民从服务的享受者向服务的提供者转变，居民在享受服务的同时，增添了对社区的认同感与归属感。

（一）推动组织创新

理顺社区组织体系是开展"两委两站"的首要步骤。面对群众的不满，西园街道不断创新，经实践后对社区组织进行调整，初步形成"两委两站"的运行模式。

1. 重构"两委两站"

西园街道首先从理念上还原社区居委会的本来面目——社区自治性组织，推动社区居委会去行政化，使社区居委会可以实现自我管理、自我服务、自我教育、自我完善等功能。为此，西园街道逐步将社区组织、服务、卫生、环境、治安、文化和计生等七项政府行政职能从社区居委会的工作职能中完全剥离出来。同时，针对社区居委会在硬件、软件、外在、内在等多方面资源匮乏的情况下，无法有效地发动居民、组织居民，更无力提供良好服务的问题，在"社会协同、公众参与"方面不断摸索，大胆尝试，与专业社会服务机构合作，逐步明晰了努力方向。在社区党委、社区居委会、社区工作站的基础上，增设由专业社工组成的社会工作服务站，构建社区"两委两站"新模式。逐步形成了以社区党委领导为核心、居委会民主自治、社区工作站依法行政、社区社会工作服务站开展服务的管理服务格局。

2. 实行"议行分设"改革

在社区"两委两站"的格局中，社区居委会承担"议"的职能，这源于"议行分设"的行政理念。由于社区居民被管理的意识占据主导地位，致使社区居民的社区认同意识、归属意识及自主意识被弱化。实行"议行分设"改革之后，社区居委会"议"的角色得以明确。"两委两站"的设立使社区居委会引领群众自治组织的职能得以落实，同时明确了社区居委会职责与职能。社区居委会在居民心目中成了基层群众的代言人和利益诉求表达的渠道、民主自治与互助服务的引导者、政府与居民合作交流的沟通平台。在去行政化的基础上，社区居委会的角色再被细化，使其能够获得居民的认同，让居民获得"有了自己的领头人"的感受，激发居民"社区人"的主体意识。在这一模式下，成功实践了在安徽省独树一帜的"社区自治搬迁"。"社区自治搬迁"不仅解决了政府"拆迁难"的问题，还与政府进行了职能的交接。在拆迁过程中，政府角色发生了根本变化，从"主导"变为"引导"。而社区自治组织，成为社区、居民值得依靠的力量。

3. 形成社工引领、义工补充的联动机制

明晰了社区居委会和社区工作站的角色定位之后，如何通过社区居委会的组织、引导，鼓励社区居民参与到社区事务、决策等活动中来，增强其自主自治的角色意识与积极参与的责任意识，就成为一个亟待解决的问题。目前，西园街道逐步建立起以社工为引领、义工为补充的联动机制，逐步构建了一个与社区服务、社区自治相适应的社会参与体系。

（二）设置服务平台

西园街道成立社会工作服务中心，所辖六个社区成立社区社会工作服务站。主要从专业指导、引导扶持、行业管理三个方面设置一个以社区社会工作服务中心为依托的统一的基层公共服务平台。

1. 开展专业指导

西园街道首先在街道层面成立街道社会工作服务中心，由两名工作人员，加一名外聘专业社工管理人员组成，负责指导各社区开展相关工作；而社区社会工作服务站，由社居委确定两名社居委成员、外聘一名专业社工岗位，在街道社会工作服务中心的指导下，为各类社会组织开展活动提供指导和培训。同时，街道引进从事社区居民服务的专业社会服务机构合作，采取政府购买服务的方式，聘请专业社工介入，对社区服务项目进行专业指导。

2. 给予引导扶持

西园街道坚持培育发展和管理监督并重，对社区社会组织给予全面扶持，通过给予必要的资金支持、提供活动场所，将社区志愿者及社区网格信息员作为义工补充到各个的社区社会组织中，以形成一股新的力量。建立辖区各类社会组织的会员制，为社会组织增强凝聚力。初步形成政府扶持、会员缴纳与社会募集等多种方式相结合的经费供给渠道，使社区社会组织活动正常开展更加有保障，使社区社会组织发展更健康。

3. 实施行业管理

西园街道在 2012 年 6 月成立安徽省首家街道层面的"社会工作协会"，以协会管理行业，积极培育孵化各类从事居民服务的社区社会组织，具体包括服务培训、项目评估、社区社会组织备案登记、发展规划与组织建设咨询等。目前协会已培育、引导社区自治、文体康乐、公益服务等各类社区社会组织共54 家，备案 1000 余人。

（三）培养社区人才

为加强社会工作专业人才队伍建设，西园街道确立了"4＋1"社会工作专业人才队伍标准。西园街道以采取集中培养的方式，解决专业人才匮乏的现状。随着人才队伍逐渐充实起来，再把获得专业知识的人员派送到各类社会组织中，引导居民开展活动，由专业社工来负责中心和服务站的运转。

1. 开展有计划的专业培训

西园街道结合《安徽省"十二五"社会工作专业人才队伍建设规划》的

要求，制定出社会工作专业人才培养的时间表，以三年为限定期，要求符合条件的街居工作人员都通过全国社会工作者职业水平考试，对三年内通不过考试的聘用人员，予以解聘，做到全员持证上岗。

2. 实施规范化的系统培训

西园街道在 2012 年 6 月被安徽省民政厅确定为全省社会工作专业人才队伍建设试点单位，建立社工人才培训基地。西园街道以此为基础，与安徽省社会工作协会合作成立安徽省首家社区教育学院，确定五个教育培训项目。

一是社会工作师考前培训。培训对象为符合报考条件的街道社区在岗工作人员，每年 3~6 月份开班，双休日上课。依托街道的师资场地挂牌成为全区的社会工作专业人才培训基地。

二是社会工作师继续教育。培训对象为已经通过全国社会工作专业职称考试，取得证书的社会工作师，每月开展不低于 2 次的政策法规、专业理论和实务等技能培训，提高社区社会工作者的综合实务素质。

三是社区社会组织负责人培训。培训对象为辖区各类社区社会组织主要负责人，每季度开展 1 次政策法规、组织建设、财务管理和社会公益等方面的培训。

四是社会服务项目参与人培训。培训对象为街道制定的社会工作服务项目的实施人员，每月开展 1 次政策法规、理论知识、项目实施等方面内容。

五是社区居民综合素质培训。社区教育学院同时作为市民学校，面向辖区居民每季度开展 1 次培训，提升居民公益意识。

3. 确立标准化的专业人才配备机制

在社区党组织、社区自治组织、社区行政组织、社区服务组织 4 类基层组织中，至少各配备 1 名社会工作师，达到西园街道基层社会工作专业人才队伍"4＋1"的标准（见图 1），让社区专业人才积极发挥作用，推动社区基层服务的改革。并在已有的 21 名持证社会工作师的基础上，再聘请 4 名专业社工岗位。目前，街道每个社区已达到有 4 名社会工作师在岗的要求。2013 年，西园街道又组织了 51 人报考，预计会大大超过该岗位标准。此外，西园街道还对获得职称的工作人员每月发放定额岗位补贴，以示鼓励。

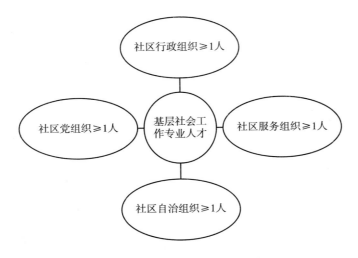

图1 基层组织人员标配

（四）实施特色服务项目

西园街道通过专业社工机构介入，实施社会服务项目化运作。街道业务科室负责对社会服务项目的确定、评估、跟踪、问效，引入第三方社会组织负责实施，明确双方的角色定位。通过一年多的探索和实践，涌现出不少有一定规模、有一定口碑、有一定服务经验、具有辖区特色的品牌社会组织服务项目。这些专业机构带领周围居民开展自我管理、自我服务，受到辖区居民一致好评。

1. "情暖夕阳"居家养老服务项目

西园街道辖区内6000多60岁以上老人和80岁以上独居或空巢老人，可以享受社区提供的居家养老服务。目前，登记在册的服务对象已有240位老人。项目以"居家养老服务合作社"和"照护中心"为依托，开展代为购物等便民服务和打扫看护等社区照护服务。不仅给辖区的老人们提供生活上的照料，还能通过开展的各类活动为老人们送上精神上的慰藉。自2012年以来，开展了"情暖夕阳"系列活动，参加活动的老人超过400人次。

2. 特殊家庭"阳光四季"帮扶服务项目

西园街道辖区内所有符合计划生育特扶家庭帮扶条件的家庭和个人可以享

受"阳光四季"帮扶服务。目前，该项目提供帮扶，服务对象 33 人。由一年四季的节气、时令为主线，开展文化活动，结合"五个一"（一部好的戏剧作品、一部好的电视剧作品、一部好电影、一部好的图书、一部好的理论文章）工作的开展，为计生特服的家庭和个人提供心理疏导和抚慰，修复其精神创伤，切实解决他们面临的问题和困难，帮助他们尽快走出生活的阴霾，树立生活的信心。

3. 老少活动家园服务项目

西园街道为辖区内的老年人和儿童提供课外辅导和教育、文体康乐和娱乐、知识讲座和培训等。为满足老人和孩子的文化生活与学习需求，该项目由街道社会工作服务中心牵头，在社会招募富有爱心和一定知识水平、教学能力的义工；并积极打造社区的硬件设备。其中"小树苗学堂"主要为低保户、留守儿童、单亲儿童、流动儿童家庭以及重病大病、残疾和经济特别困难的家庭解决子女学习障碍，挖掘学习潜能。培训对象为小学二年级至初中三年级学生，每周开课 4 次，每次 2 小时，学堂目前拥有学员近 100 人，已开课一年多。

4. 志愿广场服务项目

在西园街道辖区范围中宣传志愿服务理念和建立各类志愿者队伍。项目以建立社区志愿服务广场为主阵地，通过志愿者队伍的建立、管理和作用的发挥，使志愿服务活动常态化。目前，已成立街道志愿者服务大队，并设立志愿者服务呼叫平台，对志愿者队伍分类管理，下设 6 个社区服务站，注册志愿者325 人，服务内容涵盖帮扶、助残等八个方面的内容。

5. "蜀苑之声"文化服务项目

西园街道通过评选"文化之星"、建立文化活动基金及成立"蜀苑之声"艺术学校等形式，提高居民文体活动的积极性、参与性，提升社区艺术团体的专业性、艺术性。"蜀苑之声"艺术团拥有 12 支表演队，面向辖区内所有居民开放，并积极吸收会员。目前，已注册的会员达到 300 多人，覆盖 6 个社区。街道投资修建了"百姓舞台"居民露天活动广场，压缩办公面积建起了200 多平方米的"百姓剧场"居民文化活动中心。

6. 社区矫正和心理辅助服务项目

西园街道已有 21 人得到社区矫正和心理辅助项目的服务。该项目以与专业社工机构合作成立"合肥西园启明星社区心理服务中心"的形式，充分发挥心理咨询师的心理诊断和评估的作用，为被判处管制、裁定假释、宣告缓刑、决定暂予监外执行的罪犯和原邪教转化人员、刑释解教人员、服刑在教人员的亲属（未成年人）及其他需要帮扶人员提供服务。这些特殊人群通过心理疏导、教育学习和公益劳动等方式纠正和缓解抵触情绪和思想，从而更好地融入社会、服务社会。

7. 呼叫中心服务项目

2012 年 6 月 21 日，安徽省合肥市首个为民服务呼叫中心在西园街道美虹社区成立。利用 CTI 技术、网络技术创办了"为民呼叫中心"，通过电话免费为居民代理煤气、安防救助、家庭医疗、社区家政、家电维修等服务。把群众常用的 110、120 和社区志愿者的电话汇集在一起，社区工作人员和义工轮值当"接线员"，第一时间通过电话为居民提供服务。

三　蜀山区西园街道通过社区管理体制改革推动基层服务方式转变带来的启示

要实现十八大报告提出的"改进政府提供公共服务方式，加强基层社会管理和服务体系建设"[①]　的要求，就要先解除政府"错位"的管理之手。同时，理顺社区组织体系，以社会组织之手，推动基层公共服务的改革。蜀山区西园街道通过"两委两站"模式的实践，完成了政府与社区组织的职能交替，实现了改进基层公共服务方式的目的，对社区管理体制改革带来了诸多启示。

（一）推进社区管理体制改革，重构社区组织体系是基础

西园街道"两委两站"模式，实际上就是在党委统一领导下，发挥政府在规划制定、政策引导、资金投入、监督管理等方面的主导作用，确保社区管

---

① 　党的十八大报告《坚定不移走中国特色社会主义道路　夺取中国特色社会主义新胜利》。

理的自治性与社区服务的公益性，增强社区可持续发展的能力。其中，通过设立社区社会工作服务站，大力培育和发展各类服务性、公益性、互助性的社会组织，鼓励和支持社会组织、企事业单位和社区居民参与社区服务，完善民主决策机制，发挥多元主体在社区服务体系建设中的作用①，是西园街道在重构社区组织体系方面的一个重要创新，也是其推进社区管理体制改革的重点所在。

（二）推进社区管理体制改革，引入社会组织，搭建服务平台是关键

在理顺社区组织体系之后，还要搭建有效的服务平台。西园街道通过"社会工作协会"的运作，规范整个社区服务行业。在专业人员的指引下，把"以人为本，服务放在首位"这种理念植入社区服务中，并逐渐转变成社区的服务准则。为了使社会组织能长效发展，还要加强对社会组织的资金、场地方面的援助。创新社区管理体制，需要引进社会组织，搭建社会化的服务平台，以满足居民多样化、多层次的需求。

（三）推进社区管理体制改革，重视社工人才的吸纳与培养是重点

我国社会组织发展相对缓慢，规模较小，需要政府的重视和扶持。这不仅是在资金方面的援助，更多的是需要政府在理念、政策上有所突破。安徽省政府通过制定社会组织相关制度；建设"社会工作专业人才队伍试点单位""社工人才培训基地"；组织培训学习等多样方式，给予西园街道社区有力地支撑。通过政府主办的一些学习活动，使社区组织的专业人才培养有计划、有组织、有规模、有规范的进行，这是西园街道能够成功推动社区管理体制改革的一个重要原因。

（四）推进社区管理体制改革，形成特色服务项目是支撑

推进社区管理体制改革的根本目的还是更好地为社区居民提供服务。由于

---

① 2011 年国务院办公厅下发的《社区服务体系建设规划（2011～2015 年)》。

社区居民的人员结构不一，所以每一个社区，都有一定的"唯一性"。社区要根据辖区居民的特点，针对居民的需求开展特色服务项目，形成公共服务、便民利民的特色服务与志愿服务有效衔接的社区服务体系①，推动社区公共服务广覆盖。

参考文献

陈群：《浅论角色身份视角下的当代城市社区体制改革——基于对合肥市蜀山区社区体制改革实践的探索》［D］，《学理论》2009 年第 10 期。

《社区有了"呼叫中心"》［N］，《安徽日报》2012 年 7 月 4 日。

《"自己做主"解搬迁难题》［N］，《安徽日报》2013 年 4 月 10 日。

《让"社会人"成为"社区人"》［N］，《合肥日报》2013 年 5 月 23 日。

《居民楼搬迁，住户两个月内全搬走》［N］，《新安晚报》2013 年 3 月 8 日。

《安徽行政学院学员来我区考察社区先进管理模式》［N］，《今日蜀山》2012 年 3 月 20 日。

《合肥出社会管理全国"典型"》［N］，《合肥晚报》2013 年 8 月 1 日。

《发挥社区社会组织作用　构建基层公共服务平台》［EB/OL］，http：//leaders. people. com. cn/n/2013/0522/c359550 – 21575047. html，2013 年 5 月 22 日。

---

① 2011 年国务院办公厅下发的《社区服务体系建设规划（2011～2015 年）》。

B.22

湖北省襄阳市[*]：产权制度 "双改双赢" 推动 "城中村" 改造的成功样本

摘　要：

　　城中村是城市化进程中出现的一种特有的现象，是城市文明与农村旧模式融合下产生的病态模式。在我国推进城市化的进程中，"城中村"成为发展的绊脚石。"城中村"的改造成为我国健康推进城市化的一个必然环节。成功的城中村的改造，都是以解决原住民的生存、吃饭、发展问题为基础，明确政府在改造过程中的角色定位，切实考虑原住民土地所有权收缴补偿问题，为老百姓争取最大的利益，为推动高质量的城市化进程打好坚实的基础。在这方面，湖北襄阳市积极创新，以产权制度改革为核心大力推进"城中村"的改造，形成的"双改双赢"的檀溪模式，为"城中村"的改造发展提供了可供借鉴的样本。

关键词：

　　檀溪模式　"城中村"改造　产权制度改革

　　"城中村"是城市化进程中的历史产物，具有农村和城市的双重特征，准确地说，"城中村"是城市的一块"夹缝地"，是城市文明与农村旧模式融合下产生的病态模式，这种独特的现象，必然会带来一系列的社会问题。

　　湖北襄阳市是一座历史文化古城，有着深厚的文化底蕴。近年来，襄阳市把"魅力襄阳"作为城市化发展的方向与目标，襄阳古城发展迅速。但与此同时，部分地区也开始出现发展脱节，跟不上脚步的问题，逐渐形成了城市中的村庄，檀溪村便是如此。檀溪村是襄阳市委、市政府的所在地，是襄阳市区

---

　　* 注：襄阳市原名襄樊市，于2010年12月经国务院批准更名。

的重要出口地段，是一个典型的"城中村"。2007 年檀溪村更名为檀溪湖社区，2008 年，在襄阳市第一个实施"城中村"改造工程，通过推动产权制度改革，将村集体经济组织向股份制经济组织转变、集体土地向国有土地转变，实现了集体经济日益壮大，居民百姓得到实惠的目标，历时 3 年时间"城中村"改造工程顺利完成。社区人居环境得到改善，生活质量也大幅度提升，集体经济实现了跨越发展，现社区固定资产总值达 6.6 个亿，2012 年社区集体经济经营性收入达到 2600 多万元，居民年人均收入 15000 元。社区先后获得"全国敬老模范村"、"全国创建学习型家庭示范社区"等一系列荣誉称号。

一 "檀溪模式"的改革动因：破解"城中村"改造中的体制问题

随着城市化进程的加快，"城中村"对城市发展的影响越来越大。"城中村"面临的土地日益减少、"城中村"杂乱破旧、基础设施滞后、居住环境差等问题严重影响着城市形象和城市品位。"城中村"改造势在必行。但同时，"城中村"改造又是一项涉及村民、集体、开发商、政府等多方利益的极其复杂的工程。城市要发展、经济要发展、群众生活质量要提高，但新的问题、新的矛盾也随之出现。这就涉及在"城中村"改造实践中面临的"拦路虎"之一——体制问题。

随着檀溪村社区人员的不断迁入，社区集体土地被不断征占，檀溪村集体资产和人员的构成已经交错复杂，难以梳理。因此在土地等集体生产资料的占有、征地补偿费和集体资产经营收益分配问题上，社区居民利益矛盾逐渐升温，在一定程度上阻碍了檀溪村的发展，影响社会的稳定以及和谐社会的构建。"改革"，改革是檀溪村给出上述问题的解决之法，用改革来逐步建立完善的现代农村集体经济产权制度。檀溪村根据有关法律法规和文件要求，进行了村集体经济组织向股份制经济组织转变、农村户口向城市居民户口转变、集体土地向国有土地转变、村民委员会向社区居委会转变。同时，作为檀溪村"城中村"改造工作责任主体的"溪苑实业公司"经营范围也进行了相应的变更。

二 "出政策、定方案、依法规、重监管"多管齐下推动檀溪以产权制度改革为核心的"城中村"改造

"城中村"改造涉及拆迁补偿、资产处置、成员去留等多方面的问题。为解决好这些问题，襄阳市委、市政府确定把檀溪村作为全市"城中村"改造试点，通过产权制度改革的启动，把檀溪村规划成全市的行政中心、商务中心、文化中心和理想居住小区。同时改善村民居住条件，真正把檀溪村建成经济富裕、风尚文明、环境优美、宜人居住的社会主义新型社区。实施产权制度改革，需要开展翔实的调查、制订详细的方案，需要相关法律政策的强有力的保证。为此，襄阳市"出政策、定方案、依法规、重监管"多管齐下，保证改革的顺利实施。

（一）上下联动，优惠扶持，出台"城中村"改造政策

2006年，襄阳市、市委有关部门和襄城区着手准备檀溪"城中村"改造试点工作。襄城区委、区政府先后从城管、房管、国土、工商、规划、建设和檀溪办事处等部门抽调人员组成专班，协助檀溪村委会对檀溪村开展详细的调查摸底、登记造册和清理核实，内容包括：村民住宅、宅基地、农业用地、企业用地以及城市建设用地等情况。

2006年7月，襄樊市人民政府办公室下发了《襄樊政办发〔2006〕71号文件》，正式成立"襄樊市檀溪新区改造建设工作领导小组"，2007年元月，市委、市政府结合襄樊的实际情况，以《襄樊政办发〔2007〕10号文件》下发了《关于印发支持襄城区檀溪村"城中村"改造工作的意见的通知》。《意见》明确提出了"市府主导、区府负责，村为主体、尊重民意，服从规划、市场运作，政策优惠、不取不予，分批改造、两年成景，创造经验、指导全市"的原则。在户口、规划、土地、建设、房产、基础设施建设、城市管理、资金投入等八个方面出台了优惠政策。

在户口及组织管理方面，将村民委员会转变为居民委员会，村集体经济组织转变为股份经济组织，村民的农村户口转变为城市居民户口，集体土地转变

为国有土地；在规划管理方面，分为两种情况，一种是符合城市规划要求的，给予保留、改建或扩建，重点解决公共服务、基础设施和城市景观等问题；一种是不符合城市规划要求的，进行整治、拆除和改造。并责成市规划局对项目编制、建设方案的报批做好跟踪服务，加快审批速度，确保严格按规划实施。

在土地管理方面，对所有涉及的土地（规划控制用地除外），由市国土资源局按照依法、从简的要求，办理相关集体土地变更为国有土地的手续。

在建设管理方面，市建委要切实加大对檀溪村"城中村"改造工程的监督和服务，严格质量管理和安全管理。

在房产管理方面，市房管局负责依法确认产权、登记和核发房屋权属证书。

在基础设施建设方面，对改造范围内城市基础设施建设加大支持力度，道路、排水、园林绿化、供水、供电、电信、邮政等基础设施配套建设项目同步实施；对规划的机动车道四车道以上（含四车道）的市政道路及相关配套设施由市政府负责投资建设，四车道以下的市政道路及相关配套设施由开发主体同步建设到位。

在城市管理方面，将改造范围内的市政基础设施纳入全市统一管理。

在资金投入方面，市政府决定，檀溪村"城中村"改造项目的土地收益全部用于檀溪村"城中村"改造建设，由市、区两级政府调控掌握使用，并监督在实施过程中专款专用；檀溪村"城中村"改造工程所涉及的所有行政性规费予以全免，所有服务性收费按 1/2 标准收取。

相关政策的出台，有力地保障了檀溪村"城中村"改造工作的推进，各项工作迅速展开。

（二）广泛动员，开门纳谏，制定"城中村"改造方案

"城中村"改造能否顺利推进，群众拥护不拥护，满意不满意是关键。檀溪村通过广泛动员，开门纳谏，制定"城中村"改造方案。在对改造方案达成共识后，再有序启动拆迁改造等工作。

2007 年 3 月，檀溪村召开村民户主代表大会，向村民印发了市政府《关于支持檀溪村"城中村"改造的意见》。会上，村"两委会"成员和专班人员

与村民就市委、市政府搬迁和檀溪路改造带来的机遇，市政府出台"城中村"改造政策带来的实惠，以及村民目前的居住条件和改造后带来的切身好处等进行了面对面的交流，进一步统一村民思想，坚定支持改造的信心。

为了让村民对"城中村"改造有更进一步的认识，利用"三八"妇女、七一建党节、八一建军节等节庆活动，村委会组织村民代表、妇女代表、党员、复员军人等前往北京市、西安市、武汉市等地考察"城中村"改造情况，切身感受"城中村"改造带来的城市变化和生活质量的提升。通过实地观摩学习，外出考察人员回来后成了"城中村"改造的义务宣传员。

同时，为营造浓厚的宣传氛围，檀溪村积极借助新闻媒体加大对外宣传力度，及时在《襄樊日报》、《襄樊晚报》、《楚天都市报》和市电视台对檀溪村"城中村"改造各阶段工作进行宣传报道；定期编发檀溪村"城中村"改造工作简报送发到市"四大家"领导和市领导小组办公室，快速、准确地反映檀溪村"城中村"改造工作动态。

针对城中村改造规划中最敏感的拆迁补偿问题，檀溪村慎之又慎，始终坚持把学习外地经验、查找法律依据和充分征求群众意见结合起来，制定出台《檀溪村"城中村"改造安置补偿方案》。在学习外地经验方面，除组织外出实地学习考察外，还收集浙江、西安、北京等地的"城中村"改造资料达30多份，为制定《方案》提供了参考依据。在查找法律依据方面，充分参照《土地管理法》《城市房屋拆迁条例》、《房屋评估法规》、《村民委员会组织法》、《湖北省城市房屋拆迁管理办法》以及其他相关法规。在征求群众意见方面，坚持充分发扬民主，对《方案》的每一项内容全部交给村民充分讨论，自下而上广泛征求群众意见。《方案》起草后，领导小组专题讨论10多次，修改完善20多稿。先后三次组织区法院、土地、规划、司法等单位的专业法律工作者，对涉及法律法规的条款或用词逐一审定。同时，两次将《方案》讨论稿发到村民手中，广泛征求意见或建议500多条。经过修改和完善，市、区法制办审核后，于2007年10月17日召开檀溪全体村民代表大会表决通过了该《方案》。《方案》将保障村民利益放在第一位，采用产权调换和货币补偿等灵活方式对村"城中村"屋拆迁进行补偿，免费给每户配置20平方米的商铺，不要商铺的居民一律补偿10万元（见表1）。

表1 襄阳市檀溪征地补偿安置费标准

单位：元

年产值		土地补偿费			安置补助费			区位条件增加补偿费	地段综合补偿标准		
蔬菜基地	水田旱地	菜地（8~10倍）	水田旱地（8~10倍）	有收益非耕地（5倍）	菜地（8~15倍）	水田耕地（8~15倍）	有收益非耕地（5倍）		菜地	水田耕地	有收益非耕地
2200	1200	17600~22000	9600~12000	6000	17600~33000	9600~18000	6000	25000	60200~80000	44200~55000	37000

资料来源：襄阳市国土资源局网站。

　　为了更快、更好、更合理地将新房分配给村民，檀溪村按照公平、公正、公开的原则，结合具体实际制定了《檀溪村"城中村"改造分房方案》。并投资2万多元专门从广州购回了一台摇号机为村民摇珠分房，摇珠分房分为三个步骤，第一步是按户型确认、发放摇珠资格证；第二步是按户型确定正式摇珠先后顺序的"顺序号"；第三步是通过正式摇珠取得最终的楼栋号 – 单元号 – 楼层号 – 房间号。

　　此外，根据方案对应发给村民的过渡费以及其他相关费用和村民实还房屋面积的差价进行互相找补，结清账款。由村委会组织专班成员统一为村民办理用电、用水、用气以及房产手续，使村民安心入住。

（三）依法行事，亲情化解，推进"城中村"改造拆迁

　　为了切实加大"城中村"改造拆迁工作力度，全方位推动"城中村"改造的各项工作顺利开展。檀溪村采取宣传动员、下达搬迁通知书、深入做思想工作、签订解除原合同协议和房屋腾迁协议等措施，全力加快村集体所有的房屋租用者及"城中村"改造区域内村（居）民住宅的搬迁拆迁进度。

　　一是工作专班分片包户，以责促拆。区政府分别从区直单位、从办事处抽调领导班子成员会同檀溪村的全体干部共30人组编成了5个拆迁工作小组，集中时间、集中精力全力抓好拆迁工作。每个专班均以村民小组为单位，分别分片包户，责任到每个专班成员，具体联系到每个应拆迁户主，以高度的责任感确保拆迁工作稳步推进。

二是邀请亲朋好友化解，以亲解惑。为了从根本上化解被拆迁户的思想疙瘩，拆迁工作专班千方百计，多方联系，诚邀被拆迁户的亲朋好友，做被拆迁户的思想工作，充分利用亲情来化解其心中的疑惑。

三是主动为民排忧解难，以情感化。为了切实为被拆迁群众解除搬家的急难问题，除按《安置补偿协议书》规定支付给被拆迁户搬家补助费外，村集体又出资请专用车辆组织相关人员为搬迁户搬家，仅此一项，村集体又另出资10万余元。因而，解决了群众搬家之难，推进了"城中村"改造工程的顺利实施。

四是诚恳与民交心，以理说服。工作专班全体成员每天深入到被拆迁户，认真的讲解政策，耐心的做思想工作。坚持做到以理服人，以情感人，力求对被拆迁户晓之以理，动之以情。

（四）公开招标，加强监管，保证"城中村"改造质量

为了高标准、高质量搞好檀溪村"城中村"改造工程建设，檀溪村面向社会公开选聘承建合作伙伴，2007年10月，檀溪村面向社会发出诚聘合作伙伴公告后，有10多家房地产公司及建筑企业前来应聘。由村民代表、党员代表和区纪委监察部门领导及办事处招投标管理领导小组成员等组成的专班，以招标评审会议的形式，公开选聘承建合作伙伴。

在选择建筑模式，确定建筑风格时，檀溪村和承建合作伙伴先后邀请"重庆巴蜀建筑设计有限公司"、"武汉大学建筑工程设计院"等6家建筑设计单位，为檀溪村"城中村"改造建设工程进行建筑设计。最后择优定案。

为了加强建筑质量监督，檀溪村聘请了责任心强、技术过硬的监理公司长期驻扎在"城中村"改造建筑工地上，确保各类建筑项目按照优质、高效的标准施工。为城市建设负责，让市委、市政府放心，让住户满意。

三　以产权制度创新为突破口开启
"双改双赢"的檀溪模式

檀溪村"城中村"改造工程于2006年秋开始运筹，2007年春季全面拉开

序幕，撤销檀溪村委会，成立溪湖社区居委会，建立现代企业制度，履行相关法律手续，扫清了"城中村"改造的障碍，标志着檀溪正式由农村向城市转变。2008年1月正式破土动工，扎实有效地开展集体资产产权制度改革创新工作。

（一）推行产权制度创新，清产核资，摸清家底是基础

推行产权制度创新，清产核资，应以摸清家底为前提。檀溪村"城中村"改造首先是清查资产，对集体资产进行重新清理登记；对固定资产和流动资产核实进账。其次，召开会议、审理认定。对固定资产中需要处理的盘盈、盘亏、报废、毁损以及流动资产中需要处理的损失、挂账、潜亏和呆账，由村两委会审理认定后向广大群众公示。最后，编制清产核资报表。认真编制资产负债简表、村集体企业固定资产价值重估申报表、村集体企业产权界定申报表、村集体企业资金核实申报表等，最后确定出可折股量化的股本总额。

通过清产核资，对现有集体资产状况达到了"三清"，即：分清了集体资产类别；摸清了集体资产形态；查清了集体债权债务。

（二）推行产权制度创新，清人分类，界定股东是难点

檀溪村利用两个月时间，逐组逐户逐人调查核对，填写摸底统计表，按照"以户籍管理为基础，以政策法规为依据，以村规民约为参考，以外地经验为借鉴，以民主议定为结果"的原则，先后经过7次村"两委会"、村民小组长会、党员和群众代表会讨论。把全体人员分为四大类，确定哪些人员作为配股的对象和哪些人员不作为配股对象。其具体做法是：

调查摸底，核准情况。为了详细准确地掌握全村人口情况，檀溪村成立了11个"清人"分类小组，对所有人员进行全面清理清查。对有疑问、有异议的，以及未在本村居住的人员，专班成员不辞劳苦，四处奔波查找登记对象，核实相关情况，核准了全体村民的详细身份及户口性质。

核查户籍，甄别属性。在户籍核查工作中，坚持以户籍为基本依据，确定所有人员的身份，分清常住人口、空挂人口和其他类型人口。严肃认真地审

核、甄别全体村民户口属性。在公安部门的支持和配合下，查清了全村空挂户口人员，核准了全体村民的户口性质。

划分类别，分类造册。以调查摸底的资料为基础，将全村人员划定三大类别：第一类为本村集体经济组织成员；第二类为空挂户人员；第三类为暂不能确定的其他类别人员。以村民小组为单位，分别登记造册，建立人口类别档案。

界定时点，统一时限。檀溪村结合具体实际，规定清人分类的时间截止点。时点确定后，在全村范围内及时公示通告。

层层开会，民主议定。一是召开各村民小组组长和村民代表会议。讨论清人分类的初步方案；二是召开村"两委"和各村民小组组长会议，收集群众意见，对前次会议的结果进一步讨论分类，界定出本村集体经济组织成员和非本村集体经济组织成员；三是召开村"两委"班子成员会议进行讨论并签字。

阳光操作，结果公示。"清人"分类依据现行国家法律、政策执行，没有法律政策依据的依照村规民约执行。最后，召开由全体村、组干部、全体党员、全体村民代表参加的会议，对《清人分类方案》进行表决，并以100%赞成票顺利通过。表决通过后，在各村民小组及人口集聚的地方进行上墙公示。

（三）推行产权制度创新，量化资产，配置股份是重点

在具体操作过程中，檀溪村着重抓好三个环节。

第一是拟订方案。初步拟定《配置股份工作方案》，核定股份本金的来源和构成；明确配置股权的原则和条件；确定利润的分配比例和顺序。分别按"弥补上年亏损，提取盈余公积金、公益金、福利费，分配集体股、个人股红利"的顺序和比例进行。

在股份的构成和设置上，设置了集体股和个人股，同时规定了集体股的具体用途。在个人股份的设置上，又具体划分为基本股和劳龄股两个股种。即每个股东可享受2股基本股；18周岁以上男至55岁，女至50岁，每年劳龄配一股，女51～55周岁，男56～60周岁，每年劳龄配3股，不同的年龄段均持

有不同份额的股份。

第二，民主议定。《配股方案》拟定后，自上而下，自下而上的反复讨论，逐级逐层征求意见。先后召开了九次会议，讨论一次，修改一次，完善一次，逐步统一意见，最终达成共识。

第三，表决定案。《配置股份方案》经过多次召开村民代表会议反复讨论，再向全体村民反复征求意见并修订后，正式提交村民代表大会表决，并一次性通过。

（四）推行产权制度创新，健全机构，建章立制是保障

股份配置完成后，进入组建机构、建章立制阶段。檀溪村共分六步走：

第一步，按照国家有关法律法规及政策，制定《股份合作社章程》。在制定《章程》过程中，严格按照有关法律法规和文件精神，结合本村实际拟定初稿，组织讨论，修改完善。《章程》规定所有股权采取封闭式运行，不能抽资、退股、转让、买卖、赠予、继承和抵押，股权3年调整一次。

第二步，选举产生股东代表。按照《股东代表选举方案》，召开全体股东大会，选举产生首届股东代表。

第三步，召开首届股东代表大会。2007年9月19日，檀溪村开了首届股东代表大会，审议并通过了《股份合作社章程》，成功选举产生了由7名股东组成的股份合作社董事会和由3名股东组成的股份合作社监事会。董事会和监事会又分别召开了第一次会议，选举产生了董事会董事长、副董事长和监事会主任，从而健全了组织机构，完善了组织管理。

第四步，股份合作社登记注册挂牌。由村委会书面申请，檀溪街道办事处批准正式成立襄樊市襄城区檀溪湖社区股份合作社，并报区经管局备案。至此，湖北省第一家社区股份合作社正式诞生（见表2）。

第五步，强化管理，健全制度。建立健全社区股份合作社董事会工作责任制，董事长、副董事长、董事岗位责任制；监事会工作责任制，监事会主任、成员岗位责任制；股份合作社财务管理制度、重大事项决策制度、财务审计制度等各项规章制度。

表 2　檀溪湖社区股份合作社机构组成及职责

股东代表大会		股东代表大会职责	1. 审议、通过、修改本社章程。 2. 审议批准董事会、监事会的年度工作报告，负责讨论、决定财务预决算和年终收益分配方案等。 3. 选举与罢免董事会和监事会成员。 4. 讨论、决定本社发展规划，资产经营计划，年度财务计划和承包经营管理方案。 5. 讨论、决定新增股东和股份增加方案。 6. 讨论、决定其他重要事项。
董事会	监事会		

董事会的主要职权	监事会主要职责
1. 筹备、召开股东代表大会，执行股东代表大会的决议，向股东代表大会报告工作。 2. 制订本社的年度生产、经营计划，财务预、决算和收益分配方案。 3. 代表本社，聘任公司经理、财务主管（或同等职务）和中层管理人员、签订经济合同，监督、履行合同。 4. 制定增减股本方案。 5. 草拟合作社章程修改案。 6. 草拟配置股权和股份增加调整方案。 7. 行使股东代表大会的其他授权。	1. 依据政府的有关规定，依照股东代表大会的决议和本社的章程，对董事会、总经理、高级管理人员和其他管理人员进行监督，防止侵害集体经济和股东利益行为的发生，对股东代表大会及全体股东负责。 2. 监事会主任列席董事会会议，但没有表决权。 3. 检查本社的财产情况，查阅账簿和会计资料。核对董事会提交的各种财务资料。 4. 监事会每年要召开两次以上的会议，会议可根据内容和需要邀请董事会成员和部分股东参加。监事会必须在年终的股东代表大会上作监察工作报告。

资料来源：汉江网襄阳要闻。

第六步，整理资料，健全档案。认真整理产权制度创新工作所形成的资料，分门别类，装订归档。

檀溪村历时 6 个多月时间，有组织、有程序、有步骤地开展了集体资产产权制度创新工作。檀溪村成功创建了"归属清晰、权责明确、保护严格、流转规范、监管有力"的现代农村集体资产产权管理制度。"檀溪模式"的提出，标志着产权制度创新工作取得了丰硕成果，为湖北省扩大试点提供了宝贵的经验，奠定了坚实的基础。

改革是为了促进发展。檀溪村在集体资产产权制度创新中，已走完了第一步，现在，正以新的制度为基础，又一次迈出了"盘活资产，加快发展"的新步伐。他们把搭建工业平台、发展第三产业作为主攻方向，按照"营运不经营"的模式，坚定地走经营资产之路，获取了稳定的投资收益。

三 "双改双赢"的檀溪模式的创新性分析

经过艰苦探索与实践，檀溪湖社区走出了一条以"分权不分产、发展不征地，营运不经营、分红不分利"为核心的集体经济稳步发展之路，被总结为"行之有效的檀溪模式"。"檀溪模式"为集体经济的发展积累了经验，一方面既保证了农民的现实利益，增加了股东财产性收入，实现了集体经济的保值增值和可持续发展；另一方面实现了农村向城市、农民向市民的角色转换，在促进城市转型、社会关系和谐方面的积极作用显著。

（一）创新经营方式，推动了经济效益的增长

"檀溪模式"的成功之处就在于创新了经营方式。在社区股份合作社成立以后，他们认真总结吸取了村集体"既兴办企业，又经营企业"导致力不从心，效益不佳的教训，股份合作社的所有酒店、商铺、厂房都采取"营运不经营"的方式，通过"发包、租赁、入股、合作"等多种经营方式间接经营集体资产的方式运作，实现了"风险不大、收入稳定、干部省心、股民满意"效果。

（二）创新分配方式，实现了股民集体的双赢

"檀溪模式"之所以成功，就在于实现了股民和集体的双赢。这种双赢来自于分配方式的创新。他们根据集体当年实现的可分配利润，进行提取公积金、公益金、福利费，然后将剩余部分按股分红。有效改变了过去那种无论集体盈亏与否都要分配，无论赚多赚少都要等比例分配，无论集体是否发展都要增加分配额度的"分光吃净"分配陋习，实行"分红不分利"的新分配模式，使得股民分红年年有提高，集体积累年年也有大幅增加。

（三）创新改造方式，引领了城市发展的前沿

"城中村"改造的思维模式在很多城市一直是停留在将"城中村"落后，贫穷改造的能追上城市发展步伐，并且多数城市都知道这种努力追赶是有一定

差距的，所以在制定城中村改造规划之时，是以追赶和不滞后太多为目标的。结果当然也就差强人意。而檀溪的"城中村"改造，从一开始就是将檀溪的"城中村"改造定位为引领城市发展的标志性项目，在这种思维模式的规划中，不是让"城中村"改造去追赶城市化的进程，而是有种让檀溪"城中村"超越，或者说是先于城市化进程之前的。这从政府规划及态度中尤其明显。这种思维模式的创新，带动了建设模式的转变，使得"城中村"改造从开始就高调起步，改造的内容、项目也从一开始就以更高的要求和追求去规划和改造。改造建设理念的创新对檀溪"城中村"的改造和发展注入了强劲动力。

参考文献

郭松、杨东伟：《城中村改造存在的问题及改造意义》［J］，《科技致富向导》2011 年第 36 期。

郭向彤：《我国城市化进程中城中村现象的分析》［D］，浙江大学硕士位论文，2005 年 11 月 1 日。

朱科、王万水、李世婷：《借城中村改造良机　谱写惠民富民新篇》［N］，2013 年 4 月 19 日。

《"退村进城"协奏曲檀溪城中村改造实践的民生意义》［N］，《人民日报》2011 年 9 月 23 日。

黎智辉：《城中村改造实施机制研究》［D］，华中科技大学硕士学位论文，2004 年 5 月 1 日

B.23

广东省佛山市："建点""设线"
"拓面" 构建社会组织党建顺德模式

摘　要：

随着我国经济社会的不断发展，社会组织已经进入了一个新的发展时期，并且在推动社会整体发展中发挥着日益重要的作用。社会组织实现良性发展、充分发挥作用，需要制度支撑、政策配套和组织保障。近几年，作为广东省的社会体制综合改革试验区，顺德在不断加强社会建设和社会管理的过程中，高度重视在社会组织中加强党建工作，并且根据社会组织"草根"的特点，积极探索出"建点"、"设线"、"拓面"的社会组织党建新模式，采取"三孵化"等具体措施，不断推动社会组织党建全覆盖和社会组织自身的升级发展。顺德区社会组织党建工作的顺利开展，推动了当地和谐社会的建设，增强了党在基层的影响力和凝聚力，其先进理念和成功经验丰富了我国社会组织党建发展理论，也为我国其他地区顺利开展社会组织党建工作提供了借鉴。

关键词：

广东佛山　社会组织发展　社会组织党建　顺德模式

"社会组织"是伴随20世纪七八十年代"全球性结社革命"产生的一种相对于政党、政府等传统组织形态之外的各类民间性的社会组织，在我国也常常被称作"新社会组织"。改革开放以来，在市场经济改革的催生下，各种新社会组织在我国政治体制改革与民主政治发展的过程中不断发育成长，日益成为我国推动社会建设与社会管理的重要力量。与此同时，社会组织党建也得到了极大发展，并成为党建领域的一个新课题。

一 顺德推动社会组织党建的基本背景

随着我国经济社会的不断发展，社会组织进入了一个新的发展期、活跃期和提高期，并初步形成了门类齐全、层次不同、功能互补、覆盖广泛、特色明显的组织体系，成为党和政府联系群众的重要桥梁和纽带，成为促进经济发展、社会和谐的积极力量。作为一种新兴的社会自治力量，在社会组织中开展党建工作也是一个新课题，没有可借鉴的现成经验。在社会组织中开展党建工作，还需要在认识上、理论上、实践中不断破题。为此，从中央到地方、到基层，对此展开了一系列的探索和创新。

（一）加强社会组织党建工作成为我国新时期党建工作的重要内容

我国正处在一个经济社会转型发展的关键时期，社会结构及组织形式发生了巨大变化，社会组织在社会发展中的作用越来越重要，成为我国社会主义经济社会建设中的重要一环，引起了党中央的高度重视。社会组织的党建工作也因此备受关注，党的十六大以来，党中央对新社会组织党建工作提出了明确要求。

2007 年，党的十七大胜利召开。十七大报告指出，要"全面推进农村、企业、城市社区和机关、学校、新社会组织的等基层党组织建设，优化党组织设置，扩大党组织覆盖，创新活动方式，充分发挥基层党组织推动发展、服务群众、凝聚人心、促进社会和谐的作用，以党的基层组织建设带动其他各类基层组织建设"①。

2009 年 9 月 18 日中国共产党第十七届中央委员会第四次全体会议通过了《中共中央关于加强和改进新形势下党的建设若干重大问题的决定》（以下简称《决定》），《决定》明确提出，要"加大在中介机构、协会、学会以及各类新社会组织中建立党组织力度"②。

---

① 党的十七大报告《高举中国特色社会主义伟大旗帜 为夺取全面建设小康社会新胜利而奋斗》。

② 中国共产党第十七届中央委员会第四次全体会议《中共中央关于加强和改进新形势下党的建设若干重大问题的决定》。

2012 年，党的十八大报告对进一步加强社会组织建设与发展进行了论述："要围绕构建中国特色社会主义社会管理体系，加快形成党委领导、政府负责、社会协同、公众参与、法治保障的社会管理体制，加快形成政社分开、权责明确、依法自治的现代社会组织体制，加快形成源头治理、动态管理、应急处置相结合的社会管理机制"。针对社会组织党建工作，十八大报告明确提出"创新基层党建工作，加大非公有制经济组织、社会组织党建工作的力度，以服务群众、做群众工作为主要任务，加强基层服务型党组织建设"。

由此可见，加强社会组织的党建工作，推动社会组织快速发展，已成为我国新时期党建工作的重要内容和必要工作。在社会组织中开展党建工作，是推动经济社会发展、构建和谐社会的客观需要；是巩固中国共产党执政基础、增强党的影响力和凝聚力的需要；也正在成为社会组织自身健康发展、发挥作用的重要途径。

（二）广东省以加强党建工作为保障探索社会组织管理新体制

近年来，广东省领改革开放风气之先，积极探索社会建设和管理创新，大力培育社会组织，在全国率先启动社会组织登记管理制改革，打破双重管理体制，逐步取消行政业务主管部门，充分发挥社会组织主体作用，不断提高社会组织自治能力。目前，广东省已经初步形成了门类齐全、层次不同、覆盖面广泛的组织体系，如何对社会组织进行管理，如何深化开展社会组织的党建工作、加速社会组织转型，成为广东省制定政策和开展工作的一个重点。

2000 年中共广东省委组织部、省民政厅积极响应中央组织部、民政部《关于在社会团体中建立党组织有关问题的通知》文件的精神，对如何顺利开展广东省社会组织党建工作提了几点意见：充分认识加强社会组织党建工作的重要性和紧迫性；根据实际情况，建立健全社会团体党组织；社会团体党组织要全面贯彻执行党章规定的党基层组织的任务等几点意见。这些指导意见的提出，为以后广东省推进社会组织党建工作和加速社会组织转型，提供了理论依据及思想指导。

2006 年初至今，广东省相继出台了《关于发挥行业协会商会作用的决定》、《关于发展和规范我省社会组织的意见》、《广东省民政厅关于异地商会登记管理的暂行办法》、《关于进一步加强社会组织党建工作的意见》等政策文件，其中2008年9月中共广东省委办公厅、广东省人民政府办公厅在《关于发展和规范我省社会组织的意见》中明确指出，"深入贯彻落实党的十七大和省委十届三次全会精神，促进全省社会组织规范、有序、健康发展，充分发挥其在经济社会发展中的重要作用。"并结合广东省的实际情况，提出了相关指导意见，"发展和规范社会组织的重要性；发展和规范社会组织的指导思想和总体目标；积极培育和扶持社会组织发展；规范和改进社会组织监督管理；加强组织领导等。"

2009年3月，广东省委组织部批准成立了广东省社会组织党工委，作为省委派出机构，其日常工作由省民政厅党组管理，党工委办公室设在省民间组织管理局。党工委的主要职责是，领导行业协会及无业务主管单位的社会组织党建工作，指导、协调归属各地民政部门登记管理的社会组织和归属省级相关部门业务对口管理的社会组织党建工作。成立省社会组织党工委在全国是第一家，也是广东省社会组织党建工作的新起点。

对今后如何顺利深入开展社会组织党建及转型工作，广东省政府作了详细的规划、细致的安排，其中包括："加快建立社会组织党工委，进一步理顺社会组织党建管理体制；不断扩大社会组织党组织覆盖面，全面实现应建尽建；选好配强社会组织党组织负责人，帮助他们提高工作能力；积极稳妥地做好在新社会组织中发展党员工作，不断壮大党员队伍；加强党员管理工作，增强党员的光荣感、归属感和责任感；充分发挥党组织的战斗堡垒作用和党员的先锋模范作用，树立良好形象。"

（三）佛山市顺德区以社会体制综合改革试点为契机推动社会组织党建工作创新

2011年，广东省出台了《关于加快推进社会体制改革建设服务型政府的实施意见》等7个加强社会建设的配套文件，并把佛山市顺德区作为广东省社会体制综合改革的试点。

佛山市是广东省最重要的地级市之一，其经济发达，经济环境良好，社会组织门类广泛，涉及社会生活的各个行业。为积极响应党中央及广东省关于社会组织党建工作的指导精神及政策方针，佛山市政府积极行动，把社会组织党建工作融入到社会管理改革，努力探索新思路、新举措。为了加强社会组织党建，推动社会组织转型升级，佛山市政府制定了相关法规政策，并多次下发相关文件，如《关于开展制定社会组织党建标准工作的通知》、《关于加强和改进党建指挥员管理的通知》、《关于建立"六共"机制推进"两新"组织党建群建一体化意见》、《佛山市社会组织党组织工作规则（试行）》、《佛山市社会组织党组织工作规则》等。一系列创新举措使得佛山市实现了有党员的社会组织百分百有党组织覆盖（见表1），党的工作有效地植根于基层群众，服务于社会、服务于人民。

表1　2012年佛山市社会组织发展状况

名　　称	个　　数	名　　称	个　　数
社会组织总数	904 家	党员覆盖率	74.7%
新增社会组织	200 家	党组织覆盖率	74.7%
共有党员	1482 名	共建立党组织	242 个

资料来源：中共佛山市顺德区新经济组织和新社会组织工作委员会。

特别是佛山市顺德区被确定为广东省社会体制综合改革试点区以来，为进一步发挥党组织在社会组织中的功能，引导社会组织在区经济发展中发挥积极的示范带动作用，顺德区围绕社会组织党建工作进行了积极的探索与创新（见表2）。2011年11月顺德区委、区政府发布《关于推进社会体制综合改革加强社会建设的意见》（以下简称《意见》），《意见》对推动该地区的社会综合体制改革进行了总体安排，提出要建立"建立党领导下的协同共治格局"。在这一思想的指导下，顺德区围绕社会组织党建工作进行积极探索，并逐步取得了明显成效。

表2　顺德区2011~2016年社会综合改革规划

2011 年底至 2012 年初	完成社会体制综合改革各项政策和试点方案的制订
2012 年 6 月前	启动社会体制综合改革试点工作
2014 年	建立具有中国特色、国际水平的"小政府、大社会"治理模式雏形
2016 年	健全完善党委领导、政府负责、社会协同、公众参与的社会管理格局

资料来源：杨彦、贺林平等：《广东顺德：政府向社会放权·大部制·小政府大社会》[N]，《人民日报》2012年8月25日。

二　顺德创新社会组织党建模式的具体做法与成效

党在建设中国特色社会主义现代化国家的过程中，发挥着决定性作用，直接引导国家政治及经济走向。正因为此，社会组织党建工作有着极其重要的现实意义。顺德在加强社会建设和社会管理的过程中，高度重视在社会组织中开展党建工作（见表3），并且根据社会组织的"草根"特点，通过实行"建点"、"设线"、"拓面"的有效措施，构建起社会组织党建新模式，成功地解决了社会组织党员覆盖率低、统一开展党活动难的问题，实现了党建大幅度、水平上升。同时，社会组织借助党组织的先进文化，加强了自身制度和文化氛围的建设，增强了凝聚力和战斗力，提升了服务社会的能力。

表3　2012年底顺德区社会组织概况

名称	个数或者概率	名称	个数或者概率
社会组织总数（家）	904	党员总数（名）	1482
新增社会组织（家）	200	党员覆盖率（%）	74.7
社会组织组建党组织（个）	242		

资料来源：广东省民间组织管理局。

（一）"建点"：结合社会综合体制改革建立示范点，发挥社会组织党建示范点的辐射带动作用

近年来，广东顺德区的经济迅速发展（见图1），农业、水产业、工业等发展迅猛，顺德已俨然成为广东的"四小龙"之一。顺的各镇（街道）产业结构均不相同，如乐从镇、龙江镇是以家具行业为主；陈村以花卉产业为主；大良、容桂以制造业为主，北滘镇则以家电制造业为主，与此同时，顺德地区社会组织具有涉及领域广、业务覆盖面宽、工作方式灵活、统一管理偏难等特点。因此，顺德社会组织党工委针对性地物色和培育不同的社会组织党建工作示范点，解决在不同类型的社会组织如何开展党建工作的难题。

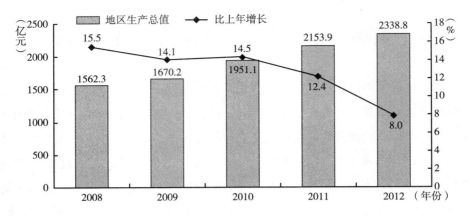

图1　2008~2012年顺德区生产总值及其增长速度

资料来源：佛山市顺德区国民经济和社会发展统计局。

1. 乐从镇："三建立三强化"构建"诚信建设"社会组织党建示范点

乐从镇钢铁贸易协会是乐从镇的一个社会组织，该协会结合其具体业务工作推动党的建设，通过"三建立三强化"的举措，加强认识，强化监督，充分发挥党组织在企业经营诚信建设方面的引领和监督作用，积极引导企业以抓质量、促诚信为核心，全面开展诚信品牌建设，构建"诚信建设"党建工作模式。

第一，建立长效学习制度，强化对"诚信体系"建设的认识和信心。钢协党组织班子自成立以来，在注重加强党建工作者自身建设的同时，也大力加强其下属企业党组织建设工作者的学习，坚持实行定期或不定期学习制度，及时了解和掌握各级有关"诚信体系"建设的工作要求。

第二，建立准入退出机制，强化党组织对"诚信体系"建设的监督。一方面是建立准入制度。在乐从钢铁协会党组织的推动下，协会建立起《协会章程》和《会员准入与退出准则》，要求申请入会的企业必须在劳动、工商、税务等部门具有良好的信用及经营记录，特别是企业在合法经营、劳资关系、产品质量等方面的诚信记录。协会通过参与行业标准制定、发函引正、建立诚信档案和启动行业抱团维权等方式，在1300多家会员企业和众多客户建立了高度的信任，进一步发挥行业协会党组织政治领导的核心作用。另一方面是建立退出制度。对于会员企业或者其负责人出现重大失信事件或在交易过程中发生争议，被法院或协会认定违约或存在过错等严重影响协会声誉、利益的行为，经出席理事会会议过半数成员认为其企业信用难以保证的，则被劝退或被除名。协会党组织在协助协会建立起诚信体系中发挥了很好的监督和助手作用。

第三，建立服务社会的平台，强化企业诚信守法的责任感。乐从镇钢铁贸易协会在开展诚信体系建设中，注重发挥党组织的模范带头作用。积极为企业建立各种服务社会、回馈社会的平台，让企业在不断发展壮大的同时，也牢牢记住回报社会、履行社会责任的历史使命，从而坚定树立起诚信守法的责任感。一是建立诚信互助基金，发动会员企业募捐资金作为基金，对因外部经济影响造成短期资金周转困难的会员企业，经基金委员会对企业平时的诚信度等方面进行综合评估后，给予其短期的借贷，帮助企业渡过难关。二是组织党员开展"诚信论坛"活动。钢协党委组织属下的会员企业党组织，充分发动企业党员围绕"诚实守信"开展大讨论活动，把这一讨论活动纳入会员企业的党员组织生活会。三是成立"志愿服务队"，深入开展各种党员志愿者服务活动，服务群众，传递爱心，成为创建"全国文明城市"的先锋队。通过开展各类公益志愿活动，贡献爱心，积极承担社会责任。

截至2013年初，该协会共吸纳1500多家钢铁企业入会，整个钢铁行业的销售额达700亿元，极大地促进了当地经济社会的发展。

2. 顺德和平外科医院：首创"爱心屋"，探索"爱心接力"党建新模式

顺德和平外科医院是一家非营利性的民办医院，"爱心屋"是顺德和平外科医院党组织为帮助生活困难的病人而开展的一种慈善活动。其初衷是收集本院员工捐赠的衣物、书籍等物资，无偿派发给贫困家庭的孩子。而随着"爱心屋"影响力的扩大，"爱心屋"的爱心也从医院延伸到社会，吸引越来越多的热心市民参与到这一慈善活动中去。

为进一步扩大"爱心屋"这一慈善活动的影响力和影响范围，和平医院党支部积极探索"爱心接力"党建新模式，吸引更多的社会组织参与，构筑一条体现党组织凝聚力、影响力的"爱心接力链路"。通过顺德区委组织部、顺德区伦教街道的牵线，当地的一家德邦物流公司党支部加入了"爱心接力链路"。在具体的工作流程中，和平医院党支部负责物资收集、

专业消毒，德邦物流公司党支部负责物流运输，最终实现了爱心捐赠的一条龙服务。

3. 顺德区通过建立社会组织党建示范点，逐步推进社会组织党建"全辐射"

乐从镇钢铁贸易协会和顺德和平外科医院是顺德区培育的两个社会组织党建示范点，是顺德区在推动社会组织党建工作"建点"上的一个缩影。类似这样的示范点在顺德还有很多，比如，杏坛镇打造了社会组织"服务型"党建工作模式，在全镇范围内实现服务网络的全覆盖；大良君行社会研究及服务中心通过发挥党组织和党员的引领、凝聚和融合等作用，推动社会组织自觉反哺社会、服务群众，不断为夯实党的执政根基作出贡献。总体上来看，顺德区培育的社会组织党建示范点都具有完整的制度机制和创新性的工作模式。同时，通过发挥这些示范点党组织的作用，辐射影响了其他社会组织的党建工作，从而带动了整个地区社会组织党建工作的开展。社会组织党建工作的蓬勃开展，又带动了相关行业的健康发展，促进了地区经济社会的又好又快发展。

（二）"设线"：建立"信息直通线"和纵横交错的"组织线"，实现社会组织党建工作科学化运作

在推动社会组织党建工作的进程中，顺德区发现"效率低、传递慢"是个普遍问题。要解决好这个问题，必须打破传统的社会组织党建工作模式。为此，顺德区着手研发"信息线"，实现各级政府的无缝对接，同时着力完善体制内横向和纵向组织线，达到了区、镇、村（居）三级联建共建，实现党建工作的高效运作。

1. 开通网络化的"信息线"，实现各级政府无缝对接

2012年下半年，顺德在广东省率先研发社会组织党务信息平台这一"信息直通线"，将体制外的社会党组织纳入到体制内，有效破解了社会组织党建"阶梯式"工作模式所带来的"效率低、传递慢"的弊病，实现了中央、省、市、区、镇（街道）与基层社会组织党组织的无缝对接和信息的即时传递。目前，顺德多于90%的社会党组织已安装"信息直通线"，通过"信息直通线"这一平台，党和政府的一些政策方针能够在最短的时间内向各类社会组织传输，有利于社会组织对党建工作有更深入的认识与了解，也为社会组织党建工作的顺利开展提供了有效保障。同时，为基层社会党组织对外交流党建工作、展示各自党建风采、互相学习沟通搭建了综合平台。

2. 建立纵横交错的"组织线"，实现三级联建共建

首先从横向上完善组织架构。顺德区通过完善和健全区社会组织党工委—区属相关职能部门这一横向组织架构的协调沟通机制，包括成员单位职责分工、联席会议、互通信息等制度，建立起"组织部门牵头，职能部门协同参与"的工作格局。在这一工作格局下，各部门实现了互动联合，形成了推动工作的合力。同时，顺德区社会组织党工委与顺德市监局、社会工作部等部门共同建立了社会组织的"三纳入"制度，包括对"登记申报、年检年报、等级评估"等三个方面的规范管理。在登记申报方面，社会组织在登记申报时，就先对社会组织内的党员人数进行排查，然后填好相应的表格上报业务登记部门进行备案。在年检年报、等级评估方面，社会党组织在年检年报和等级评估时，把年度开展党建工作的具体情况报业务主管部门备案，同时，业务主管部门将定期把这些资料和信息反馈给各级的组织部门，各级组织部门再根据掌握的资料和信息有针对性的采取各种办法来开展社会组织的党建工作。顺德区社会组织党工委还与区委政法委共同开展"异地务工人员融入顺德"的课题研究，在三个镇（街道）试行异地务工党员服务中心工作。会同区人力资源社会保障局到各企业共同开展构建和谐劳动关系考评工作，其中党建就作为一个评分的项目，有效促进了企业重视党建、支持党建。

其次在纵向上强化"区－镇（街）－村（居）"组织线。顺德区在各镇（街道）建立社会办、村（居）建立联合党支部的基础上，推动政令的畅通及高效，为社会组织党建工作的顺利开展发挥了主干线的作用。

3. 顺德区通过建立社会组织党建"信息线"与"组织线"，逐步推进社会组织党建"全贯通"

顺德区政府率先开通网络化的"信息线"，建立纵横交错的组织线，构建了三级联建共建的工作布局。通过各级地方政府之间以及社会组织与地方政府

之间的无缝对接，实现了党建信息的"全贯通"。通过条块结合、纵横联动的组织格局，实现了社会组织党建工作组织的"全贯通"。两个"全贯通"，全面提升了社会组织党建工作的运行效率。

（三）"拓面"：建立社会党组织广覆盖的长效机制，保障社会组织更好的发展

在布好"点"、设好"线"的同时，顺德区社会组织党工委注重指导各镇（街道）结合自身实际，总结和积累经验，建立起社会党组织广覆盖的长效机制，实现了社会组织增长及其党组织或党建工作广覆盖的同步推进。

1. 创新管理机制，形成推动社会组织党建工作合力

第一，建立联合职能部门齐抓共管制度。以区社会组织党工委为平台，充分发挥各成员单位作用，建立联合职能部门齐抓共管制度，在对社会组织进行业务指导的同时，鼓励条件成熟的社会组织成立党组织。如镇（街道）联合经济促进局、教育局社会工作局、人卫药监局等社会组织的业务主管部门，充分发挥业务主管部门和社会组织密切关系的作用，一并下到条件成熟的企业和有关社会组织中去，做通"业主"的思想教育工作，鼓励条件成熟的企业或社会组织尽快成立党组织，共同抓好社会党组织的组建工作。

第二，建立镇（街道）书记分片分区责任制度。建立以镇（街道）书记为"第一责任人"，各党委委员按照分片分区的原则划分好"责任田"并完成上级布置的任务的镇（街道）书记分片分区责任制度。如龙江镇党委由书记挂帅，各党委委员按照各自分管的领域，以分片包干的形式，抓好辖区内社会党组织的组建工作。

第三，建立"业务主管部门抓源头、组织部门抓组建"制度。即按照社会组织的特点，以工商联、妇联、社会工作部等行业主管单位作为牵头部门，建立"业务主管部门抓源头、组织部门抓组建"制度。业务主管部门定期摸底排查、掌握刚成立社会组织的相关情况，帮助条件成熟的社会组织及时成立党的基层组织；组织部门则对零散、小微企业，则采取联合组建等举措，进行先组建后巩固的措施。

2. 建立孵化机制，夯实社会组织党建的群众基础

针对社会组织的"草根"特点，顺德区以激活社会组织的"群众化"基因为切入点，通过重点孵化、平台孵化、集中孵化三种孵化方式，从源头上夯实社会组织党建基础。

一是通过重点孵化，培育党组织示范点。顺德区行业广、社会组织种类多，基层百姓参与性强。因此区委按社会组织类别分别物色一两个重点孵化对象，选派优秀党建工作者对其进行有针对性的指导和提升，协助其成功孵化党组织，使其成为同类社会组织开展党建工作的示范点。这就是前文所述的"建点"的做法。

二是通过平台孵化，通过成熟的社会组织党组织去孵化其他党组织、团组织。顺德区根据社会组织党组织覆盖难、党员流动性强等特点，探索出通过成功孵化的党组织平台再去孵化其他社会组织的党组织和团组织的方法。如通过挑选党建工作基础扎实、综合条件成熟、具备孵化功能的杏坛镇社会服务综合中心党支部和龙江镇总商会党总支作为"孵化平台"，去开展党建活动和团组织活动，对进驻的社会组织进行党建文化的熏陶和启蒙，并安排党建指导员对符合条件的社会组织讲授党务基本知识，协助做好党组织的组建工作。并且对成功孵化出团组织的"孵化平台"，也做好跟踪考察工作，及时将优秀的团员骨干发展成党员，实现党建带动团建共同发展。

三是通过集中孵化，建立社区孵化工作站，解决社会组织独立组建党组织可能出现的"党员人数少、活动开展难"等问题。由社区（村）党组织牵头，召集辖区内社会组织的党员，以社区（村）为单位进行"集中孵化"，解决社会组织独立组建党组织可能出现的"党员人数少、活动开展难"等问题。如集中孵化的容桂街道的东风社区党总支，定期召集辖区内的伍威权庇护工场、鹏星和星宇等社工机构党员，参加社区党总支的"三会一课"、党建交流等活动对零散入党积极分子进行孵化。通过"集中孵化"，增强社会组织与社区（村）的交流互动，促进社会组织了解社群需求、增强服务理念、转变服务方式，激活其"群众化"基因。

3. 建立激励机制，保障社会组织党建工作高效运行

第一，对孵化党组织的社会组织进行经济扶持。区党委给予每个孵化党组

织的社会组织3000元的经费标准启动经费；每个孵化的党组织如果成为区党建示范点，则按每年10000元的经费标准进行划拨；成为省级、市级示范点的孵化的党组织，则分别一次性拨付4万元、3万元的扶持资金。

第二，提高党建工作者的福利待遇。为了改变党建工作者的办公环境，由区党委拨款对当前的办公场所进行了重新装修，每个党建指导员配备办公电话，实行集中办公、统一管理。与此同时，定期组织党建指导员参加技能培训、召开经验交流座谈会、到外单位参观交流等活动，以提高党建指导员的素质，增强工作的政治责任感和使命感，充分发挥区党建指导员在社会组织摸底排查、孵化、组建、指导、帮扶等方面的积极作用。并对表现优秀、成绩突出的指导员进行表彰奖励。

4. 顺德区通过管理、孵化、激励三措并举的机制，逐步推进社会组织党建"全覆盖"

顺德区在推动社会组织党建工作方面，从"建点"入手，从"设线"破题，根本目的还是"拓面"，也就是提高社会组织党建覆盖率。在这方面，顺德区采取了完善管理机制、创新孵化方式与实施激励政策等"三措并举"的做法。首先，创新建立联合职能部门齐抓共管制、分片分区责任制、"业务主管部门抓源头、组织部门抓组建"的工作制度等三项管理机制，使得对社会组织党建工作的管理不留空白；其次，顺德区通过重点孵化、平台孵化、社区孵化"三孵化"模式，积极引导、鼓励社会组织及其成员参加党的各项活动，逐步实现社会组织与党建工作的同步成长。2013年以来，顺德区共孵化社会组织244家，建立党组织83家，开展活动1185次，服务群众111755人次。顺德区还将进一步完善和提升"孵化式"党建模式，建立"孵化平台"党团组织工作标准、后续监督帮扶机制等配套制度，并在全区推广应用。同时，积极探索将"草根型"、"临时性"社会组织纳入"孵化式"党建工作的范畴，进一步夯实社会组织党建工作的基础。最后，制定了对孵化党组织的社会组织的经济扶持、提高党建工作者福利待遇的两项激励机制，保障了社会组织党建工作运行的有效性和党建工作者的积极性。通过这三方面的创新和努力，形成了推动社会组织党建工作的长效机制，从而实现了社会组织党建的"全覆盖"。

三 顺德创新党建模式推动社会组织发展的可借鉴性分析

顺德区在推进社会组织党建工作过程中，创造性地提出"建点、设线、拓面"的社会组织党建新模式，不但提高了社会组织的党建覆盖率，同时积极引领社会党组织回馈社会、反哺地方，推动了地方经济的快速发展，为构建新型和谐社会提供了强有力的保障，实现了物质文明建设与精神文明建设的高度协调发展。顺德区社会组织党建工作的开展，为如何推动社会组织的发展提出了新思路和新理念，也提供了很多宝贵的实践经验，值得其他地区借鉴。

（一）推动社会组织党建工作需要思想引导与制度保障

在社会组织中开展党建工作，需要在思想上加以引导，在制度上给予保障。只有在思想上统一了认识，才能打开社会组织党建的局面；只有在制度上给予了保障，才能真正推动社会组织党建工作顺利展开。

在思想引导方面，顺德区既有"得天独厚"的改革条件，又有主动探索的工作基础。一方面，顺德区作为广东省社会体制综合改革试点区，近年来对推动社会组织发展方面给予高度重视，这种"重视"表现为社会共识、理论共识和决策共识已经形成，并外化为推动社会组织发展的良好氛围。因此，在社会组织党建工作开展方面的阻力较小、进展顺利。另一方面，顺德区在推动社会组织党建工作中，不管是"建点"还是"设线"、"拓面"，不管是"重点孵化"还是"平台孵化"、"集中孵化"，在整个工作推动的各个环节上，都能主动运用工作方法，加以思想引导，使"加强党的建设是推动社会组织良性发展的重要途径"这一认识深入人心、植根社会。

在制度保障方面，顺德区进行了大刀阔斧的改革。顺德区首先从市、区、镇（街）三个层面上，在顺德党委的统一领导下，健全了社会组织的管理机构，强化了相关部门的职责，并以"分工负责、整体推进"为指导思想，形成了党委统一领导，相关负责部门各负其责、密切协作、多措并举的社会组织党建工作新格局。在上级党组织带动社会组织的党建工作全面深入开展的同

时，顺德夯实基层党委组建工作，创新性地探索了社会组织党建工作的扁平化管理模式，实现了党务信息迅速传递，同时增强了基层党组织开展工作的自我约束、管理、创新的能力和水平，激发基层的向心力和创造力。

（二）推动社会组织党建工作需要资金支持与设施保障

当前在社会组织中推动党建工作，面临的一个最大问题就是缺乏资金和设施的保障。顺德区客观地认识到这个问题，并从制度层面上加以解决，使各类社会组织开展党建工作没有后顾之忧。

一方面，顺德区强化各级党委部门责任意识，加大财政投入力度。把社会组织党建的经费纳入每年的财政预算内，并为各级社会组织党建的工作示范点建设安排专项财政经费，同时，对社会组织的党建工作者给予适当的补贴。

另一方面，顺德区把设施建设作为推动社会组织党建工作的一项重要保障。尤其是注重抓好党务活动场所的建设，首先是依托现有党员活动中心（如各街道、社区、村委会等的党员活动中心），为社会组织开展活动提供场地；其次是在条件成熟的社会组织里投资建设专门的党员活动中心，由基层党委负责统筹管理，实现各项资源充分利用、共享优势互补，解决社会组织党员活动场地不固定、缺乏等问题。

（三）推动社会组织党建工作需要服务先行与队伍保障

当前社会组织的发展还处于起步阶段，在这个阶段最需要的是政府的服务与引导。顺德区的一条成功经验就是，在党建工作的推进过程中"服务先行，加以扶持"，而不是等着社会组织壮大了以后，再去开展党建工作。在各种服务中，尤其重要的是加强社会组织的党建队伍建设，解决社会组织发展的"人才瓶颈"。

顺德区委针对不同社会组织的特点，制定了与其适应的"个性化"服务方案，使党建工作者找准社会组织的党建工作与不同社会组织发展的状况相结合点的方法，从而推动社会组织的党建与社会组织的日常工作同步进行。同时，在社会组织党建工作的推进过程中非常注重与走群众路线，通过为党员服务凝聚力量，通过开展挂牌上岗、服务承诺、党员示范岗等服务方式，使党员在党建工作中发挥骨干的作用，在为人民全心全意服务上取得实际的成效，从而凝聚了人心。这种"双向服务"实现了社会组织的业务与服务群众的效果双提高的目标。

在为社会组织提供服务方面，顺德区找准了当前社会组织"人才缺乏"这一瓶颈，区委采取多种方式推进党组织组建，选派优秀党员加强社会组织党建队伍。在大力推进社会组织党组织组建工作方面，根据社会组织的业务分类、党员分布等不同情况，采取"内建"、"外联"等方式，保证在从业人员中有正式党员3人以上的社会组织社中及时建立党的组织。在党建队伍建设方面，向未建立党组织的社会组织选派党建工作指导员。加强选派党建工作指导员的制度建设，明确工作职责，强化教育培训，增加选派的范围和次数，延长选派工作的时间，切实帮助社会组织做好培养入党积极分子和发展党员工作。

总之，顺德区通过社会组织党建工作顺利开展，实现了社会组织的良性发展，其根源在于党的先进性和正确政策的指引，在于地方政府的创新型政策和适当举措。顺德区的先进经验为各地正在加速开展的社会组织党建工作提供了有益的借鉴。

四 从顺德创新实践引发的关于推动社会组织党建工作的几点思考

加强社会组织的党建工作，已经成为当前党建工作的一项重要任务。怎样完成好这项任务，既需要顺德这样的先行探索，也需要在认识和理论层面上加以深入研究和思考。

（一）要进一步明确社会组织党建工作的功能定位

社会组织是一个新生事物，在社会组织开展党建工作是一个新课题。首先需要进一步明确党组织在社会组织发展中的功能定位。牢固确立党组织的政治核心地位，是我国改革发展实践得出的一条宝贵经验，社会组织如何运用这条经验，需要不断探索。从顺德的实践看，一方面，要以社会组织的生产经营发展作为出发点开展党建工作，使党组织和党员队伍的凝聚力、战斗力、影响力转化为社会组织的核心，使党建工作始终与社会组织发展同向同步，只有促进社会组织的健康发展，党建工作才更有生命力；另一方面，党组织在社会组织中要主动作为，主动服务，全力协调和支持社会组织依法活动，同时，要不断创新载体，探索方法，在发挥党组织作用方面进一步努力。

（二）要进一步理清社会组织党组织的隶属关系

相对于其他类型的党组织，目前社会组织的党组织隶属关系比较复杂，有隶属于业务主管单位党组织的，有属于属地党组织的，有属于行业党组织的，等等。为了解决好社会组织党建工作条块分割、多头管理、运行不畅的问题，必须在理顺社会组织党组织隶属关系上进行探索。

（三）要进一步探索面向党员、面向社会的开放型党建模式

开放性是社会组织的基本属性。社会组织要探索开放型党建新模式，顺德组建科技化、信息化的网络工作平台，就是在这方面的一项重要探索。通过互联网等新媒体开展多种形式的网络教育、网上党建经验交流、组织各种党务、文娱活动等工作，解决社会组织的党员集中难、流动性大、联系不便等不利因素。同时，发挥党组织自身的政治优势，使这种开放式的党建模式成为党的群众工作的有效载体。

（四）要进一步建立一套符合社会组织发展实际的党组织工作制度体系

结合社会组织的实际，与时俱进地建立健全一套实用、有效的党组织工作制度，是当前推动社会组织党建工作的一项重要任务。要通过落实党组织工作制度，真正在社会组织中发挥党组织和党员的作用。完善党组织工作制度是一项体系性工作，可以从以下方面着手，比如，社会组织党建工作的责任制度、

联席会议制度以及党员领导干部联系点制度、党员权利保障制度、经费保障制度等。

参考文献

刘嘉麟：《试点社会组织党建"三孵化"》[N]，《南方日报》2013 年 7 月 13 日。

王秋波：《我国社会组织发展的现状、问题及对策》[N]，《学习时报》2011 年 4 月 25 日。

连玉明：《中国社会管理创新报告 No.1》[M]，社会科学文献出版社，2012。

严瑾：《以党建促社会组织发展》[N]，《佛山日报》2013 年 5 月 3 日。

B.24

世纪金源集团：44 亿元善款成就
转型期中国公益慈善之奇迹

摘　要：

　　慈善事业是一项长期稳定的社会事业，是社会建设的重要领域，是公民社会建设的重要力量，是精神文明建设的重要载体，在推动民生改善、完善社会组织体系、传承精神文明方面，发挥着不可替代的作用。世纪金源是我国现代慈善事业的先行者和积极参与者，凭借着坚定的信念和对慈善的执著，实现企业慈善的跨越式发展，22 年连续捐赠 44 亿元，创造了中国公益慈善的奇迹。世纪金源在现代公益慈善道路上不断探索，对社会转型时期的中国慈善事业的持续健康发展提供了有益借鉴和深刻启示。

关键词：

　　社会建设　社会和谐　公益慈善　世纪金源集团

　　慈善事业是一项长期稳定的社会事业，与创新社会管理息息相关，是社会建设的重要领域，与构建社会主义核心价值体系息息相关，是精神文明建设的重要载体，在凝聚社会共识、传承精神文明方面，发挥着不可替代的作用。然而中国的慈善事业还处于起步阶段，慈善理念、发展环境和社会救助能力虽有一定的改善和提高，但现存公益慈善体制下的组织低效、管理混乱、监管缺失、企业基金会发展水土不服等深层次问题也暴露出来。特别是 2011 年郭美美事件引发的一连串慈善透明问责引发了慈善事业的震荡，对慈善组织的质疑与不信任对公众的捐赠热情产生了一定影响。面对这场信任危机和行业生态灾难，中国公益慈善体制改革释放出积极信号，党的十八大报告强调"支持发展慈善事业"。中国的慈善之路该怎么走？世纪金源集团作为中国现代慈善事业的先行者和积极参与者，在持续 22 年的公益慈善历程中，默默而坚定地前行，探索出了一条本土化的中国慈善现代化之路，为中国慈善事业的持续健康发展提供了有益借鉴和深刻启示。

一　中国公益慈善事业承载的使命和发展概况

（一）公益慈善事业是国家社会保障体系的重要组成部分

党的十八大报告指出"慈善事业是社会保障体系的重要组成部分，是一项长期稳定的社会事业"。这与党的十七大首次将慈善事业列入工作报告，称慈善事业是"加快完善社会保障体系的补充"相比，把慈善事业摆在社会事业的更加重要位置，既体现了慈善事业发展的重要性，也指明了慈善事业发展的基本方向。加快发展慈善事业，有助于实现社会的公平和正义，有助于维护社会的稳定与和谐。

通常来说，公益慈善行为是社会的第三次分配机制。第一次分配主要是市场调节；第二次分配主要是政府调节；第三次分配则是出于自愿。当前，初次分配不合理、再次分配缺少公平，第三次分配格局没有形成，使得我国社会分配矛盾日渐突出。作为自觉自愿的一种捐赠，第三次分配可以发挥市场调节和政府调节无法替代的作用。

慈善捐助是现代慈善事业的动力之源，也是社会经济发展和文明建设成果的具体呈现。近几年来，我国慈善事业进入了一个快速发展的时期，《2011 年度中国慈善捐助报告》指出，2006 年我国民政系统接收的款物捐赠总量为 127.1 亿元，2007 年全国接受国内外社会各界款物捐赠总量为 309 亿元；2008 年达到 1070 亿元历史高点；2009 年，全国款物捐赠总量为 630 亿元；2010 年再度突破 1000 亿元，达到 1032 亿元；2011 年捐赠总量为 845 亿元。其间的捐赠总额虽然有起有落，但总体来看，呈现出波浪式稳步增长的趋势；6 年间我国年均捐赠收入超过 668 亿元，平均年增长率达 62.71%。报告称，2011 年 845 亿元的捐赠总额，占同年 GDP 的 0.18%，按总人口计算，人均捐款 62.7 元。其中，货币及有价证券捐赠 686 亿元，占 81%；捐赠物资折价 159 亿元，占 19%。另据有关数据显示：2012 年的捐赠总额为 700 亿元。

（二）公益慈善事业是公民社会建设的重要推动力量

慈善组织是最主要的社会组织，正逐渐成为推动公民社会建设的重要力量。企业家是慈善捐赠的主体力量，也是家族基金会、企业基金会等社会组织发展的主导力量。随着社会管理改革的深化和企业社会责任意识的提高，企业不再是一个单纯的经济实体，而成为一个被人格化的"企业公民"。慈善已经成为影响企业精神的价值取向，走向慈善之路，已成为越来越多企业家的目标和共识。为此，中国企业家群体在延续传统的捐赠方式之余，纷纷探寻更加专业化的慈善捐赠方式，如家族基金会、企业基金会、股权捐赠等。截至2011年底，非公募基金会总数已经达到1373家，超过了公募基金会的数量。越来越多的非公募基金会成为推进慈善事业发展、建设健康慈善生态环境的重要力量。

《2011年度中国慈善捐助报告》指出，截至2011年底，全国共有社会组织46.2万个，比2010年增长3.7%，吸纳社会各类人员就业599.3万人，形成固定资产1885.0亿元，社会组织增加值为660.0亿元。社会组织中，共有社会团体25.5万个，其中红十字会系统有98289个基层组织，比2010年增长3.4%；全国各级慈善会1782个，比2010年增长9.5%。民办非企业单位20.4万个，比2010年增长3.1%。基金会2614个，比2010年增加414个，增长18.8%，其中：公募基金会1218个，非公募基金会1370个，境外基金代表机构26个。民政部登记的基金会183个。公募基金会和非公募基金会共接收社会各界捐赠219.7亿元[①]。

（三）公益慈善事业是社会核心价值体系的重要实现手段

公益慈善事业是社会进步的新动力，也是社会主义精神文明建设的推动力。加快发展公益慈善事业，有助于提高公民社会责任意识、营造良好社会风气、增强民族凝聚力。能否发展好慈善事业，关乎社会文明进步。慈善是社会核心价值体系建设的重要组成部分，建设慈善文化，弘扬慈善精神正是发展公益慈善事业的价值所在。

---

① 中民慈善捐助信息中心发布的《2011年度中国慈善捐助报告》。

慈善是公民参与公益、帮助弱者的渴望、完善自身道德的内在要求，体现了一种社会文化。其核心价值理念是爱和责任。爱是慈善的原动力、引擎和核心。这种爱超越道德和责任，是仁爱、兼爱、恒爱，更是一种大爱、博爱。慈善是一种道义责任和社会责任，是发自内心的爱的表达和真情的流露，是自觉自愿的行为。正是这种爱和责任，使爱心得以延展和深化，从感性的行为上升为理性的行动，从而营造"人人为慈善，慈善为人人"的社会氛围，形成全社会的共同追求的价值理想和共同遵守的行为准则。

据《2011 年度中国慈善捐助报告》有关数据显示，企业仍然是中国捐赠的主力，个人捐赠比重呈现逐年上升的趋势。根据中民慈善捐助信息中心的监测及统计发现，2011 年度我国超过亿元的大额捐赠有 41 笔，捐赠总量达 126.81 亿元，约占 2011 年度全国捐赠总量的 15.00%（见表 1、表 2）。个人捐赠方面，年度捐赠过亿元的共计有 9 人，捐赠总额达 58.60 亿元，约占 2011 年捐赠总量的 6.93%。其中福耀玻璃工业集团曹德旺位居个人捐赠榜首，捐赠总额达 36.38 亿元，北京中坤投资的黄怒波、恒大集团许家印、世纪金源集团的黄如论的捐款均在 2.50 亿元以上。

表 1　2007~2011 年境内企业和个人捐赠情况

类型	2007 年	2008 年	2009 年	2010 年	2011 年
境内企业捐赠总额(亿元)	191	388	357	598	436
占境内捐赠比重(%)	86	46	65	66	58
个人捐赠总额(亿元)	32	458	154	296	267
占全国捐赠比重(%)	10.36	54	24.44	28.68	31.62

资料来源：中民慈善捐助信息中心发布的《2011 年度中国慈善捐助报告》。

表 2　2011 年度个人和企业过亿元捐赠统计

捐赠个人和企业		数量(个)	金额(亿元)	全年占比(%)
个　人		9	58.60	6.93
企业	国　企	11	32.73	3.87
	民　企	16	26.92	3.19
	外资及港台	5	8.56	1.01
合　计		41	126.81	15.00

资料来源：中民慈善捐助信息中心发布的《2011 年度中国慈善捐助报告》。

二 世纪金源集团公益慈善之路的积极 探索和创新实践

世纪金源集团是旅菲爱国华侨、著名实业家、慈善家黄如论于 1991 年 3 月创办的综合性跨行业国际集团。该企业以"好企业，做好人，育好人，办好事，有好报"为企业信仰，拥有"房地产开发、星级大饭店、大型购物中心、金融资本运营、物业管理、核桃油生产"六大支柱产业，共有员工两万名。目前在中国大陆已投资 2048 亿元人民币，开发各类商品房 7000 万平方米，缴纳各项税费已达 170.33 亿元人民币。该企业属下拥有 9 个区域集团，3 个行业集团，其中包括 70 多家子公司，14 家五星级大饭店，6 家 Shopping Mall，投资足迹遍及福建、北京、重庆、云南、湖南、贵州、安徽、上海、江西、陕西、江苏、浙江，以及中国香港、菲律宾等海内外各地。与此同时，该企业推进金融资本运营发展，在银行、证券、保险等金融领域，逐步形成多元投资与稳健发展格局。世纪金源集团以"服务当地人民、繁荣地方经济"为己任，在投资发展的过程中成功探索出城市综合体运营模式，大大促进了地方经济发展和城市繁荣。

在世纪金源的创业历程中，始终贯穿两条主线：发展和慈善。无论经营顺逆与市场起伏，两条线索从未中断，在企业快速发展的同时，慈善捐赠屡创新高。凭借对社会发展作出的杰出贡献，世纪金源集团迄今获得各项荣誉近 300 项。在国家税务总局指导的纳税评比中，世纪金源集团自 2004 年起连续三年名列"中国行业纳税百强"前三甲；八度荣登"中国企业 500 强"；连续八年荣登"中国服务业企业排行榜"。集团董事局主席黄如论先生 22 年来热心公益慈善事业，共捐资人民币 44 亿元，连续七年获得"中华慈善奖"，六次荣登"中国慈善排行榜"榜首，作为杰出的企业家和慈善家，多次受到党和国家领导人习近平、李克强等亲切接见。

（一）成就中国首善——22 年持续捐赠 44 亿元

世纪金源集团 22 年的创业发展史，也是一部公益慈善史。1992 年以来，捐赠的步子从来没有间断过。据不完全统计，截至 2013 年 8 月，累计捐款 44.00 亿元，捐赠次数超过 310 笔，平均每笔捐赠约 1419.4 万元。在最初福建创业期间，即 1992～2002 年，企业捐赠总额约为 1.41 亿元。而在 2003 年至 2013 年 8 月，企业的公益慈善捐赠屡创新高，每年的捐赠均超过亿元，捐赠总额约为 42.60 亿元，是前 11 年总额的 30 倍。捐赠最少的一年为 2004 年，捐赠额约为 1.1 亿元；最多的一年是 2010 年，捐赠额为 10.92 亿元（见表3）。此外千万级的 48 笔，百万级的 142 笔，不足十万元的 27 笔。据了解，企业成立以来的第一笔捐款为黄如论 1992 年向家乡连江县马鼻中心小学捐赠 3 万元的助学款，单笔捐款最高的一笔为 2010 年捐建福建省科技新馆的 6 亿元。

表 3　世纪金源集团历年慈善捐赠额

单位：万元

年份	金额	年份	金额
1992～2002	14060.2	2008	27393.3
2003	25528	2009	98848.53
2004	10795	2010	109176.29
2005	15705.95	2011	14096.2
2006	19038	2012	47393.43
2007	11069	2013（1～8 月）	46928.6

注：1992 至 2013 年 8 月间，累计捐赠 440032.2 万元。
资料来源：根据世纪金源集团提供的相关资料整理。

1. 捐助方向多元化，教育领域最受关注

从资金捐助方向看，主要用于助学、敬老、扶贫、医疗、救灾、文化、科技、环保、公益活动等用途。包括教育、文化体育、公益、助老扶贫、医疗卫生、赈灾和环保七大领域（见图1），基本形成多元化的捐赠流向格局。其中教育是黄如论最关注的领域，2003 年～2013 年 8 月用于教育的捐助为 19.61 亿元，占捐款总额的 46%，覆盖大学、中学、小学，用于校区建设、教育基金、设立奖学金以及支持教育工作等。特别是黄如论捐建了两所四年制本科大学——分别是位于福州的福建江夏学院和位于郑州的中原文化艺术学院。福建江夏学院新校区从 2003 年开始捐建，首次捐资 1.8 亿元用于一期工程，此后又相继捐资 2.8 亿元，总计捐款 4.6 亿元建设新校区。2010 年受河南省政府邀请，捐资 3 亿元建设河南第一所文化艺术类本科院校——中原文化艺术学院，小区占地 980 亩，计划 3 年内完成基本建设。这两个地方，一个是黄如论的家乡，一个是黄姓发源地，共同见证了黄如论力援教育的崇高情怀和传承黄氏文化的家族理念。

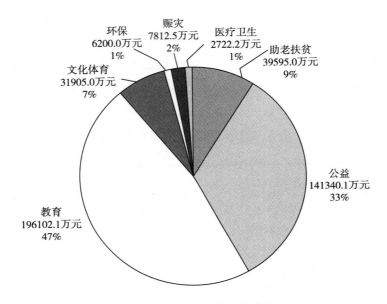

图 1　世纪金源集团慈善捐赠方向

资料来源：根据世纪金源集团提供的相关资料整理。

此外，黄如论还十分关注扶贫和孤老救助事业，力所能及地支持地方民政和救助基础设施建设，设立形式多样的孤儿抚养基金和贫困老人救助金，参与地方扶贫工作，至今帮助了数千名孤儿和生活困难的老人，被媒体誉为"中国慈善第一人"。

2. 受助地域范围广，家乡福建受益最多

福建人自古就有敢拼会赢、爱国爱乡、乐善好施的地域文化和人文精神，家乡福建作为黄如论打拼事业的起点，自然也成为回报最多的地方。黄如论的公益慈善捐助地覆盖了大半个中国，包括福建、云南、山东、北京、新疆、吉林、内蒙古、河南、安徽、重庆、贵州、甘肃等共 20 个省市自治区。从 2003

至 2013 年 8 月的捐助情况看，有 7 个省市的捐赠收入过亿元，总捐赠收入约为 39.22 亿元，（见图 2）。其中捐助金额最多的是福建，累计捐赠 15.86 亿元，占 7 个省份总比的 40.44%，捐赠笔数 100 余笔。基本涵盖政府及有关部门、人民团体；基金会、红十字会、慈善会等社会组织；事业单位以及困难学生和群众。

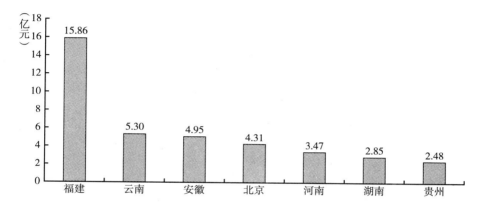

图 2　2003 年 1 月至 2013 年 8 月捐赠收入过亿元的 7 个省市

资料来源：根据世纪金源集团提供相关资料整理。

福州语作为一种方言历史久远，但并没有一首完整的福州语歌曲流传至今，黄如论觉得传承推广福州语势在必行，便于 2006 年慷慨捐资 1300 万元，启动了福州语歌曲的创作、征集活动，并提笔撰写了《关于创作福州语歌曲的倡议书》，到 2007 年底，福州市人民政府和黄如论先生领导的世纪金源集团联合主办了《世界福州人之夜——福州语歌曲大型晚会》。2012 年，第二届福州语歌曲评选举行，黄如论先生再度慷慨捐资 600 万元，资助活动顺利举行。

3. 受捐主体全覆盖，设立个人非公募基金会

接受捐赠主体一般是劝募主体，通常情况下是经过授权的组织法人，特殊情况下也包括自然人。捐赠资金注入哪些主体，一定程度上能够反映一个国家的捐赠环境，以及各个劝募主体的劝募资金能力。在我国现行政策法律中，县级以上人民政府，基金会、社会团体、民办非企业单位等社会组织，人民团体、群体团体，公益性事业单位，是法定的接受捐赠主体。从黄如论捐赠资金的受捐主体看，全部覆盖到上述主体单位。其中最主要的受捐主体包括地方政府和社会组织。在面向地方政府的捐赠中，世纪金源实业所及的省市几乎无一例外地获得过捐赠。而对社会组织的捐赠中，基金会、慈善总会占有主要份额。其中，黄如论捐资设立大型个人非公募慈善基金——福建江夏慈善基金会，用以帮助患病的贫困弱势群体。该基金于2005年捐资1亿元设立，原名福建省江夏百姓医疗救助基金会，2009年更名为福建江夏慈善基金会，黄如论担任理事长。此外，黄如论捐资福建省江夏黄氏源流研究会，支持江夏黄氏源流和江夏黄氏文化的研究工作，亲自担任会长。

（二）彰显慈善精神——公益慈善的探索与实践

黄如论以"慈生我心，善行天下"为座右铭，纵观其慈善历程，既有"一掷万金，扬中华千年盛世遗风"的大气豪迈，又不乏现代公共管理思想的灵活运用，更彰显儒家兼济天下的仁者情怀。黄如论是江夏云楼黄榦后人，作为著名理学家朱熹大弟子，黄榦传承和发扬了"济世"思想，在新时代，深受家族"济世"思想影响的黄如论赋予它全新的内涵。黄如论回国创业以来，投身于改革开放的大潮之中，以兴企报国为己任，为民生盖房，将大型购物中心带入中国，塑造中国式饭店运营理念，为投资地经济与社会发展作出重要贡献。与此同时，他将济世观念化入企业信仰与经营理念之中，使企业价值观与儒家、易学思想一脉传承，亦浸润着慈悲为怀的佛家胸襟，形成既富有传统文化精华又能体现现代企业管理思想的企业理念，有机融合了员工个人愿景、企业发展目标与企业社会责任，为世纪金源的可持续发展注入用之不竭的源源动力。

1. 公益慈善与企业文化相结合，把慈善理念渗透到员工关爱当中

有什么样的老板，就有什么样的企业文化。从世纪金源成立的那一天起，黄如论就把自己的价值观与企业的发展融合起来，形成了如今的企业文化和独特的价值体系（见图3）。"好企业、做好人、育好人、办好事、有好报"是黄如论的价值追求；"不哄人、不诈人、不骗人、不欺人、不坑人、不害人"是黄氏家风倡导的做人品质，因此自然成为企业价值理念的一部分。黄如论用他的做人做事理念把世纪金源人格化了，世纪金源成为黄如论的价值表达。在这种价值观指导下，世纪金源把员工关爱工作当作企业管理的重点任务之一，无论从衣食住行还是职业发展，都体现了人性化关爱，使员工在关爱中实现个人价值。与此同时，金源人积极参与到对社会发育和建设有意义的公益活动中去。

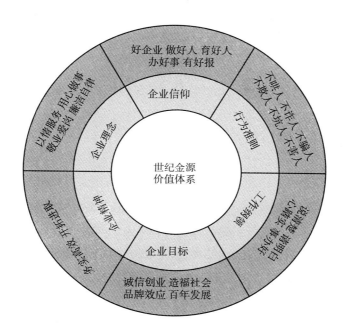

图 3   世纪金源独特的价值体系

尽一己之力帮助他人，发挥企业资源优势服务社会，是金源人回报社会、奉献爱心的方式，也是世纪金源社会责任的现实映像。据不完全统计，近年来，世纪金源下属各公司在服务所在地经济发展的同时，向社会捐资超过 49.47 万元，用于各项公益慈善事业。与此同时，各公司积极参与社会服务，根据所在地区相关单位的邀请，提供有组织的义务劳动 3292 人次。企业内广大干部员工各尽所能，或捐资帮助贫困学子，或帮助受灾群众缓解燃眉之急，为各类公益慈善事业捐资 22.5 万元。当内部同仁遇到困难，广大干部员工都纷纷伸出援手，帮助困难同仁渡过难关，近年来企业内部捐助总额达 25.9571 万元。以上只是冰山一角，折射出金源人致力公益的源源热情，体现一家民营企业的干部员工积极参与公益慈善事业的一份执著，慈善的正能量得以彰显。

2. 公益慈善与企业发展相结合，把慈善理念上升到企业战略当中

企业的慈善行为往往出于三种目的：政府劝捐，完成公共义务；出于商业利益，开展公益宣传；自觉履行企业社会责任，进行战略性捐赠。很多企业的慈善公益活动之所以未能释放企业活力，被人们诟病，往往要么是把企业与社会对立起来看待，要么只是追求"眼球效应"，却未能将企业慈善公益活动与自身的商业战略和需求有机结合起来。世纪金源以"服务当地人民、繁荣地方经济"为其责任目标。与此相呼应，黄如论对地方教育、赈灾、助老等社会公益事业和活动做出长期承诺，受到地方政府、百姓的欢迎，从而树立了企业在社会上的良好形象，形成了企业软实力。在开展慈善活动的同时有助于促进企业目标的实现，保证了企业从事慈善行为的可持续性和更深广的社会意义。在现实环境下，企业的公益慈善活动中，国有企业往往以纯粹的公共利益诉求出现，民营企业的慈善往往透露出商业的影子，世纪金源则更倾向于站在责任战略的高度，追求慈善目标和企业发展目标的一致性。

3. 公益慈善与社会需求相结合，把慈善理念融入社会建设当中

公益慈善的价值在于满足社会需求，从公益慈善的视角看，企业眼中最大的社会需求就是政府、社会、公众利益与的统一。政府最大型的需求就是改善民生，造福社会，让公益慈善在健全社会保障体系中、在建设社会核心价值体系中、在推动公民社会建设中真正发挥应有的作用。世纪金源以房地产开发、星级大饭店、大型购物中心为核心业务，对地方政府来讲，是城市建设和经济发展的重要内容；对社会来讲，是社会服务水平和城市品质的象征；对公众而言，是居住环境和生活品质的提升。因此，世纪金源投资项目的十余个省市中，往往采用的是慈善问道，教育先行，将慈善行动融入到社会建设和发展过程中。这种大慈善理念使企业和政府的关系变得简单，使慈善变得更透明、更实在、更加可持续，真正体现慈善的意义和价值，慈善效应不断放大。这种模式为富人慈善提供了借鉴。

（三）成为慈善坐标——公益慈善实践的特点和效果

回顾世纪金源的慈善捐赠之路，几乎就是中国慈善事业发展的缩影，无论教育作为最吸引捐赠的领域，还是福建作为捐助流向最多的省市，无论是捐助方式，还是成立个人基金会，都与中国慈善事业的发展特征保持惊人的一致性，成为中国慈善事业的风向标。与此同时，世纪金源在慈善捐赠实践中立足自身优势，体现自己特点，取得了良好的效果和示范作用，成为中国慈善事业发展中的一个坐标，在公益捐赠领域具有标志性意义。

1. 做长久的慈善，做宽慈善领域

慈善是一项长久的社会事业，只有持久地做，才能做出一片天地。慈善不能靠一阵子的热情，而需要一辈子的坚持。黄如论回国 22 年来，捐赠历程与投资历程几乎等长，资助领域、受助区域广泛，覆盖面越来越宽，影响面越来越大，迈出的每一步都很坚定，踩下的每一脚都那么坚实。22 年的时光中，每一年都没间断过，他捐出 44 亿元这样一个天文数字，相当于每年捐赠 2 亿元，每天捐出 54.8 万元；捐赠次数超过 310 笔，相当于每年捐赠 14 笔，平均每笔捐赠约 1400 万元。连续捐助是世纪金源公益慈善行动的最大特色。黄如论的第一笔捐助就是 1992 年向家乡连江县马鼻中心小学的捐助，20 年来从未间断，至今已捐款 43 万元。再如 2010 年 4 月捐资 3000 万元成立"内蒙古希望工程·黄如论爱心基金"，该基金是内蒙古希望工程收到的最大一笔捐赠，用于援建希望小学、希望工程多媒体设备、资助家庭困难学生、乡村教师培训等希望工程救助项目。截至 2012 年 4 月，捐建 17 所希望小学、改善办学条件 29 所、资助义务教育阶段寄宿制学生 7519 名、资助家庭困难学生 2408 名、培训 600 名乡村教师，覆盖内蒙古自治区 12 个盟市、98 个旗县、1000 多个乡镇、200 余所学校，受益师生 45000 余人。此外，自 2006 年起，连续 4 年捐赠中国人民大学国学院，每年 200 万元，合计 800 万元；自 2003 年起，连续 7 年捐资中国职工发展基金会，每年 300 万元，合计 2100 万元……这种坚持，不仅使得慈善项目更好地持续，更主要的是让慈善理念深入人心。

2. 做实在的慈善，做好慈善品牌

空谈误国，实干兴邦，做慈善更是这个道理。做慈善需要理论研究、需要宣传慈善文化，更需要实实在在的行动。黄如论做人做事一贯很低调，脚踏实地，求真务实是他的真性情。22 年来，在他的运筹中，不乏大项目、大手笔、大动作，可是很少通过媒体刻意进行报道，负面报道更是少之又少。在新媒体、自媒体时代，在慈善领域、在富人圈内、在房地产界，这都是少有的现象。人们已经习惯于这样认识黄如论：遇到严重自然灾害时义勇当先。每当遭遇自然灾害时，黄如论得知后总是尽己所能，慷慨捐赠：在重庆，他捐资近千万元用于抗旱抗涝；在福建，他多次捐赠数百万元用于抗击台风；2003 年抗击"非典"过程中，他第一时间捐款 1400 万元，成为当时北京市最大一笔社会捐助；5·12 汶川地震中，他慷慨捐出 1320 万元支援灾区；在 2010 年西南五省特大旱灾期间，黄如论捐赠 1000 万元用于帮助抗旱打井，为灾区人民打通水源生命线。在发展教育上、大笔行善。国民教育往往需要大笔资金，当黄如论受到地方政府邀请时，总是在力所能及的范围内无私捐赠，大笔行善：2009 年，他捐资 4 亿元兴建合肥市第四十八中学南校区、合肥师范学院附属小学东校区；2010 年，捐赠 3 亿元兴建中原文化艺术学院，捐资 6 亿元兴建福建省科技馆新馆，2012 年，在福建省科技新馆的开工仪式上，黄如论当场表示，再捐 3 亿元。每一次大额捐赠，对地方教育、科技、文化事业的发展都是一次巨大的推动，具有广泛而深远的社会影响力。黄如论和世纪金源已经成为慈善的代名词，成为中国慈善事业中响当当的品牌。

3. 做创新的慈善，做实慈善效益

慈善也要与时俱进。中国慈善联合会 2013 年 4 月 19 日成立时的慈善宣言中这样倡议："要做创新的慈善——勇立社会建设和制度创新的时代潮头，适应新的技术革命，借鉴国内外先进经验，积极探索，大胆创新，走出一条具有中国特色的慈善之路。"黄如论对慈善的创新主要体现在成立个人基金会和"造血式慈善"上。在以传统的"支票簿"式捐助和社会组织捐赠外，黄如论不仅成立个人私募基金会救济弱势群体，而且积极探索扶贫新模式，变"输血式慈善"为"造血式慈善"，大大提高了慈善效益。2008 年，国内房地产市场受经济危机影响表现低迷，世纪金源集团投资的项目销售受阻，企业资金周转极为紧张。在这种情况下，黄如论依然积极响应云南省领导的号召，在"必须保护环境"和"必须帮助老百姓脱贫致富"的双重考量中，向云南省一次性捐赠 1.816 亿元，支持当地的公益事业和新农村建设。在这笔巨款中，其中除了传统的助学、养老之外，还包括了扶贫项目。2007 年 5 月，从未涉足过农业产业领域的黄如论决定在临沧投资核桃及农产品加工大型企业，在云县投资成立云南智汇源食品有限公司，并积极推广使用循环经济模式。为解决过渡期的农民生计问题，世纪金源一次就捐资 700 万元，在临沧建了 3 座养老院，给入院的老人每人每年 3600 元，一直赡养 8 年；为解决贫困生就学，资助临沧师专 300 名大学生，每人每年 2000 元，一直供应 3 年，等等。在推广"林＋草（或茶、粮）＋畜＋沼气"的循环模式时，世纪金源一次捐资 4680 万元，在临翔区、云县、凤庆分别建设了万亩标准化核桃基地。不仅如此，还免费出资为当地人购进 2000 头肉牛作为循环经济模式的重要配套。几年下来，伴随着核桃油产业成为世纪金源的核心产业，临沧的农村也发生了天翻地覆的变化，农产品附加值大幅提高，推动临沧迈出脱贫致富的坚实一步。2009 年，世纪金源在山东以相似形式捐出的 6000 万元善款，为受助地区经济与社会发展提供了力所能及的支援。从授人以"鱼"到授人以"渔"，根本性地提升捐助的有效性和长效性，提高了慈善效益。

三　世纪金源公益慈善实践对发展中国
公益慈善事业的启示

当前，中国慈善事业处于由传统慈善向现代慈善转型的时期，在政府主导公益慈善组织的现状下，在慈善事业的发展环境亟待改善的情况下，在官僚作风和商业思维的惯性下，树立正确的慈善观，解决好政府、商业、媒体、社会组织、公众的关切，谋求公益慈善的可持续发展显得尤为重要。实业家黄如论用实际行动准确地阐述了一个纯粹的慈善家的精神品质，为财富阶层树立了慈善榜样。

（一）准确理解公益慈善的本质，确定公益慈善的正确导向

慈善的本质是付出，不图回报，真正的慈善不需要宣传，更不需要炒作，这才是慈善的正确导向。有些企业家往往用做企业的思维去做慈善，认为把商业慈善化就是做慈善，甚至披着慈善的外衣做商业。借慈善之名"作秀"、"宣传"乃至"诈捐"的现象确有存在，慈善腐败时有发生，这不仅破坏了慈善事业的社会公信力，也影响了公众对于慈善公益事业的热情。企业为社会创造财富，富人的财富终究要用于社会。黄如论对慈善的理解是那样的朴实：

"这辈子赚的钱，下一代都花不完，既然如此，那就多做点慈善吧，帮助那些真正需要帮助的人。"因此，我们就容易理解世纪金源的事业愈做愈大、愈做愈好的原因了。

（二）全面把握社会责任的内涵，以公益慈善提升企业社会责任品质

企业是社会的产物，企业发展的一切动力都来源于社会。企业社会责任已成为公民社会衡量企业社会价值的标准。通常对企业的社会责任评价主要包括善待股东、善待员工、善待客户、善待合作伙伴、善待环境与资源和善待社会六个方面。与此相对应，企业社会责任行为主要表现为：公司治理和道德价值、员工权益保护、消费者权益保护、供应链伙伴关系、环境保护和社会公益事业。其中，前四项是基于企业生态链内部，后两项则是面向外部社会。内部责任中，企业往往忽略对员工的责任，在外部的责任中，对环境的责任做得不够。世纪金源的实践告诉我们，履行社会责任企业必须同时肩负起六大责任。特别是在善待员工方面，已经不仅仅停留在员工权益保护上，而是深入到方方面面的员工关爱之中，世纪金源的公益慈善事业已不仅仅是黄如论一个人的事，而成为全体金源人的共同责任。

（三）深刻认识社会价值的精髓，营造慈善精神塑造核心价值的社会共识

慈善是塑造社会核心价值体系的重要实现途径。慈善应是人人具备的一种精神，公益慈善文化应成为全民族的基本修养。加强公益慈善事业建设的最终目的是在全社会营造公益慈善文化。企业既是法人主体，也是公民主体，更是慈善主体，提高企业慈善事业的参与度对于造福地方百姓和维护社会公平，对于核心价值理念塑造和良好社会环境营造有着现实的意义。特别是知名企业的社会公益行动，其意义不仅仅在于为社会捐赠了多少善款、筹集了多少物资、发挥了多少社会保障的作用，更为重要的是可以在推动公民社会建设的同时，创造出培育公民社会健康发展的土壤——慈善社会共识，推动社会主义精神文明良性发展。

参考文献

孟志强、彭建梅、刘佑平：《2011 年度中国慈善捐助报告》［M］，中国社会出版社，2011。

阳光：《从巴菲特的"鸿门宴"透视我们该如何做慈善》［EB/OL］，http：//tech. ifenj. com，2010 年 9 月 29 日。

王朝柱：《我心目中的黄如论》［M］，中国青年出版社，2009 年 9 月。

陈先义：《临沧的绿色之路》［N］，《人民日报》2010 年 10 月 30 日。

俞可平：《中国公民社会研究的若干问题》［J］，《中央党校学报》2007 年第 6 期。

北京模式篇

Beijing Model

B.25
北京社会建设：新定位中
探索新思路和新模式

摘　要：

　　社会建设是一项长期、系统的工程。作为首都的北京，政治、经济活动频繁，常住、流动人口众多，信息交会集散，转型发展迅速，城市基层管理上出现了很多新的变化。对此，北京市积极探索构建具有时代特征、中国特色、首都特点的社会建设新格局，在社会建设规划纲要等文件指导下，通过构建"1＋4＋X"的政策体系框架、社会组织"枢纽型"工作体系，打造"一刻钟便民服务圈"、城乡社区服务一体化等举措，基本形成了覆盖全市的社会服务管理体系，有效推动北京走向良好的社会治理状态，为建立首善之区奠定了重要的基础。

关键词：

　　北京　首善之区　社会建设

一　北京社会建设的定位、问题及路径

（一）北京社会建设的定位

从首善之区，到"人文北京、科技北京、绿色北京"，再到建设国际性大

都市，伴随北京社会经济的快速发展，北京的社会结构也基本完成了从传统社会向现代社会的转型。2012年北京市GDP增速7.7%，人均GDP13797美元，达到中等发达国家水平，国际化、信息化、人才化的城市发展特点更加明晰。这就决定了北京社会建设和管理要面对的情况将更加复杂多变。这是现阶段北京社会建设的经济基础和社会背景，推进符合首都实际的首都社会建设也必须立足于此。

（二）北京社会建设的主要问题

当前，北京的社会建设正面临着众多难题，人口与资源、环境之间的矛盾日益凸显，流动人口、社会公共安全管理、信息网络管理等日益艰巨复杂化。可以预见，当前和今后一段时期，未来北京社会建设仍然会面临一些难以预知的风险和挑战，这些社会建设中的突出矛盾，既是北京城市发展阶段性体现，也是我国经济社会发展进程中的集中反映，作为国家政治文化中心的北京，这些是更应重视并迫切需要解决的重点难点问题。

（三）北京社会建设的基本路径

解决现阶段社会建设的突出难题没有固定的模式可遵循，也没有现成的解法可直接套用。衡量社会建设的成效，关键标准是能否破解社会管理难题，解决多少重大民生问题，社会和谐度、群众满意度是否明显提高。从目前来看，北京市各级政府不断强化社会建设职能，鼓励和吸纳社会组织参与社会治理，逐步形成惠及全民的基本公共服务体系，社会建设服务理念逐渐深入人心。北京作为首都、作为全国政治文化中心，新形势下的社会建设，还应进一步从全局高度出发，调动政府、市场、社会等不同层面的力量，统筹解决所存在的重点问题，推动城市走向良好的治理状态。

二　立足和谐首善之区建设，北京全面提升社会建设水平

近年来，北京积极探索和努力构建具有时代特征和首都特点的社会

建设管理新格局。在北京市社会建设规划纲要等文件规划指导下，"折子工程"民生服务、社会组织"枢纽型"工作体系创建、社会工作专业化服务等举措的不断完善，覆盖全市的社会服务管理体系得到增强和优化。

（一）创新工作体制：加快形成整体设计、政策保障的工作体系

推进管理体制创新，加快形成纵向到底、横向到边的工作网络。2007年底，北京市设立市委社会工委、市社会办，2008年初成立由市委书记、市长亲自担任组长、第一副组长的市社会建设工作领导小组。随后，在各区县成立相应机构，在各街道（乡镇）成立社会工作党委。确认北京市总工会、团市委、市妇联等10个市级人民团体为首批"枢纽型"社会组织，并建立相应的工作协调机制。成立北京市社会建设专家顾问组，先后与清华大学、中国人民大学、首都师范大学、中国青年政治学院、北京师范大学、北京工业大学和北京市社会科学院等7个单位合作共建社会建设研究基地，搭建社会建设决策咨询、重大理论和现实问题研究平台。建立健全统筹协调长效机制，制定北京市社会建设指标体系和"折子工程"，加强工作督查力度，确保各项任务落到实处。另外，北京市在非公有制企业中完善党组织建设，全市的商务楼宇中正在探索建立社会工作站、党建工作站、工青妇工作站等党务管理服务平台。从而初步形成了在北京市委市政府领导下，市社会建设工作领导小组及其办公室综合协调、有关部门各负其责、社会广泛参与的工作体制和纵向到底（社区、村）、横向到边（"两新"组织）的工作网络。

加强社会建设，离不开政策体系的有力支撑。北京市从体制机制建设入手，搭建社会建设政策体系框架，努力促进社会建设工作制度化、规范化。从2008年北京市社会建设大会上推出《北京市加强社会建设实施纲要》等"1＋4"文件，到2009年研究制定与"1＋4"配套的"X"系列文件，再到2011年制订《北京市"十二五"时期社会建设规划纲要》（见表1），北京市社会建设整体设计、统筹协调、政策保障、全面推进的工作局面初步形成。

表 1　"1 + 4 + X"的政策体系框架

1 + 4	《北京市加强社会建设实施纲要》 《关于进一步加强和改进社会领域党建工作的意见》 《关于加快推进社会组织改革与发展的意见》 《北京市社区管理办法(试行)》 《北京市社区工作者管理办法(试行)》
X	《关于进一步加强和改进志愿者工作的意见》 《关于推进社区规范化建设试点工作的实施方案》 《关于 2009 年度选聘高校毕业生到社区工作的实施方案》 《关于构建市级"枢纽型"社会组织工作体系的暂行办法》 《关于认定第一批市级"枢纽型"社会组织的通知》 《关于加强和改进市级社会组织设立工作的实施办法(试行)》 《关于开展社会领域党建试点工作的意见》 《关于建立健全全市社会建设工作统筹协调机制的实施意见(试行)》

注："1 + 4"配套的"X"系列文件建立和完善了志愿服务、"枢纽型"社会组织构建、社区规范化建设、社会组织设立审批、大学生到社区、社会领域党建等政策措施，从完善政策层面推动重点领域改革，推进北京市社会建设深入发展。

资料来源：根据互联网资料整理。

2011 年 6 月，北京在全国率先出台关于社会管理创新的省一级地方性文件——《北京市关于加强和创新社会管理全面推进社会建设的若干意见》。《意见》确定了"十二五"时期北京市社会建设的发展具体目标，包括"基本公共服务水平居全国前列并达到中等发达国家水平、五年内提供 100 万套保障性住房、城乡居民年均收入增长 8% 等"。

（二）完善社会服务：加快形成城乡一体、全面覆盖的基本公共服务体系

保障和改善民生的过程，实质上是政府不断强化和改进公共服务职能的过程。近年来，北京市在广度、深度、可及性和均衡性等方面着力加强公共服务建设，基本公共服务均等化取得重大突破。北京市通过在全国率先实现养老、医疗保险制度城乡全覆盖、实施社保卡制度等，推进社会基本公共服务城乡一体化、各类人群服务全覆盖；通过滚动开展社区建设规范化试点、社区基本公共服务全覆盖试点、一刻钟便民服务圈试点，推进城乡社区服务一体化、覆盖各类人群的基本公共服务体系不断完善。

1. "折子工程"落实民生服务

近年来，北京市通过采取"折子工程"的办法，为群众办了一大批重要实事，解决了一批群众普遍关心的问题。在 2007 年北京市十次党代会上，提出要进一步关注民生、保障民生、改善民生，着力解决就业、教育、医疗、交通、住房、环境等六大民生问题。2007 年底，提出解决民生问题要努力实现"五无"目标（即无零就业家庭、无城镇危房户、无重大重复上访户、无社会救助盲点、无拖欠工资问题），确立了民生保障的底线并在以后的工作中得到动态落实。制定实施了促进居民收入增长的意见，提出了促进就业、建立工资正常增长机制等一揽子计划，这在北京发展历史上属首次。2011 年，为解决因为物价上涨对群众的影响，两次调整城乡低保待遇标准（见图 1），退休职工待遇、最低工资、失业保险金平均分别上涨 10.8%、20.8%、21.9%，共增加财政和社保基金支出 60 多亿元，惠及 310 余万名群众。

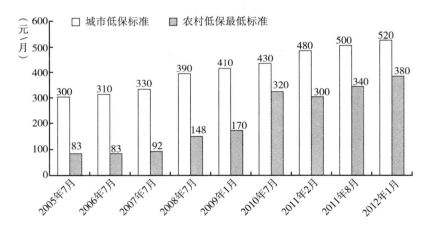

图 1　城乡低保标准 7 年 8 次上调

注：2005 年以来北京市共 8 次提高城乡低保标准，目前北京市城市低保标准为家庭月人均 520 元，郊区县农村低保标准为家庭月人均 380 ~ 520 元不等。通过连续调整，农村低保标准逐步接近城市低保标准，差距从 2005 年的近 3 倍缩小到目前的 1.4 倍。"十二五"末，北京市将力争实现全市统一城乡低保标准。

资料来源：根据民政部关于低保标准的相关资料整理。

2. "四步走"战略推进社区服务管理创新

近年来，北京市实施"四步走"战略，重点推动社区服务管理建设。通过 2008 年"三有一化"社区规范化建设试点，2009 年实施社区基本公共服务全覆盖，2010 年"一刻钟社区服务圈"建设，2011 年东城区、西城区、顺义区等网格化社会服务管理试点等建设，北京市社区服务管理得到全面提升。

"三有一化"抓规范。自开展社区规范化建设以来，北京市加大资金投入，着力改善社区办公和服务环境，培训建立由专业化、职业化的高素质社区工作者队伍新型社区服务站，目前已基本解决了社区"有人办事、有钱办事、有地方办事"的问题，城市基层党建区域化工作也迈上新台阶，为社区服务管理打下坚实基础。从 2009 年开始，北京市、区加大推进力度，先后投入 60 多亿元，将"社区办公和服务用房要达到 350 平方米左右"作为社区规范化建设工作的一项硬指标，多途径、多思路解决社区办公用房难题。目前，北京市 2772 个社区中已有 71% 达到用房标准。

"1060 工程"查漏补缺。了解和解决群众所需、所盼是社会服务的重要抓手，北京市通过梳理出社区最急迫、居民最关心的 10 大类 60 项社区公共服务项目，按照"缺什么补什么"的原则，全面推进居家养老、托幼早教、家庭医生、安全保障、文体活动等政府公共服务项目，2012 年底实现了对全市社区的基本公共服务全覆盖。其中"1060 工程"建设中与北京市 30 多个委办局合作，在解决社区公共服务难题上起到了重要作用。

打造"一刻钟社区服务圈"。从 2010 年开始，市委、市政府把推进"一刻钟社区服务圈"建设作为服务居民、造福居民的民生工程，连续三年将其纳入为群众拟办的重要实事内容。2011 年，在总结基层实践经验基础上，市社会建设工作领导小组办公室出台了《关于推进"一刻钟社区服务圈"建设工作的意见》，根据《北京市社区基本公共服务指导目录》，进一步明确了服务圈的社区服务内容体系和服务设施标准。预计到"十二五"末，北京市将初步建立起覆盖社区个体成员、服务主体多元、服务功能完善、服务质量和管理水平较高的新型社区服务体系，"一刻钟社区服务圈"覆盖到 60% 以上的城市社区，使社区基本公共服务更加全面平等地惠及全市城乡居民，让广大居民生活得更方便、更舒心、更幸福。

（三）创新社会管理：借助网格化社会服务管理模式，推进城市服务管理精细化

近年来，随着特大城市快速发展与城市管理水平的矛盾日益突出，北京市逐步明确了以网格化管理为切入点，实现城市管理精细化的重要任务。东城区、朝阳区、西城区积极探索网格化社会服务管理模式，推动形成多元主体共同治理社会的格局。

1. 网格化探索形成经验，但精细化服务还有待走向常态化

北京市在城市精细化管理探索方面走在全国前列，比较有代表性的是东城区、朝阳区和西城区（见表2）。东城区2004年首创了"全国闻名"的万米单元网格的城市管理模式，2013年开始实行"大城管"体制，推动城市管理综合执法向城区管理领域全面延伸。朝阳区的"全模式"涵盖城区服务管理领域各项工作，构建无缝隙化的社会服务管理体系，打造出服务管理、监督制约一体化的精细化管理模式。西城区的"全响应"模式通过搭建社会协同的平台、扩大公众参与渠道，各类主体积极响应社会需求，信息互通共享，行动协同联动，建立合作信任，推动形成多元主体共同治理社会的工作格局。这些探索在实践中都取得了很好的效果，但是从全市来看，这些探索还处于基层创新的阶段，还没有在网格化的基础上形成全市统筹实施城市精细化管理的服务格局。

表2　东城区、朝阳区、西城区城市精细化管理模式比较

类别	东城区"网格化"	朝阳区"全模式"	西城区"全响应"
组织体系	建立城市管理监督中心和城市管理指挥中心，将监督职能和管理职能分开，各司其职、各负其责	整合街(乡)城市管理指挥中心、综治维稳中心功能的基础上，建立区、街(乡)两级社会服务管理中心，负责全区和街(乡)两级社会服务管理的指挥调度、组织协调、监督评价	推动三级互联，区级层面，建立全响应社会服务管理指挥中枢；在街道层面，建立全响应社会服务管理指挥中心；在社区层面，逐步推广应用PDA(移动智能终端)和楼门院长管理系统等技术
任务划分	以10000平方米为基本单位，将东城区划分成10个街道、137个社区、1593个网格单元，由城市管理监督员对所分管的万米单元实施全时段监控	以355个社区和154个村的行政区域为基础，将全区470.8平方公里划分为509个管理网格，把人、地、事、物、组织全部纳入网格进行管理	整合了80多个市区街业务系统316个台账以及社区所有数据，梳理了4000多项数据项，梳理和分析了2.6亿条数据

类别	东城区"网格化"	朝阳区"全模式"	西城区"全响应"
管理内容	以"人、地、物、事、情、组织和房"为核心的 7 大类、32 小类、170 项信息、2043 项指标的基础信息数据库	包含应急管理、城市管理、综治维稳、安全生产、社会事业、社会保障、社会服务、经济动态、法律司法、党建工作 10 大模块，共有 79 个大类、439 个小类	实现三个功能：一是搭建服务管理一体化平台。整合人、地、事、物、组织等基础信息。二是完善三级联动服务系统。整合 91 项街道公共服务大厅办理事项、71 项社区办理事项、区街联办、同区通办事项和三级社情民意咨询服务。三是联通垂直管理系统。整合民政、计生、流管、劳动保障等各职能部门专项工作信息化系统
管理流程	包括信息收集、信息登记与核实、任务立案、任务分配与处理、核实结果和综合评价六个阶段	包括信息报送、受理立案、任务派遣、任务处置、处置反馈、核查结案、监督评价等步骤	实现了信息采集、问题受理、处置流程、考核评价的标准化

资料来源：根据互联网资料整理。

2. 通过产业发展和功能区建设规划引导流动人口合理有序流动

2012 年《北京市统计公报》显示，北京市常住人口 2012 年底已经超过 2000 万人，常住外来人口 773.8 万人，占比为 37.4%，另外尚有数以百万计、居住不满半年的流动人口没有计算在内。对此，北京市结合流动人口和出租房屋的不同特点，立足社会管理创新，总结推广多种服务管理模式，取得明显成效。

以房屋管人，变后置管理为前置服务。流动人口来到城市，首先要解决租房问题，而出租房租客流动性大、等级不完备等因素，容易成为治安案件多发、影响平安稳定的薄弱环节。在大兴区黄村镇桂村，全村的出租房屋实现统一登记造册，不符合安全标准的房屋不能外租。在中介服务站的台账里，村里的出租屋、每个企业都有相关档案，记录房屋状况、出租人及租房人信息等。为了调动基层积极性，大兴区还通过"以补促管"、"以奖促管"等多种政策，将人口管理与村干部的奖励考核、村民福利分红相挂钩，极大地调动和增强了当地居民的家园意识和社会责任感。

以产业引人，流动人口结构发生变化。伴随着产业的转型升级，北京市的流动人口结构也在逐渐发生变化。最新统计数据显示，流动人口中劳动适龄人员占流动人口总量的 92% , 而青壮年群体就占到 78.6% 。因此, 北京市立足于人口结构现状和城市功能定位、资源环境条件等因素, 积极把产业发展和功能区建设规划作为引导流动人口合理有序流动的根本出路, 加强流动人口的培训工作, 使之能够适应相关产业发展需求。正是得益于此, 顺义区"十一五"期间, 主要经济指标年均增长 25% 以上, 而人口总量年均增幅则保持在 4% 左右, 一定程度上避免了区域人口的无序增长①。

(四)激发社会活力: 加快形成政社分开、依法自治的社会组织和社会工作体制

社会组织是社会建设的重要力量, 是维护社会和谐运行的有效载体。北京市通过构建社会组织"枢纽型"工作体系, 着力创新社会组织管理体制和工作机制。通过试行政府购买社会组织服务、建立社会组织孵化"一中心、多基地"(见图 2)、开展社会组织"公益行"活动等, 积极支持社会组织发展。2013 年 7 月, 北京拟引进社会资本 1300 亿元, 推动轨道交通、城市道路、综合交通枢纽、污水处理、固废处置、镇域供热等六大领域建设, 激发社会建设的活力与效率。另外, 北京后奥运时代的志愿服务带动城市文明得到大幅提升, 并通过志愿服务的国际间交流推动志愿服务国际化发展。

1. "枢纽型"社会组织服务管理的"北京模式"

在我国, "枢纽型"社会组织是一个新事物, 是社会转型背景下对"群团组织"的深化改革, 也是重构"政府—社会"关系的一项尝试。2009 年, 北京市认定了第一批包括市总工会、团市委、市妇联等 10 家市级"枢纽型"社会组织; 2010 年又认定了市工商联、市律师协会等 12 家单位; 2011 年底认定了包括市对外友协、市民间组织国际交流协会等 5 家单位。此时, 27 家市级"枢纽型"社会组织的服务管理共覆盖到全市 85% 以上的社会组织, 另外, 区县级"枢纽型"社会组织达到 174 家。截至 2012 年底, 已经有 24000 多家各类民间组织与市级、区级"枢纽型"社会组织建立了联系。② 此外, "枢纽

---

① 《北京加强和创新流动人口管理服务深化社保一体化》[N],《人民日报》2013 年 5 月 29 日。
② 《枢纽型: 社会组织服务管理的"北京模式"》[N],《北京日报》2012 年 9 月 19 日。

2010年，北京市社会建设工作办公室创立北京市社会组织孵化中心

该中心委托北京恩派公益组织发展中心（NPI）进行日常管理，并为全市社会组织提供专业服务的综合示范基地

·中心具有社会组织孵化、公益创意设计、能力建设、管理咨询、资源对接、交流展示、公共服务产品交易等系列配套功能

旨在：
·搭建政府、企业、社会组织之间交流、合作、分离、发展的平台
·树立一批创新型、示范性的社会组织和社会公共服务项目品牌、样板
·打造国内领先的社会组织创新支持体系
·为社会组织发展提供"集约化"服务，打造促进社会组织可持续发展的专业支撑体系

图2　北京市社会组织孵化中心

资料来源：闪伟强、彭宏：《购买服务　购出社会组织新活力》［J］，《紫光阁——北京社会服务管理创新增刊》2013年1月。

型"社会组织积极探索"3＋1"党建工作模式，即通过在"枢纽型"社会组织中建立党建工作委员会、成立社会组织联合党组织、设立或明确相关工作部门和建立健全社会组织党建工作例会制度，不断扩大社会组织党组织和党的工作的覆盖面。

政府购买社会组织服务成为了"枢纽型"社会组织管理体系的重要抓手和载体，成为了社会组织有序参与社会服务管理创新的重要平台。目前，已经出台了《北京市市级社会建设专项资金管理办法（试行）》，对专项资金的使用和投入方向进行规范，形成了以社会需求为导向、以改善民生为重点的项目申报、评审、立项、公示、评估、监管、验收的制度体系。据统计，2011年参与申报项目社会组织共计748个，申报项目1065项，而2012年，共有1521家社会组织参与申报项目，申报项目数达到1654项。2013年，北京市财政安排8000万元购买由社会组织提供的500个公共服务项目，项目总数在往年300项的基础上增加200项，旨在鼓励和支持更多的社会组织通过项目申报参与社会服务。此外，2013年7月，北京市发展改革委出台《关于引进社会资本推动市政基础设施领域建设试点项目实施方案》，是北京市相关领域历次改革中

力度最大的一次。

另外，近年来北京市按照"专业化、职业化"的工作目标，不断加大社工队伍建设。社会工作人才队伍建设取得了长足发展。到2012年底，北京市共有各类社会工作从业人员30余万人，其中仅社区工作者就有29000人，有7505人获得了助理社会工作师、社会工作师职业资格证书。全市已建成40家社会工作事务所，在为老、助残、心理疏导等方面，取得良好的社会效益。

2. 志愿者：后奥运时代继承转化带动城市文明大幅提升

2008年奥运会期间，北京组织170万名奥运志愿者为赛会服务、城市运行、社会稳定提供全方位保障，向世界展示了蓬勃向上的精神风貌和首都开放自信的城市形象。国庆60周年期间，北京市共动员8大类、95万名志愿者，提供服务时间总计超过8000万小时，服务保障群众游行、联欢晚会、同庆游园等重大活动。进入"后奥运"阶段，北京推动志愿服务的重点放在了长效机制的建设上，在志愿者的组织、招募、管理、培训等一系列环节上，形成了一套行之有效的北京模式。同时，孕育了一种"志愿文化"，成为"北京精神"的重要组成部分，带动了首都城市文明的大幅提升。

（五）加强社会领域党建：扩大党组织覆盖面，促进区域经济与社会建设同步发展

为充分发挥党组织在社会领域的政治核心作用，近年来北京在全市各街道乡镇建立了社会工作党委，社区党建区域化格局已初步形成。在"枢纽型"社会组织启动了社会组织党建工作委员会、社会组织联合党组织、社会工作部三项机制建设，社会组织党建"枢纽型"社会组织管理体制初步建立。以商务楼宇工作站为载体，进一步扩大了党组织的覆盖面，积极探索非公企业党建新模式。

1. "五站合一"创新商务楼宇服务新模式

当前，北京商务楼宇已经成为人才、资源、信息的主要集中点。近年来，北京市针对商务楼宇人员组织流动性大的特点，以商务楼宇党建为突破口，将党建工作、行政事务、社会管理三项职能有机融合，探索商务楼宇工作站建设。

商务楼宇工作站集社会工作站、党建工作站、工会工作站、共青团工作站、妇联工作站于一体，"五站合一"主动服务管理商务楼宇内的"两新"组织和个人。通过建立商务楼宇工作站，党组织在部分商务楼宇得到了建立，同时，政府的公共服务也相应延伸到了这些商楼宇之内，从而促进区域管理与社会经济同步发展。到2012年9月底，北京市1249座商务楼宇之中建成了1162个工作站，服务管理覆盖了楼宇内6.9万家商户、83.3万名就业人员、4.3万名党员①。

2. 非公企业党建带动企业创先争优

近年来，本着"抓好党建促发展，加快发展强党建"的工作思路，在非公企业成为北京市经济发展新的增长点的同时，非工企业党建工作同步加强，助力企业发展。

"两个覆盖"为党员安家。为破解"业主不愿建、企业不会建、新建党组织不规范、党员身份不明确"等一系列难题，按照不断扩大党组织和党的工作覆盖面、不断创新方式方法的基本要求和抓点、带面、补空白的工作思路，注重加强和创新非公企业党建工作收到良好效果。抓点，就是抓住规模以上非公企业这个重点，通过区县社会工委、开发区党委、园区管委会党委等搞好"两个覆盖"。带面，就是依托街道（乡镇）社会工作党委及社区党委，实现社会领域党建工作区域化。补空白，就是为破解规模以下企业党建工作覆盖难的问题，在商务楼宇建立党建工作站，填补服务管理空白。通过在非公企业中开展"培育发展党员，亮明党员身份，寻找'隐性党员'，寻找党员'闪光点'"活动，"口袋党员"、"隐性党员"纷纷回归党组织，纳入党组织管理教育，参加组织生活，提高了非公党组织党建工作水平。

截至2011年底，全市共有非公有制企业121945家，其中规模以上非公企业6335家，建立基层党组织8815个，规模以上组织覆盖达到99%。创先争优活动开展以来，全市共发展非公企业党员2797名，其中发展出资人党员107人。

"两支队伍"为企业助力。近年来，北京市着力抓好党组织书记和党建工

---

① 《"两新"组织服务管理的"北京营盘"》［N］，《北京日报》2012年9月25日。

作指导员"两支队伍"建设，从"培、选、联"入手，确保非公党建工作"有位"、"有为"、"有味"；着重抓好党建方面工作指导员队伍建设，先后向非公企业选派党建工作指导员7000余名；加强对企业的服务管理，市委社会工委直接联系80余家非公企业党组织。2009年以来，市级层面培训党务干部1100余名。各区县举办培训班50余次，培训专职党务干部12500余名。共培育出了1000余个"双强六好"党组织优秀示范点、50个党建工作创新项目、100余名市级非公企业优秀党员。

据统计，全市非公有制企业在创先争优活动中，党员为企业提合理化建议41604个，开展技术革新项目12168个，企业为群众和社会做好事、实事74624件，完成急难险重任务10976件，企业党组织和党员在增强党的工作的影响力、实效性的同时，促进了企业科学发展（见图3）。

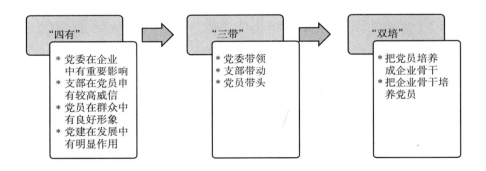

图3　地雅集团党委开展"四有三带双培"主题活动创先争优

资料来源：闪伟强、彭宏：《"红色引擎"助推非公企业茁壮成长》[J]，《紫光阁——北京社会服务管理创新增刊》，2013年1月。

三　开创北京社会建设新局面的思考

社会建设是一项长期、系统的工程，作为首都的北京，政治、经济活动频繁，常住、流动人口众多，信息交会集散，转型发展迅速，城市建设和管理上不断出现新的领域，这就需要在改善民生和创新服务管理的社会建设中，勇于探索新思路、新模式，在巩固成果的基础上取得新突破。

（一）开创北京社会建设新局面，必须进一步推进社会体制改革，通过社会建设推动政府转型

十八大报告指出，加强社会建设"必须保障和改善民生，""必须加快推进社会体制改革"。近年来，北京以改善民生和建立制度体系为重点的社会建设得到加强。但是，由于北京的特殊性，社会需求结构的深刻变化，影响城市和谐稳定的因素仍大量存在。因此，建设首都和谐首善之区还需要进一步深化社会体制改革，加快推进社会管理体制、基本公共服务体系、社会组织体制和社会管理体制的形成。社会体制改革的关键在于构建以社会公正为核心的现代社会治理模式，让更多的人共享改革开放的发展成果。对此，北京国际城市发展研究院连玉明院长指出，要实现社会公正就要通过社会建设推动政府转型，实现从"善政"到"善治"，从"发展型政府"到"服务型政府"，从"大政府"到"大社会"的三个转型目标。①

（二）开创北京社会建设新局面，必须加强和完善流动人口和特殊人群管理和服务，在重点突破中全面提升社会建设水平

加强社会建设，必须紧紧围绕重点难点问题进行集中治理。在北京发生的暴力犯罪，甚至一点风吹草动都会引发社会强烈关注，尽管一些属极端个案，冲击力和危害性却不容小觑。不管事发原因是什么，对威胁公共安全的恶行，社会都必须予以坚决谴责、依法惩处。北京多年来的快速发展，社会利益多元分化，个人诉求日益多样，并随着媒体日益发达，各方都有了更多表达渠道，极容易出现这样那样的摩擦、碰撞。这是当前北京，也是我国难以回避且必须经历的过程。从现实情况来看，要解决好这道难题，我们还得下一番苦功。

构建流动人口权益保障体制，对于维护北京城市安全具有重要作用。政府是流动人口管理的主体，尊重和保护流动人口的合法权益，是政府的责任和义务，也是做好流动人口管理工作的基础和前提。我国特殊的户籍制度导致北京

① 连玉明：《社会建设：要"善政"更须"善治"》［N］，《光明日报》2010年10月29日。

的外来人口的社会福利、社会权益，和北京市民相比有很大差距。造成这些差距有多种多样的原因，教育、就业等政策的社会公平性缺失必须重视。因此，北京市在渐进改革政策的前提下，更要注重从实际情况出发，在创新工作机制和方法上重点考虑如何改善广大流动人口的生活、工作条件，为他们创造更好的环境，使他们安居乐业。流动人口同样是城市发展的建设者，应当享有与城市居民相同的权利，政府应当逐步减少对流动人口的各种限制，推进城市社会融合度的根本变革。

以制度建设为保障，营造宽松包容的社会氛围。近年来，北京城市人口管理体制从户籍人口管理体制逐渐扩展到常住人口管理、实有人口管理，说明北京市城市人口管理正在探索中稳步向前。北京目前拥有外来务工人员近800万人，可以预见，北京未来的城市发展中将始终伴随更具动态性的人口流动特性。城市实有人口管理不能以目前简单的人口登记注册为主，而是要通过塑造实有人口的社会关系网络，使他们的生活和发展中的各种公共事务得到无差别的综合性服务管理。

（三）开创北京社会建设新局面，必须坚持法治保障，畅通利益表达渠道，促进社会建设与法治建设同步提升

我国的社会建设正经历着一场从理念、模式到制度构建的深刻变革，而法律制度往往能为社会建设这一系列活动提供相应的规范、规则乃至机制、制度等支撑。关于社会管理体制构建问题，十八大报告中增加了"法治保障"，突出了依法进行社会管理的理念。北京要围绕社会体制改革、加强和创新社会管理，进一步加强社会领域的法治建设。要加强社会领域立法工作，围绕推进社区规范化建设、推动社会组织管理体制改革、推进社会工作专业化职业化、推动志愿者长效机制和社会领域党建创新发展等一系列政策法规。此外，还要深入开展法制宣传教育，在全社会营造学法遵法守法用法的良好社会氛围。另外，在整合社会建设与法制建设目标任务的同时，要注重整合法治资源、行政资源、社会资源，丰富法治建设的平台基础，积极强化社会建设的多元主体，推进形成政府、社会、企业、公民共同治理的大格局，最终促进社会建设与法治建设的同步提升。

参考文献

陆学艺、宋贵伦、宋国恺等：《2013 年北京社会建设分析报告》［M］，社会科学文献出版社，2013。

陆学艺：《社会建设论》［M］，社会科学文献出版社，2012。

邓伟志：《谈谈社会建设》［M］，东方出版社，2009。

中共北京市委社会工作委员会、北京市社会建设工作办公室：《社会建设与社会管理创新研究》［M］，中国人民大学出版社，2012。

《北京加强和创新流动人口管理服务深化社保一体化》［N］，《人民日报》2013 年 5 月 29 日。

《从优化社会结构入手加强社会建设》［N］，《人民日报》2013 年 7 月 2 日。

罗湘明：《和谐社会建设中思想政治工作功能拓展研究》［D］，中南大学博士论文，2012 年 5 月 1 日。

韩跃民：《我国社会主义社会建设基本问题研究》［D］，中共中央党校博士论文，2012 年 4 月 1 日。

连玉明：《社会建设：要"善政"更须"善治"》［N］，《光明日报》2010 年 10 月 29 日。

![皮书数据库 SSDB 中国社会科学院 社会科学文献出版社]

首页　数据库检索　学术资源群　我的文献库　皮书全动态　有奖调查　皮书报道　皮书研究　联系我们　读者导购　搜索报告

权威报告　热点资讯　海量资源

当代中国与世界发展的高端智库平台

皮书数据库 www.pishu.com.cn

　　皮书数据库是专业的人文社会科学综合学术资源总库，以大型连续性图书——皮书系列为基础，整合国内外相关资讯构建而成。包含七大子库，涵盖两百多个主题，囊括了近十几年间中国与世界经济社会发展报告，覆盖经济、社会、政治、文化、教育、国际问题等多个领域。

　　皮书数据库以篇章为基本单位，方便用户对皮书内容的阅读需求。用户可进行全文检索，也可对文献题目、内容提要、作者名称、作者单位、关键字等基本信息进行检索，还可对检索到的篇章再作二次筛选，进行在线阅读或下载阅读。智能多维度导航，可使用户根据自己熟知的分类标准进行分类导航筛选，使查找和检索更高效、便捷。

　　权威的研究报告，独特的调研数据，前沿的热点资讯，皮书数据库已发展成为国内最具影响力的关于中国与世界现实问题研究的成果库和资讯库。

皮书俱乐部会员服务指南

1. 谁能成为皮书俱乐部会员？

- 皮书作者自动成为皮书俱乐部会员；
- 购买皮书产品（纸质图书、电子书、皮书数据库充值卡）的个人用户。

2. 会员可享受的增值服务：

- 免费获赠该纸质图书的电子书；
- 免费获赠皮书数据库100元充值卡；
- 免费定期获赠皮书电子期刊；
- 优先参与各类皮书学术活动；
- 优先享受皮书产品的最新优惠。

卡号：1064693038698431
密码：

（本卡为图书内容的一部分，不购书刮卡，视为盗书）

3. 如何享受皮书俱乐部会员服务？

（1）如何免费获得整本电子书？

　　购买纸质图书后，将购书信息特别是书后附赠的卡号和密码通过邮件形式发送到pishu@188.com，我们将验证您的信息，通过验证并成功注册后即可获得该本皮书的电子书。

（2）如何获赠皮书数据库100元充值卡？

　　第1步：刮开附赠卡的密码涂层（左下）；

　　第2步：登录皮书数据库网站（www.pishu.com.cn），注册成为皮书数据库用户，注册时请提供您的真实信息，以便您获得皮书俱乐部会员服务；

　　第3步：注册成功后登录，点击进入"会员中心"；

　　第4步：点击"在线充值"，输入正确的卡号和密码即可使用。

皮书俱乐部会员可享受社会科学文献出版社其他相关免费增值服务

您有任何疑问，均可拨打服务电话：010-59367227　QQ:1924151860

欢迎登录社会科学文献出版社官网(www.ssap.com.cn)和中国皮书网（www.pishu.cn）了解更多信息

"皮书"起源于十七、十八世纪的英国，主要指官方或社会组织正式发表的重要文件或报告，多以"白皮书"命名。在中国，"皮书"这一概念被社会广泛接受，并被成功运作、发展成为一种全新的出版形态，则源于中国社会科学院社会科学文献出版社。

皮书是对中国与世界发展状况和热点问题进行年度监测，以专家和学术的视角，针对某一领域或区域现状与发展态势展开分析和预测，具备权威性、前沿性、原创性、实证性、时效性等特点的连续性公开出版物，由一系列权威研究报告组成。皮书系列是社会科学文献出版社编辑出版的蓝皮书、绿皮书、黄皮书等的统称。

皮书系列的作者以中国社会科学院、著名高校、地方社会科学院的研究人员为主，多为国内一流研究机构的权威专家学者，他们的看法和观点代表了学界对中国与世界的现实和未来最高水平的解读与分析。

自20世纪90年代末推出以经济蓝皮书为开端的皮书系列以来，至今已出版皮书近800部，内容涵盖经济、社会、政法、文化传媒、行业、地方发展、国际形势等领域。皮书系列已成为社会科学文献出版社的著名图书品牌和中国社会科学院的知名学术品牌。

皮书系列在数字出版和国际出版方面成就斐然。皮书数据库被评为"2008~2009年度数字出版知名品牌"；经济蓝皮书、社会蓝皮书等十几种皮书每年还由国外知名学术出版机构出版英文版、俄文版、韩文版和日文版，面向全球发行。

2011年，皮书系列正式列入"十二五"国家重点出版规划项目；2012年，部分重点皮书列入中国社会科学院承担的国家哲学社会科学创新工程项目；一年一度的皮书年会升格由中国社会科学院主办。

法 律 声 明

"皮书系列"（含蓝皮书、绿皮书、黄皮书）由社会科学文献出版社最早使用并对外推广，现已成为中国图书市场上流行的品牌，是社会科学文献出版社的品牌图书。社会科学文献出版社拥有该系列图书的专有出版权和网络传播权，其 LOGO（ ）与"经济蓝皮书"、"社会蓝皮书"等皮书名称已在中华人民共和国工商行政管理总局商标局登记注册，社会科学文献出版社合法拥有其商标专用权。

未经社会科学文献出版社的授权和许可，任何复制、模仿或以其他方式侵害"皮书系列"和 LOGO（ ）、"经济蓝皮书"、"社会蓝皮书"等皮书名称商标专用权的行为均属于侵权行为，社会科学文献出版社将采取法律手段追究其法律责任，维护合法权益。

欢迎社会各界人士对侵犯社会科学文献出版社上述权利的违法行为进行举报。电话：010－59367121，电子邮箱：fawubu@ ssap. cn。

社会科学文献出版社